고전 톡톡

고전, 톡talk하면 통通한다

톡톡시리즈 01
고전 톡톡 : 고전, 톡하면 통한다

발행일 2판 7쇄 2021년 1월 11일 | **기획 · 엮음** 채운 · 수경 |
펴낸곳 북드라망 | **펴낸이** 김현경 | **주소** 서울시 종로구 사직로8길 24, 1221(내수동, 경희궁의아침 2단지) |
전화 02-739-9918 | **이메일** bookdramang@gmail.com

ISBN 978-89-97969-10-4 03100 | 이 도서의 국립중앙도서관 출판시도서목록(CIP)은 e-CIP홈페이지(http://www.nl.go.kr/ecip)와 국가자료공동목록시스템(http://www.nl.go.kr/kolisnet)에서 이용하실 수 있습니다.(CIP제어번호: CIP2012003518) |

책으로 여는 지혜의 인드라망, 북드라망 **www.bookdramang.com**

고전 톡

고전,
톡talk하면
통通한다

톡톡시리즈 01

기획+엮음 | 채운+수경

BookDramang
북드라망

고전의 매혹, 글쓰기의 유혹

고전을 읽어야 하는 이유야 새삼 말할 필요도 없을 듯하다. 이탈리아의 소설가 이탈로 칼비노(Italo Calvino, 1923~1985)는 고전(古典)을 "고대 전통사회의 부적처럼 우주 전체를 드러내는 책에 붙이는 이름"이라고 정의한다. 여러 개의 입구와 출구를 지닌 다차원의 변형체. 어떤 시대의 누구와 접속하더라도 충분히 현재적인, 그만큼 또 충분히 탈-현재적인 텍스트. 때문에 고전은 매번 다시 읽히지만, 늘 처음인 것처럼 읽힌다. 우주에서 벌어지는 모든 일들이 그러하듯이.

18세기 문인 중에 이옥(李鈺, 1760~1815)이라는 자가 있다. 그가 「독주자」(讀朱子)라는 글에서 주자의 문장을 힘센 계집종, 늙은 암소, 쌀, 소금, 돼지 등에 비유하고 나서는 마지막에 하는 말인즉, "주자의 글을 서리가 읽으면 장부 정리에 익숙할 수 있다"는 거였다. 처음 이 글을 읽었을 땐, 문체반정(文體反正)으로 호된 인생경험을 한 이옥이 주자의 문장을 조롱하는 것이려니 했다. 하지만 어느 순간 문득, 어쩌면 그 말이 진심이었을 거라는 데 생각이 이르렀다. 그렇다. 좋은 책을 읽으면, 이해 여부나 취향하고 상관없이 적어도 하나는 남는다. 사고의 전개방식, 심금을 울리는 어휘나 문장, 문제를 파고드는 집중력……. 그게 뭐든, 분명 남는 게 하나는 있다. 그러고 보니, 움베르토 에코(Umberto Eco)가 들려준 일화 한 편이 떠오른다. '추론하는 법'과 관련된 책을 추천해 달라는 제자에게 로크의 『인간오성론』을 추천해 주자 "이게 제 논문 작성에 도움이 될까요"라고 물었다던 청년. 그에게 에코는 "나중에 중고자동차 판매상을 하더라도 도움이 될 것"이라고 말했다지 않은가. 이 역시 농담이 아니었을 거다.

고전은 우리의 실생활에 유용하다. 살고 죽고 싸우고 욕망하고 아파하고 기뻐하는 우리의 '실생활'에서, 고전은 우리에게 조언을 아끼지 않는 나이든 현자요, 피가 되고 살이 되는 양식이요, 보장이 확실한 '생명보험'이다!

이 책은 〈수유+너머 남산〉 연구실에서 활동하는 연구원들이 2010년 한 해 동안 『서울신문』 「고전 톡톡 다시 읽기」 란에 연재한 글을 엮은 것이다. 여기에 더해, 책을 기획하는 과정에서 '씨앗문장' 코너(2부 고전과 '通'하다!)를 추가했다. 차마 놓치기 아까운 문장을 소개하려는 뜻도 있었지만, 고전을 현재적인 맥락에서 좀 다르게 사유해 보고자 하는 의도에서였다. 고전을 읽으면서 좋은 '씨앗문장'을 암송하고, 베껴 쓰고, 나아가 이를 자신의 현실경험과 접속하여 글로 풀어내 보는 연습은 글쓰기 훈련에도 많은 도움이 되리라 생각한다. 독자들도 한번 시도해 보시길 권하고 싶다. 필자 중에는 고미숙 선생님처럼 여러 권의 책을 출간한 '스타 필자'도 있지만, 필자 대부분은 처음으로 '공적 지면'에 글을 발표하는 신인들이다. 우리는 작년 한 해 동안 각자가 공부하는 장에서 열심히 읽고 열심히 썼으며, 열심히 경청하고 열심히 깨졌다. 우리가 '다시 읽은' 고전들은 이 과정에서 선택되었고, 모두들 고쳐 생각하고 고쳐 쓰기를 수도 없이 반복했다. 열 번 고쳐 쓰기는 필수요, 무려 스무 번을 고쳐 쓴 필자도 있다. 이런 공동 작업을 통해, 독자는 마침내 필자가 되었다!

모든 '다시 읽기'에는 얼마간의 오독과 왜곡이 불가피하다. 하지만 그 오독과 왜곡이 애독(愛讀)과 열독(熱讀)을 바탕으로 한 것이라면, 그 역시도 고전으로 들어가는 하나의 '실마리'가 될 수 있을 터. 연구실의 공동수확물이랄 수 있는 이 책이 고전이라는 우주로 들어가는 또 하나의 '서문'(緖文)이 되었으면 하는 바람이다. 고전이라는 드넓은 우주를 함께 유영(遊泳)할 독자들을 기다린다.

공부가 독이 되지 않으려면, 세상으로부터 받은 지식을 세상 속으로 다시 순환시켜야 한다. 고전이 우리가 받은 선물이라면, 이 글들은 그 선물에 대한 우리의 답례다. 그리고 이 책은 우리가 접속하고자 하는 미지의 독자들에게 보내는 소박한 초대장이다.

2011년 6월

필자들을 대신하여 채운 씀

| 차례 |

1부 고전을 'talk'하다!

2장 · 고전, 절반쯤 알고 태반은 모르는 책 _115

2부 고전과 '通'하다!

1장 · 고전통통(古典痛通) : 고전, 아프면 통하는 책 _356

2장 · 고전각각(古典覺刻) : 고전, 깨닫고 새기는 책 _412

3장 · 고전독독(古典讀讀) : 고전, 읽고 또 읽는 책 _455

향 | 대동서 | 고향 | 유배지에서 보낸 편지 | 고백록 | 아Q정전 | 노인과 바다 | 죄와 벌 | 고도를 기다리며 | 변신 | 걸리버
우기 | 오이디푸스왕 | 파리의 노트르담 | 고리오 영감 | 장자 | 임꺽정 | 햄릿 | 사기 | 열하일기 | 동의보감 | 나는 고양이
명상록 | 노자 | 무정 | 수호지 | 양철북 | 광인일기 | 종의 기원 | 멋진 신세계 | 주자어류 | 리바이어던 | 묵자 | 시경 | 차라
이렇게 말했다 | 자본 | 꿈의 해석 | 삼국사기 | 오디세이아 | 홍루몽 | 스완네 집 쪽으로 | 백 년의 고독 | 삼국유사 | 논어
전습록 | 금각사 | 티마이오스 | 타임머신 | 야생의사고 | 증여론 | 분서 | 무엇을 할 것인가 | 산해경 | 학교 없는 사회 | 파
동서 | 고향 | 유배지에서 보낸 편지 | 고백록 | 아Q정전 | 노인과 바다 | 죄와 벌 | 고도를 기다리며 | 변신 | 걸리버 여행기
오이디푸스왕 | 파리의 노트르담 | 고리오 영감 | 장자 | 임꺽정 | 햄릿 | 사기 | 열하일기 | 동의보감 | 나는 고양이로소이
| 노자 | 무정 | 수호지 | 양철북 | 광인일기 | 종의 기원 | 멋진 신세계 | 주자어류 | 리바이어던 | 묵자 | 시경 | 차라투스
게 말했다 | 자본 | 꿈의 해석 | 삼국사기 | 오디세이아 | 홍루몽 | 스완네 집 쪽으로 | 백 년의 고독 | 삼국유사 | 논어 | 벽
록 | 금각사 | 티마이오스 | 타임머신 | 야생의사고 | 증여론 | 분서 | 무엇을 할 것인가 | 산해경 | 학교 없는 사회 | 파리대
| 고향 | 유배지에서 보낸 편지 | 고백록 | 아Q정전 | 노인과 바다 | 죄와 벌 | 고도를 기다리며 | 변신 | 걸리버 여행기 | 서
디푸스왕 | 파리의 노트르담 | 고리오 영감 | 장자 | 임꺽정 | 햄릿 | 사기 | 열하일기 | 동의보감 | 나는 고양이로소이다 | 명
자 | 무정 | 수호지 | 양철북 | 광인일기 | 종의 기원 | 멋진 신세계 | 주자어류 | 리바이어던 | 묵자 | 시경 | 차라투스트라
했다 | 자본 | 꿈의 해석 | 삼국사기 | 오디세이아 | 홍루몽 | 스완네 집 쪽으로 | 백 년의 고독 | 삼국유사 | 논어 | 벽암록 |
각사 | 티마이오스 | 타임머신 | 야생의사고 | 증여론 | 분서 | 무엇을 할 것인가 | 산해경 | 학교 없는 사회 | 파리대왕 | 대
| 유배지에서 보낸 편지 | 고백록 | 아Q정전 | 노인과 바다 | 죄와 벌 | 고도를 기다리며 | 변신 | 걸리버 여행기 | 서유기 |
왕 | 파리의 노트르담 | 고리오 영감 | 장자 | 임꺽정 | 햄릿 | 사기 | 열하일기 | 동의보감 | 나는 고양이로소이다 | 명상록
정 | 수호지 | 양철북 | 광인일기 | 종의 기원 | 멋진 신세계 | 주자어류 | 리바이어던 | 묵자 | 시경 | 차라투스트라는 이렇
자본 | 꿈의 해석 | 삼국사기 | 오디세이아 | 홍루몽 | 스완네 집 쪽으로 | 백 년의 고독 | 삼국유사 | 논어 | 벽암록 | 전습록
티마이오스 | 타임머신 | 야생의사고 | 증여론 | 분서 | 무엇을 할 것인가 | 산해경 | 학교 없는 사회 | 파리대왕 | 대동서 |
지에서 보낸 편지 | 고백록 | 아Q정전 | 노인과 바다 | 죄와 벌 | 고도를 기다리며 | 변신 | 걸리버 여행기 | 서유기 | 오이디
리의 노트르담 | 고리오 영감 | 장자 | 임꺽정 | 햄릿 | 사기 | 열하일기 | 동의보감 | 나는 고양이로소이다 | 명상록 | 노자
호지 | 양철북 | 광인일기 | 종의 기원 | 멋진 신세계 | 주자어류 | 리바이어던 | 묵자 | 시경 | 차라투스트라는 이렇게 말했
꿈의 해석 | 삼국사기 | 오디세이아 | 홍루몽 | 스완네 집 쪽으로 | 백 년의 고독 | 삼국유사 | 논어 | 벽암록 | 전습록 | 금각
오스 | 타임머신 | 야생의사고 | 증여론 | 분서 | 무엇을 할 것인가 | 산해경 | 학교 없는 사회 | 파리대왕 | 대동서 | 고향 |
보낸 편지 | 고백록 | 아Q정전 | 노인과 바다 | 죄와 벌 | 고도를 기다리며 | 변신 | 걸리버 여행기 | 서유기 | 오이디푸스
노트르담 | 고리오 영감 | 장자 | 임꺽정 | 햄릿 | 사기 | 열하일기 | 동의보감 | 나는 고양이로소이다 | 명상록 | 노자 |
| 양철북 | 광인일기 | 종의 기원 | 멋진 신세계 | 주자어류 | 리바이어던 | 묵자 | 시경 | 차라투스트라는 이렇게 말했다
해석 | 삼국사기 | 오디세이아 | 홍루몽 | 스완네 집 쪽으로 | 백 년의 고독 | 삼국유사 | 논어 | 벽암록 | 전습록 | 금각사
| 타임머신 | 야생의사고 | 증여론 | 분서 | 무엇을 할 것인가 | 산해경 | 학교 없는 사회 | 파리대왕 | 대동서 | 고향 | 유배
편지 | 고백록 | 아Q정전 | 노인과 바다 | 죄와 벌 | 고도를 기다리며 | 변신 | 걸리버 여행기 | 서유기 | 오이디푸스왕 | 파
담 | 고리오 영감 | 장자 | 임꺽정 | 햄릿 | 사기 | 열하일기 | 동의보감 | 나는 고양이로소이다 | 명상록 | 노자 | 무정 | 수호
| 광인일기 | 종의 기원 | 멋진 신세계 | 주자어류 | 리바이어던 | 묵자 | 시경 | 차라투스트라는 이렇게 말했다 | 자본 | 꿈
국사기 | 오디세이아 | 홍루몽 | 스완네 집 쪽으로 | 백 년의 고독 | 삼국유사 | 논어 | 벽암록 | 전습록 | 금각사 | 티마이오
신 | 야생의사고 | 증여론 | 분서 | 무엇을 할 것인가 | 산해경 | 학교 없는 사회 | 파리대왕 | 대동서 | 고향 | 유배지에서
고백록 | 아Q정전 | 노인과 바다 | 죄와 벌 | 고도를 기다리며 | 변신 | 걸리버 여행기 | 서유기 | 오이디푸스왕 | 파리의 노
리오 영감 | 장자 | 임꺽정 | 햄릿 | 사기 | 열하일기 | 동의보감 | 나는 고양이로소이다 | 명상록 | 노자 | 무정 | 수호지 |
일기 | 종의 기원 | 멋진 신세계 | 주자어류 | 리바이어던 | 묵자 | 시경 | 차라투스트라는 이렇게 말했다 | 자본 | 꿈의 해석
| 오디세이아 | 홍루몽 | 스완네 집 쪽으로 | 백 년의 고독 | 삼국유사 | 논어 | 무정 | 수호지 | 꿈의 해 | 벽암록 | 전습록
마이오스 | 타임머신 | 야생의사고 | 증여론 | 분서 | 무엇을 할 것인가 | 산해경 | 학교 없는 사회 | 파리대왕 | 대동서 |
에서 보낸 편지 | 고백록 | 아Q정전 | 노인과 바다 | 죄와 벌 | 증여론 | 분서 | 무엇을 할 것인가 | 산해경 | 학교 없는 사
| 대동서 | 고향 | 유배지에서 보낸 편지 | 고백록 | 아Q정전 | 노인과 바다 | 죄와 벌 | 고도를 기다리며 | 변신 | 걸리버
기 | 오이디푸스왕 | 파리의 노트르담 | 고리오 영감 | 장자 | 임꺽정 | 햄릿 | 사기 | 열하일기 | 동의보감 | 나는 고양이
상록 | 노자 | 무정 | 수호지 | 양철북 | 광인일기 | 종의 기원 | 멋진 신세계 | 주자어류 | 리바이어던 | 묵자 | 시경 | 차라
렇게 말했다 | 자본 | 꿈의 해석 | 삼국사기 | 오디세이아 | 홍루몽 | 스완네 집 쪽으로 | 백 년의 고독 | 삼국유사 | 논어
습록 | 금각사 | 티마이오스 | 타임머신 | 야생의사고 | 증여론 | 분서 | 무엇을 할 것인가 | 산해경 | 학교 없는 사회 | 파
서 | 고향 | 유배지에서 보낸 편지 | 고백록 | 아Q정전 | 노인과 바다 | 죄와 벌 | 고도를 기다리며 | 변신 | 걸리버 여행기

1부

고전을 'talk'하다!

이것저것 끌어다가 이해 비슷한 거라도 좀 해보려 해도,

이해는 고사하고 그러면 그럴수록 더욱 막다른 골목으로 내몰리고 만다.

모래사막 한복판에서 무방비 상태로, 검을 든 적과 마주친 느낌이랄까.

지략이고 기술이고 통할 리가 없는 이 절체절명의 상황에서 방법은 하나.

정신 똑바로 차리고 맨몸뚱이로 맞서는 수밖에!

고전을 읽기 위해 필요한 건 아무것도 없다. 다만,

찢기고 넘어지고 흠씬 두들겨 맞을 각오를,

아니 기꺼이 죽을 각오까지도 해야 한다.

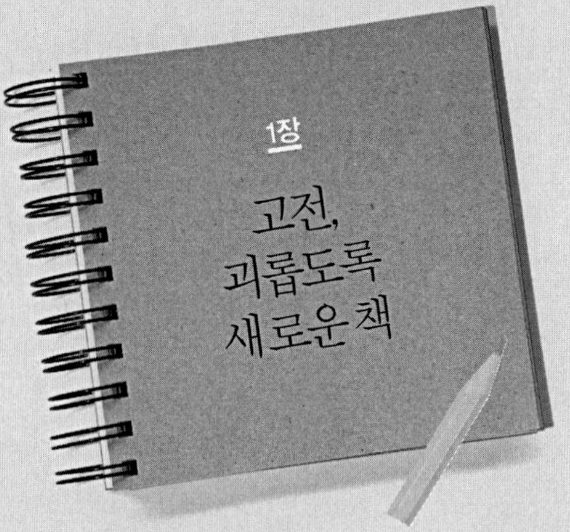
1장
고전,
괴롭도록
새로운 책

깨달음, 기존세계 깨지 않으면 도달할 수 없는…

>> 원오극근의 『벽암록』

"『벽암록』(碧巖錄)을 읽으면 모든 알음알이가 딱 끊어진다." 성철 스님의 말씀이다. 세상에 우리를 좌절시키는 책들은 많다. 그 중에서도 『벽암록』은 아주 낯선 방식으로 우리를 좌절시킨다. 난해하거나 심오하거나 전문적이어서 어려운 거라면 이런저런 지식을 총동원해서라도 어떻게 해보련만, 『벽암록』 앞에서는 속수무책이다. 이것저것 끌어다가 이해 비슷한 거라도 좀 해보려 해도, 이해는 고사하고 그러면 그럴수록 더욱 막다른 골목으로 내몰리고 만다. 모래사막 한복판에서 무방비 상태로, 검을 든 적과 마주친 느낌이랄까. 지략이고 기술이고 통할 리가 없는 이 절체절명의 상황에서 방법은 하나. 정신 똑바로 차리고 맨몸뚱이로 맞서는 수밖에! 『벽암록』을 읽기 위해 필요한 건 아무것도 없다. 다만, 찢기고 넘어지고 흠씬 두들겨 맞을 각오를, 아니 기꺼이 죽을 각오까지도 해야 한다.

조사들이 툭 던지는 언행을 화두 삼다

『벽암록』은 화두를 통한 수행을 강조하는, 이른바 '간화선'(看話禪)의 교과서라 할 수 있는 공안집(公案集)이다. 부처님의 교설에 근거한 실천을 추구하는 여래선(如來禪)이나 좌선과 명상을 통해 깨달음에 이르고자 하는 묵조선(默照禪)과 달리, 간화선은 일상에서 조사들이 던지는 말이나 행동을 붙들어 깨달음을 체득하도록 유도한다. 그러니까 '화두공부'란 조사(祖師)들이 무심한 듯 툭 던지는 언행들을 화두로 삼아 간단(間斷)없이 궁구하는 수행을 말한다.

'간화'란 '화두를 본다'는 뜻이다. 일반적으로는 '화두를 든다'고도 한다. 어쨌든 우리는 '화두를 생각한다'고 하지 않고 '본다'거나 '든다'고 한다. 움직이면서 무언가를 '보려면', 혹은 무언가를 '들고' 가려면 한시도 방심해서는 안 된다. 잠시 딴생각을 하는 사이에 놓치고 말 것이기 때문이다. 그러니까 화두는 방심하는 순간을 틈타 바로 비집고 들어오는 온갖 견해와 상념들을 쳐내기 위한 방편이라고 할 수 있다.

『벽암록』은 우리에게 더 많은 지식을 요구하는 것이 아니라 일체의 지식을 내려놓을 것을 요구한다. 기존의 인식을 다지고 확장시키는 대신 해체시키고 부숴 버린다. 화두를 들기 위해서는 언어라는 표상을 내려놓아야 한다. 합리/비합리, 삶/죽음, 유/무, 선/악 등의 이분법으로 '간택'(揀擇)하려 해서는 안 된다.

화두는 어떤 논리와 지식으로도 뚫을 수 없고, 어떤 견해와 상식으로도 오를 수 없다. 글자 그대로 은산철벽(銀山鐵壁)! 돌파하기 어려운 사면초가의 상황에서 '마음을 비운다'는 말을 하는 경우가 종종 있는데, 비우겠다고 비워지는 마음도 아니려니와, 사실 비워야 할 마음이 따로 있는 것도 아니다.

상황을 돌파하고, 어떤 문턱을 넘어서려면 자신을 은산철벽으로 밀어붙여야 한다. 기존의 앎이 해체되고, 모든 인식이 무장해제되는 바로 그 지점까지! 그 순간 이뤄지는 인식의 혁명적 전환을 통해 우리는 세계를 전혀 다른 방식으로 사유하고 느끼게 된다. 깨-달음, 기존의 세계를 깨지 않으면 어디에도 도달할 수 없다는 사실을 『벽암록』은 더없이 생생하게 전해 준다.

> 무릇 묻는 것은 복잡할 것이 없다. 그대들이 밖으로는 산하대지가 있다고 생각하거나, 안으로도 견문각지가 있다고 여기거나, 위로는 우리가 도달해야만 하는 부처님의 경지가 있다고 생각하거나, 아래로는 제도해야 할 중생이 있다고 생각한다면, 그런 생각일랑 모두 토해 버려라. 그래야지만 하루 종일 행주좌와(行住坐臥; 다니고, 머물고, 앉고, 눕고 하는 일상의 움직임을 통틀어 이르는 말)하는 가운데 한결같아지리라. 그리하면 비록 한 터럭 끝이라도 대천사계(大千沙界)만큼이나 넓으며, 확탕(鑊烹; 가마에 넣어서 삶아 죽이는 형벌)·노탄(爐炭; 화로에 타고 있는 숯) 지옥에 있어도 안락국토에 있는 듯하며, 온갖 보배 속에 있어도 초라한 띠풀집에 있는 것과 같을 것이다.(제25칙 '평창')

통념과 상식을 부수는 선문답

어떤 스님이 동산 스님에게 물었다.

"무엇이 부처입니까?"

동산 스님이 말하였다.

"삼[麻] 세 근이다."(제12칙 '본칙')

『벽암록』에 나오는 유명한 선문답이다. '문답'이라고는 하나, 사실 선문답에서는 물음과 답이 대응하지 않는다. 선승은 엉뚱해 보이는 답을 통해 제자의 물음을 깨거나, 알 수 없는 질문을 던짐으로써 제자의 입을 틀어막는다. 그러니까 선문답의 목적은 물음에 답하는 데 있는 게 아니라, 물음과 답의 전제 자체를 부수는 데 있다.

예컨대, '무엇이 부처인가'라는 질문은 '부처'의 실체를 전제한다. 그러므로 이 물음에 답하려는 일체의 시도 역시 부처의 실체를 가정할 수밖에 없다. 선문답은 만물의 '실체 없음'을 깨닫게 하기 위해 문/답의 대칭성을 깨고, 이것 아니면 저것이라는 인식의 일방향성을 비틀어 버린다. 『벽암록』의 스승들은 제자들에게 대답 대신 더 큰 질문을 되돌려 준다.

> 정 상좌가 임제 스님에게 물었다. "무엇이 불법의 대의입니까?" 임제 스님이 선상에서 내려와 멱살을 잡고서 한 차례 빰따귀를 후려치고 대뜸 밀쳐 버렸다. 정 상좌가 우두커니 서 있자 곁에 있던 스님이 말하였다. "정 상좌야, 왜 절을 올리지 않느냐?" 정 상좌가 절을 하려다가 홀연히 크게 깨쳤다.(제32칙 '본칙')

임제 스님처럼 '과격한' 스님들은 말로 안 되겠다 싶으면 이처럼 종종 버럭 소리를 지르거나[喝; 할] 몽둥이질[棒; 방]을 하는 등의 폭력 행위(?)를 불사하기도 한다. 물론 아무 때나 모든 사람들에게 그러는 것은 아니고, 한 번의 가격(加擊)으로 문턱을 넘어설 수 있는 자들에게나 사용하는 방편이다.

병아리가 알을 깨고 나오려면 알 속의 병아리는 안에서 껍질을 쪼고, 동시에 어미닭은 밖에서 껍질을 쪼아야 한다는 뜻의 줄탁동시(啐啄同時)란 스승과 제자의 이런 비대칭적 상호작용을 이르는 말이다. 이처럼 선문답은 서로가 공통의 전제 위에서 주고받는 아름다운 소통이 아니라, 상대의 인식지반을 깨고 통념과 상식을 부수는 역동적 사건이다.

『벽암록』에서 '궁극적 진리'나 '보편적 선(善)' 같은 걸 찾으려는 시도는 모두 헛수고다. 『벽암록』은 절대적 진리도, 보편적 선도, 진리를 추구하는 나까지도 모두 부정한다. 생주이멸(生住異滅)하고 성주괴공(成住壞空)하는 세계를 언어표상으로 의미화하고 실체화하려는 일체의 사고를 부정하고, 오로지 구체적이고 생생한 깨달음의 현장만을 남겨 놓는다. 『벽암록』을 읽는 내내 우리는 기존의 언어와 인식이 일거에 무너지는, 다소 두렵지만 꽤 스릴 있는 경험을 하게 된다.

깨달음에는 이르지 못하더라도, 하나의 세계가 깨지는 경험이라면 충분하지 않은가. 이보다 더 역동적인 부정의 세계를 나는 알지 못한다. 『벽암록』은 내가 믿고 있는 것뿐 아니라 사유하는 나 자신까지도 부정해야만 들어갈 수 있는 가장 불온하고 혁명적인 텍스트다.

◈ 고전 Tip & Talk

조주 선사의 화두 '끽다거'

『벽암록』의 근간이 되는 텍스트는 설두중현(雪竇重顯, 980~1052) 스님이 설두산의 자성사(資聖寺)에 머물면서 옛 조사들의 고칙(古則) 100개를 정리하고 여기에 송(頌)을 붙여 만든 「설두송고」다.

『벽암록』은 송대에 원오극근(圓悟克勤, 1063~1135) 스님이 「설두송고」를 바탕으로 수행자에게 제창하기 위해 만든 어록으로, 설두 스님의 본칙(本則)과 송에 원오 스님의 수시(垂示; 일종의 머리말)·평창(評唱; 속담 등으로 이뤄진 촌평)·착어(著語; 본문에 대한 주석과 설명)가 더해져 1125년에 완성되었다.

원오 스님은 중국 후난성 창더에 있는 협산사(夾山寺)에서 『벽암록』을 집필했다고 하는데, 전하는 바에 따르면 쏟아지는 졸음을 쫓기 위해 벽암천의 온천수를 길어와 그 위에 찻잎을 띄워 마셨다고 한다. 스님이 일본인 제자에게 남겨 주었다는 '다선일미'(茶禪一味)라는 말도 있지만, 차와 관련된 유명한 화두는 뭐니뭐니해도 조주 선사(趙州禪師)의 '끽다거'(喫茶去) 화두다.

절에 와 본 적이 있다는 학인에게도, 와 본 적이 없다는 학인에게도, 조주가 한 말은 "차 마시게"였다. 학인들이 돌아간 후 "어째서 와 보았다 해도 차나 마시라 하고, 와 본 적이 없다 해도 차나 마시라고 하십니까?"라고 묻는 원주(院主)에게도 조주 스님은 말한다. "자네도 차나 마시게!"

조주 스님은 시종일관 그저 '차 마시게'라는 한마디를 했을 뿐이다. "누구나 매일 마시는 차로써 수월하게 종지를 전하는 방식에 세파의 인연을 귀찮다 하지 않고 유연하게 따르는 조주의 비결이 나타난다. 조주가 학인들의 전력을 가리지 않고 권한 뜻과 일치해야 조주가 정성껏 올린 한 잔의 차 맛을 진실로 음미할 수 있을 것이다."(김영욱, 『화두를 만나다』) 하지만 여전히 알 수 없다. 우리 같은 범인(凡人)으로서는, 차나 한잔 하고 『벽암록』을 펴드는 수밖에!

_채운

묻고 답하기, 아무도 기획하지 않은 지혜의 기록

>> 왕양명의 『전습록』

묻고 답한다, 아니 물어야만 답을 구할 수 있다

『전습록』(傳習錄)은 양명(王陽明, 1472~1528)의 제자들이 스승의 말씀과 편지 등을 모아 편찬한 양명학 교과서다. '전습'이란 말은 (스승으로부터) 전수받은 것을 열심히 익힌다는 뜻이다. 배웠으면 실천해야 한다. 아니 배움이란 완전히 내 것처럼 익숙해지는 것을 의미한다. 이 제목은 앎이 곧 실천의 문제임을 강조했던 양명의 가르침(지행합일)과 일맥상통한다. 나를 일깨워 준 스승의 말씀은 박물관의 유물들처럼 그저 곱게곱게 보관되어 감상되는 골동품이어선 곤란하다! 스승의 가르침은 지금 현재 나의 실천[習]과 함께여야 한다!

『전습록』에서 제자들은 묻고 스승은 답한다. 스승의 말씀은 물음을 통해서만 이루어진다. 아니 스승의 말씀을 듣고 싶다면 물어야 한다. 나의 물음이 구체적이고 절실할수록 스승의 대답은 내 삶에 직접 다가온다. 이런 까닭에 『전습록』은 제자와 스승이 나누는 문답의 내용뿐만 아니라 문답이 이루어지는 여러 시추에이션을 추측하고 상상하면서 읽어 갈 때 비로소 '뻥' 뚫린다. 그 순간 우리들은 바로 그 제자가 되고 바로 그 스승이 되는 특별한 경험과 만난다.

시끄러운 곳에서 배운다

때문에 『전습록』은 양명의 말과 글에 관한 기록이지만, 사실상 양명과 그 제자들이 함께 완성한 공동의 저작물이다. 스승과 제자는 단지 학습을 통해서만 매개되지 않는다.

> 내(=육징; 양명의 제자)가 홍려시(鴻臚寺; 사신 접대를 담당했던 관청)에 잠시 머물 때 갑자기 집에서 편지를 보내 아이가 병에 걸려 위급하다고 알려 왔다. 내 마음은 매우 근심스럽고 번민스러워 감당할 수가 없었다. 선생께서 말씀하셨다. 이런 때 바로 공부를 해야 한다. 만약 이런 때를 놓쳐 버린다면 한가한 때의 강학이 무슨 쓸모가 있겠는가. 사람은 바로 이와 같은 때 연마해야 한다.(44조목)

자식이 아파 죽어 간다는데도 양명은 바로 지금이 공부를 해야 할 때라고 말한다. 자식이 죽어 간다는데도 공부를 하라구? 양명의 이 말은 자식 걱정을 하지 말라는 말도 아니고, 가족과 인연을 끊어야 한다는 말도 아니다. 공부란 바로 그렇듯 위급하고 절박한 상황 속에서 중심을 잡기 위해 필요한 것이란 뜻이다. 정작 절박한 순간에 아무 도움이 못 된다면 그런 공부는 쓸모가 없는 것이다.

『전습록』에는 힘든 잡무에 스트레스가 쌓여 돌아 버릴 것 같다는 말단 공무원 제자의 볼멘 불평이 있고, 스승의 말씀이 미심쩍어 뒤에서 딴소리하는 제자의 모습도 있다. 그러면서도 그들은 또한 그 배움의 정원에서 스승의 가르침에 함께 놀라고, 두려워하고, 갸웃거리고, 깡총거리고, 환호작약한다. 그들은 그 모든 살아가는 순간을 자신들의 공부가 이루어지는 현장으로 만들었다. 그리고 바로 그 시끄럽게 복닥거리는 사건 사고들이 놓인 현장의 한복판에서 양명의 강학원은 다른 어떤 철학보다도 풍성한 삶의 지혜를 길어 올렸다.

행위가 곧 앎이다

양명은 전사(戰士)였다. 이 말은 양명이 평생토록 주자학자들과 벌였던 논쟁들에 대한 은유가 아니다. 양명은 정식으로 과거에 급제한 문인-관리였지만 또한 매 시기마다 목숨을 걸고 전장을 누벼야 했던 무인이었기 때문이다. 하지만 그 어느 곳에서도 배우고 가르치는 일을 게을리하지 않았다는 점에서 그는 틀림없는 학자였다. 실제로 양명의 삶은 30대 후반 이후 전쟁터를 떠난 적이 거의 없다. 그러므로 병영이 이동하는 천하의 모든 길과 야전은 곧 그의 집이며 배움터였다. 그는 어디에서든 배운다. 양명은 죽음조차도 길 위에서 맞았다.

양명은 출병을 준비하는 중에 제자들의 방문을 받기도 하고, 심지어는 말을 탄 채 길 위에서 강학을 벌인 적도 있었다. 양명에게 배움은 특별한 장소에서 특별한 텍스트를 통해 이루어지는 것이 아니다. 이것은 처음부터 끝까지 그가 몸으로 체득한 중요한 원칙이었다. 지금 우리들 각자가 놓여 있는 곳! 바로 거기가 배움이 시작되고 또 끝나는 자리다! 배움에 필요한 유일한 조건은 지금 이 자리에서 배움을 구하겠다는 나의 마음뿐이다.

양명이 이렇듯 배움을 강조한 이유는 양명에게 앎은 곧 행(行)이었기 때문이다. 양명은 이렇게 말한다. "아직까지 알고서 행하지 않는 사람은 없었다. 알면서도 행하지 않는 것은 다만 아직 알지 못한 것이다." 일견 너무도 간단해 보이는 그의 말이 새삼스럽게 낯설게 느껴지는 이유는 무엇 때문일까. 우리는 종종 어떤 행위에 대해 그럴듯한 변명을 하고 있지는 않은가. 예를 들어 담배를 끊어야 한다는 걸 '알지만' 이러저러한 이유로 피운다는 식의. 하지만 양명에 따르면 나의 행동과 나의 앎은 분리되지 않는다. 지금 내가 생각하고 행동하는 그것이 곧 나의 앎의 수준이다. 알면서 못하는 게 아니라, 모르기 때문에 못하는 것이다.

삶에 용기를 주는 책

만년의 왕양명이 강학 활동을 벌였던 월성 지역에는 언제나 수백 명의 사람들이 양명을 찾아왔다. 양명의 주위로 모여들어 살아가는 사람들이 늘어났고, 인근의 사원 등에는 한 방에 합숙하며 기거하는 사람들도 수십 명씩 모여 있었다. 양명과 그의 제자들은 언제나 자신들이 존재하는 그곳을 배움의 현장으로 변화시켰다. 그리고 그곳에서 그들은 자신들의 현재적 고민과 그 고민에 대한 실천적인 대답만을 추구했다. 양명의 강학원은 배움과 우정과 삶의 기술이 축적된 지혜의 코뮨이었다. 그들은 어떻게 그렇게 할 수 있었을까.

양명은 제자들에게 공부란 쌓는 것이 아니라 덜어 내는 것임을 반복해서 강조했다. 쌓는 공부가 지식을 가리킨다면 덜어 내는 공부는 본심(양지良知)의 회복을 의미한다. “한 푼의 인욕(人欲)을 줄일 수 있다면 곧 한 푼의 천리(天理)를 회복할 수 있다. 얼마나 경쾌하고 깨끗한가! 얼마나 간단하고 쉬운가!”

인욕을 줄인다는 것은 무슨 뜻일까. 그것은 매 순간 사사로운 마음에 구애됨 없이 나의 행위를 선택한다는 뜻이다. 우리는 어느 누구와도 똑같은 삶을 살지 않는다. 심지어 자기 자신의 삶에서도 우리는 매 순간 다른 삶을 산다. 그 매 순간마다 사사로운 욕망에 좌우되지 않는 용기와 의지를 가질 것! 그러한 본심을 실현하는 데 주저하지 말 것! 왕양명은, 아니 『전습록』은 이렇게 말했다.

◈ 고전 Tip & Talk

양명학, 청년 주자주의자의 깨달음

왕양명은 사대부 명문가의 장남으로 태어났다. 하지만 양명은 어려서는 활쏘기와 전쟁놀이를 좋아한 골목대장이었고, 불교와 도교에 탐닉했던 ‘문제아’이기도 했다. 이런 까닭에 왕양명에게는 백면서생, 꽁생원, 글방도련님이나 권위주의, 또는 수직적이고 엄격한 예법 등등으로 표상되는 ‘낡은’ 유학자의 이미지는 찾아볼 수 없다. 대신 그에게는 순진한 열정, 강인함, 정의로움, 온화함 등의 이미지가 각인된다.

청년기의 양명은 누구보다도 열렬한 주자주의자였다. 십대 후반, 양명은 같이 공부하던 친구와 함께 주자의 말씀을 좇아 대나무의 이치를 탐구한 적도 있었다. 주자의 말에 따르면 사물에는 각각의 고유한 이치가 있으며, 그렇기에 배우는 자들은 매 순간 그 각각의 사물들에 내재한 이치를 탐구해야 한다는 것이었다. 하지만 양명이 먹고 자는 것도 잊고 일주일간이나 노려보던 대나무에서는 끝내 이치가 '발견'되지 않았다.

정작 양명이 깨달음을 얻은 것은 대나무를 탐구한 때로부터 십여 년이 흐른 뒤였다. 30대 중반에 양명은 부정부패를 일삼던 환관 유근(劉瑾)을 탄핵하다 좌천되어 룽창(龍場)이라는 시골 마을로 유배되었다. 룽창은 원주민들이 알아들을 수 없는 말을 하고, 굴에서 지내며, 각종 독충과 독사들이 우글거리는 '미개한' 지역이었다.

깨달음은 도둑처럼 왔다. 때론 직접 물을 긷기도 하고, 병이 난 종들을 보살피는 와중에 어느 날 문득 양명은 자신의 모든 근심이 오직 마음에서 연원한 것임을 깨달았다. 요컨대 내 마음을 떠나서는 어떠한 근심도, 사건도 일어나지 않는다는 것! 그러므로 내 마음이 곧 이치(심즉리)라는 것! 양명은 훗날 이 순간을 가리켜 '자신도 모르게 손과 발이 저절로 춤을 추며' 기뻐했다고 회고했다. 이 한마디로 양명은 동아시아 유학사에서 주자와 비견되는 유일한 인물로 기억된다.

_문성환

변화와 생성의 아름다움

>> 미시마 유키오의 『금각사』

『금각사』의 주인공 미조구치는 못생긴 데다 심한 말더듬이다. 이 열등감 투성이인 소년이 사랑하는 것은 금각사 안의 금빛 누각이다. 전란과 불안, 엄청난 피와 시체 속에서도 오히려 금각의 아름다움은 더욱 돋보인다. 정통 양식과의 절충 형식을 띠고 있다는 미술사가의 말과는 달리 미조구치가 보기에 금각은 설계 자체가 불안한 양식이다. 그러니 전쟁이라는 위험한 상황이야말로 금각의 아름다움과 진정한 한 쌍을 이룬다는 것이다.

문제는 전쟁이 끝나고 나서이다. 미조구치는 전쟁이 끝난 뒤 자신과 금각의 관계가 완전히 끊어져 버렸다고 느끼게 된다. 전쟁 중에는 금각도 자기도 죽음의 위협에 시달리는 동일한 차원의 존재였다. 그러나 전쟁이 끝나자 미조구치 자신만 못생기고 일그러진 초라한 소년으로 되돌아간 것이다. 금각은 여전히 자신의 아름다움을 지키고 있는데 말이다. 견고하고 초월적인 아름다움을 지닌 존재로 돌아간 금각이 미조구치는 못마땅하기만 하다. 그리고 하나의 질문이 떠오른다.

"아름다움이란 무엇일까?"

인식의 대변자, 가시와기

일본의 패전 선언과 함께 미조구치를 찾아온 친구 가시와기는 심한 안짱다리이다. 함께 걷는 게 부끄러울 만큼 추한 인물이다. 못생긴 주제에 아름다운 미인 여러 명과 교제했다가 이내 걷어차 버리는가 하면, 자신의 안짱다리가 삶의 유일한 목적이며 자신의 존재 이유라고 말하고 다니는 희한한 녀석이다. 그런데도 가시와기는 미조구치에게 조언한다. "더듬어라 더듬어!" 세상을 향해 자신의 수치심을, 부족하고 비정상이라고 손가락질하는 사람들에게 너 자신을 숨기지 말고 드러내라는 것이다.

가시와기의 이런 자신만만함은 어디서 오는 것일까? 그것은 인식의 힘에서 온다. 인식이란 주어진 상황에서 대상을 파악하는 힘이다. 국화꽃을 알아보지 못한다면, 우리는 그것을 아름답다고 할 수조차 없을 것이다. 가시와기는 또한 아름다움을 보호해 주는 것이야말로 인식이라고 생각한다. '아름답다'고 인식해야만 사람들은 그 아름다움을 보호할 것이고 함부로 부숴 버리지 않을 테니 말이다. 가시와기의 안짱다리가 그의 존재 이유가 된 것도 그 인식 덕분이다. 즉, 보통 사람들은 죄다 똑같이 생겼지만 가시와기가 가시와기라고 인식할 수 있는 가장 커다란 증표가 그의 안짱다리이니 과연 자신만만할 만하다. 그래서일까. 가시와기와 있을 때 미조구치는 위안을 받기도 한다.

변화하는 아름다움

그러던 어느 날 미조구치는 부엌에서 국화와 꿀벌을 관찰하면서 진정한 아름다움의 본질에 대해 깨닫게 된다.

국화는 그 형태에 의하여가 아니라, 우리들이 막연히 부르고 있는 '국화'라는 이름에 의하여, 약속된 아름다운 것에 지나지 않았다. 나는 벌이 아니었기에 국화에게 유혹당하지 않았고, 나는 국화가 아니었기에 벌에게 사랑받지도 않았다. 내 눈이 그 금각의 눈으로 변할 때 세계는 이처럼 변모한다는 사실을, 이 이상 장황하게 설명하지 않겠다.

국화가 정말로 아름다울 때는 국화를 바라보는 우리가 꿀벌이 되었을 때이다! 미조구치와 금각의 관계 역시 마찬가지이다. 금각의 진짜 아름다움은, 금각은 아름답다는 책 속의 말에서 얻어지는 것이 아니다. 국화의 아름다움을 위해서는 꿀벌이 되어야 하고, 강물의 아름다움을 위해서는 물고기가 되어 보아야 하는 것이다. 아름다움이란 내가 꿀벌이 되거나, 물고기가 되거나, 새가 될 때 그 모든 곳에 존재한다고도 할 수 있다. 아름다움이 고정된 것이 아니고 끊임없이 흘러 다니고 변화한다면, 그 아름다움을 알기 위해서는 그 흐름 속에 들어가는 것 말고는 방법이 없다.

인식의 힘을 믿었던 가시와기는 아름다움을 고정된 것으로 파악했다. 그러나 미조구치는 아름다움이 변화하고 흘러 다니는 것임을 알아냈다. 이제 미조구치는 자신을 그토록 혼란스럽게 했던 금각의 아름다움을 진정으로 깨닫고 경험하기 위해 나 아닌 다른 존재가 되어야만 한다. 그렇다면 나 아닌 존재가 된다는 것은 무엇일까.

행위한다는 것, 나 아닌 것 되기

나 아닌 다른 존재가 되기 위해 미조구치가 선택한 것은 금각에 불을 지르는 것이다. 그래야만 금각이 있는 세계에서, 금각이 없는 완전히 다른 세계로 이행할 수 있기 때문이다. 그는 스스로에게 묻는다. "나의 주도면밀한 준비는, 오로지 행위를 하지 않아도 좋다는 최후의 인식 때문이 아니었을까? 이제 행위는 나에게 있어서 일종의 잉여물에 불과하다. 여기까지가 나고, 그 다음부터는 내가 아니다. 어째서 나는 굳이 내가 아니려고 하는 것일까?" 미조구치는 스스로에게 질문하고 나서야 깨닫는다. 행위하는 순간에야말로 자기 자신이 아닌 다른 존재가 될 수 있다는 것을. 또한 나 아닌 것이 될 때에야 끝없이 변화하는 아름다움의 흐름을 파악할 수 있다는 것을.

미조구치의 방화를 단순한 파괴적 행위로 볼 수도 있다. 그러나 세계의 흐름은 죽음과 삶이 계속해서 순환하는 것이다. 세계의 흐름, 즉 생성의 차원에서 미조구치의 행위는 정당하다. 무언가를 파괴하지 않고는 창조가 시작될 수 없다. 미조구치는 자신의 인생 전반을 차지하고 있던 금각을 파괴해 버렸다. 자신을 둘러싸고 있던 세상 자체를 완벽하게 다른 세계로 변모시켜 버린 셈이다. 미조구치의 행위는 세계 변모의 흐름 중에 자신을 맡기는 것이며, 나 아닌 것이 된다는 의지이며, 고정된 주체, 이미 결정되어 버린 개체로 살지 않겠다는 의지이다. 미조구치의 방화사건은 사소할지 모른다. 그러나 미조구치가 발견한 아름다움은 그렇지 않다. 유동하는 흐름 속에 들어가는 것, 끊임없이 바뀌어 나가는 생성 그 자체가 되는 것, 그것이 바로 미조구치가 발견한 아름다움의 실체가 아니었을까.

◈ 고전 Tip & Talk

미시마 유키오와 천황

1970년 11월 25일, 미시마 유키오(三島由紀夫, 1925~1970)는 자신의 사병대인 '방패의 모임'을 이끌고 일본 자위대 옥상을 점거한다. 그곳에서 그는 평화헌법 반대와 천황제 회귀에 대한 연설을 한다. 천여 명이 넘는 군인들이 그의 연설에 비웃음으로 보답하자, 그는 "천황폐하 만세"를 외치며 그 자리에서 사무라이식 할복자살로 생을 마감한다(미시마 사건). 이 사건을 계기로 사그라졌던 일본 극우파들의 불꽃이 피어나기 시작한다. 패전 이후, 발을 디밀 틈이 없었던 군국주의자들에게 미시마의 할복 사건은 그들이 하나로 뭉칠 수 있도록 계기를 만들어 주었던 것이다. 그러나 군국주의자들은 미시마를 오해하고 있었다. 미시마가 처음 천황을 보았던 것은 소학교(지금의 초등학교) 졸업식에서였다. 졸업식장의 맨 앞에 앉은 천황은 길고 긴 졸업 예식 중에 아무런 미동도 없이 앉아 있었다고 한다. 무력할 만큼 움직임이 없는 천황의 모습은 그 어떤 카리스마 있는 존재보다 훨씬 강하게 그의 머릿속에 각인된 것이다. 당시 미시마에게 천황은 확실히 비인격적이고 신성하며 절대적인 존재에 가까웠을 것이다. 그러니 패전 이후 스스로가 신이 아니라고 자처했던 천황의 '인간선언'은 미시마뿐 아니라 일본 국민에게 충격적이었던 것은 당연하다.

절대적 존재로서의 천황과 인간선언을 해버린 천황 사이의 모순 속에서 미시마는 자신이 소망하는 천황의 이미지를 발전시킨다. 미시마가 발전시킨 천황의 이미지는 훗날 전공투('전학공투회의'의 줄임말로 1960년대 일본 각 대학에 결성된 학생운동조직)에 의해 불려 나간 도쿄대 강단에서 했던 말에서 확인할 수 있다.

"내 천황관은 소위 우익의 천황관과는 전혀 다릅니다……. 내가 말하는 천황이란 통치하는 인간천황을 말하는 게 아닙니다. 나는 폐하가 '만요슈'(萬葉集)시대의 폐하와 같이 자유롭게 프리섹스를 하는 폐하였으면 좋겠습니다. 내가 인간천황이라고 할 때에는 통치자로서의 천황, 권력 형태로서의 천황을 의미하고 있는 거죠. 나는 옛날의 신과 같은 천황이라는 하나의 흐름을 재현시키고 싶은 겁니다."

미시마는 전 세계를 통치하고 지배하는 데 힘을 쏟는 군국주의적 천황과는 다른 천황을 꿈꾸었다. 미시마의 천황은 정치라는 인간적 상황에 침범당하지 않는 신성한 영역, 즉 삶과 괴리된 예술작품과도 같은 이미지로 제시되었던 것이다. 그의 할복자살이 예술과 삶을 하나로 연결해 보겠다는 시도로 읽히기는 하지만 말이다. 그의 죽음은 그가 원하든 원하지 않든 극우파들에게 좋은 기회를 마련해 준 것은 틀림없다. 미시마는 죽고 없으니 그는 이제 천황제에 대한 그의 가치관을 제대로 피력할 기회조차 없다. 『금각사』에서 미조구치의 다짐처럼, 사람은 역시 살고 봐야 한다.

_박혜선

삶을 노래하는 우주

>> 플라톤의 『티마이오스』

버트런드 러셀(Bertrand Russell)은 플라톤의 『티마이오스』에 대해, 중세 기독교에 끼친 지대한 영향 외에는 그다지 진지하게 다룰 필요가 없는 책이라고 말했다. 러셀이 보기에 『티마이오스』는 과학이나 철학이기보다는 종교에 가까웠다. 그런가 하면 어린 시절의 하이젠베르크(Werner Heisenberg)는 신학학교 지붕 위 따뜻한 햇살 속에서 『티마이오스』를 읽으며 과학자의 꿈을 키웠다. 양자역학으로 현대물리학의 새로운 지평을 개척한 하이젠베르크지만, 만일 『티마이오스』가 없었다면 그에게 노벨물리학상의 영광을 안겨 준 '불확정성의 원리'는 불가능했을지도 모른다. 이처럼 종교와 과학 사이에 놓이는 책, 아니 너무도 멀게 느껴지는 종교와 과학을 중첩되도록 만드는 책, 플라톤의 『티마이오스』는 이곳에 존재한다.

과학으로서 『티마이오스』

『티마이오스』는 우주의 발생과 구성원리에 대한 이야기다. 여기에서 말하는 우주 구성의 근본물질은 불, 흙, 물, 공기. 이 4원소는 당시 자연철학자들의 사유를 이어받은 것이다. 하지만 플라톤은 4원소의 내적 구조로 한 걸음 나아가 기하학적 형식으로 그것들을 정의한다. 이에 따라 4원소는 기하학적 입자로서 설명되고, 우주의 생성은 순수한 형식의 세계로 펼쳐진다. 플라톤은 또한 우주의 생성 원리에 관해서도 기존의 자연철학자들과 결별한다. 그는 자연철학자들이 '사랑'과 '투쟁' 따위의 모호한 표현으로 우주의 발생을 말하던 방식과 달리, 수(數)의 비례관계를 자신의 근거로 삼는다. 수와 기하학적 질서 위에 구축된 우주! 『티마이오스』는 오늘날 과학이 우주를 다루는 방식을 그대로 보여 준다.

그럼에도 이 책이 종교적인 차원에서 읽힐 여지가 있는 것은 우주 발생의 순간에 등장하는 '데미우르고스'라는 신 때문이다. 하지만 데미우르고스는 전지전능한 창조주가 아니다. 왜냐하면 우주 원리를 담은 형상(形相)과 우주의 재료가 되는 질료가 신에 앞서 존재하기 때문이다. 즉 데미우르고스는 자신의 마음대로 우주를 창조한 것이 아니라, 우주의 원리를 담고 있는 형상들을 본(本, paradeigma)으로 삼아 제작할 뿐이다. 질료 역시 재료로 쓰기 위해서는 설득을 해야 하는 것이 신의 운명이다. 그러므로 한쪽으로는 설계도를 따르려 애쓰면서, 다른 쪽으로는 재료들과 씨름하는 장인(匠人)의 모습이 데미우르고스라는 신이다. 신조차도 따라야 하는 우주의 원리가 있고, 그 원리들을 수와 기하학의 세계로 풀어낸다는 점에서 『티마이오스』는 과학에 가깝다.

종교로서 『티마이오스』

『티마이오스』의 배경은 플라톤의 대표작인 『국가』 속의 이야기들이 오고

간 다음 날로 설정되어 있다. 실제로 『티마이오스』가 『국가』의 후속편인가에 관해서는 논란이 있다. 하지만 여기에서 중요한 점은 플라톤 스스로가 『티마이오스』를 『국가』의 연장선상에서 다루고 있다는 사실이다. 이때 플라톤의 근본적인 고민은 인간의 정의로운 삶이었다. 그에게 정의로움이란 훌륭한 삶의 지표였기 때문이다. 『국가』에서 플라톤은 정의로운 삶이 어떤 것인지, 그리고 그 삶은 어떻게 가능한지를 모색하고자 했다.

하지만 누군가 '왜' 정의로운 삶을 살아야 하는가 묻는다면? '인간이면 누구나 그래야 한다'는 식으로 밀어붙이면 될까. 플라톤은 이런 명령 대신 우주를 가지고 들어온다. 즉 훌륭한 삶에 관한 플라톤의 논의는 인간에서 국가로, 국가에서 다시 우주로 확장됨으로써 완성된다. 하여 플라톤은 우주가 어떻게 이루어져 있는지에 앞서 '왜' 만들어졌는지를 묻는다. 생각해 보면 데미우르고스라는 신이 형상을 보았다고 해서 꼭 우주를 만드는 수고를 할 필요는 없는 것이다. 여기에는 신의 '선견(善見)과 배려'가 있다. 신

희랍의 고대 자연철학자들의 관심은 우주였다. 이를 비판하며 소크라테스가 등장했고, 그는 인간의 삶을 철학의 중심에 두었다. 우주와 인간이란 두 흐름이 만나기 위해서는 플라톤(사진)이 필요했다. 우리는 우주와 인간을 아우른 플라톤의 철학체계를 『티마이오스』에서 만난다.

라파엘로의 「아테네 학당」 속의 플라톤과 아리스토텔레스. 손가락으로 하늘을 가리키고 있는 플라톤의 손에 들려진 책이 『티마이오스』다.

은 훌륭한 이이고, 그는 자신이 훌륭한 만큼 "모든 것이 최대한으로 자기 자신과 비슷한 상태에 있기를 바"란다는 것! 이것이 우주가 만들어진 이유이자, 인간이 존재하게 된 이유다.

그러므로 우리는 만물이 훌륭하게 되기를 바랐던 신의 마음이 없었다면 존재할 수 없다. 우주에는 우리 삶을 이끄는 섭리가 담겨 있고, 우주의 일부분으로서 인간은 그 섭리에 따라 살아야 한다. 플라톤에게 우주는 인간을 이루는 물질적 원인만을 의미하지 않는다. 그것은 한편으로 인간의 삶을 훌륭하게 이끄는 원인이다. 인간의 물질적 바탕을 넘어 삶의 근거로서의 우주. 플라톤의 이러한 목적으로서의 우주가 중세 기독교의 세계관과 맞닿게 된다.

우주, 삶의 새로운 상상력

우리는 『티마이오스』를 통해 과학으로 풀어진 섭리를 만난다. 이 때문에 『티마이오스』는 신학자와 과학자 모두에게 영감을 불어넣어 주는 책이 된다. 『티마이오스』 속의 독특한 우주는 세계를 바라보는 플라톤의 시선에서 기인한다. 그에게 '자연은 무엇인가'라는 질문은 곧 '인간은 어떻게 살아야 하는가'를 풀어 줄 열쇠였다. 플라톤이 우주를 수학적으로 해석한 피타고라스학파에 그토록 심취한 이유도, 삶의 윤리를 정초할 새로운 세계를 만났기 때문이다. 플라톤은 하늘 속에 담긴 땅의 모습을 보았고, 땅 위에 펼쳐진 하늘의 원리를 읽었다.

오늘날의 과학은 플라톤의 이런 시선이 옳았음을 증명해 준다. 지구상의 동물, 식물, 벌레 심지어 물방울까지 똑같은 사전(辭典)의 코드를 이해하고 있다. 효모 세포는 인간의 유전정보를 자기 것으로 착각하고, 바다와 인간이 가진 염과 광물질의 비율은 놀라울 정도로 비슷하다. 또한 우리 몸이 허용할 수 있는 원소의 양은 지각에 존재하는 원소의 양과 직접적으로 비례한다. 그러니 우주를 본다는 것은 인간을 보는 것과 다를 바 없다.

이뿐만이 아니라 과학은 우주가 얼마나 다채롭고 생기로운 존재인지를 보여 준다. 플라톤이 말했던 수적 비례와 기하학적 질서를 넘어서는 질적 다양체의 세계, 과학은 우리를 그 세계들과 이어 주는 다리다. 그러니 사회가 규정해 놓은 획일화한 가치 속에서 답답함을 느낀다면 과학이 펼쳐놓은 우주로 들어가 보자. 과학의 다리를 건너는 약간의 수고로움만 들인다면 다채로운 우주 속에 존재하는 우리 삶의 무한한 가능성들과 통로들을 만날 수 있을 것이다. 새로운 삶의 윤리를 창안할 수 있는 우주적 상상력! 이것이야말로 우리가 과학으로부터 받게 된 최대의 선물이 아닐까.

삶의 기술로서 철학, 철학의 기술로서 대화

플라톤의 작품은 『소크라테스의 변명』을 제외하면 모두 대화체의 형식으로 쓰여졌다. 플라톤이 이런 형식으로 글을 쓴 것은, 그가 '대화'를 철학의 방법으로 여겼기 때문이다. 이것은 분명 소크라테스의 유산이다. 소크라테스는 만나는 사람들에게 질문을 던졌고 대답을 이끌어 진리의 길을 찾고자 했다. 하지만 그 대화들은 어떤 결론에도 이르지 않고 끝나 버린다. 플라톤의 초기 대화 편을 읽고 나면 황당해지는 이유가 여기에 있다. 안부를 묻는 인사로 시작해 철학적 논의들을 벌인 후 별다른 결론도 없이 헤어지는 사람들. 소크라테스에게 대화의 의미는 그거면 충분했다. 그저 함께 이야기하고 그 속에서 삶에 대한 사유를 조금 더 진전시킬 수 있다면 말이다.

하지만 이런 식의 대화가 삶을 얼마나 진리로 이끌었는지는 의문스럽다. 소크라테스와 대화를 나눈 수많은 사람들 중 삶의 진리로 다가선 사람은 드물었다. 오히려 사람들은 질문을 해대는 그를 귀찮아했고 결국 그를 죽였다. 플라톤은 이런 모습을 보았다. 그에게 대화는 좌충우돌식의 수다 이상이 되어야 했다. 대화가 철학의 진정한 방법인 이유는, 그것이 우리의 영혼에 새로운 삶의 불꽃을 일으킬 수 있는 긴밀한 교제이기 때문이다. 플라톤에게는 어떤 진리도 우리 영혼을 움직일 수 없다면 무용지물이었다. 아니 우리 영혼을 움직이는 것, 그것이 진리였다. 만약 두 사람이 진정한 대화를 이루었다면, 서로의 영혼은 감화되어 그 진리의 길은 하나로 만나게 될 것이다.

플라톤의 중기 이후의 작품에서 우리는 이런 대화들을 만난다. 그곳의 대화는 세밀한 단계들을 거쳐 이루어지고 조심스럽게 결론에 도달한다. 우리는 결론에 주목하지만 정작 중요한 것은 그것이 아니다. 서로 다른 전제에 서 있는 사람들이 대화를 통해 서로의 영혼에 가 닿는 것. 그리고 그런 대화 속에서 함께 공유할 수 있는 삶의 양식을 찾아가는 것. 삶의 기술로서 철학, 철학의 기술로서 대화. 철학은 고독한 철학자의 사색 속에서 이루어지는 작업이 아닌, 대화의 향연이다. 우리는 플라톤의 대화로부터 이러한 철학을 배운다.

_신근영

타임머신을 타고 현재를 사유하다

>> 허버트 조지 웰스의 『타임머신』

아인슈타인의 상대성 이론이 나오기 전인 1885년, 허버트 조지 웰스(Herbert George Wells, 1866~1946)는 빠른 속도로 시간을 여행하는 기계를 상상했다. 이 기계의 이름이 바로 '타임머신'이다. 그는 시간차원으로의 여행이 가능하다는 사고전환에서 조금 더 밀고 나아가, 당시 영국 사회의 자본가계급과 노동자계급 사이의 갈등이 지속된다면 어떻게 될 것인지에 대해 질문한다.

두 종족으로 진화한 인류

시간여행자는 자신이 발명한 타임머신을 타고 80만 2071년 후의 세계에 도착해 지구 역사의 막바지에 다다른 인류의 모습을 목격한다. 80만 년 후의 인류는 두 가지 종족으로 진화해 있다. 시간여행자가 처음 만났던 종족은 엘로이족이다. 그들은 1미터 20센티미터 정도의 키에 가냘프고 우아한 목소리를 지니고 있으며, 노동을 하지 않고도 아무런 걱정 없이 지상에 살고 있다. 엘로이족이 아무런 일을 하지 않고도 지낼 수 있는 것에 의

문을 품고 있던 시간여행자는 잃어버린 타임머신을 찾아다니다가 지하에 숨어 살고 있는 몰록족을 만나고서야 의문을 해결한다.

몰록족은 회색빛이 도는 붉고 큰 눈을 가졌으며 머리카락은 담갈색이고 피부는 차갑다. 지하에서 생활하면서 엘로이족과 다르게 진화한 몰록족은 인류의 한 종족임을 인정하기 힘들 정도로 추악한 겉모습을 지니고 있으며, 엘로이족을 잡아먹는 야만적 습성을 지니고 있다. 시간여행자는 추측한다. 지상의 종족을 위해 노동을 하던 몰록족은 지하에서 나름의 방식대로 적응해 나갔으나, 어느 순간 두 종족 사이에 단절이 생겨났을 것이며 식량이 부족해진 몰록족은 엘로이족을 먹이로 삼게 된 것이라고. 인류의 과학기술과 문명이 거의 완벽한 수준에 도달한 이후를 그려 낸 것치고는 『타임머신』에 등장하는 인류의 모습은 암울하고 비극적이기 짝이 없다. 훨씬 더 건강하고 재미난 미래를 상상할 수 있었음에도 불구하고 웰스는 왜 그토록 디스토피아적인 미래를 묘사했던 것일까.

계급 간 갈등이 빚어낸 디스토피아적 전망

지금 현재도 가난한 노동자들은 땅 위의 자연적 환경으로부터 사실상 격리되어 살아오고 있지 않은가? 부유한 자들은 더 좋은 교육을 오랜 기간 받으려 하고 있고, 화려한 생활을 부추기는 여러 가지 것들이 있으므로 그러한 격차는 점점 커져 갈 것이다. 이로 인해 이들 두 계급 간의 소통은 더욱 어렵게 되고, 또 생물학적 분화를 막아 줄 이들 상호 간의 결혼도 점점 더 줄어들 것이다. 그렇게 땅 위에서 가진 자들이 쾌락과 안락과 아름다움을 추구하는 동안, 땅 아래에서는 가지지 못한 노동자들이 노동 환경에 맞게 적응해 나가는 것이다.

시간여행자가 경험한 미래는 연대와 소통으로 이루어진 조화로운 세계가 아니었다. 80만 년 후의 세계는 자연뿐 아니라 인간이 이루어 놓은 문화와 정신까지 말살된 세계이다. 암울한 미래의 모습을 통해 시간여행자는 자연스럽게 자신이 살고 있던 시대의 문제점을 떠올린다. '부유한 소수의 사람들이 많은 땅을 소유하고 울타리를 막아 사람들의 출입을 막는 등의 배타적인 경향'과, '보기 좋지 않은 문명 활동은 지하공간을 활용하려는 경향'이 두 종족의 분화를 부추긴 것이다.

『타임머신』이 출간되고 100년이 지난 지금, 경제환경이나 산업구조가 바뀌면서 이러한 경향은 훨씬 복잡해지고 있다. 100년 전, 부(富)의 가치가 땅이었다면 현재는 눈으로 확인 불가능한 금융이나 주식 등의 다양한 형태로 바뀌었다. 생활수준이 나아지고 많은 사람들이 금융이나 주식을 갖게 되면서 적절한 부의 분배가 이루어진 것처럼 보이지만 실제로는 최고층과 최하층의 소득격차가 더욱 커져 가고 있다. 더욱 난감한 사실은 명확해 보이던 두 계급 간 구분이 점점 더 확인 불가능해지고 있다는 점이다. 대기업에서 높은 연봉을 받는 이들을 두 계급 중 어디로 분류해야 할까. 자영업자 역시 두 개의 계급 중 하나에 끼워 넣기에는 적당하지 않다. 대기업 연봉자나 공무원들은 야근에 시달리면서도 자신의 가치를 높이기 위해 새벽이나 밤늦게까지 외국어 강좌를 들으면서 자신을 혹사시킨다. 자영업자 역시도 이른 새벽부터 종일토록 일하는 것을 당연하게 여긴다. 실상은 극소수의 최고 계급을 위해 자신의 일생을 투여하는지도 모른 채 말이다.

불행인지 다행인지, 시간여행자가 생각했던 것처럼 노동자와 자본가

계급이 각각 지상의 영역과 지하의 영역으로 들어가 생활하는 모습은 아직까지 진행되지 않은 듯하다. 그러나 이주여성이나 비정규직노동자처럼 노동의 영역에서마저 쫓겨나는 사람들이 늘어나고 있으니, 시간여행자가 짐작했던 것보다 문제는 훨씬 심각해진 셈일지도 모른다. 도시와 과학기술의 발달, 그리고 사람들의 욕망에 따라 도시는 끊임없이 개발되고 보기 좋게 세탁된다. 노동의 영역에서 쫓겨난 사람들, 개발을 이유로 도시 밖으로 쫓겨나 우리의 눈에 보이지 않게 된 사람들이 이 시대의 몰록족이 되고 있는 것은 아닐까. 그럼에도 불구하고 웰스는 참혹한 대가를 치러야만 하는 미래만 있는 것은 아니라고 덧붙인다.

> 문명의 발전이란 부질없이 쌓아 놓은 것에 불과하며, 마침내는 문명을 세운 사람들 머리 위로 무너져 내릴 것이 그의 이야기였다. 그러나 내가 생각하기에 미래는 여전히 공란으로 남겨진 미지의 세계이다. 미래는 시간여행자가 들려준 이야기에는 모두 담을 수 없을 만큼 광대한 미지의 세계인 것이다.

'타임머신'이라는 SF용어를 탄생시킨 장본인으로서 웰스는 SF소설의 창시자 중 하나로 손꼽히고 있다. 그는 SF소설을 통해 단순히 과학적 지식을 전달하고자 했던 것은 아니다. 그는 『타임머신』을 통해 미래의 시간 속에서 그가 살고 있던 당시 영국 사회의 모순을 어떻게 해결할 것인지 질문을 던지고자 했다. 현재 우리 사회를 돌아보면, 우리의 미래는 웰스가 생각했던 디스토피아보다 훨씬 더 비극적 결말로 내닫고 있는 것처럼 보이기도 한다. 그러나 웰스가 덧붙인 것처럼 미래는 아무것도 정해진 것이 없는 미지의 세계이다. 이 공란의 미지의 세계를 어떻게 채울지는 현재를 살고 있는 우리 모두의 몫일 것이다.

◈ 고전 Tip & Talk

과학보다 앞선 SF소설들

아인슈타인의 상대성 이론이 나오기 10년 전, 허버트 조지 웰스는 타임머신이라는 황당무계한 소재를 상상했다. 당시 사람들은 웰스의 상상력이 터무니없는 것이라고 치부했지만 불과 십 년이 지난 이후 이 황당무계한 상상력은 가능성이 되었다. 비슷한 사례는 또 있다. 윌리엄 깁슨(William Gibson)의 『뉴로맨서』(*Neuromancer*)가 그러하다. 가상공간에 대한 개념조차 없었던 1984년에 발표된 이 소설의 배경은 사이버 스페이스이다. 컴퓨터나 인공지능 등 컴퓨터에 대한 어떤 이해도 없었던 윌리엄 깁슨은 고물 타자기 한 대로 이 놀라운 소설을 완성했다고 한다. 오락실에서 오락을 하는 아이들을 보고 아이디어를 얻었다는 이 소설은 지금 보아도 낯설기만 한 용어로 가득하다. 사람의 두뇌에 컴퓨터를 연결해서 사이버 스페이스로 들어가는 방식을 창안한 이 소설은 이후의 사이버펑크라는 SF소설의 하위 장르를 탄생시켰으며 소설뿐 아니라 음악, 영화에까지 많은 영향을 끼치고 있다.

쥘 베른(Jules Verne)의 소설 『지구에서 달까지』(1867, 1902년 「달세계 여행」이라는 무성영화로 각색됨)에는 미국에서 달나라로 여행을 떠나는 이야기가 나온다. 알다시피 약 백 년 뒤인 1969년 미국 NASA의 암스트롱이 달나라 착륙에 성공한다. 쥘 베른의 상상력이 현실이 된 사례는 또 있다. 그의 소설 『해저 2만 리』는 잠수함을 타고 해저를 여행하는 이야기인데, 소설이 발표되었던 1870년은 아직 잠수함이 발명되기 전이었다. 그로부터 84년 뒤인 1954년, 세계 최초로 취항한 미국의 핵잠수함은 『해저 2만 리』에 나오는 잠수함의 이름인 노틸러스호라는 이름을 달고, 소설 속의 아이디어를 많은 부분 수용했다고 밝힌 바 있다.

『2001 스페이스 오디세이』의 작가 아서 클라크(Arthur Clarke)의 일화도 있다. 영국 공군의 레이더 담당 교육장교로 근무하던 그는 최첨단의 통신 장비를 접하면서 기이한 아이디어를 생각해 낸다. 1945년 그는 공군 시절의 과학적 지식을 기반으로 한 「무선세계」라는 글을 발표했고, 그의 아이디어에 착안해 통신위성이 발사되었으며 1964년 도쿄올림픽이 전 세계로 TV중계될 수 있었다고 한다. 때로 세상을 바꾸는 것은 소설가들의 놀라운 상상력이기도 한 것이다.

_박혜선

인간을 용해하라!

>> 레비-스트로스의 『야생의 사고』

바보들의 리그?

2010년 여름은 월드컵의 계절이었다. 남자대표팀의 16강 원정 성공을 시작으로 20세 이하 여자대표팀의 4강 진출, 17세 이하 여자대표팀의 우승까지 축구의 열기에 여름 더위가 무색했다. 매 경기마다 승부가 갈리고, 끝까지 살아남는 한 팀이 우승컵을 거머쥐게 되는 월드컵. 우리는 승패가 갈리는 그 순간을 보기 위해 눈을 떼지 못한다.

뉴기니의 원주민 가후쿠-가마족도 유럽문명의 유입으로 축구라는 새로운 게임을 배웠다. 그런데 그들은 양 팀의 승부가 똑같아질 때까지 몇 날 며칠이고 계속 경기를 했다고 한다. 이게 뭔 소리? 게임이란 승패를 가리기 위한 것이 아닌가? 축구의 초식도 모르는 바보들이나 할 법한 이들의 리그를 어떻게 이해할 수 있을까?

야생은 야만이 아니다

레비-스트로스(Claude Lévi-Strauss, 1908~2009)에 따르면 이것은 원주민들

이 게임을 의례로 받아들였기 때문이다. 게임과 의례의 원리는 반대다. 게임은 1등, 2등을 가림으로써 팀들의 차별성을 만들고자 한다. 하지만 의례는 서로 다른 두 팀 사이의 대칭적 관계를 만들고자 한다. 대칭적 관계를 통한 공존의 세계. 이것이 가후쿠-가마족의 기묘한 축구가 보여 주는 무승부의 사유다.

레비-스트로스는 원주민들의 이러한 사유를 '야생의 사고'라 명명한다. 우리는 원주민들을 아무 원칙도 없이 살아가는 '야만인'이나 '미개인'으로 여긴다. 하지만 이것은 우리의 편견이다. 레비-스트로스는 '구조'를 통해 우리의 편견을 깨고자 한다. 구조는 체계와 다르다. 체계가 한 사회 내부만을 문제 삼는다면, 구조는 두 개 이상의 사회를 대상으로 한다. 그는 이를 현대 대수학의 군론(群論)을 차용해 설명한다. 군론은 질적인 '수'를 다루는 대신 '연산 구조'를 중심에 둔다. 그는 질적으로 다른 두 집합도 연산 구조의 측면에서는 동일하게 다룰 수 있다는 군론의 아이디어를 인류학에 적용한다. 그리고 여기에 소쉬르와 야콥슨의 언어학을 가미해 원주민과 유럽문명 사이의 구조를 정치하게 비교·분석한다. 이를 통해 그는 원주민사회에도 문명사회와 동일한 구조가 숨겨져 있음을 밝힌다. "야생의 사고는 야만인의 사고도 아니며 미개인이나 원시인의 사고도 아니다. 효율을 높이기 위해 세련화되었다든가 길들여진 사고와는 다른, 길들여지지 않은 상태의 사고다."

레비-스트로스는 브리콜뢰르를 통해 이 길들여지지 않은 사고를 설명한다. 레비-스트로스가 소개하는 작품 하나를 보자. 동서양과 시간을 가로지르며 다양한 건축 양식을 구현하고 있는 '우편배달부 슈발 씨의 아

우편배달부 슈발 씨의 아방궁. 슈발 씨는 45년 동안 우편물을 배달하며 재미난 돌들을 모아 여러 양식이 융합된 이 성을 완성했다.

방궁'. 피카소까지 감동시킨 그 궁은 우편배달부 슈발 씨가 편지를 배달하는 길에서 주운 돌들을 쌓아 만든 작품이다. 레비-스트로스는 이런 슈발 씨를 브리콜뢰르(bricoleur; 손재주꾼)라고 부른다.

브리콜뢰르는 문명의 상징인 장인과는 다른 작업 방식을 가지고 있다. 장인은 자신에게 꼭 맞게 마련된 재료와 도구가 없으면 제대로 작업을 할 수 없다. 그에게 훌륭한 재료와 도구는 좀더 나은 작업을 보장하기 때문이다. 이에 비해 브리콜뢰르의 재료들은 우연적으로 그의 손에 들어온 것들이다. 장인의 눈에 브리콜뢰르의 작업대는 너저분해 보인다. 그러나 브리콜뢰르는 그런 눈으로 재료를 바라보지 않는다. 그는 잘 다듬어진 재료를 기다리는 대신 자신 앞의 그 우연적 재료들을 가지고 바로 작업에 돌입한다. 그는 자신이 가진 모든 선입견을 버리고 재료와 직접, 그리고 전면적으로 만난다. 그 부딪힘 속에서 재료가 가진 잠재적 능력을 끝까지 끌어올려 멋진 작품을 만들어 낸다. 브리콜뢰르는 훌륭한 재료를 가지지 못했다. 대신 그는 재료를 훌륭한 것으로 만든다. 이것이 야생의 사고가 세계를 구축하는 방법이다.

인간을 넘어 야생으로

하지만 여전히 우리에게는 그 길들여지지 않은 사고에 대한 의구심이 남아 있다. 길들여지지 않았기에 '폭력적'이지 않겠는가 하는 마뜩지 않은 눈길. 분명 원주민들이 보여 주는 통과의례는 끔찍해 보인다. 영화 「아바타」에도 위험천만한 상황에서 주인공 제이크가 통과의례를 겪는 모습이 등장한다. 나비족의 전사가 되려는 제이크는 자신을 허락하는 익룡 '이크란'을 찾아 교감에 성공해야 한다. 그 과정에 세련되고 효율적인 매뉴얼이 들어올 틈은 없다. 그것은 차라리 싸움에 가까워 보인다. 그 싸움은 제이크가 인간으로서 이크란의 주인이 되겠다는 생각을 버릴 때 끝난다. 문명 속의 우리는 그런 싸움을 통해 '나'란 존재가 다칠까 두려워한다. 그래서 '친절'이나 '상냥한 미소'의 서비스를 바란다. 하지만 원주민들은 알았다. 교감은 그런 서비스로는 이루어질 수 없음을. '나'를 지키겠다는 두려움이 오히려 교감을 싸움으로 만들어 버리는 것임을. 그들에게 어른이 된다는 것은 이제껏 타자였던 자연과의 교감 능력을 획득하는 것이다. 그리고 그 교감은 오로지 인간이란 정체성을 버릴 때 가능하다. 통과의례의 고통은 자신을 해체시키는 데 따르는 아픔을 표현하고 있을 뿐이다.

게임의 원리를 따르는 서구적 지성은 자연으로부터 분리된 특권적 영토 안에 인간을 세웠다. 그리고 인간이 자연에서 멀어진 꼭 그만큼, 인간들 스스로도 서로에 대해 분리된 채 살아가게 되었다. 인간은 자연은 물론, 서로에 대해서도 고립된 채 자신의 영토를 지키고 확장하는 데 혈안이 되었다. 밀가루에서 배추로 이어지는 농산물 파동, 세계 곳곳에서 벌어지는 인종분쟁과 종교분쟁. 그렇게 우리는 교감과 공존의 능력을 상실해 갔다.

타자든 자연이든 교감과 공존은 나의 것에 대한 탐욕을 버리지 않는 한 이루어지지 않는다. 가후쿠-가마족이 바보여서 그런 기묘한 축구를 한 것이 아니다. 그들에게 중요한 것은 어떻게든 같이 살아가는 무승부의 세계를 만드는 것이었다. 교감과 공존은 길들여진 자신만의 영토에서 나올 때 시작된다. 자신을 해체한 마주침 속에서 매 순간 새롭게 형성되는 교감과 공존의 지반. 그렇기에 레비-스트로스는 말한다. 궁극적 목적은 "인간을 구성하는 것이 아니고 인간을 용해하는 것"이라고. 그리고 덧붙인다. 설령 그 용해가 기존의 '나'를 통째로 뒤집더라도 감수해야 한다고.

◈ 고전 Tip & Talk

탐험가, 형편없는 기억력의 소유자

인류학의 거장이자 구조주의의 선구자인 레비-스트로스는 자서전을 쓰지 않았다. 이유는 간단하다. 기억력이 나빠서란다. 하지만 그의 나이 80세에 이루어진 대담을 보면 그가 정말로 기억력이 나쁜지 의심스럽다. 유년 시절의 에피소드에서부터 시대적 사건들까지 술술 풀어내는 레비-스트로스. 그는 형편없는 기억력을 가졌다기보다는 기억을 형편없는 것으로 여긴다. 레비-스트로스에게 기억은 경험을 왜곡하고, 진정한 현실을 가리는 장막이었다. 그에게 서구의 기억으로서 '역사'도 이와 다를 바 없었다. 유럽의 역사 속에서 원주민들이 수천 년을 살아온 땅은 '신대륙'이 되었고, 원주민들은 미개인이 되어 계몽의 폭력에 시달려야 했다. 그에게 역사의 시공간은 "지적 식인 행위"로 물들어 있었다.

1960년 사르트르(Jean-Paul Sartre)의 『변증법적 이성 비판』(*Critique de la raison dialectique*, 1960)은 이런 행위의 연장선상에 있었다. 레비-스트로스의

『야생의 사고』(*La Pensée sauvage*, 1962)는 사르트르를 위시한 모든 역사주의에 대한 도전장이었다. 그는 책 곳곳에서 사르트르의 개념들을 비틀며 신랄하게 비판한다. 레비-스트로스의 '브리콜뢰르'란 말도 사르트르가 원주민의 사유를 '손재주'로 폄하해 부른 것을 뒤집어 새로운 개념을 부여한 것이다. 그렇게 사르트르의 역사적 실존은 레비-스트로스의 도전장 앞에서 역사의 뒤안길로 사라져 갔다.

레비-스트로스는 기억에 묶이기보다 경계를 탐험하고자 했다. "나는 내 지성으로 얻은 지식을 비축하거나 그것으로 열매를 맺게 하는 인물이 아닙니다. 오히려 나는 항상 이동하는 경계선 위에서 몸을 움직이는 편이죠.……나는 그것의 자취를 간직하는 데는 취미도 없고, 또 그런 욕구를 품지도 않습니다." 그의 책은 이동하는 경계선이 펼쳐 놓는 다채로운 세계들로 가득하다. 이것은 모두 그의 형편없는 기억력 덕분이다. 과거의 기억에 매여 있는 자는 한 발짝도 새롭게 내딛을 수 없다. 그러니 그가 왜 자신을 형편없는 기억력의 소유자라 불렀는지 이해할 법하다. 그가 꿈꾼 탐험가의 삶은 기억과 역사 너머에서 가능함을 알았기 때문이다.

_신근영

존재하는 것 모두가 선물이다

>> 마르셀 모스의 『증여론』

사람들은 누구나 손해 보는 걸 싫어할까? 주는 것보다 더 많이 받아야 하고, 그게 아니라면 최소한 주는 만큼 받고 싶어 하는 걸까? 애덤 스미스 이래 굳건히 수호된 "이기적 인간"이라는 믿음! "자기 이익"이라는 자본주의 사회의 공리! 그런데 정말일까? 우리는 매일 매 순간 그렇게 "손해 보지 않고" 살고 싶어 하는 걸까?

한번 생각해 보자. 앞 사람이 지갑을 떨어뜨리면? 대부분 별 생각 없이 (대가를 생각하지 않고) 얼른 뛰어가 그 지갑을 주워 준다. 사랑하는 사람이라도 생기면 어떤 선물로 상대방을 기쁘게 해줄까 매일 궁리에 궁리를 거듭한다. 이사를 가면 이웃에게 떡을 돌린다. 우리 삶은 우리가 믿는 것보다는, 그렇게 계산적이지 않다! 모스(Marcel Mauss, 1872~1950)가 밝히려 했던 것은 바로 이 점이었다. 어떤 공리적인 사회도 어떤 계산적인 사회도 결코 해체할 수 없는 상호의존과 호혜의 관계성! 그걸 위해 모스는 흔히 원시사회, 미개사회로 불리는 북아메리카 인디언사회와 태평양의 여러 섬들(멜라네시아, 폴라네시아)로 들어간다.

누가 더 많이 베푸나?

북서부 아메리카 인디언사회에는 '포틀래치'(potlatch)라는 의례가 있다. '포틀래치'란 '식사를 제공한다', '소비한다'는 뜻인데, 출생·성년식·결혼식·장례식 같은 통과의례나 추장 취임식·집들이 같은 세레모니를 통해 손님들에게 온갖 음식과 선물을 잔뜩 안기는 것을 말한다. 그런데 이건 기분에 따라 해도 좋고, 하지 않아도 좋은 게 아니다. '포틀래치'를 통해 누군가에게 자기의 재물을 베풀어야 하는 것은 그 사회 구성원 모두의 의무이다. "주어야 하는 의무"!

그런데 받는 것은? 그건 마음대로 할 수 있나? 역시 아니다. 주는 것처럼 받는 것도 의무다. 만일 받지 않는다면? 그건 바로 목숨을 건 결투의 신청, 혹은 전쟁의 선포다. 따라서 원칙적으로 모든 선물은 항상 받아들여지고 칭찬된다. 나아가 '포틀래치'엔 하나의 규칙이 더 있다. 반드시 되갚아야 한다는 것! 선물을 받은 자는 반드시 갚아야 한다. 그런데 받은 것 이상으로, 더 성대한 '포틀래치'를 열어 갚아야 한다.

그러니 그 사회에서 자기 것을 '꼬불치거나' '쟁여 놓는' 지도자가 있다면? 그는 "곰곰이 생각하는 쩨쩨한 자들이여, 갖은 애를 쓰는 쩨쩨한 자들이여 …… 주어진 재물을 받은 쩨쩨한 자들이여 …… 재물을 위해서만 일하는 쩨쩨한 자들이여……"라는 점잖은 저주를 피할 길 없다.

누구나 무엇이든 요구하면 다 내줘야 하는 추장. 그래서 가장 가진 것이 없고 누추한 곳에서 사는 추장. 축적이 아니라 나눔을 경쟁하는 사회! 그곳은 그런 윤리가 지배하는 세상이다.

그뿐이랴? 그 사회에선 때로는 자기 위신을 과시하기 위하여 생선기름이나 고래기름처럼 값진 것을 완전히 태워 버리기도 하고, 집과 수천 장의 담요를 바닷속에 빠뜨리기도 한다. 또 제일 비싼(?) 동판을 파괴하기도 한다. 얼핏 보면 이런 '낭비'가 또 없지, 싶다.

심지어 준 자에게 되갚는 게 아니라 받은 것을 제3자에게 주어야 하는 사회도 있다. 태평양 섬들(트로브리안드 군도)에 사는 부족들 간에는 '쿨라'(kula, '원'이라는 뜻)라는 일종의 포틀래치가 있는데 이들 사회에서는 '음왈리'라는 조개껍질 팔찌를 서쪽에서 동쪽으로, '술라바'라는 자개에 가공한 목걸이를 동쪽에서 서쪽으로 돌린다. 부족 간의 교류에서 반드시 엄숙하게 행해지는 '쿨라' 교역. 역시 얼핏 보면 이해하기 힘든 비-쌍방향의 교류다. 게다가 가장 중요한 교역의 수단이 조개팔찌나 목걸이 따위라니. 도대체 이들은 왜 이런 일을 하는 걸까?

그건 이들 사회에서 '물건'은 단순한 '물건'이 아니기 때문이다. 모든 물건에는 '마나'(mana) 혹은 '하우'(hau)라는 영적인 힘이 깃들어 있다. 그 힘은 우리가 알 수 없는 신의 힘이기도 하고, 오늘 나를 있게 한 먼 조상의 힘이기도 하다. 따라서 값진 담요를 바다에 빠뜨리는 것은 신에게 예물을 바치는 의례, 그것도 가난한 사람과 아이들의 몫까지 자신이 바치는 의례이다(그래서 이 행위는 자기 몫으로 남겨 둔 것을 가난한 사람들과 나누겠다는 약속이기도 한 것이다).

'쿨라' 역시 마찬가지다. 물건과 물건의 교환처럼 보이는 순간조차 교환되는 것은 물건이 아니라 물건에 깃든 그 사람의 영혼, 그 부족의 삶이다. 그러니 재화가 더 많이 순환될수록 더 많은 사람들이 더 많은 사람들의 일부가 될 수밖에. 그렇게 물건과 사람이 뒤섞여 교환되고 얽히는 세상, 내가 너의 일부이고 네가 나의 일부인 세상에서 전쟁이 아니라 평화가 이루어지는 건, 오히려 자연스러워 보인다. 중요한 건 이익이 아니라 순환! 평화를 만드는 탁월한 지혜!

세상에 존재하는 것 모두가 선물이다

혹시 이 모든 것이 미개사회의 신화적 사고라고 생각하는가? 그러나 레비-스트로스가 말했듯이 그 사회는 야만의 사회가 아니다. 지금 우리와 다른 사유, 다른 윤리를 갖고 있는 또 다른 사회일 뿐이다. 그리고 그건 앞에서 말한 것처럼 완강한 자본주의 교환체제 속에서도 의연히 남아 있는 보통 사람들의 일상적인 삶의 방식이기도 하다.

세상에 원래부터 내 것이란 없다. 인간이 갖고 있는 그 어떤 것도 땅이, 하늘이, 바람이 나에게 준 선물이다. 나아가 이웃의 정성과 노동이 깃든 선물이다. 본디 내 것이 아니니 끊임없이 누군가에게 돌려줘야 하는 법. 채우지 않고 비우기! 남기지 않고 순환시키기!

모스의 『증여론』(*Essai sur le don,* 1925)을 통해 우리는 서로가 서로에게 선물이 되는 세상, 매일 '리바이블' 시켜야 하는 평화와 사랑의 세계를 꿈꾼다.

평화를 꿈꾼 거리의 사회주의자, 마르셀 모스

마르셀 모스가 저명한 사회학자 에밀 뒤르켐(Émile Durkheim, 1858~1917)의 조카라는 것은 잘 알려져 있다. 조카인 모스의 공부를 직접 지도했다던 삼촌 뒤르켐. 그 덕분일까? 1923~1924년 『사회학 연보』에 수록되었던 『증여론』은 특정 사회에 대한 단순한 경험적 관찰을 뛰어넘어 그 사회를 움직이는 어떤 총체적 관계-체계를 밝힌 책으로 높이 평가받는다. 그러나 마르셀 모스는 뒤르켐의 조카이자 학문적 계승자이기 전에 평생 사회주의운동에 헌신한 운동가였다. 1914년 우파 광신도에게 암살당한 장 조레스와 함께 드레퓌스 사건에 적극 개입한 실천적 지식인! 다양한 좌파 언론를 통해 사회주의 사상을 전파한 이론가! 무엇보다 프랑스 협동조합운동에 적극 참여해서 직접 파리에 소비자협동조합을 창설하고 운영했던 활동가였다.

따라서 모스가 러시아혁명을 누구보다 앞장서서 환호하고 지지했던 것은 당연했다. 그러나 '프롤레타리아트 독재'라는 볼셰비키의 테제에 대해서, 또 러시아 자원을 외국 자본에 개방하겠다는 레닌의 '신 경제정책'에 대해서는 반대와 불만을 표시했다. 자본주의사회를 넘어서되, 볼셰비키의 방법 이외의 대안은 없는가? 폭력과 적대를 넘어서, 또 냉혹한 공리주의를 넘어서 상호호혜적인 새로운 사회는 어떻게 만들어지는가? 『증여론』은 그 질문에 대한 모스의 진지한 탐구이자 상상적이며 동시에 실천적인 대안이다.

> 교역을 개시하려면 먼저 창을 내려놓지 않으면 안 되었다. 그렇게 해서 사람들은 씨족 사이에서뿐만 아니라 부족 간, 민족 간 그리고 개인 간에서도 재화와 사람을 교환하는 데 성공했다. …… 이렇게 해서 씨족, 부족, 민족은 서로 살육하지 않으

면서 대립하고 또 서로 희생시키지 않으면서 주는 법을 배웠다. …… 그것이야말로 그들의 지혜와 유대의 영원한 비밀 가운데 하나이다.

『증여론』은 모스가 책상 위에서 쓴 글이다. (마르셀 모스는 결코! 참여관찰을 한 바가 없다) 하지만 동시에 평생을 대안적 사회를 꿈꾸고 실천하면서 거리에서 온몸으로 쓴 책이기도 하다.

_이희경

나는 한 마리 '개'였노라

욕망이라는 불구덩이, 그 안에서 道를 찾는다

>> 이탁오의 『분서』

세상에는 두 종류의 책이 있다. 위험한 책과 위험하지 않은 책. 『분서』(焚書)는 전자에 속하는 책이다. 태워 버려야 할 정도로 위험한 책, 『분서』! "읽는 사람에 따라 질책과 원한이 생길 수도 있겠기에, 이 책이 응당 불살라지고 내버려질 운명"임을 예감한 이지(李贄, 1527~1602)는 자신의 문집에 '분서'라는 쇼킹한 제목을 붙였다. 하지만 『분서』는 불태워지는 대신 불처럼 번져 나갔고, 불타오르듯이 읽혔다.

위험하지만 절박한, 낯선 배움의 여정

이지. 중국 명말의 사상가로, 호는 '탁오'(卓吾)다. 대체로 이탁오 앞에는 '중국 사상계의 이단아', '명대 최고의 사상범' 같은 극단적인 수식어가 따라붙는다. 이탁오는 당대 지식인들의 도그마가 되어 버린 주자학적 질서에서 발생한 하나의 균열이었다. "내가 지금 음식을 갈망하는 것처럼 도를 추구한다면 공자와 노자를 가릴 여유가 있겠느냐"던 그는, 굶주린 자가 밥을 구하는 절박함으로 기존의 영토를 떠나 낯선 배움의 여정을 시작한다.

나는 어려서부터 성인의 가르침이 담긴 책을 읽었지만 그 내용이 무엇인지 알지 못했고, 공자를 존경했지만 공자에게 어떤 존경할 만한 점이 있는지 알지 못했다. 그야말로 난쟁이가 광대놀음을 구경하다가 사람들이 잘한다고 소리치면 따라서 잘한다고 소리 지르는 격이었다. 나이 오십 이전의 나는 정말로 한 마리의 개에 불과했다. 앞의 개가 그림자를 보고 짖으면 나도 따라서 짖어 댔던 것이다. 만약 남들이 짖는 까닭을 물어 오면 그저 벙어리처럼 쑥스럽게 웃기나 할 따름이었다. 오호라! 나는 오늘에서야 우리 공자를 이해했고 더 이상 예전처럼 따라 짖지는 않게 되었다. 예전의 난쟁이가 노년에 이르러 마침내 어른으로 성장한 것이다.(『속續분서』 중 「성교소인」聖教小引)

이탁오의 집안은 원래 대외무역을 하던 상인 집안이었지만, 조부 덕분에 글을 배울 수 있었다. 그는 과거시험을 통해 관리가 된 26세부터 53세까지 중국 각지를 전전한다. 그러던 어느 날, 보통 사람들 같으면 더 높은 관직에 오르려고 발버둥 치면서 안정된 노후대책을 모색할 나이에 출가를 결심한다. 이유인즉, '진짜 공부'를 하겠다는 것.

그는 선언한다. "나는 한 마리의 개"였노라고! 이보다 더 파격적이고 용감한 자기선언이 또 있었던가. 대부분의 사람들은 나이가 들어갈수록 자신의 앎과 신념을 더 견고하게 다지게 마련이다. 그런데 이탁오는 오십이 넘은 나이에 자신이 믿었던 세계가 허상일 수도 있음을 보았고, 자신이 한 마리 개였음을 자각했다. 몰랐다면 모를까, 알고도 계속 개처럼 살 수야 없지 않은가. 그는 미련 없이 자기 자리를 떠난다.

사욕 속 '본래의 성'을 되묻다

송·명대 이학(理學)의 출발점은 천리(天理)다. 그것은 '그런 것'이면서 '그래야 하는 것'이며, 만물에 내재해 있으면서도 만물을 초월해서 존재하는 법칙이다. 그리고 이 법칙이자 자연으로서의 이(理)가 인간에게 내면화된 것이 본성(性)이다. 이 본성은 기질에 따라 치우치거나 탁해지게 되는데, 이때 '사욕'(私慾)이 발생한다. 예컨대, 먹고 입고 자는 등의 행위는 '본래의 성'에 속하는 것이지만 거기에 어떤 잉여가 더해지면, 즉 더 좋은 걸 먹거나 입고 싶어 하게 되면, 그것은 사욕으로 변질되고 만다. 성리학의 핵심적 문제의식은, 이 '사욕'을 어떻게 극복하고 '본래의 성'을 되찾을 것인가, 하는 것이었다.

그런데 이탁오는 이 기본구도를 깨고 나간다. 그는 천리가 아니라 온갖 욕망으로 들끓는 일상에서 시작한다. 과연 '사욕'이 개입되지 않은 도리가 따로 존재할 수 있는가. 도리와 법칙을 추구하는 것은 사욕이 아니라고 할 수 있는가.

그는 '도리 vs 사욕'이라는 이분법적 틀 안에서 그것을 재정의하는 대신 그 같은 틀 자체를 부정하면서 자신의 사유를 밀어붙인다. 여기에는 당시 지식인들의 위선과 자기 기만에 대한 이탁오의 깊은 혐오가 깔려 있다. 이탁오는 자신의 '참된' 도리로 지식인들의 '거짓' 도리를 비난하는 대신, 현실적 욕망의 지평에서 '도리' 자체를 근본적으로 되묻는다. 지식인들이 내세우는 '도리'는 어쩌면 자신들의 위선을 정당화하기 위한 도구가 아닐까. 그들의 도리가 백성들의 사욕보다 더 가치 있다고 할 수 있을까. '도리'라는 명분이 도리어 지식인들의 탐욕을 가능케 하는 것은 아닐까.

이탁오는 묻는다. 현실적으로 작동하는 욕망의 자리가 아니라면 대체 어디서 사유를 시작할 것이며, 어디서 도를 구할 것인가, 라고. 인간에게 의지처를 제공한다는 점에서, 또 삶에 대한 의지의 반영이라는 점에서 보면, 재물과 여색을 탐하는 자의 욕망이나 도를 탐하는 자의 욕망이나 크게 다르지 않다. 그것을 실체화하고 거기에 집착하는 한에서는 똑같이 즐겁고 똑같이 괴롭다. 그러니 문제는 욕망을 제거하는 것이 아니라 욕망 '안에서', 그 뜨거운 불구덩이 속에서 자유로워지는 것이다!

『분서』 곳곳에서 이탁오는 자신의 욕망을 가감 없이 드러낸다. 잘살고 싶어서 관리가 되었고, 그러다 더 잘살아 보려고 출가했을 뿐이다. 처자식을 열심히 먹여 살리고 싶었던 것도 이탁오고, 그러다가 다 내버리고 도망쳐 나온 것도 이탁오다. 그의 비난자들이 말한 것처럼 초탈해서 처자식을 버린 것도 아니고, 무슨 선기(禪機)가 있어서 부러 기행(奇行)을 일삼는 것도 아니다. 자신의 욕망에 솔직할 수 있는 자만이 자신을 떠날 수도 있다!

개로 살 것인가, 자유로운 존재가 될 것인가

불온한 사상으로 지식인들에게 영향력을 행사하던 이탁오는 명말의 부패한 권력자들에게 목에 걸린 가시 같은 존재였다. 일종의 '사상범'으로 관에 압송되어 가는 도중에 잠시 머물던 옥사에서 그는 결국 스스로 목숨을 끊었다.

제자가 남긴 글에 따르면, 옥중에서도 평상시처럼 책을 읽고 시를 짓다가 '아무것도 바랄 게 없다'는 말을 남기고는 덤덤하게 세상을 하직했다고 한다. 생을 마감하는 순간까지도 빛나는 최강 '포스'. 추측건대, 죽음 마저도 스스로 결단하고자 했을 것이다.

『분서』는 무엇보다도, 자기 자신을 자유로운 인간으로 조형하고자 했던 한 인간의 불균질적인 사유의 조각들이다. 절실한 배움의 관계가 사라져 가고, 지식은 지배와 계급 관계를 더욱 공고하게 만드는 권력으로 기능하는 우리 시대에, 그의 물음은 더욱더 사무치게 와 닿는다. 개로 살아갈 것인가, 자유로운 존재가 될 것인가.

◈ 고전 Tip & Talk

이탁오에게 글쓰기란

이탁오의 제자 왕본아에 따르면, "선생(이탁오)은 한평생 읽지 않은 책이 없었고 가슴속에 품었다가 토해 내지 않은 말이 없었다. 읽지 않은 책이 없었다 함은 마치 먹고 마시는 일에 기갈난 사람처럼 굴어 충분히 배부르지 않으면 그만두지 않은 것을 말한다."

책을 이처럼 절실하게 읽은 사람이라면 글 또한 그렇게 쓸 것이 분명하다. 아니나 다를까, "그 분(이탁오)은 토해 내지 않은 말이 없었는데, 흡사 음식물을 먹다가 목에 걸리기라도 한 듯 죄다 구토로 토해 내지 않으면 또한 멈추지 않으셨다"고 한다.

이탁오에게 글쓰기란 일종의 '토하기'였다. 토하는 것이 어쩔 수 없는 신체의 반응인 것처럼, 글쓰기는 생각과 감정이 저절로 분출되는 것이어야 한다. 그런 글만이 누군가를 울릴 수도 웃길 수도, 화나게 할 수도 위로할 수도 있는 것이다.

이런 글쓰기를 이탁오는 '동심'(童心)에 빗대어 말한다. 법칙에 얽매이지 않고 앎에 구속되지 않은 아이만이 세계를 진심으로 보고, 진심에서 우러나오는 언어로 말할 수 있다. 성인(聖人)은 그런 점에서 '동심'을 간직한 자들이었다.

세상의 글 잘하는 사람은 모두가 처음부터 글 짓는 데 뜻을 둔 것은 아니었다. 그 가슴속에 차마 말로 형용하기 어려운 괴이한 말들이 무수히 고여 있고, 그의 목구멍에는 말하고 싶지만 감히 토해 낼 수 없는 말들이 걸려 있으며, 그 입가에는 꺼내 놓고 싶지만 무슨 말로 형용해야 좋을지 알 수 없는 것들이 허다한데, 그런 말들이 오랜 세월 축적되면 더 이상 막을 수 없는 형세가 된다.

그랬을 때 일단 그럴싸한 풍경을 보면 감정이 솟구치고 눈길 닿는 사물마다 탄식이 흘러나온다. 이렇게 해서 쏟아져 나온 옥구슬 같은 어휘들은 은하수에 빛나며 회전하는 별들처럼 하늘에 찬란한 무늬를 수놓게 된다.

굶주린 사람처럼 읽고, 토하듯이 써라! 어떤 법도 모르는, 아니 법 따위는 가볍게 무시해 버리는 아이처럼 진심을 다해 써라! 그런 글은 마음에서 마음으로 통한다는 게 이탁오의 가르침이다.

_채운

사랑과 혁명은 어떻게 조우하는가

>> 체르니셰프스키의 『무엇을 할 것인가』

체르니셰프스키(Nikolay G. Chernyshevsky, 1828~1889)의 『무엇을 할 것인가』는 시대와 삶을 질문하는 모든 청년들을 위한 책이다. 작가는 새로운 시대의 자유와 혁명을 말하는데 놀랍게도 이 과정이 사랑과 결혼을 통해 이루어진다. 바리케이드 앞이나 공장의 파업 현장이 아니라 사랑과 결혼을 통해 혁명을 한다? 그런 혁명이 대체 어떻게 가능한가.

'지하실'에서의 삶

"나는 자유롭고 싶어요!" 소설은 '자유'를 향한 베라 파블로브나의 당찬 외침과 함께 시작한다. 하지만 그녀의 외침은 현실 앞에서 공허하기만 하다. 가난하고 비천한 집안 출신의 어린 여성, 19세기 중반 러시아에서 그런 여자에게 허락된 삶이란 자신을 구원해 줄 남자를 기다리거나 하급 노동자가 되는 것뿐이다. 이미 정해진 삶의 행보만이 강요되는 곳, 누구도 다른 삶의 가능성을 말하지 않는 곳, 베라는 이런 자신의 현실을 '지하실'이라고 말한다.

그런데 아이러니하게도 이 '지하실'에는 '사랑'이 넘친다. 아니 바로 이 '사랑'이 곧 그녀를 구속하는 지하실의 정체다. 흔히 사랑한다면 상대방을 위해 기꺼이 자신을 희생하고, 서로가 서로에게 의존해야 한다고 생각한다. 하지만 이것은 사랑이 아니라 상대에 대한 집착과 소유욕에 불과하다. 베라의 어머니가 모성애를 내세워 자신이 원하는 삶을 딸에게 강요하고, 부잣집 도련님 이반이 오로지 헌신적으로 남편을 보필해 줄 여성을 배우자로 찾는 것처럼 말이다. 이런 모순투성이의 관계를 지속하는 한 우리에게 자유란 불가능하다. 그래서 베라는 이 '지하실'로부터 탈출하기 위해 전혀 다른 방식의 사랑의 모험을 감행한다.

이기적 유물론자의 사랑법

베라와 사랑에 빠지게 될 두 남자 로푸호프와 키르사노프, 그들은 언제나 자신의 이익에 따라 행동하는 이기적 유물론자들이다. 물론 여기서 '이익'은 화폐적 척도로 계산되는 무엇이 아니라 존재를 충만하게 하고 삶을 고양시키는 선택을 말한다. 이를 위해 그들은 원하는 것들의 "무게를 하나씩 달아 보"고 "그 중에서 가장 유리한 것을 선택"한다. 사랑도 마찬가지다. 동정, 연민, 희생으로 점철된 관계는 서로를 구속하고 괴롭게 한다. 그러니 오로지 저 자신을 위하여 사랑하고, 일하고, 관계하라! 이 이기적 계산법에 따라 베라는 집을 나오고 새로운 시대를 앞당기고자 노력하는 신청년, 로푸호프와 결혼을 한다.

베라와 로푸호프의 사랑은 그 자체가 지하실로부터, 강요된 삶의 행보로부터 탈출하는 일이며 동시에 새로운 삶을 구성하는 일이기도 하다.

두 사람의 부부 관계는 아주 파격적이다. 그들은 서로에 대한 존경과 신뢰를 유지하기 위하여 각방을 썼고, 심지어 '중립의 방'이라는 공간을 만들어 외부와 소통하는 것을 멈추지 않았다. 또한 베라는 자신의 취미와 꿈을 살려 가난한 여자들과 함께 운영하는 '봉제공장'을 만든다. 구성원 모두가 공장의 주인이기에 그들은 각자의 관심과 능력에 따라 소비조합, 공동주택, 배움터 등의 새로운 관계와 생활들을 조직해 간다. 공장은 이제 단순히 생계를 위한 노동의 현장이 아니다. 그곳은 새로운 관계와 실험 속에서 가난한 여성들이 삶을 바꾸고 존재를 충만하게 하는 자유와 해방의 공간이 되어 있었다. 베라와 로푸호프는 단지 스스로의 자유와 행복을 위해 노력했다. 그런데 그 일련의 행보들이 구체제를 타도하기 위해 바리케이드 앞에서 외쳤던 바로 그 혁명의 실천이 된 것이다.

무소의 뿔처럼 혼자서 가라

『무엇을 할 것인가』의 혁명성은 여기서 그치지 않는다. 작가는 이제 사회를 바꾸고, 일상을 바꾸는 것을 넘어 존재의 근본적인 고양을 시도한다. 그런데 놀랍게도 그것은 베라와 로푸호프의 결별 과정 속에서 이루어진다.

언제나 그러하듯이 이들의 사랑 또한 머무르지 않는다. 로푸호프의 절친 키르사노프와 베라가 사랑에 빠진 것이다. 이 경우 보통은 서로에 대한 극한 분노와 질투, 자기 비하로 얼룩진 파국을 맞이하기 마련이다. '영원한 사랑'에 대한 믿음이 온갖 망상들을 만들어 내기 때문이다. 베라 역시 처음에는 죄책감으로 괴로워하고 자신의 새로운 사랑을 부정하기까지 한다. 하지만 로푸호프는 그렇지 않았다. 그는 절망에 사로잡히기는커녕 베라를 헤아려 주고 그녀가 새로운 사랑을 시작할 수 있도록 적극 돕는다. 심지어 베라와 키르사노프가 타인들로부터 비난받지 않도록 치밀한 자살극을 꾸미기까지 한다. 이렇게까지 할 수 있었던 것은 그가 사랑의 무상성을 깊이 통찰하고 있었기 때문이다. "모든 것은 다 거기에 맞는 시간을 갖고 있는 법이오." "당신은 오직 한 종류의 사랑에 만족했지만 지금은 다른 것을 원하고 있는 게 틀림없어." 그에게는 이별의 아픔마저도 자신의 삶을 고양시키는 수련의 과정이 될 수 있었던 것이다.

로푸호프의 노력으로 두 사람은 자기 자신과 정직하게 대면할 수 있었다. 베라는 그동안 자신을 지하실로부터 탈출할 수 있도록 이끌어 준 로푸호프에게 의존하여 생활을 꾸리고 있었다. 하지만 그에게 의존한 채로는 살아갈 수 없다. 자기가 자기 삶의 주인이 되지 못하는 한, 우리의 삶과 사랑은 끊임없이 흔들릴 뿐 어떤 변화도 통과해 나아갈 수 없기 때문이다.

이 깨달음을 얻은 베라는 자신의 두번째 사랑이 단순히 파트너를 바꾼 관계가 아니라 진정으로 독립한 두 남녀의 결합이 될 수 있도록 노력한다. 그녀는 의사가 되는 수련을 받기로 결심하는데, 당시로서는 가히 혁명적인 이 도전은 베라가 자기 존재의 축을 세우는 일이었다. 그녀는 그렇게 모든 의존으로부터 벗어나 자기 삶의 한가운데로 도약하고 있었다. "완전한 독립 없이는 진정한 행복이란 불가능하다." 혼자서 가는 사람만이 누군가를 사랑할 수 있고, 또 그런 사랑만이 통상적인 삶의 습속을 바꾸는 혁명이 될 수 있다.

무엇을 할 것인가. 시대의 격변 속에서 길을 찾는 모든 청년들에게 체르니셰프스키는 이렇게 답한다. 무소의 뿔처럼 혼자서 가라. 소리에 놀라지 않는 사자처럼, 그물에 걸리지 않는 바람처럼! 그것만이 사랑과 혁명이 조우하는 길이라고.

◈ 고전 Tip & Talk

체르니셰프스키와 레닌

19세기 중반 러시아, 구체제는 각종 모순으로 흔들리고 있었고 이 상황을 타파하기 위해 차르는 토지개혁령을 시행하지만 그것은 도리어 민중의 삶을 벼랑 끝으로 몰고 갔다. 아버지 세대는 부르주아적 삶의 양식을 대안으로 제시하지만 그 역시 이미 유럽 각국에서 그 한계를 드러내고 있었다. 그렇다면 이제 무엇을 할 것인가. 니콜라이 체르니셰프스키는 이 시대적 질문과 온몸으로 대결한 러시아의 작가였다.

그런데 체르니셰프스키는 생의 대부분을 감옥소에서 보낸다. 그의 나이 서른다섯, 잡지에 기고한 글들이 지주들의 반발을 사 그만 감옥에 갇히게 되었고, 그후로 약 20여 년을 감옥과 시베리아의 유배지를 전전하다 세상을 떠났던 것이다. 노래와 춤으로 가득한 한 편의 연애소설, 『무엇을 할 것인가』(1863)는 바로 그 감옥소에서 완성된 작품이다.

일개 연애소설이 일으킨 사회적 반향은 의외로 엄청났다. 주인공들을 따라 수많은 청년들이 안정된 삶을 박차고 집을 나왔고, 곳곳에서는 각종 생활공동체가 조직되었다. 그리고 약 40년 후, 1917년 러시아혁명의 대명사 블라디미르 일리치 레닌 역시 『무엇을 할 것인가』를 만난다. 그는 이 소설을 얼마나 좋아했던지 자신이 쓴 정치 팸플릿에 같은 이름을 붙이기도 한다. 하지만 두 사람을 연결시키는 것은 쉽지 않다. 제국주의의 타도를 외치는 혁명가 그리고 감옥소에서 연애소설을 쓴 작가. 더군다나 계급투쟁과 전투적 당의 창설 등을 내용으로 하는 레닌의 『무엇을 할 것인가』는 청년들의 사랑과 결혼을 골자로 하는 체르니셰프스키의 소설과는 거리가 멀어 보인다.

하지만 레닌은 체르니셰프스키의 의도를 정확히 간파하고 있었다. 그는 말한다. "체르니셰프스키의 가장 위대한 공적은 올바른 마음가짐을 지닌 진지한 사람은 누구나 다 혁명가라는 것을 보여" 준 것이라고. 수인의 몸으로 연애소설을 쓴 체르니셰프스키도 대단하지만 거기서 혁명을 읽어 낸 레닌 역시 대단할 따름이다.

_박수영

신기한 것들은 다 모여라!

>> 고대 중국의 신화백과 『산해경』

『산해경』(山海經)은 전국시대 중기에서 한나라에 이르는 동안 만들어진, 중국의 오래된 지리·의학·역술·신화 등의 보고(寶庫)이다. 「산경」(山經), 「해경」(海經), 「대황경」(大荒經)으로 나뉘어 있는데, 각각 경의 성격도 다르다. 「산경」은 대륙의 산맥과 수원 및 동물, 식물, 광물 등의 분포를 그리고 있어 지리지의 성격이 강하다. 「해경」과 「대황경」은 고대 중국의 '해내외' 이웃 민족들의 모습과 삶의 양상을 그리고 있는 인문지리서이자, 고대 중국의 원시 부족들이 갖고 있는 천지창조와 일월성신의 운행 등에 대한 원시 사유를 담고 있는 신화서이다.

세상에 이런 지도가 있을까, 아니 이렇게 기괴한 동물이 있을 수 있을까, 이렇게 이상한 세상이 있을까. 존재의 특징을 압축적으로 보여 주면서도 그 신기한 세계상이 '그리고'와 '다시'로 무한하게 이어지면서 계속 생산되는 세계. 『산해경』은 상상을 통해서 생길 수 있는 모든 신기하고 다양한 존재를 모두 담아낼 수 있는 세계의 다른 이름이다. 남서북동 그리고 중앙 순으로 시작되는 「산경」의 기술(記述) 패턴은 아래와 동일하다.

> 남산경의 첫머리는 작산(鵲山)이다. …… 이 산에는 계수나무가 많고 금과 옥이 많이 난다. 이 산에 나는 어떤 풀은 모양이 부추 같은데 푸른 꽃이 핀다. 축여(祝餘)라고 하는 이것을 먹으면 배가 고프지 않다. …… 이 산의 어떤 짐승은 긴꼬리원숭이처럼 생겼는데, 귀가 희고 기어 다니다가 사람같이 서서 두 발로 달리기도 한다. 이름은 성성(狌狌)이며 이 짐승의 고기를 먹으면 달리기를 잘할 수 있다. …… 서쪽으로 흘러 바다로 들어가는데 그 속에는 육패(育沛)가 많고 이것을 몸에 차면 기생충병에 걸리지 않는다.(「남산경」)

이처럼 산 이름, 그곳의 광물과 식물, 나아가 기이한 동물의 모습이 하나씩 나열된다. 그러다 여기서 "다시 300리를 간다". 거기에 있는 산의 이름을 또 밝히고 다시 그곳에 매장되어 있는 광물과 동식물을 그려 낸다. 그러다 "다시 동쪽으로", 또 "다시 동쪽"으로 간다. 기술이 끝나고 『산해경』의 세계가 끝나도, 그 뒤를 '다시' 우리의 상상력으로 채워도 세계는 이어진다. 흡사 두루마기가 펼쳐지듯이. 『산해경』 속 다양한 동물들의 세계도 마찬가지다.

보르헤스가 중국의 한 백과사전을 인용하면서 말한 동물 분류처럼, 『산해경』 세계 속 존재들이 나열되어 있는 모습은 우리가 생각하는 세계상을 완전히 뒤집어 버린다. 지금의 눈으로 보자면 『산해경』의 세계는 어떠한 합리적인 존재의 이유와 필연성을 갖지 않는다. 『산해경』 속 신비한 동물들도 마찬가지다. 청웅황(青雄黃; 고대의 안료이자 약재)이 많이 난다는 어느 산에는 호랑이 무늬를 한 말[馬]이 있다. 머리는 희고 꼬리가 붉다. 말인가 했더니 이름이 녹촉(鹿蜀)이란다. 말의 몸통을 가진 사슴! 그러

소처럼 생긴 물고기, 육어(왼쪽)와 새 머리를 한 거북이, 선구(오른쪽).

나 당시 원시 인류가 알고 있던 사슴과는 달랐을까? 그 생김새가 이채롭다. 한편 하늘에는 꿩같이 생긴 새가 날아다닌다. 그런데 가만 보니 턱 밑의 수염으로 하늘을 난다! 그 밖에도 물에선 "뱀 꼬리에 날개를 갖고 있고 가슴지느러미를 달고 있는 소처럼 생긴 물고기"(육어鯥魚), "새의 머리를 하고 살무사 꼬리를 한 거북이"(선구旋龜)가 헤엄치고 있다. 기괴한 모습의 저 선구의 털가죽을 허리에 차고 있으면 귀가 멀지 않고 발이 부르튼 것을 고칠 수 있단다.

이처럼 『산해경』의 세계는 포유류, 조류, 어류, 파충류 등의 분류를 완전히 무시한 이질적인 것들이 날것 그대로 '이어붙어져' 있다. 새의 머리에 거북이의 몸통, 여기에다 살무사의 꼬리를 하고 있는 선구. 서로 생뚱맞아 보이는 동물 a와 동물 b가 어떠한 위화감도 없이 하나가 되어 존재한다. 신기하게도 그것에 대해서 원시 인류는 어떠한 의문도 보이지 않는다.

인간을 다루는 방식도 동식물을 보는 것과 별로 다르지 않다. 지역마다 다른 사람들의 특이한 지점을 발견하고 그것을 부각시키는 방식을 중국의 해내, 해외에서 사는 부족들에게서 찾을 수 있다. 가령 삼신국(三身國), 일비국(一臂國), 관흉국(貫胸國), 기굉국(奇肱國) 등등. 삼신국은 머리는 하나인데 몸이 셋인 사람들이 사는 나라이고, 관흉국은 가슴에 구멍이 뚫린 채 살아가는 사람들의 나라이며, 일비국은 팔, 눈, 코가 하나밖에 없는 사람들의 나라다. 『산해경』에서 이런 이야기들을 접하면서 옛사람들은 계속 의문을 키워 갔다. 그와 더불어 상상력도 커져 갔을 것이다. 가슴에 뻥 뚫린 구멍은 왜 생겨났을까? '관흉'이라고 하였으니 구멍에 무언가를 꿴다는 말인데, 막대기를 꽂아 사람들을 들어 실어 나르는 것일까? 그럼 일비국은? 팔, 눈, 콧구멍이 하나밖에 없는 일비국 사람들의 모습은 사람을 반 토막으로 나누었을 때의 한쪽 모습인데, 그렇다면 이 나라 사람들은 어떻게 걸을까? 두 몸이 하나가 되어야 산다는, 혼자가 아닌 삶을 사는 자들이 곧 인간이라는 사고가 여기서 표현된 것인가? 그렇지 않으면 먼 나라의 모습을 있는 그대로의 눈으로 그린 건가? 이에 대한 답은 사람마다 다 다를 것이고, 시대와 환경에 따라서도 다를 것이다. 그러니 지금 우리의 상상력으로 답을 내린다면 또 어떻게 될지 알 수 없는 노릇이다.

『산해경』의 세계는 다양한 해석이 가능한 열린 텍스트다. 이 기괴한 책은 우리에게 '이게 뭐지?'라는 질문을 하게 만들고, 자신이 갖고 있는 기존 상식과 개념 너머의 세계로 문득 빠져들게 한다. 그러다가 슬그머니 피어나는 생각—나도 내가 갖고 있는 것들로 새로운 것을 만들어 낼 수 있겠구나!

우리는 자신이 알고 있는 것을 레고처럼 한 조각 한 조각 쌓고 붙여 얼마든지 새로운 것을 조합해 낼 수 있다. 세상에 존재하는 것들에 의해 나의 상상력이 제한되는 것이 아니다. 오히려 있는 것들을 조합하여 나의 상상력을 극대화하는 일이 가능하다. 내가 갖고 있는 얼마 되지 않는 앎으로도 새로운 세상을 만들어 낼 수 있고, 늘 보는 세상을 전혀 다른 모습으로 볼 수 있는 시각. 그것이 『산해경』의 기이한 세계와 만나고 나서 내가 얻은 선물이다.

◈ 고전 Tip & Talk

치우를 소개합니다

『산해경』에 대해서 너무 낯설다거나 그 책을 본 적도 없다고 말하지 말자. 『산해경』의 세계에 우리는 이미 접근했다. 그게 뭐냐고? 바로 '붉은악마'가 그것이다. 이미 2002 한·일월드컵을 통해서 익숙해진 '붉은악마'는 『산해경』 속 치우(蚩尤)를 모티프로 하고 있다. 황제(黃帝)가 중국에서 독보적인 권력으로 대두하기 전, 그에게 도전장을 내민 용감무쌍하고 불굴의 의지를 가진 자, 치우.

『산해경』에 수록된 치우 관련 부분은 간단하다. 치우는 무기를 만들어 황제를 공격했다. 그러자 황제는 응룡(應龍)을 시켜 지저우(冀州)의 평원에서 공격하게 하였다. 응룡이 물을 저장하였는데 치우는 바람의 신과 비의 신에게 부탁하여 비바람이 몰아치게 했다. 그러자 황제는 가뭄의 신인 발(魃)을 불러 비를 그치게 했고 마침내 치우를 죽였다. 싸움에서 고전한 황제는 치우에 대한 두려움과 적개심으로 죽은 치우의 머리와 몸을 따로 묻었다고 한다.

중국의 신화가 단편적으로 삽입되어 있는 전적들과 함께 묶어 치우 신화를 읽으면 치우의 모습과 의미는 더욱 풍부해진다. 치우는 무기를 잘 만들었다고 했으니 대장장이이자 호전적인 전사였을 것이다. 그리고 그는 불로써 나라를 다스린

염제(炎帝)의 신하였다. 그랬기에 치우는 염제에게 패배를 안겨 준 황제를 공격했던 것이다. 염제와 황제의 전쟁은 중국의 동방 민족과 서방 민족이 중국의 패권을 둘러싸고 벌인 한바탕 전쟁이었다. 이 전쟁에서 기원이 더 오래된 동방의 염제는 남방으로 축출되었고 치우는 죽음을 불사하고 끝까지 싸웠지만 패배하여 전사한 인물이었다.

지금 치우는 '붉은악마'로 되살려졌다. 그 까닭은 무엇일까. 치우의 불굴의 의지와 용맹성 때문에? 혹시 중국 대륙에 최초 진입하여 문명을 주도했다는 동이계 종족을 부각시키고, 그들의 후손으로 우리를 내세우고 싶은 욕망이 작동한 건 아니었을까.

_최정옥

요람에서 무덤까지, 제도를 거부하라

>> 이반 일리히의 『학교 없는 사회』

1971년 출판된 『학교 없는 사회』(*Deschooling Society*)로 이반 일리히(Ivan Illich, 1926~2002)는 일약 스타가 된다. 동시에 엄청난 스캔들의 주인공으로 등극한다. '의무교육 폐지'로 요약되는 그의 주장은 전통적인 학교 옹호자들뿐 아니라 급진적 교육개혁파들로부터도 격렬한 비판을 받았다. 좌·우파 모두에게 두들겨 맞으면서도 멈추지 않는 그의 행보. 학교 폐지를 넘어 병원, 급기야 복지 폐지까지 주장한다. 보편적 복지를 거부하라! '요람에서 무덤까지' 내 삶을 제도와 국가에 맡기지 마라! 와, 정말 '핫'하지 않은가?

학교라는 의례 게임

현대사회는 건강, 배움, 이동이라는 바람과 가치를 병원, 학교, 고속도로 같은 제도의 서비스 문제로 끊임없이 치환시키는 사회이다. 이 중에서도 학교는 이른바 '가치의 제도화'를 익히는 기본 심급이다. 왜냐? 학교는 '인문적 교양' 혹은 '인적 자원의 생산' 같은 사회적 가치와 관련된 곳이 아니라 그 어떤 가치를 채택하든 그것이 '학교'를 통해서만 가능하다는 신화를 저장하고 유통시키는 게임의 구조로 작동하는 곳이기 때문이다.

자, 학교라는 게임의 구조를 보자. 학교는 배움을 수업과 동일시하게 만들고 졸업장을 자격이나 능력과 같은 것으로 생각하게 만든다. 홀로 배우는 자, 자격증 없는 비전문가는 점차 불신의 대상이 된다. 또한 수업은 다음 수업으로 단계적으로 연결되는데 각 단계마다 소위 전문가가 정교하게 고안하고 측정한 숫자의 문턱을 넘어야 한다. 이제 모든 가치는 쪼개고 붙이고 잴 수 있다는 관념이 내면화된다. 더구나 그 문턱마다 상벌, 진급, 졸업이라는 '기대'가 부여되기 때문에 그 기대를 향해 전문가가 만든 교육과정을 소비하며 무한히 앞으로 '진보'하는 것만이 선(善)이 된다.

학교는 결코 배우는 장이 아니다. 사실 가르치는 장도 아니다. 학교의 구조는 몇 개의 단계를 진급하는 의례 게임의 장, 끝없는 소비 신화에 신참자를 끌어들이는 입문 의례의 장이다. 학교가 사람들에게 교육하는 것은 다름 아닌 게임의 법칙, 그 자체이다. 그러나 무릇 모든 게임이 그렇듯이 게임에는 승자와 패자가 있기 마련. 학교라는 게임도 마찬가지다. 학교라는 게임에서 매 문턱마다 탈락자가 생기는 것은 필연적이다. 스타오디션과 같은 서바이벌 게임은 노골적이어서 오히려 순진한 반면, 학교는 '기회의 평등'이라는 신화(하지만 학교가 평등했던 적은 단 한번도 없다!)를 확산하면서 작동한다는 점에서 더 음험하고 교묘하다. 학교는 우리가 의심 없이 참여하기 때문에 지속되는 견고한 게임이다.

문제는 학교가 아니라 '제도'이다

일리히는 결코 '학교'를 없애자는 말을 한 적이 없다. 일리히가 폐지하자고 주장한 것은 학교 '제도'이다. 만약 소수는 돈을 따지만 대부분은 돈을 잃는 로또를 의무적으로 구입하자고 하면 당신은 찬성하겠는가? 그런데 소수의 승자를 위해 다수의 탈락자를 만드는 학교 제도의 확산, 혹은 의무교육의 확산을 왜 받아들이는가? 만약 영혼의 구원을 위해 모든 사람이 교회 혹은 절에 가야 한다는 법을 만들고 교회나 절에 공공자금을 지원하자고 하면 모두 찬성하겠는가? 그런데 왜 배움을 위해 학교라는 제도를 만들고 그곳에 공공자금을 투여하는 일에는 반대하지 않는가?

모든 배움의 열망과 기회와 방법을 독점하면서 누구나 다녀야 하는 의무가 된 곳, 근대 학교는 이제 교회에 가면 영혼을 구원받을 수 있다고 생각하고, 영혼의 구원을 위해서 사제의 권위에 전적으로 복종해야 했던 중세의 교회와 전혀 다르지 않다. 다만 중세의 교회가 내세의 구원을 약속하고 기대하게 만들었다면 근대의 학교는 현세의 물질적 풍요를 약속하고 기대하게 만든다는 차이가 있을 뿐!

이제 학교에서 배운 게임의 법칙은 전 사회로 확장된다. 가치를 양적으로 측정하고 비교하는 일, 소위 자격증이나 전문가를 받아들이는 일이 자연스럽게 된다. 내가 수도를 고치는 것보다 전문가를 부르는 게 더 마음이 놓이고, 이왕이면 다홍치마라고 음식도 제대로 하려면 전문요리학원에 등록해서 배우는 게 낫다고 생각한다. 아이가 아프면 내가 고친다는 것은 감히 생각할 수조차 없다. 내가 꾸리는 삶의 영역은 점점 좁아지고, 나의 능력은 점점 쇠퇴한다. 제도로부터 삶이 철저히 소외되는 상황. 일리히가 근본적으로 비판하는 것은 이런 '학교화한 사회'(schooled society)이다.

소박하고 근본적인 혁명

"우리는 신조차도 할 수 없는 것, 즉 누군가를 구원하기 위해 누군가를 조작하는 것이 가능하다고 믿는 우리들의 '교육학적 오만'으로부터 우리를 어떻게 해방시킬 것인가?" '학교 없는 사회'는 어떻게 가능할까? 일리히의 답변은 '공생'(conviviality)이다. 학교, 병원, 군대, 정부, 복지 시스템 같은 독점적이고 조작적인 제도를 거부하고 말 그대로 '함께-활력 넘치는'(convivial) 상호의존적 도구를 생산하는 것이다. 자동차가 아니라 내 다리로 걷거나 자전거를 탈 것. 친구들과 함께 서로 가르치고 배우는 네트워크를 만들 것. 고통을 사유하고 질병을 치료하는 지혜와 노하우를 공동체 내에 생산할 것. 지나치게 소박하다고?

그러나 『학교 없는 사회』로부터 40여 년이 지났어도 학교는 막강하다. 오히려 학교가 문제가 많기 때문에 학교에 더 많은 예산을 투자하자는 주장, 신자유주의의 희생자를 위해 보편적 복지를 확대하자는 주장은 점점 더 힘을 얻는다. 온정과 진보의 환상 속에서 작동하는 비정하고 반동적인 게임은 결코 끝나지 않았다. 그래서 일리히의 소박하나 근본적인 제안은 새삼 절실하다. 새로운 혁명을 원하는가? 그럼 자기 두 발로 걷는 것부터 시작해야 한다.

◈ 고전 Tip & Talk

스타와 팸플릿, 그리고 스캔들 메이커

『학교 없는 사회』는 일리히를 일약 1970년대의 스타로 만들었다. 그의 강연은 늘 사람들로 북적거렸고 그가 쓰는 책마다 족족 베스트셀러가 되었다. 그럼에도 불구하고 그는 자신의 책을 '팸플릿'이라고 불렀다. '팸플릿'! 멀리 1910년대 러시아의 레닌이 떠오르기도 하고, 1980년대 중반 한국의 운동권이 떠오르기도 하는 용어. 종교개혁, 프랑스혁명, 러시아 혁명 등 세계 문명의 근본적 전환기에 기존의 제도 출판 밖에서 소책자 형태로 간신히 제본만 하거나 때로는 표지도 없이 찍어서 배포되었던 팸플릿! 루터도 루소도 즐겨 썼던 '팸플릿'!

하지만 기성출판사에서 환영받았던 그의 저작들이 '팸플릿'이라니……. 그런데 다시 생각해 보면 참으로 기막힌 용어 아닌가? 학문적 정합성이나 기존 학계의 비평 따위엔 관심도 없이, 때로는 신랄할 정도로 래디컬한 그의 근대비판을 '팸플릿'이라는 실천적 용어로 부르는 것만큼 적합한 게 또 있을까?

1980년대 일리히는 스타라기보다는 스캔들 메이커였다. 이미 자본주의 국가의 학교들뿐 아니라 사회주의 교육까지도 비판하여 좌·우파 모두에게 비난받았던 일리히는 이제 『젠더』(1982년)라는 책의 출판을 계기로 페미니스트들의 격분을 산다. 그리고 12세기로 관심이 돌아간 그에게 낭만주의자, 이상주의자, 복고주의자, 심지어 반동주의자라는 딱지가 붙는다. 하지만 중요한 건 그가 스타에 머물지 않고, 스캔들을 마다하지 않고 나아갔다는 것이 아닐까? 그리고 스스로 질문하고 답을 찾는 걸 멈추지 않았다는 데 있는 건 아닐까?

"저는 어느 누구도 제가 말한 것을 답으로 생각하지 않기를 바랍니다."

평생 질문하고, 평생 자신의 답을 찾아 공부하고 실천했던 사람. 그러나 자신의 답이 다른 사람의 답이 되기를 원치 않았던 사람. 그래서 우리 모두에게 각자의 답을 찾도록 촉구하는 사람. 일리히는 우리에게 그런 스승이다.

_이희경

구원은 어디에 있는가?

>> 윌리엄 골딩의 『파리대왕』

구원을 기다리는 아이들

어느 날 한 무리의 아이들이 무인도에 불시착한다. 그들이 타고 온 비행기는 어디론가 자취를 감추고, 아이들을 지켜 줄 어른의 모습은 보이지 않는다. 아이들은 이제 제 힘으로 구조를 받을 때까지 버텨야만 한다. 끔찍한 일이다. 더 끔찍한 사실은, 아이들이 아직 자신들의 처지를 제대로 판단하지 못하고 있다는 점이다.

하지만 다행히도 그런 능력은 누가 굳이 가르쳐 주지 않아도 자연스럽게 터득하기 마련인가 보다. 어른이 없다는 사실에 은근히 기뻐하며 자유를 만끽하던 아이도, 불시착과 무인도, 구조라는 말의 의미를 파악하지 못한 채 여기저기 뛰어다니며 수영과 나무열매 따먹기를 즐기던 아이들도 시간이 지날수록 뭔지 모를 불안감에 사로잡힌다. 그리고 마침내는 살아남기 위해 해야 할 일들을 아이들 스스로 해내기 시작한다. 구조를 위한 봉화를 올리고, 사냥을 위해 사냥부대를 꾸린다. 이런 일들을 도모하는 아이들의 모습은 어설프긴 해도 기특하기 이를 데가 없다. 다수결이라는 민주적 절차로 대표를 선출하고, 친구의 안경을 돋보기로 삼아 봉화의 불을 붙이는 과학적 재기를 발휘하기도 한다. 처음엔 실패를 거듭했던 사냥도 경험을 통해 점점 익숙해진다. 하지만 불행히도 아이들이 할 수 있는 일이라곤 그뿐이다. 그들은 아무리 발버둥 쳐도 자기 자신의 힘만으론 구조받을 수 없다. 구조란 나의 한계 너머에 있는 힘의 도움이 필요한 법이니까. 아이들은 기다리고 또 기다린다.

기다림, 불안, 그리고 끝나지 않는 전쟁

그러던 어느 날, 한 아이가 뱀을 보았다고 주장한다. 처음 그 말을 들은 다른 아이들은 모두 웃음을 터트린다. 그건 말도 안 되는 얘기라고. 꿈일 뿐이라고. 하지만 그 비웃음은 오래 지속되지 못한다. 오히려 그 비웃음이야말로 헛된 꿈처럼 산산이 부서지고 아이들은 말문을 닫는다. 모두들 뱀을 보았다는 아이의 말로 인해 자기 내면에 자리 잡고 있던 불안을 직시하게 된 것이다. 구조를 받지 못한 채 이 무인도에서 영원히 살게 될 수도 있다는 불안. 아이들이 봉화와 사냥을 시작하고, 또 그것에 집착하게 된 이유도 바로 이 때문이다.

하지만 안타깝게도 불안에서 벗어나기 위한 아이들의 힘겨운 싸움은 서로를 향해 창을 겨누는 어처구니없는 전쟁으로 돌변한다. 봉화를 지키고자 하는 아이들은 지금 즉시 구조받기를 원한다. 사냥을 원하는 아이들은 지금 당장 고기를 먹어야만 구조를 받을 때까지 살아갈 수 있다고 믿는다. 이 아이들에게 합의란 없다. 아무리 이성적으로 판단해 보려 해도 두 가지 선택 모두 적합한 것이기 때문이다. 봉화를 지키려는 아이들은 얼핏

영화 「파리대왕」의 한 장면. 아이들은 스스로 섬 생활에 적응해 가지만, 결국 내재되어 있던 불안감을 다스리지 못하고 서로 대립하게 된다.

무력하게 보일지도 모르지만, 언제 바다를 지나갈지 모를 구조선에 구조 신호를 보내기 위해선 한시도 봉화 곁을 떠나선 안 되는 것이다. 반면 사냥을 원하는 아이들은 폭력에 매혹당해 버린 야만인들처럼 보이기도 한다. 하지만 이들도 자신이 처한 상황을 망각하고 있진 않다. 이들의 입장에선 언제가 될지 모를 구조를 넋 놓고 기다릴 수만은 없는 것이다. 사냥하는 아이들은 손 놓고 구조를 기다리는 것보다, 지금 당장 먹을 것을 구하는 것이 급선무라고 생각한다. 그러니 이 둘의 싸움은 지극히 당연하고 또 지독히 참혹하다.

아이들의 전쟁은 당연한 수순이다. 불안에서 벗어나려 안간힘을 써 궁리해 낸 대안을 누군가 반대한다는 건 완벽해 보였던 자신의 방법이 틀렸을지도 모른다는 또 다른 불안을 불러일으키기 때문이다. 그러니 자신에게 해일처럼 닥쳐오는 불안을 잠재우기 위해선 자기를 반대하는 적을 설득시키거나 그렇지 못할 경우 적을 전멸시키는 수밖에.

구원은 어디에 있는가

다행히도 『파리대왕』의 결말은 아이들이 자신의 적을 전멸시키기 전에 영국 군인들에 의해 극적으로 구조되는 것으로 끝을 맺는다. 하지만 이 결말을 해피엔딩으로 읽는 독자는 아무도 없을 것이다. 물론 아이들은 이제 무인도에 갇혀 서로를 죽이지 않아도 되고, 그토록 원하던 어른들의 보호를 받을 수 있는 집으로 돌아갈 수 있을 것이다.

하지만 여전히 뭔가 찜찜하다. 무인도라는 곳은 그 바깥의 세계가 분명히 존재하지만 그 바깥의 세계에는 탈출할 수 있는 또 다른 세계가 없지 않은가. 그렇다면 『파리대왕』의 작가 윌리엄 골딩(William Golding, 1911~1993)의 말마따나 아이들은 어른들이 구해 줬을지 몰라도, 그 어른들은 과연 누가 구해 줄 수 있단 말인가. 이제 탈출할 곳이 전혀 없는 어른들의 세계에서 서로의 의견이 충돌되어 서로를 죽이는 싸움이 벌어진다면, 과연 그들에게 구원은 어디에 있단 말인가.

하지만 돌이켜 보면 간절히 구원받고자 하는 자들에게 구원은 어디에나 있다. 아이들의 무인도 생활 중에도 구원은 도적처럼 분명히 찾아왔었다. 처음 만난 소년들과 서로 인사를 주고받으며 친구가 될 때, 무인도의 곳곳을 탐험하며 까닭도 모르는 채 희열에 잠겼을 때, 그리고 봉화를 올리기 위해 큰 나무를 함께 나를 때.

하긴, 구원이라 하기에 이 사건들은 너무나 사소한 일인지도 모른다. 하지만 아무리 사소한 사건인들 어떠한가. 구원이 나의 한계 너머에 있는 누군가의 도움이라면, 그 구원의 힘은 바로 '나'의 바깥에 있는 '너'에게 속해 있을 것이다. 너와 함께일 때 구원은 매 순간 나를 찾아올 것이고, 내

앞의 너와 '함께' 살아갈 수 있다면 구원이 아무리 사사롭다 한들 무슨 상관이란 말인가.

◈ 고전 Tip & Talk

정리하는 일과 해결하는 일

많은 평론가들이 윌리엄 골딩의 『파리대왕』을 수많은 상징적 요소들로 겹겹이 싸여 있는 작품이라고 말한다. 아이들의 대장이자 이 소설의 주인공 격인 랠프는 상식을 잃지 않으려 노력하는 이성을 상징하고, 랠프에 반기를 들고 사냥부대를 이끄는 잭은 권력 지향적이고 야만적인 인간을, 그리고 랠프의 충실한 친구이자 심복 노릇을 하는 새끼돼지는 무능력한 문명을, 잭의 행동참모 격인 로저는 금기에서 해방된 파괴주의자를, 어딘가 모르게 심약해 보이나 아이들의 불안을 대표적으로 잘 표현해 주고 있는 사이먼은 순교자의 모습을 상징하고 있다고 한다. 이처럼 작품을 하나하나 따져 보면 아무리 어렵다고 소문난 작품을 읽더라도 기죽을 필요는 없어 보인다.

하지만 정리하는 일과 해결하는 일은 다르다. 하나의 사건이 발생하고, 그것을 이야기하고, 마지막에 가서 하나의 의미로 정리하는 일은 한 사건의 종결로서 나름의 의미를 가질 순 있겠지만 그것만으로는 절대 그 사건이 해결됐다고 말할 수는 없다. 우리는 흔히 익히 알고 있는 지식들로만 하나의 사건을, 인물을, 사물을 파악하고 그것으로 모든 것을 이해했다고 고개를 끄덕이기 때문이다. 하지만 언제나 사건은 '나'의 이해 밖에서 발생한다는 것을 생각해 보면 내가 이해했다고 확신할 수 있는 사건이 과연 몇이나 될까?

물론 『파리대왕』은 작가 윌리엄 골딩이 2차 세계대전에서 경험한 수많은 이미지들의 결과물이다. 하지만 또 한편으로 『파리대왕』은 핵전쟁이라는 참혹한 현장을 본 인간들이 앞으로 어떻게 살아갈 수 있을 것인가에 대한 작가의 질문이다. 그러니 작품 속의 인물들이 분명 어떤 상징을 담고 있는지 파악했다고 해서 딱히 좋아할 만한 일은 아니다. 『파리대왕』의 인물들과 그 상징은 2차대전이 만들어 낸 괴물이 아니다. 그들은 그 이전에도 존재했고, 그 이후에도 여전히 우리 곁에 살아 있다. 이 일상의 인물들이 바로 2차대전이라는 잔혹한 전쟁을 만들어 냈다는 것은 그야말로 얼마나 끔직한 일인가. 그리고 그 끔직한 일들이 지금도 일어나고 있다는 사실로 인해 우리는 『파리대왕』을 이해했다고 말할 수 없다. 윌리엄 골딩의 질문은 책을 덮는 순간에 다시 시작인 것이다.

_이종영

경계를 무너뜨려야 유토피아

>> 캉유웨이의 『대동서』

여기 한 사람이 있다. 그는 말한다. "결혼제도를 없애고 계약동거로! 국가를 없애고 하나의 세상으로!" 결혼제도를 없애고 계약동거라니. 자유연애주의자 혹은 페미니스트의 발언이냐고? 아니다. 무려 100년 전의 이야기다. 그것도 프랑스 파리 어디에서 나온 이야기가 아니라 당시까지만 해도 전족이 유행하던 중국에 살았던 사람의 생각이다. 결혼제도를 없애고 자유로운 계약동거로! 그것도 1년 남짓의 계약으로! 왜냐고? 너무 길면 싫증날 수도 있는데 기한을 길게 잡으면 억지로 같이 살아야 하니까. 또한 사람은 원래 누구나 새로운 상대를 바라기 마련이니까. 여기에 그치는 것이 아니다. 국가도 없애야 한단다. 국가가 있는 한 전쟁은 사라지지 않으니까. 개별 국가들을 없애고, 하나의 세상으로 통합해야 한다는 것! 유럽 통합이 이루어지기 100년도 전에 이런 생각을 하다니……. 그것도 근대민족국가 건설이 최우선 과제였던 시대에 하나의 국가로 통합하자니……. 이만하면 요즘 나오는 어떤 유토피아론보다 급진적이고, 구체적이고, 바람직한(?) 세계 아닐까.

이 사람이 누구냐고? 캉유웨이(康有爲, 1858~1927)라는 사람이다. 처음 들어본다고? 무술변법의 주역이자, 량치차오(梁啓超)의 스승이라고 설명하면 좀더 알 수 있을까? 중국사상사에서 공자나 노자를 제외하고 캉유웨이만큼 평가가 엇갈리는 사람도 없다. 사회개혁가로, 혹은 유토피아주의자로, 혹은 공자교(孔子教)라는 종교제창자로, 또는 고전비판가나 수구적 보수주의자로……. 이거 한 사람 두고 말하는 거 맞아?

삶은 왜 이다지도 고통스러운가!

그렇다면 캉유웨이는 왜 가족을 해체하고, 국가를 없애야 한다는 이야기를 했을까?

그는 삶을 고통이라고 보았다. 그의 주변에는 괴로워하는 사람들이 가득했다. 나라는 전쟁통이고, 주위에는 가난과 차별로 인한 고통으로 신음하는 사람들이 넘쳐나고 있었다. 그렇다면 고통은 왜 발생하는가? 그가 내린 대답은 의외로 간단하다. 원인은 '경계'가 있기 때문이라는 것이다. 사물들은 원래 자기에게 맞는 것들은 끌어당기고, 자기에게 맞지 않는 것들은 버린다. 그렇게 해서 자연스럽게 자기에게 적합한 관계들을 맺어 나가는 법이라고 그는 말한다. 공자가 말하는 인(仁)이나, 부처가 말하는 자비, 예수가 말하는 사랑, 그리고 과학자들이 말하는 인력이 말만 다르지 다 이 끌어당기는 힘을 말한 것이라는 거다. 그의 말처럼 하물며 자석도 끌어당기는데 사람이라고 안 그러겠는가. 그러나 이런 적합한 관계를 형성하는 데 장애가 있다. '경계'가 바로 그것이다. 가족, 국가, 인종, 남녀, 계급 등등의 '경계'. 이러한 경계들이 있어 적합한 관계 속에서 서로서로를 끌어당기는 힘을 방해한다. 그는 말한다. 모든 고통의 원인은 이런 경계가 있기 때문이라고. 이 경계를 철폐해야 모두가 고통받지 않고 행복한 세상이 온다고.

경계를 없애라. 가족, 국가, 인종, 성별도!

그렇기 때문에 모든 경계는 사라져야 한다. 끌어당기는 힘들을 가로막는 아홉 가지 경계, 이것을 철폐해야 유토피아인 대동(大同)의 세상이 온다는 것이다. 대동이라는 말에서도 알 수 있듯이, 원래 만물이 하나였던 세상에 이런 경계들 때문에 얽매임이 발생하고, 고통이 생겨난다. 그럼 여기서 그가 말하는 몇 가지 대표적인 경계에 대해서 살펴보자.

사람들은 가족이라는 경계가 있어 자기 자식만, 자기 부모만 편애하기 때문에 여러 사달이 일어난다. 주위를 둘러보면 잘 알 수 있다. '내 가족은 소중하다'에서 '내 가족만 소중하다'로, 그리고 '내 가족을 위해서는 뭐든지 한다'로 이어지는 생각의 고리들이 만연해 있음을. 이들은 단지 한끝 차이일 뿐이다. 따라서 캉유웨이는 묻는다. 그럼, 가족을 없애고 모두 똑같이 사랑하면 되는 거 아닌가? 왜 꼭 자기 가족만 사랑해야 하는데? 가족 아니면 남이라는 이 구도를 없애면 되는 거 아닌가? 그래야만 평등한 사랑이 가능하지 않느냐고 그는 묻는다. 앞에서 결혼제도를 없애라고 한 것 역시 이러한 가족제도를 철폐하기 위한 방법이었던 것이다.

마찬가지로 국가라는 경계도 없애야 한다. 국가를 그냥 둔 채 전쟁을 하지 말라고 하는 것은 호랑이나 이리에게 채식을 하라는 것과 마찬가지다. 그가 보기에 국가 간 경쟁이라는 구도 속에서 평화란 있을 수 없다. 설혹 평화가 있더라도 그것은 잠시의 휴전일 뿐, 진정한 평화는 아닌 것이다. 따라서 국가 그 자체를 없애고, 하나의 대동세상으로 합쳐야 한다는 것. 어떤가, 가족과 국가를 넘어서는 놀라운 상상력. 현재 가족이, 국가가 이토록 중요하게 떠오른 것은 원래부터 가족이나 국가가 가장 중요했기 때문이 아니라, 다른 것들이 다 사라지고 오직 가족과 국가밖에 남은 것이 없어서가 아닐까.

유토피아, 또 다른 장소를 사유하는 무기

그가 그리는 유토피아인 대동세상에서는 가족, 국가뿐만 아니라 모든 경계가 사라진다. 더욱더 놀라운 점은 이러한 것들이 단지 언설 차원에서 끝나지 않는다는 거다. 그는 구체적으로 세부 계획까지 다 그리고 있다. 그런 점에서 그가 그리는 유토피아는 단순히 '비-장소'(u-topia)가 아닌, 현재를 '넘어서는-장소'라 할 수 있다. 이는 쓸모없는 공상이 아니라 미래를 바로 '지금, 여기'로 가지고 오는 새로운 상상력을 의미한다. 그렇다면 그러한 상상력은 우리를 익숙한 것들로부터 해방시켜서 '지금, 여기'를 다시 한번 사유할 수 있게 해주는 무기가 되지 않을까. 그런 점에서 캉유웨이의 『대동서』를 다시 읽는 것은 단지 현실에서 실패한 어느 한 지식인의 허무맹랑한 이야기를 읽는 것이 아니라, '지금, 여기'의 우리를 다시 한번 사유케 하고, 또 다른 새로운 장소(topos)를 향한 실험을 가능케 할 수 있는 힘이 되지 않을까.

필요없는 것은 제거하라

캉유웨이가 『대동서』(大同書, 1919)에서 그리고 있는 세상이 유토피아인 것만은 아니다. 사실 유토피아가 디스토피아로 변질돼 버리는 것은 한순간이다. 그는 실제로 인종의 통합을 이야기하며 흑인들을 백인으로 만들어야 한다고 말한다. 그 방법 역시 지금 시점에서 보면 실소를 금치 못하게 한다. 시베리아로 이주시키기, 식생활 바꾸기, 다른 인종과 결혼시키기, 그것도 안 되면 후손을 끊어 도태시키기! 다른 것들 사이에는 결코 평등할 수 없다는 그의 믿음은 모두가 같아져야 차별이 없어진다는 생각으로 이어졌다. '차별'을 없애기 위해 '차이'를 없애 버리는 세계. 그러나 그 순간 유토피아는 디스토피아로 변해 버린다. 어떠한 차이도 받아들여질 수 없는 세계. 그것이 캉유웨이가 그리는 대동세상이었다. 여기서 그의 말을 들어 보자.

> 대동세에는 험난한 지형을 모두 깎아 평탄한 길로 만든다. 예로부터 있어 왔던 높은 산, 깊은 계곡, 단절된 사막과 너무 더운 지역, 재난이 있는 곳, 귀신이 나올 것 같은 곳, 깊은 밀림, 독사와 맹수가 있는 곳, 야만인들이 서식하는 곳 등을 평정해서 평탄하게 만든다. 그러고는 이런 곳을 정리해서 주거지를 만들고, 터널을 뚫고 길을 내어 도시로 만들고, 마을끼리 서로 통하게 한다. …… 이런 세상이 이른바 대동세이고, 태평세인 것이다.

어떤가? 이 글을 읽고 어디서 본 듯한 데자뷰를 느끼지 않으셨는지? 그렇다. 모든 것을 뚫어 버려 통하게 하면 된다는 발상이다. 운하를 개발해야 한다는 이들의 논리가 이와 유사하지 않은가? 소위 근대의 기획이 끝까지 가면 결국 도달하는 바가 이런 유토피아이다. 모든 것을 깎고, 뚫고, 통하게 하는 것. 그 속에서 어떤 다른 가치들도 살아남을 수 없다.

실제로 캉유웨이 역시 『대동서』에서 모든 필요 없는 것들을 제거해야 한다고 말한다. 심지어 몸에 나 있는 털들 역시 필요 없으니 밀어 버려야 한다고 말하는 정도니 더 무슨 말이 필요하겠는가. 그러나 이런 일들이 단지 과거 어느 사상가의 망상이었다고 단언하지 말자. 이런 시대착오적 발상이 지금 우리 눈앞에서도 벌어지고 있으니 말이다.

_김태진

함께 춤출 수 없다면 혁명이 아니다

>> 이기영의 『고향』

1930년대, 조선의 농촌은 근대화의 물결 속에서 상전벽해와 같은 변화를 맞는다. 하지만 대공장, 철도, 전신은 '농민'을 "개명"(開明)하게 한 것이 아니라, 소작농과 임노동자로 전락시킨다. 이러한 계급분화와 함께 일본에서 건너온 '사회주의'는 3·1운동 이후 식어 버린 혁명의 열기를 다시금 점화시키고 있었다. "사회주의 리얼리즘의 정점"이라 불리는 이기영(李箕永, 1895~1984)의 『고향』(1933)은 이러한 시대적 배경하에서 탄생했다.

계몽의 꿈은 스러지고

'원터'는 조선의 여느 마을과 다름없이 가난하다. 그곳의 농민들은 수백 년간 대대로 부지런히 농사를 지어 왔지만, 술지게미로 보릿고개를 연명하고, 한낮의 볕조차 피할 수 없는 움막에 살고 있다. 그곳으로 동경 유학을 마친 '김희준'이라는 청년이 귀향한다. 그는 "금융조합 서기나, 면서기와 같이 돈냥깨나 되는" 직업을 얻을 수도 있었지만, "고토(苦土)에 진리의 경종을 울린다"는 거창한 '계몽의 꿈'을 안고 돌아온 것이다

희준은 곧장 기미년 이후 놀이터로 전락해 버린 청년회를 재건하고, 노동야학을 세워 농민들에게 한글과 산수를 가르친다. 혹자는 별 소득도 없는 일에 힘을 쓰는 그를 "식자의 우환"이라며 비웃지만, 매사 궂은일도 마다하지 않는 희준은 곧 마을의 구심점이 된다. 심지어 인동과 같은 젊은 농군들은 "실천을 동반한 그의 이론"에 감화받기까지 한다. 하지만 상황은 그리 녹록지 않았다. 나날이 몰락해 가는 집안과 조혼(早婚)으로 인한 아내와의 불화가 끊임없이 그를 괴롭혔고, 농민들은 여전히 "숙명적 인생관"이라는 묵은 사상에 사로잡혀 있었다.

하지만 그를 가장 괴롭혔던 것은 '임노동'의 확산으로 인하여 굳건히 세워진 사람들 간의 "울타리"였다. 화폐 법칙이 지배함에 따라 두레, 쥐불놀이와 같은 공동체의 장은 사라져 갔고, 사람들은 자신의 잇속을 채우기에 급급했다. 콩 몇 포기에 생사를 오가는 싸움이 일어나고, 돈 몇 푼을 빌려 주지 않아 마을 사람이 자살하는 사건이 벌어지기도 한다. 이러한 '관계적 결핍' 속에서 희준은 '계몽의 선각자'가 아니라 단지 "주의"(主義)가 다른 별난 사람이 되었고, 그의 행동은 '동정의 산물'로 치부되었다. 심지어 희준에게 가장 우호적이었던 김선달까지 청년회 일을 부잣집 자제들의 심심풀이라며 폄하해 버린다. 좀처럼 좁혀지지 않는 농민과의 거리를 실감하게 된 희준은 자신의 인텔리 근성을 자책함과 동시에 농민들의 무기력과 청년회원들의 이기심을 탓하기 시작한다. 모든 사람의 행복을 위해 선택한 '계몽의 길'이었건만 그 길은 마침내 자신에게도, 타인들에게도 상처와 깊은 골만을 남긴 채 파국으로 치닫고 있었다.

두레, '돼라'에서 '되기'로

그 와중에 희준은 '두레'라는 재래의 풍속과 마주친다. 그동안 언제나 제안을 '하던' 희준이 농번기로 인하여 청년회가 중단된 순간 거꾸로 두레를 제안 '받은' 것이다. 그러자 희준은 곧장 청년회와 야학 활동을 통해 형성된 인맥을 활용하여 두레에 필요한 자금을 확보하고, 축제에 필요한 장구, 징, 꽹과리 등을 장만한다. 이 속에서 희준은 기존의 만남과는 전혀 다른 만남을 경험한다. 야학과 청년회에서 희준은 언제나 그 장을 주도하는 '선도자'였다. 하지만 두레에서 희준의 역할은 선도자가 아닌 만남을 조직하는 '매니저'가 되었다. 청춘남녀의 중신아비가 되어 주기도 하고, 숨은 재주꾼을 찾아내어 두레라는 축제의 무대에 설 수 있게 해준 것이다. 그렇다고 대열을 이끄는 중심이 없는 것은 아니다. 수다쟁이에 불과했던 김선달은 상쇠잡이가 되어 신나게 풍물패를 이끌었고, 마을 최고의 얼뜨기 쇠득이는 신명나는 춤으로 춤판을 주도한다. 악기를 든 이, 심지어 음식을 마련하는 이까지 앞을 다투어 두레의 주인공이 된 것이다. 느닷없이 벌어진 흥겨운 축제는 삽시간에 서로의 울타리 속에 갇혀 있던 이들을 화해하게 만든다. 희준 역시 그 속에서 '희생'과 '헌신'이라는 짐을 내려놓고, 사람들과 어울려 한바탕 춤을 춘다.

"두레가 난 뒤로 마을 사람들의 기분은 한껏 통일된다." 그 결과 마을 사람들과 '인텔리' 희준의 거리는 삽시간에 좁혀지고, 희준은 비로소 사람들에게 자신이 품었던 꿈과 이념을 자연스레 토로할 수 있었다. 그제서야 원터 사람들도 그의 말에 귀를 기울이기 시작한다. 두레를 통하여 희준과 농민들 사이에 새로운 관계가 형성된 것이다. 계몽의 '돼라'에서, 변신의

'되기'로의 변화. 희준은 이제 농민을 이끄는 '지도자'가 아니라 농민들 속에서 그들과 어우러져 매 순간 새롭게 변신하는 '살아 움직이는 인물'이 된다.

일상, 축제, 그리고 혁명

두레를 통한 연대의 힘은 수해를 맞아 다시금 폭발한다. '소작료'를 두고 마름과 한판 '소작쟁의'가 벌어진 것이다. 하지만 굳건해만 보였던 연대감은 먹을 것이 떨어지고, 변통할 돈이 사라지자 곧 깨진다. 그러자 희준은 두레 때와 같이 인맥을 적극 활용하여 지주를 만나 소작료 협상에 나서는 한편, 농민들과 "마름"을 설득하러 다닌다. 사심 없는 열정과 친화력에 촉발받아서일까? 곧 소작쟁의를 포기할 듯 보였던 마을 사람들이 각자의 관계와 능력을 발휘하여 공동의 연합전선을 구축한다. 공장에 취업한 노동자들은 임금을 농민들에게 기꺼이 내놓고, 비교적 넉넉한 농민들은 분배받은 자신의 몫을 양보한다. 심지어 마름의 수족이었던 이까지 연락책이 되어 농민에게 힘을 보탠다. 결정적으로 지금은 어엿한 노동자가 된 마름댁 딸 갑숙이가 철없는 시절 저지른 부적절한 '혼전 관계'를 희준에게 무기로 내놓는다. 이는 여전히 양반 행세하며 사는 자신의 아버지, 마름 안승학에게 치명적인 타격을 입힌다. 이로써 길고 긴 소작쟁의는 농민들의 승리로 끝이 난다.

원터 사람들이 소작쟁의를 통해 얻은 것은 단지 소작료 감면만이 아니었다. 두레의 신명에 힘입어 소작쟁의에서 모든 사람들은 중심이자 배경이 되었다. 그 속에서 공동체적 유대감은 되살아났고, 서로가 서로를 변화시키는 경이로움을 체험한다. 일상과 축제, 그리고 투쟁이 하나로 이어지는 순간, 비로소 혁명은 이념도, 환타지도 아닌 '현실'이 된다. 『고향』이 '사회주의'와 '리얼리즘'을 동시에 성취하는 혁명소설이 될 수 있었던 이유가 여기에 있다.

◈ 고전 Tip & Talk

민중 속으로 뛰어든 젊은이들은 어떻게 되었나? : 이기영 vs 이광수

1930년대 조선은 '브나로드(Vnarod; 민중 속으로)운동'의 열기에 휩싸인다. 19세기 말 러시아에서 시작된 계몽운동을 본 딴 이 운동은 『동아일보』를 중심으로 6,000여 명의 학생을 농촌으로 향하게 했고, 10만여 명의 농민이 교육을 받는 성과를 낸다. 이를 전후하여 문학계에서는 농촌계몽소설이 잇달아 발표된다. 그 중 가장 대표적인 것이 바로 이기영의 『고향』과 이광수의 『흙』이다.

지식인의 귀향과 실제 인물을 배경으로 했다는 점에서 두 소설은 여러모로 닮아 있다. 하지만 이 둘은 공통점보다 차이점이 더 많다. 왜냐하면 두 소설 사이에는 계몽을 둘러싼 첨예한 사상적 대립이 있었기 때문이다. 그것은 두 작가가 벌인 논쟁을 통해서도 확인할 수 있다. 이광수는 당시 문단의 주축이었던 '공산주의' 세력을 겨냥하여 주인공 "공산"의 무기력함과 혁명의 허망함을 묘사한 소설 『혁명가의 아내』를 발표한다. 이를 "문학예술의 사상성과 계급성을 부정"하는 것이라고 판단한 이기영은 "민족"을 주인공으로 하는 소설 『변절자의 아내』를 발표하여, 이광수의 소설을 저열한 연애지상주의와 제국주의로 변질된 실력양성론이라 매도한다.

이러한 사상적 대립을 반영하듯 두 소설의 차이는 도입부부터 명백히 드러난다. 『고향』이 "농촌 점경"이라는 소제목으로 농촌의 삶을 묘사하는 반면, 『흙』은 주인공 '허숭'이 여인네를 두고 망상에 빠지는 것으로 시작된다. 이는 소설 말미까지 이어져, 농민들의 잠재력 및 지식인과 농민의 관계를 중심으로 전개되는 『고향』과 달리 『흙』은 농촌의 현실보다는 주인공 허숭과 그의 아내의 갈등을 중심으로 전개된다. 결국 농민과 어우러짐으로써 계몽의 구도에서 벗어나 변신을 거듭하는 『고향』의 희준과 달리 『흙』의 허숭은 농민들에게 일방적으로 지식을 전수하는 계몽주의자의 시선을 벗어나지 못하고, 결국에는 농민들의 무지에 지쳐 또 다른 곳으로 떠나고 만다.

_정우준

간혀서야 자유로울 수 있었던 한 지식인의 내면 풍경

>> 정약용의 『유배지에서 보낸 편지』

유배와 편지, 출구이자 입구

다산 정약용(丁若鏞, 1762~1836)은 살아생전 수백 권의 저작을 남겼다. 상상을 초월하는 압도적인 분량의 저술은 그의 글을 직접 읽는 대신 가벼운 호기심으로 그를 추억하게 만드는 원인이 되곤 한다. 조선 후기 최고의 실학자라거나 명석한 천재였다거나, 혹은 다산초당이라는 관광지의 주인공이라는 식으로!

다산은 "지식인이 책을 펴내 세상에 전하는 것은 단 한 사람만이라도 그 책의 진가를 알아주기를 바라서"라고 했다. 하지만 다산에 이르는 길은 너무 멀고, 다양해서 도무지 종잡을 수가 없는 것처럼 보인다.

> 너희들의 편지를 받으니 마음이 놓인다. 둘째의 글씨체가 조금 좋아졌고 문리(文理)도 향상되었는데, 나이가 들어가는 덕인지 아니면 열심히 공부하고 있는 덕인지 모르겠구나. 부디 자포자기하지 말고 마음을 단단히 먹어 부지런히 책을 읽는 데 힘쓰거라. …… 내 귀양살이 고생이 몹시 크긴 하다만 너

희들이 독서에 정진하고 몸가짐을 올바르게 하고 있다는 소식만 들리면 근심이 없겠다. …… 종놈 석(石)이가 2월 초이렛날 되돌아갔으니 헤아려 보건대 오늘쯤에야 집에서 편지를 받아 보겠구나. 이달을 맞아 더욱 마음의 갈피를 못 잡겠구나. (「두 아들에게 부치노라」)

그런데 여기, 그에게로 이르는 좁지만 또렷한 하나의 길이 있다. 그것은 편지다. 일-기계, 공부-기계, 저술-기계, 관료-기계였던 다산이 언제부터인가 '바깥'을 향해 내보냈던 이야기들, 특히 유배라는 제약된 상황 아래에서 편지는 그와 세상이 만나는 거의 유일한 창구였다. 그러므로 그에게는 출구(出口)였던 그 문이 우리에겐 그에게로 향하는 입구(入口)가 되는 셈이다.

아들들, 폐족이야말로 진정한 성인이 될 수 있다

다산은 18년간 유배생활을 했다. 그의 사십대와 오십대는 물도 바람도 기후도 낯선 먼 땅끝 마을에서 가족과 떨어져 지내는 사이 사라져 버렸다. 다산의 위대함은 그가 남긴 수백 권의 저서나 그의 학문이 갖춘 위엄 이전에, 유배라는 고립된 환경과 18년이라는 미지의 시간을 버텨 낸 그의 의지에서 온다.

폐족(廢族)으로서 잘 처신하는 방법은 오직 독서하는 것 한 가지밖에 없다. 독서라는 것은 사람에게 있어서 가장 중요하고 깨끗한 일일 뿐만 아니라, 호사스런 집안 자제들에게만 그 맛을 알도록 하는 것도 아니고 또 촌구석

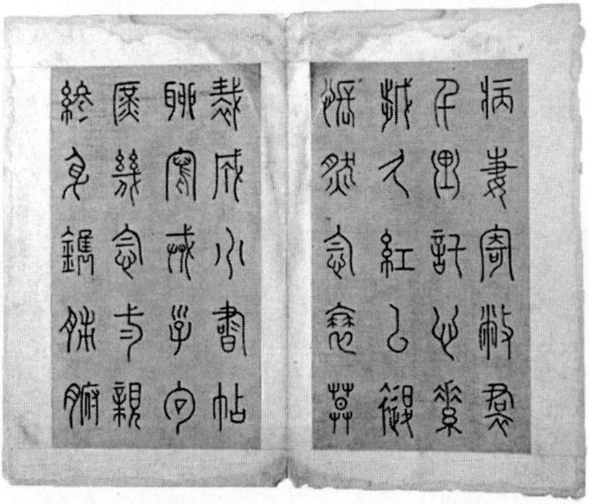

부인이 보내온 치마폭에 글과 그림을 적어 책으로 묶은 하피첩(霞皮帖). 다산이 자식들에게 보내는 간곡한 당부들이 모아져 있다.

수재들이 그 심오함을 넘겨다볼 수 있는 것이 아니기 때문이다. 반드시 벼슬하는 집안의 자제로서 어려서부터 듣고 본 바도 있는 데다 중간에 재난을 만난 너희들 같은 젊은이들만이 진정한 독서를 하기에 가장 좋은 것이다.(「두 아들에게 부치노라」)

유배지에서 다산은 편지를 쓴다. 큰아들 학연에게, 둘째아들 학유에게, 혹은 조카 학초에게! 너희들은 폐족이다. 과거시험도 볼 수 없고, 남들로부터 업신여김도 당할 것이다. 하지만 폐족은 인생 막장을 가리키는 불명예가 아니다. 폐족이란 참다운 독서 기회를 행할 수 있는 권리의 다른 이름이다. 단, "독서를 하려면 반드시 근본을 확립해야 한다. 독서의 근본은 효제(孝悌)에 있다." 효와 제는 인(仁)을 행하는 기초다. 그러니 내가 없더라도 집안 어른들을 잘 공경해야 한다. 폐족은 고위 공무원은 될 수 없지만, 성인이 되는 데는 전혀 문제가 없다. 열심히 공부해라, 너희가 아니면 내 저서는 누가 읽어 주겠느냐. "내 저서가 쓸모없다면 나는 할 일이 없는 사람이 되고 만다." 얘들아, 얘들아…….

형님, 단 한 사람의 지기(知己)면 충분하다

다산은 둘째형님 정약전(丁若銓, 1758~1816)에게도 편지를 보낸다. 형님, 이번에 공부를 하다 보니 요순시대의 '고적'(考績) 제도를 새롭게 깨달았습니다. 형님, 지난번 말씀하신 형님의 논의는 너무 탁월합니다. 이번엔 참고 삼아 제 논의도 조금 덧붙여 봅니다, 읽어 보시고 말씀해 주세요. 형님, 강진의 물소리가 차갑습니다, 그곳도 계절이 바뀌고 있겠지요? 형님, 흑산도의 수백 마리 들개들을 가만 놔두고 영양실조를 염려하시다니요, 여기 박제가의 개고기 요리법을 보내 드립니다. 형님, 얼마 전엔 밥을 해 주는 노파에게서도 큰 깨달음을 얻었습니다. 세상은 아직도 배울 것 천지입니다. 형님, 형님…….

> 어느 날 저녁에 집주인 노파가 곁에서 한담을 나누다가 갑자기 물었습니다. "선생은 책을 읽은 사람이니 이런 뜻을 아시는지요? 아버지와 어머니의 은혜는 똑같고 더구나 어머니가 오히려 더 애쓰시는데도, 성인들이 교훈을 세우기를 아버지를 중히 여기고 어머니는 가벼이하며 성씨도 아버지를 따르게 하였고 복(服)을 입을 경우에도 어머니는 아버지보다 한 등급 낮게 하였습니다. 아버지의 혈통으로 집안을 이루게 해놓고 어머니 집안은 도외시하였으니 이건 너무도 편파적이 아닌가요?"(「둘째형님께 글월 올립니다」)

하지만 둘째형 정약전은 유배지인 흑산도에서 결국 사망했다. 오랜 유배생활 동안 다산은 형을 잃고, 막내 아들을 잃고, 중풍으로 자신의 건강도 잃었다. "외롭기 짝이 없는 이 세상에서 다만 손암 선생(정약전)만이 나의 지기였는데 이제는 그분마저 잃고 말았구나." 그러고 보면 다산의 열정적인 저술 활동은 아무라도 단 한 사람 자신을 알아주길 바랐던 그가 내밀었던 실존의 외침이었다. 또한 그의 편지는 한 집안의 가장이자, 아버지이며, 동생이고, 남편이었던 그의 내면이 들려준 은밀한 풍경소리였다.

실학, 참다운 학문의 길

다산의 삶에는 쉬어 가는 페이지가 보이지 않는다. 그는 언제나 바쁘다. 아마도 이것은 다산 스스로 참된 선비의 학문은 늘 쓰이는 것이어야 한다고 믿었기 때문일 것이다. 비록 이제는 그의 말을 듣고 정책에 반영해 줄 군주도,세력을 가진 친구들도 주위엔 없게 되었지만 학문과 지식의 쓰임이 반드시 정책으로만 결정되는 것은 아니다. 유배지에서 다산은 이제까지 자신의 언설을 최종 수신하던 군주(정조 임금)의 빈 자리를 객관적이고 확실한 '앎'(지식)으로 대체시켰다(다산학의 출발!). 이를 위해 다산은 누구보다도 성실하게 관찰하고, 정리하고, 사색하고, 그리고 저술했다. 어쩌면 그것은 한 지식인이 자신의 실존을 증명할 수 있는 유일한, 혹은 정직한 방법이 아니었을까.

유배지에서 풀려난 뒤 만난 단 하나의 지인

신유박해(1801)는 현실정치에서 노론에 의한 남인의 완벽한 패배를, 다산과 그의 가족들에게는 유배자와 폐족이라는 신분상의 근본적인 재배치를 강요한 사건이었다. 이때 다산의 나이는 불과 마흔 살이었다. 모든 것을 포기하기에는 지나치게 젊고 왕성한 나이였다.

1818년, 18년 만에 비로소 유배지로부터 풀려날 수 있었지만, 이미 늙고 병들어 버렸을 뿐 아니라 가슴속에 깊은 울분을 가지고 있을지도 모를 노년의 선비를 원할 곳은 세상 어디에도 없었다. 그러므로 다산의 해배(解配)는 단지 그의 근거지가 강진에서 서울로 옮겨졌다는 사실 외에는 현실적으로 아무런 의미도 없는 요식적인 사건이었다.

이 시기 다산은 여전히 고독했다. 이 무렵 다산에게 가장 필요했던 것은 더 이상 관직이나 저술 활동 등이 아니었다. 그에게는 자신이 평생을 바쳐 힘쏟았던 저작들을 진심으로 읽어 줄 단 한 사람의 친구가 필요했을 뿐이었다.

해배 후 3년째의 어느 날 노론계의 실세 중 한 사람인 김매순(金邁淳)은 우연히 다산의 『매씨상서평』(梅氏尙書平)을 읽게 되었다. 김매순은 다산의 저작에 진심으로 감동했다. "미묘한 부분을 건드려서 그윽한 진리를 밝혀낸 것은 비위(飛衛)가 이[蝨]를 쏘아 적중시킨 것 같고, 헝클어진 것을 추려내고 굳어 있는 것을 찢어 낸 것은 포정(庖丁; 백정)이 고기를 자른 것과 같다. …… 이는 공자의 도를 밝힌 원훈(元勳)인 동시에, 주자(朱子)를 업신여기는 일을 막아낸 경신(勁臣; 굳센 신하)이다. 유림(儒林)의 대업(大業)이 이보다 클 수 있을까."

다산은 김매순의 이러한 평가에 크게 고무되었다. 비록 현실 정치의 장에서는 씻을 수 없는 원한에 사무친 적이었지만, 다른 한편으론 자신을 알아봐 준 단 한 사람의 지인(知人)을 비로소 만난 순간이었기 때문이다. 다산은 떨리는 손으로 답장을 쓴다.

"박복한 목숨 죽지 않고 살아나 이제 죽을 날이 머지않겠지만, 그래도 이러한 편지를 받고 보니, 처음으로, 더 살아 보고 싶은 생각이 듭니다."

_문성환

어느 고독한 산책가의 몽상

>> 루소의 『고백록』

1762년 6월 파리. 당시 최고의 베스트셀러 작가였던 루소(Jean Jacques Rousseau, 1712~1778)의 책 『에밀』(*Émile*)이 교회를 모독했다는 이유로 압수당하고, 유죄 판결을 받은 루소는 밤을 틈타 해외로 망명한다. 연이어 『사회계약론』도 판매금지 처분이 내려지고, 같은 해 가을 파리를 시작으로 유럽의 각 도시에서 그의 책이 불태워짐과 동시에 루소를 비난하는 글이 쏟아져 나온다.

막다른 길에서 고백을 시작하다

그 중 가장 심한 비방은 루소와 함께 『백과전서』를 편찬했던 옛 친구의 글로, "루소는 다섯 아이를 거리에다 버렸으며, 위병 초소에 출입하는 갈보들을 데리고 다녔으며, 방탕한 몸은 쇠약해지고 매독으로 썩어 들어가고 있다"는 내용이었다. 익명으로 발표된 이 글은 루소가 머물던 망명지 사람들을 자극했다. 마을 사람들은 루소의 집에 몰려와 돌을 던졌고 아침이면 깨진 유리창 아래로 돌이 수북이 쌓였다. 루소가 머물던 지역 의회는

『에밀』로 인해 체포명령이 떨어지자 도망가야 할 처지가 된 루소(왼쪽에서 두번째). 루소를 후원하던 뤽상부르 원수의 부인이 그를 걱정하고 있다. 클로디우 자캉 作.

결국 그에게 추방명령을 내렸다. 이때 루소의 나이는 쉰셋이었다. 신변의 위협, 연이은 추방과 경제적 어려움, 그리고 무엇보다도 사람들이 쏟아내는 알 수 없는 비난들. 루소는 이 '정당하지 않은' 비난을 참을 수 없었다. 그의 감정은 소용돌이쳤다. 그대로 두었다가는 자기 감정이 삶을 집어삼킬 판이었다. 그는 아무것도 할 수 없는, 사방이 막힌 상황에서 출구를 찾듯 『고백록』을 쓰기 시작한다. 도대체 '나는 누구인가?'

고백, 정신의 사체(死體)

일반적으로 고백은 사제, 판사, 의사 앞에서 자신의 진실을 드러내고 해석과 처분을 기다리는 행위다. 그러나 루소의 고백은 해야 할 말이 아니라 하고 싶은 말이며, 타자에게 들려줄 이야기가 아니라 스스로가 듣고 싶은 이야기다. 즉 루소가 『고백록』을 쓰면서 고려하고 있는 독자는 자기 자신이다. 이 고백을 듣고 루소의 삶을 단죄하고, 용서하고, 치료할 수 있는 사람은 바로 그 자신뿐이다. 루소는 자신이 누구인지 해석할 권리를 타인에게 넘겨주지 않는다. 그는 타인의 판단을 기다리는 수동적 위치를 거부하고 자기 스스로 삶을 해석하고자 했다.

『고백록』에서 우리는 한 가지 사건에 대해 루소가 전혀 다른 해석을 내리는 것을 볼 수 있다. 자기 잘못이라고 했다가, 당시 풍속이 그랬다고 변명하다가, 어쩔 수 없는 일이었다며 합리화하기도 한다. 루소에게 죄의식을 느끼게 하는 사건들은 이렇게 조금씩 다른 양상으로 등장한다. 하나의 사건은 단 한 사람의 죄로 귀결될 수 없다. 루소는 매번 다른 회상을 통해 사건의 새로운 인과를 만듦으로써 자기 기억을 정화한다. 그의 고백은 설명할 수 없었던 것, 도저히 어떤 인과 속에서 생겨났는지 모를 일들을 새롭게 계열화하면서 마음에 맺힌 것을 풀어내는 일종의 치료 행위였다.

> 이것은 자연 그대로, 진실된 모습 그대로 정확하게 그려진 유일한 인간상으로서, 아마 이러한 인간상은 앞으로는 다시 없을 것이다. …… 이것은 뒤에 반드시 착수되지 않으면 안 될 인간 연구에 있어 가장 먼저 필요한 참고 서적이 될 것이다.

인체를 연구하는 사람들이 시체를 해부하듯 인간을 연구하려는 자들 역시 인간 정신을 해부해야 한다. 루소는 자기가 겪은 일을 서술할 때 사건의 사실 관계보다 자기 느낌과 감정을 정확하게 담으려 애썼다. 영웅들의 이야기를 읽을 때 책을 덮을 수 없게 만드는 흥분, 전혀 다른 느낌으로 동시에 두 여자를 사랑했던 소년 시절의 첫사랑, 욕정처럼 보이지만 실은 자기 인생에서 최고의 연인이자 어머니였던 바랑부인에 대한 복합적 애정.

루소는 자신이 누구인지를 보여 줄 수 있을 법한 객관적인 메모와 기록이 아니라 자신이 기억하는 감정의 연쇄(連鎖)를 풀어놓는다. 루소의 지극히 '주관적인' 내면의 기억, 혹은 그의 '영혼의 역사'가 마치 '정신의 사체(死體)'처럼 해부시간을 기다리는 독자 앞에 놓인 것이다. 어린 시절의 사소한 일화부터 자신의 치부가 될 만한 과오와 애정행각, 거기에 자신을 비방하는 사람들의 치부까지, 온갖 사건을 오장육부를 내보이듯 고백하고 나서 그는 기세등등하게 외친다.

> 나는 진실을 말했습니다. 만일 누군가 내가 말해 온 것과 반대되는 내용을 알고 있어서 그 내용에 무수한 증거가 있다 하더라도, 그가 알고 있는 것은 거짓말이며 조작일 것입니다.

루소는 자신의 '모든 것'을 고백했지만, 시체를 해부해도 생명과 죽음에 대해 다 알 수 없는 것처럼 루소의 고백을 다 듣고도 우리는 루소라는 '인간'에 도달할 수 없다.

자기 시대의 이성과 합리성에 질문하기

루소가 살던 18세기에는 과학과 수학의 발전에 힘입어 '이성'으로 세상을 객관적으로 파악할 수 있으리란 기대가 팽배했으며, 그 이면에는 완벽한 앎을 통해 자연을 통제하고 관리하려는 욕망이 있었다. 이것은 인간의 정신에 대해서도 마찬가지였다. 당시 지식인들은 다양해 보이는 심적 현상을 면밀히 조사하여 '인간이란 무엇인가?'라는 질문에 대한 답을 찾고자 했다. 예컨대 콩디야크(Étienne Bonnot de Condillac)는 모든 정신활동을 철저히 분석하면 단순한 요소를 밝혀낼 수 있다고 믿었고, 그것으로부터 모든 정신활동이 합성된다고 주장했다. 『고백록』 역시 '인간이란 무엇인가'에 대한 루소 나름의 답이었다. 그러나 이것은 동시에 계몽주의자들의 영토를 벗어나는 루소의 또 다른 질문이기도 했다. 과연 인간의 삶이 과학적으로 추론될 수 있는가? 인간의 이성과 문명은 인간을 자유롭게 할 수 있는가?

『고백록』에는 한순간에 모든 것을 버리고 시작한 방랑, 사교계의 파티보다 고요한 사색을 더 좋아했던 자신의 욕망, 도저히 길들여지지 않았던 자신의 인생, 그리고 루소 스스로도 예상할 수 없었던 '우연'의 순간들이 실타래처럼 얽힌 채 기술되어 있다. 루소는 언제나 그를 잘 안다고 생각하던 이들의 예상을 빗나갔으며, '보편적 인간형'으로 파악되지 않았다. 그는 인간의 이성과 합리성을 최고의 가치로 여기던 시대에 자기 심성을 판단의 준거로 삼아 자기에게 밀려드는 사건들을 돌파해 갔다. 자신의 믿음에 대해 의심하는 자만이 진실을 소유할 수 있다는 것, 이성의 '바깥'을 상상하는 자만이 자신의 이성을 자유롭게 사용할 수 있다는 것. 루소가 우리에게, 그리고 무엇보다도 자신에게 '고백'하고 싶었던 것은 바로 이것이 아니었을까. 루소의 『고백록』은 계몽주의와 낭만주의 사이에서 '인간의 진실'에 대해 질문하는 어느 '고독한 산책자의 몽상'이다.

문제작 『에밀』, 루소는 이렇게 말한다

루소의 대표작 『에밀』은 '에밀'이라는 주인공과 스승의 일화를 중심으로 인간의 성장과 배움에 대해 기술한 교육서다. 인간의 품성과 자연적인 성장 과정을 고려한 교육 방식 때문에 자연주의 교육의 복음서로 여겨진 이래 『에밀』은 지금까지도 교육학의 고전으로 주목받고 있다. 하지만 판금과 분서, 체포명령과 망명에 이르기까지 루소는 이 책의 출판을 계기로 고난을 겪게 된다.

특히 문제가 된 부분은 4부에 등장하는 '사부아 신부의 신앙고백'이었다. 루소는 사부아 신부의 목소리를 빌려 신의 계시를 확언하는 교회와 이성적 앎으로 세계를 재단하는 철학자 모두를 비판한다. 교회와 철학은 각각 신앙과 이성의 이름으로 사유를 구속한다는 것이다. 그러나 루소가 생각하기에 무엇보다도 인간의 생각과 행동을 통제하고 규율화하는 결정적 기제는 교육이다. 따라서 『에밀』을 단순한 교육서로 읽을 경우 우리는 당혹스러움에 부딪히게 된다.

루소는 에밀의 환경과 성격, 수업 장소와 내용, 교사와 대화가 가져올 효과 등을 굉장히 구체적으로 기술한다. 그러나 사실 에밀이라는 인물을 비롯한 모든 상황은 상상의 산물이다. 무균질한 인간을 대상으로 한, 완벽하게 이상적인 교육 상황. 때문에 루소는 『에밀』의 교수법을 따라 하는 자는 반드시 실패할 거라고 말한다. 학습자를 포함한 모든 상황을 교사의 의도대로 세팅할 수 없거나 예측할 수 없는 상황이 개입한다면 『에밀』의 교육은 실패할 수밖에 없다.

여기에 루소가 제시한 '자연주의 교육'의 아이러니가 있다. 인간이란 나약한 존재고, '자연'이란 질서 속의 예기치 않음을 그 본질로 하는 것이 아닌가. 그렇다면 자연주의 교육이란 '의도하지 않은 인간'을 만들어 내는 실험으로 이해되어야 하지 않을까. 교육을 통해 알 수 없는 결과를 희망하기. 교회와 철학이 『에밀』을 불온하게 본 까닭은 거기에 있지 않을까?

"어디를 가나 불가해한 신비가 우리 주위에 맴돌고 있어. 그것은 우리 감각의 영역을 벗어나지. 그것을 간파하기 위한 오성을 가지고 있다고 생각하지만, 우리에게는 상상력밖에 없네. 우리 각자는 그 상상의 세계를 통해 올바른 길이라고 생각하는 길을 터 나가지. 하지만 자신의 길이 목적지를 향한 길인지는 아무도 모른다네."

_구윤숙

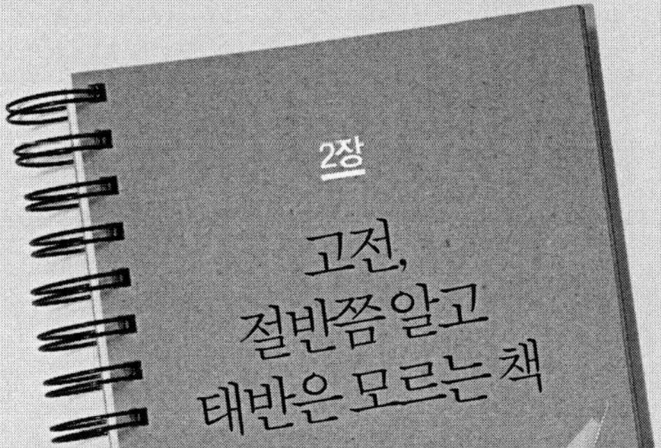
2장
고전,
절반쯤 알고
태반은 모르는 책

나는 아Q다
어둠 속에서 빛을 찾아야 한다!
>> 루쉰의 『아Q정전』

내가 아Q?

중국 현대문학가 루쉰(魯迅, 1881~1936)은 『아Q정전』을 『천바오』(晨報) 부간에 1921년 12월 4일부터 이듬해 2월 12일까지 주 1회 또는 격주로 연재했다. 첫 편이 발표된 직후부터 많은 사람들이 다음엔 자기가 당하는 차례가 아닐까 하고 전전긍긍했다. 아Q에 대한 이야기가 자신에 대한 빈정거림이라 생각하고선 신문 기고자들을 닥치는 대로 아Q의 작가라고 의심했다고 한다. 루쉰이 작자로 밝혀진 이후에는 아Q 이야기가 자신에 관한 것이 아니라고 변명하는 사람 또한 많았다. 아Q는 많은 사람들에게 자기 모습을 돌아보게 했다. 웨이좡(未莊)의 날품팔이꾼 아Q는 이름, 고향도 알려진 바 없고 일정한 직업도 없다. 뭐 하나 똑부러지게 해내는 것도 없다. 몰골도 형편없다. 그런데 이 볼품없는 사내, 자존심만은 강하다.

아Q의 정신승리법

문제는 자존심이 특정한 장소와 시점에서 발현된다는 것이다. 그의 자존심은 강자 앞에서는 자취를 감춘다. 강자 앞에서 무력하다. 모욕을 당해도 자존심을 쉽게 드러내지 못한다. 싸울 용기가 없기 때문이다. 그러나 분노와 치욕만은 어쩔 수 없다. 이런 욕망의 배출구를 찾아야 한다. 어디에서? 그는 자신보다 더 약한 자들을 찾아 나선다. 가령 노예도 폭군이 될 수 있다. 그에게 자식과 부인이 있는 한에서 말이다. 그렇지만 아Q는 마을에서 가장 무력한 부류에 속하며 가족조차 없다. 따라서 자신보다 약한 자를 쉽게 찾을 수 없다. 대략 난감한 상황이다. 이때는 스스로를 공격한다.

> 그래도 그는 이내 패배를 승리로 전환시켰다. 그는 오른손을 들어 두세 번 자기 뺨을 힘껏 때렸다. 제법 얼얼하니 통증이 왔다. 그러고 나니 마음이 평안해지기 시작했다. 마치 자기가 때리고 다른 자기가 맞은 듯했다. 이윽고 자기가 남을 때린 것처럼—아직 얼얼했지만—흡족해져 의기양양한 기분으로 드러누웠다.
>
> 이내 잠이 들고 말았다.

스스로를 때리면서, 때린 '나'와 맞는 '나'로 나를 분리한다. 그리고 때린 '나'를 기억하고, 맞았던 '나'를 망각한다. 이때 분노와 굴욕감은 다른 곳으로 향한다. 자신은 폭력을 당한 존재가 아니라 행사한 존재라는 환상을 통해. 아Q는 자신이 당한 분노와 굴욕감을 자각하지 않는다. 자신도 누군가에게 폭력을 휘두를 수 있는 존재이며, 이런 고양감 속에서 분노와 굴욕감을 소멸시켰기 때문이다. 아Q는 말한다. 자신도 주인이라고. 그러므로 아Q는 늘 즐거울 수 있다. 그는 자신이 놓인 상황에 자신만의 의미를 부여하고 만족한다. 루쉰은 이를 '정신승리법'이라고 부른다. 결국 바뀌는 것은 없다. 아Q는 단 한번도 '패배'를 경험하지 못한다.

즐거운 환상 VS 썰렁한 일상

우리는 자신이 부정될 때 존재의 변신을 꾀한다. 그러나 아Q는 이런 체험의 현장으로 뛰어들지 않는다. 루쉰이 아Q를 노예라고 부르는 이유가 여기에 있다. 노예들은 본능적으로 자기해체를 거부한다. 이들은 오직 눈앞의 환상만을 붙잡으려 할 뿐 패배라는 쓰디쓴 일상에 눈을 돌리지 않는다. 그러나 생각해 보면 우리는 일상 속에서 괴로움이나 불안과 대면한다. 이 불안과 괴로움을 통해 나를 구성하는 표면인 습속에 대해 회의하게 된다. 이때야말로 무엇인가를 배우게 된다. 즉 습속을 날카롭게 재단하는 힘, 그리고 습속으로부터 자유로운 공간이 있음을 체험하게 된다. 그럼에도 자유를 향한 절연(絶緣)이 그리 쉽지만은 않다. 노예는 정해진 길로 가길 원하지 낯선 길로 향하기를 바라지 않는다. 결국 이들은 습속을 거부하지 못하며 자유 또한 체험하지 못한다. 아니 노예들은 습속과 억압을 욕망하지 자유를 욕망하지 않는다. 이들은 한사코 자유를 거부한다. 루쉰은 '허(虛)를 실(實)로 오판'한 것에서 환멸의 비애가 생겨난다고 말한다. 사람들은 이 환멸 앞에서 몸을 돌려 단단해 보이는 것으로 되돌아간다. 가령 아Q는 패배에 직면할 때, 환멸의 비애를 다른 환상으로 치환한다. 그러나 단단해 보여도, 즐거워 보여도 '허'(虛)는 '허'(虛)이다. 아Q가 계속 미끄러져 간 것도, 이 환멸의 비애를 애써 부정하기 때문이다. 그는 환상 이후에 오는 실재의 삶, 즉 썰렁한 일상을 견디지 못했다. 아니 견디려 하지 않았다.

따라서 썰렁한 일상은 회피된다. 아Q는 애써 밝은 빛 속에 있다고 자위하지만 그가 있는 곳은 자신이 서 있는 곳조차 알 수 없는 깊은 어둠, 무명(無明)의 세계다.

행인, 어둠 속에서 빛을 찾는 자!

그런데 루쉰은 이런 아Q의 어둠을 지켜볼 뿐 대안을 쉽게 제시하지 않는다. 그는 단지 아Q의 욕망을 그대로 보여 줄 뿐이었다. 사실 사람들은 허위와 환멸을 붙잡고서 살아갈 수밖에 없다. 이런 '허'(虛)한 세계는 아Q뿐만 아니라 우리 삶의 일부이기도 하다. 우리 자신의 무명을 겸허하게 받아들이지 않는 한 우리 역시 아Q다. 무상함 그리고 어둠 속에서 살아갈 수밖에 없음을 인정할 때 우리는 겸허해진다. 그런 연후에야 비로소 황량한 일상을 환상 없이 만날 수 있다.

루쉰은 사람들이 이런 허위나 환상, 명분에 걸려서 넘어지지 않기를 희망했다. 왜냐하면 자기를 기만하지 않는 인간만이 황량하고 썰렁한 일상 속에서 길을 찾을 수 있다고 믿었기 때문이다. '허'(虛)가 삶의 조건임을 인정하는 이들은 자신이 별로 의지가 되지 않는다는 것을 알고 있다. 삶의 무상함과 가변성을 알고 있기에 조심스럽게 상황에 한 발을 앞으로 내민다. 따라서 자신이 별로 의지가 되지 않음을 아는 사람들이야말로 도리어 계속 길을 걸어갈 수 있다. 자신에 대한 환상이 없기 때문에 한 발 한 발 내딛게 된다. 썰렁한 일상 속, 그 길이 보이지 않은 삶 속에서라도 빛을 찾아내면 된다. 칠흙 같은 어둠이라 해서 빛이 없는 게 아니다. "희미한 빛, 어두컴컴한 빛, 펀 손가락이 보이지 않는 어둠, 아주 캄캄한 어둠"처럼 어둠 속에서도 빛은 존재한다. 빛과 어둠이라는 말의 환상에 빠지지 않는다면 말이다.

◈ 고전 Tip & Talk

루쉰의 고전 리라이팅, 『새로 쓴 옛날이야기』

첫번째 소설집 『외침』(1923)과 『방황』(1926)을 출판한 지 10여 년이 흐른 뒤 루쉰은 마지막이자 세번째 소설집인 『새로 쓴 옛날이야기』(故事新編, 1936)를 출간한다. 이 책은 일종의 '리라이팅 클래식'이다. 고전을 다시 쓰기 위해 루쉰은 신화와 전설, 역사에 일상과 범속을 결합시킨다. 익히 알려진 전설과 영웅담 속의 인물들의 잔해에 살을 붙이고 표정을 부여했다. 판타지와 일상이 충돌하면 일종의 비시대적 공간이 창조된다.

가령 9개의 태양을 떨어트려 인간을 구원한 전사 '예'(羿) 역시 보통의 가장처럼 가족을 부양하기 위해 하루 종일 사냥터를 헤맨다. 그러다 사냥을 잘못해 비웃음을 사기도 하고, 아꼈던 제자로부터 공격도 당한다. 가까스로 먹을 것을 구해 집으로 향하지만 기다리는 것은 부인의 가출 소식뿐이다. 얼마나 '운수 좋은 날'인가. 우(禹) 임금의 사정도 별반 다르지 않다. 홍수를 막기 위해 길을 떠났다가 돌아오는 길에 마주친 부인으로부터 이름에만 매달리는 바보라고 욕을 먹는다. 덤으로 발바닥에는 물집만이 가득했다.

세상을 벗어나려는 노자도 곤혹스럽기는 마찬가지다. 사람들에게 끌려 강의실에 앉혀지고 별반 관심도 없는 사람들 앞에서 '도'(道)에 대해 이야기해야 했다. 듣는 사람들은 정신을 놓고 몸을 비비 꼬기 시작한다. 내용도 내용이지만 그가 구사하는 사투리와 옆으로 새는 발음 때문에 사람들은 연신 고개를 떨군다. 위대한 말은 정말 드물고 고통스럽다!

이렇게 루쉰의 손을 거친 신화나 전설은 생명을 부여받고 우리들의 삶 속으로 들어온다. 이들 영웅, 현인, 전사 역시 사랑하고 방황하며 지루해한다. 이들에게도 일상은 환상이 아니라 '리얼'한 세계다. 일상은 빡빡하며 그다지 흥미진진하진 않다. 어떤 밥을 먹을 것인지, 친구를 어떻게 대할지에 대해 고민하고 번뇌한다. 이들의 위대한 삶은 이 일상 속에 놓여 있다. 이 일상을 보지 않고, 관통하지 않으면 이들의 삶과 만나지 못한다. "가지나 잎을 따는 사람은 절대로 꽃이나 열매를 가질 수가 없다."

> 사실 전사의 일상생활은 하나에서 열까지 모두가 다 영웅담과 똑같은 것은 아니다. 그러나 동시에 영웅담과 관계 없는 것은 하나도 없다. 실제의 전사는 그런 것이다. (「'이것도 생활……'」)

_최진호

삶은 무엇으로 지속되는가

>> 어니스트 헤밍웨이의 『노인과 바다』

체념과 담담함의 사이에서

84일 동안 한 마리 고기도 잡지 못한 어부가 있다. 사람들은 노인을 가리켜 '살라오'(최악의 사태)가 되었다고 수군거린다. 한동안 노인과 함께 배를 타던 소년도 부모의 성화에 못 이겨 새로운 배로 갈아타게 되었다. 더 이상 바다 위에서 노인을 도와줄 이는 아무도 없다. 노인에게 있어선 그야말로 최악의 사태이다. 하지만 노인은 하루 양식을 커피 한 잔으로 때우면서도 무엇도 원망하지 않는다. 85일째가 되는 날도 노인은 언제나처럼 담담하게 바다로 나간다. 그리고 노인은 뜻밖에 엄청나게 큰 고기를 만나게 된다.

노인은 그 고기의 힘에 끌려다니며 몇날 며칠을 바다 한가운데서 지내게 된다. 고기가 자신의 배를 끌고다니면 다닐수록 노인은 오히려 낚싯줄을 더 힘차게 움켜쥔다. 한 치의 망설임도 없다. 생존을 위해 누군가를 죽여야 하는 상황에 처한 존재로서, 노인은 고기가 아닌 자신이 죽을 수도 있음을 담담히 받아들인다. 악전고투 끝에 고기를 낚고 나서도 노인의 처지는 달라질 것이 없다. 어마어마한 덩치의 고기를 배 안으로 들여놓을 수 없어, 어쩔 수 없이 고기를 배 허리에다 단단히 붙들어 매고 집으로 향하는 노인은 그 선택이 또 어떤 사태를 유발할지 정확히 꿰뚫고 있다. 역시나 상어 떼가 한 마리씩 노인의 성과를 가로채러 달려들기 시작한다.

노인은 결국 빈털터리로 집에 돌아온다. 아니, 노인은 만신창이가 되어 버렸다. 그에게 남은 것이라고는 상어 떼의 습격을 받은 고기의 뼈 일부분과 파손된 어구, 그리고 피로뿐이다. 물론 그에게 돌아온 대가가 그것만은 아니었다. 노인을 극진하게 모시는 소년의 사랑과 이웃의 위로, 그리고 지친 몸을 누일 수 있는 침대……. 이제 노인은 상처받은 몸을 치유하면 또다시 바다로 나갈 수도 있을 것이다. 그러나 노인을 기다리는 바다는 언제나 그랬듯 실낱 같은 희망조차 약속하지 않는다. 그것은 노인도 마찬가지다. 늘 그랬듯이 노인은 아무것도 원망하지 않는다. 그리고 지친 몸을 쉬기 위해 다시 잠을 청한다.

바다, 무한한 삶의 공간

물론 노인이 시종일관 이 체념과도 같은 담담함을 유지하고 있었던 것은 아니다. 그의 마음은 시시각각 희망과 절망 사이를 오르내린다. 하지만 어떤 희망이나 어떤 절망도 노인에게는 무의미하다. 노인은 희망과 절망 중 어느 한 가지를 선택할 수 있는 처지가 아니기 때문이다. 바다의 그 어떤 것도 노인에게 있어선 모두가 친구이고, 모두가 적이 될 수 있는 존재들이다. 큰 고기를 낚게 해준 낚싯줄은 그의 손에 상처를 남겨 고기와의 싸움을 힘들게 만들고, 잔잔했던 바람은 언제 폭풍으로 돌변해 배를 뒤엎을지 모른다. 양식으로 잡아 올린 돌고래는 비린 맛을 남겨 구토를 유발하고, 마실 수 없는 바닷물은 피가 난 손을 낫게 하는 최고의 약이 되기도 한다. 미끼로 쓰려 남겨 두었던 다랑어는 허기를 달래 줄 양식으로 바뀌고, 돌아갈 곳의 위치를 알려 주는 태양은 지친 몸을 달궈 그의 노동을 방해한다. 바다의 어떤 것도 전적으로 원망의 대상이 될 수 없고, 고마움의 대상이 될 수도 없다. 바다는 그렇게 노인의 삶을 유지시켜 주는 생명줄이기도 한 반면 노인의 삶을 끝장낼 수 있는 잔인한 덫이기도 한 것이다.

하지만 노인이 바다를 희망이나 절망으로 쉽게 선택해 부를 수 없는 데는 더 중요한 이유가 있다. 그건 바로 노인 또한 바다의 일부라는 사실이다. 바다의 일부로서 노인은 자신이 잡은 고기의 처지와 다를 바가 없다. 그것은 바다에서 살고 바다에서 죽을 수 있음을 자각하고 있다는 점에서만이 아니라 노인의 존재마저도 바다에 살고 있는 그 무엇인가에게 있어 행운일 수도 절망일 수도 있다는 점에서 그러하다. 노인과 싸움을 벌인 고기에게 있어서 노인은 상어 떼의 재앙과 별반 다르지 않을 것이며, 상어 떼에게 있어 노인의 존재는 자기보다 좀더 큰 물고기이자 그들의 먹이에 지나지 않은 것이다.

> 바다는 큰 은혜를 주기도 하며, 모든 걸 간직하고 있기도 한 그 무엇이었다. 비록 바다가 사나워지고 재앙이 닥쳐오는 경우가 있다 하더라도 그것은 바다로서도 어쩔 수 없는 일이다.

바다, 그곳은 절망도 희망도 삼켜 버리는 무한의 공간이다. 바다는 온갖 가치들이 공존하고 있는 평화의 공간이 아니라, 인간들이 만들어 놓은 가치들을 무참히 짓밟고 뒤섞어 놓는 전쟁터다. 그렇게 바다는 모든 것을 감수하고 죽음마저 받아들여 '삶'이라는 무게를 담을 수 있게 된다.

삶, 성공도 실패도 없는 과정

많은 사람들이 헤밍웨이의 소설 『노인과 바다』를 읽고 다음과 같이 평가를 내린다. 절망에 맞선 인간 정신의 승리. 물론 노인은 최악의 사태 속에서도 쉽게 절망하지 않는다. 하지만 그러한 노인의 모습을 인간 정신의 승리라고까지 말할 수 있는지에 대해선 의문이다.

노인은 분명히 패배했다. 그것은 어쩔 수 없는 사실이다. 그건 노인조차도 받아들이는 진실이다. 그러니 노인의 모습에서 인간 정신의 승리라고 말할 수 있다는 건 허튼 위로에 지나지 않는다. 물론 이러한 위로를 건넬 수 있다는 사실이야말로 인간이 다른 무엇보다 위대하고, 영원히 그들과의 싸움에서 패배하지 않는 까닭인지도 모른다. 그런 점에서라면 인간 정신의 승리라고 말하는 것 또한 틀린 말은 아닐 것이다.

하지만 살아 있는 모든 것들은 살아남기 위해 투쟁한다. 그것은 의지나 정신의 문제가 아니다. 아이러니하지만 그들은 살아 있는 한 살아 있기 위해 그들의 모든 힘을 소진시킨다. 그리고 그 싸움에서 그들은 죽는 한이 있어도 패배할 수는 없다. 하지만 노인은 분명히 패배했다고 말하지 않았었나? 맞다. 노인은 패배했다. 하지만 그 패배는 인간들이 만들어 놓은 '목표'라는 것을 달성하지 못했다는 의미에 지나지 않는다.

언제부턴가 사람들은 희망, 꿈, 목표가 없으면 삶의 의미가 없다는 듯이 아우성이다. 하지만 그런 것들은 삶을 조금 더 재밌게 살기 위한 하나의 이벤트에 불과할 뿐 삶의 본질은 아니다. 살아 있다면 살아 있음 그것이 삶을 이끌어 갈 것이다. 아무 희망이 없더라도 다시 바다로 나가는 산티아고 노인처럼.

◈ 고전 Tip & Talk

헤밍웨이의 하드보일드 삶

헤밍웨이(Ernest Hemingway, 1899~1961)는 1899년 7월 21일 시카고 교외의 오크파크에서 출생했다. 그는 군인과 종군기자로 전쟁에 참여하기도 했는데, 이 경험에서 비롯된 것인지 헤밍웨이의 문체는 여느 작가와는 조금 다른 양상을 띤다. 하드보일드(hard-boiled)라 불리는 그의 문체는 소위 우리에게 익숙한 문학이라 하기엔 건조하다 못해 거칠고, 간결함을 넘어 단조롭기까지 하다.

하지만 그가 바라보는 세상을 담기에 그의 하드보일드 문체는 너무나 적절했다. 예를 들어 『노인과 바다』에서는 자연 안에서의 인간을, 그리고 타르코프스키의 첫 영화작품인 「킬러들」의 원작인 『살인청부업자』에서는 인간 안에서의 인간의 모습을 철저히 파헤친다. 그의 글 안에서는 어떤 동정의 씨앗도 찾을 수가 없다. 인간을 위한 인간의 모습이 아닌 하나의 자연으로서의 인간, 다시 말해 사자가 사슴의 목을 물고 늘어져 숨통을 끊을 수 있듯 인간은 또 다른 인간 나름대로의 방법으로 인간의 숨통을 끊을 수 있다는 사실을 적나라하게 보여 준다. 그는 인간적으로 너무하다 싶은 이야기들을 인간이기 때문에 가능한 짓이라며, 인간 그 자체를 고발하려는 듯하다.

이런 그의 글의 성향 때문인지, 사람들은 헤밍웨이의 죽음을 우울증에 의한 자살로 규정짓기도 한다. 아니, 실제로 그는 우울증을 겪었다고 한다. 그리고 한편으로 정말 그럴 수도 있었겠다며 고개가 끄덕여진다. 하지만 한평생을 인간 본연을 똑바로 응시하는 데 조금의 망설임도 없던 작가의 죽음을 우울증으로 인한 자살이라 선고하는 것은 그리 썩 내키지는 않는다. 사실 그의 죽음이 무엇 때문인지를 알 수 있는 자는 오직 그 자신밖에 없지 않은가. 하긴 어쩌면 바로 이런 이유, 누구나 자기가 믿고 싶은 대로 믿어 버리고야 마는 인간의 이 경이로운 행태가 그를 우울하게 만들고 죽음에 이르게 한 것은 아닐까.

그러고 보니 『노인과 바다』에 등장하는 그 큰 고기가 청새치라고 단정 짓는 이야기들이 여기저기서 들려오곤 한다. 헤밍웨이는 그저 큰 고기라고만 했을 뿐인데도 말이다. 하지만 헤밍웨이는 이마저도 이미 예언하고 있었던 것 같다. 소설의 마지막에 노인이 잡아온 거대한 고기의 등뼈를 본 관광객들이 말하지 않던가. "상어의 일종입니다." 상어는 노인이 그 고기를 잃지 않기 위해 목숨을 걸고 싸운 적인데 말이다.

_이종영

차안(此岸)의 세계에서 벌이는 투쟁

>> 도스토예프스키의 『죄와 벌』

도스토예프스키(Fyodor Dostoevsky, 1821~1881)를 대작가의 반열로 올리는 데 결정적인 역할을 한 작품 『죄와 벌』의 내용은 매우 단순하다고 할 수 있다. 가난한 청년이 전당포를 운영하는 노파를 죽이고, 이후 자수하기까지 엄청난 심리적 갈등을 겪었다는 게 이야기의 전부다. 1부에서 범행 내용이 박진감 넘치는 묘사로 이어지다 끝나고 나면, 그 다음부터 우리는 초조해하는 한 청년의 발걸음을 힘겹게 추적해야 한다. 그가 느낄 공포와 초조함을 함께 겪겠다는 각오가 있다면 당신도 낙오되지 않고 이 작품을 끝까지 읽어 낼 수 있을 것이다.

라스콜리니코프 VS 포르피리

표트르 대제의 개혁으로 급변한 문화 속에서 탄생한 도시 페테르부르크는 도스토예프스키를 포함해 19세기 여러 러시아 작가들에게 영향을 주었던 곳이다. 유럽 문화를 그대로 이식해 놓은 듯한 이 인공의 도시는 관등(官等)이 지배하는 사회, 추위와 가난에 시달려야 하는 사회를 그리고 있는 많은 작품 안에서 그 공간적 배경이 되어 주곤 했다.

하지만 도스토예프스키는 이런 사회를 그리는 동안에도 민중에 대한 희망을 놓지 않는다. 그것이 무책임한 이상화에 불과하더라도, 어찌되었든 이 고통에 찬 세계에서 그가 믿는 것은 바로 러시아의 힘이었던 것. 그런 그에게 유럽은 대결의 대상이었다. 합리주의로 표상되는 유럽의 정신은 그렇게 해서 라스콜리니코프와 대결하는 예심판사 포르피리로 대변된다. "나는 심리가, 말하자면 수학적으로 분명하게 제시되기를 원하고 있습니다. 2×2=4인 것과 같은 그런 증거를 원하고 있습니다! 직접적이고 논쟁할 여지가 없는 증거를 말입니다!"라고 말하는 자, 서른다섯의 젊은 나이임에도 이미 늙어 버린 저 창백한 이성으로서 말이다.

포르피리의 이성에 라스콜리니코프 역시 이성으로 맞서려 하지만, 그러나 결과야 빤하다. 그의 화술과 지식으로는 의심과 회의, 지략으로 완벽하게 무장된 예심판사를 이길 수 없다. 기존 합리주의 대 초보 합리주의가 맞붙어 싸울 때 대체 누가 이길 것인가? 무망함을 안고서 라스콜리니코프는 이 싸움터에서 빠져나와 다른 곳으로 향한다.

짐작 불가능한 희생

라스콜리니코프의 행보에 또 하나 추가될 중요 인물은 소냐다. 소냐는 범인(凡人)들로서는 짐작할 수 없을 정도의 희생정신을 소유하고 있다. 굶주린 가족을 위해 거리의 창녀가 되었던 그는, 이제 서로 안 지 얼마 되지도 않은 라스콜리니코프를 위해 자신을 던지기로 한다. 라스콜리니코프가 소냐를 이해할 수 없는 만큼 독자들도 소냐를 이해하기 힘들다.

노파를 죽였다는 라스콜리니코프의 고백을 듣고 난 뒤 소냐는 외친다. "지금 즉시 나가서, 네거리에 서서 먼저 당신이 더럽힌 대지에 절하고 입을 맞추세요. 그 다음 세상을 향해 절을 하고 소리를 내어 모든 사람들에게 말하세요. '내가 죽였습니다!'라고." 처음에는 그 말을 듣지 않던 라스콜리니코프도 결국 소냐의 말에 따라 길에서 절을 한 뒤 경찰서에 가 범행을 자백한다. 그는 시베리아로 유형을 떠나고, 소냐가 그 뒤를 따른다.

도스토예프스키가 창조해 낸 인물군 안에는 예수를 비롯한 여러 성인들처럼, 고통과 수난을 감내하는 것 자체에서 성스러움을 찾는 계열이 존재한다. 소냐 역시 그렇다. 러시아 민중의 순수성, 그 넓고 굳센 마음은 모진 고통 속에서 그 빛을 발한다. 시베리아에서까지 라스콜리니코프의 홀대를 받아야 했던 소냐가 드디어 그의 사랑을 얻고, 심지어 그를 회개하게 한 것을 보면 확실히 도스토예프스키에게는 그것에 대한 믿음이 있었던 듯도 하다.

라스콜리니코프의 회개?

그런데 라스콜리니코프가 자수한 건 그가 자기 죄를 후회해서도, 소냐의 말에 설득되어서도 아니었다. 그는 범행 이후 줄곧 자신의 범행에 대한 이유를 찾아 헤매었으나 결국 실패한다. 그는 바로 그 점이 자신의 죄라고 여겼던 것이다. 그는 거기 합당한 벌을 스스로에게 부과하는데, 그것이 곧 자수다. 그는 스스로 유형지에 가길 택한다. 물론 유형지에서도 그는 변하지 않는다. 동료 죄수들과 어울리지 않으며, 소냐에게도 여전히 냉담하다.

그런데 6부까지 모든 이야기가 끝난 뒤, 몇 장 되지도 않는 에필로그에서 난데없이 그는 엎드려 소냐의 무릎을 끌어안고 눈물 흘린다. 지금까지와는 전혀 다른 라스콜리니코프! 물론 소냐는 그의 회개에 기뻐한다. 허나 대체 우리는 이 결말을 어떻게 받아들이면 좋을까?

> 이제 새로운 이야기, 한 사람이 점차로 소생되어 가는 이야기, 그가 새롭게 태어나는 이야기, 이제까지는 전혀 몰랐던 새로운 현실을 알게 되는 이야기가 시작되고 있다. 어쩌면 이것은 새로운 이야기의 주제가 되기에 충분할지 모르겠지만, 지금 우리의 이야기는 이것으로 완결되었다.

라스콜리니코프의 회개에 대해 믿어야 하나 망설이고 있는 독자의 앞에 작가는 재빨리 이 두 문장을 내려놓은 뒤 이야기를 끝내 버린다. 이렇게 되고 보니 합리적 이성으로 무장하고 싸우는 장에서 빠져나온 그가 마치 종교에 귀의해 죄를 씻으려는 것처럼 보이기도 한다. 그러나 여기서 느껴지는 묘한 거리감을 우리는 어찌할 수 없다.

도스토예프스키의 주인공들은 천상이 아니라 지상에 있다. 이 지상적 존재들이 겪는 고통과 비극, 그리고 그를 돌파하기 위한 갈등과 투쟁이 도스토예프스키 작품 전편에 펼쳐진다. 그들은 피안(彼岸)이 아니라 차안(此岸)의 세계에서, 한정된 조건 안에서 싸워 자유를 얻고자 한다. 종교나 합리주의 등 모든 게 이 싸움에 끼어들 수 있겠지만, 어느 하나의 독보적 승리는 없다. 이곳은 사람을 죽인 이유 하나도 제대로 설명하기 힘든, 그야말로 온갖 것들로 들끓는 인간세이기 때문이다. 그러므로 그들의 싸움이 성공하건 실패하건, 문제는 그 결과에 있지 않다. 고통받고 갈등하는 인간, 작가의 초점은 그 자체에 있는 것이다. 예술도, 우리의 삶도 모두 실은 끝나지 않는 투쟁이 아니겠는가.

◈ 고전 Tip & Talk

도스토예프스키, 사고를 사건으로 조형하는 자

통상적으로 '위대한 작가'라고 불리는 이들의 공통점 중 하나는, 바로 '사고'를 '사건'으로 변신시킨다는 데에 있다. 그들은 모두 글쓰기를 통해, 외부로부터 날아온 어찌할 수 없는 사고를 자신을 위한 일대 사건으로 조형해 냈던 것이다.

후대에 귀족적이고 사회참여적인 이미지로 남은 톨스토이와 달리 도스토예프스키는 사생활 면에서 보자면 그다지 멋들어진 부분은 없는 것 같다. 정치서클에 가담했다는 이유로 간 시베리아 유형지에서 그는 첫 간질 발작을 일으켰고, 죽을 때까지 그 고통에 시달려야 했다. 그의 작품 곳곳에서는 뜻하지 않은 사건에 맞닥뜨린 인물들이 공포 속에서 작가와 똑같은 증상으로 쓰러지곤 한다. 이곳 유형지에서의 강제 노동과 감금 등 폭력적인 경험들은 그에게 깊게 각인되어 『죽음의 집의 기록』을 비롯한 많은 작품들의 모티프로 활용된다.

그의 처녀작 『가난한 사람들』에 대해 평론가들은 진정한 리얼리즘이라 극찬했지만, 사실 도스토예프스키에게 딱히 사회의식이 있었던 것 같지는 않다. 그가 곧바로 전작과는 전혀 다른 『분신』, 『네토츠카 네즈바노바』 등을 내자 평론가들은 등을 돌려 버린다. 그는 평단을 원망하면서도 쉼 없이 글을 썼는데, 그 원동력은 다름 아니라 돈이었다. 사랑하는 여인에게 낭비벽이 있어 늘 경제적으로 허덕이던 터라 원고료를 미리 받는 방식으로 빚을 탕감해야 했던 것이다. 마감 독촉을 몇 번이고 받은 끝에야 글을 쓰곤 했으니, 아마도 편집인에게는 원수 같은 존재였으리라. 그를 두고 '생계형 작가'라고 부르는 이유는 이 때문이다. 심지어 그에게는 도

박벽까지 있었다. 덕분에 「노름꾼」이라는 흥미로운 단편소설을 집필할 수 있었기는 하지만.

원고 독촉에 쫓기던 도스토예프스키는 속기사를 고용하는데, 이리저리 오가며 속기사에게 자기 머릿속의 문장을 받아 적게 해서 소설을 완성했다는 대목에서는 그의 천재성을 엿볼 수 있다. 「노름꾼」은 이렇게 해서 탄생한 작품이다. 또한 이를 통해 두번째이자 마지막 반려자를 만나게 되는데, 고용했던 속기사가 바로 그 장본인이었다.

_수경

고고와 디디, 삶을 발견하다

>> 사뮈엘 베케트의 『고도를 기다리며』

아일랜드에서 태어난 사뮈엘 베케트(Samuel Beckett, 1906~1989)는 1969년 『고도를 기다리며』라는 희곡으로 노벨문학상을 받으며 세계적인 스타로 발돋움한다. 물론 그는 노벨문학상 시상식에 가지 않았다. 평생 '고도'(Godot)가 뭐냐는 질문에 시달린 베케트에게는 자연스러운 일이었다. 그는 '고도'에 대한 대답 대신, 자신의 연극을 웃으면서 봐 달라고 당부했다고 한다. 그러나 그가 죽은 지금도 사람들은 여전히 '고도'에 대한 의미 찾기를 계속하고 있다. '고도'가 대체 무엇이길래.

『고도를 기다리며』의 무대 장치는 '시골길, 나무 한 그루'뿐이다. 그곳에 구두를 벗으려고 낑낑대는 에스트라공(고고)과 그의 친구 블라디미르(디디)가 있다. 그들은 작은 무대 안에서 끊임없이 말을 주고 받으며 고도를 기다린다. 밤이 되자 한 소년이 고도의 소식을 가지고 온다. 오늘은 오지 못하지만, 내일은 꼭 오겠다는 소식을. 2막이 끝날 무렵까지 '고도'는 오지 않는다. 또다시 나타난 소년은 1막에서와 비슷한 말을 남기고 사라져 버리고 고고와 디디가 나무 앞에 선 채로 극은 끝난다.

사실 『고도를 기다리며』는 '고고와 디디가 고도를 기다린다'는 한 문장으로 요약될 수 있다. 그렇다면 고고와 디디는 기다리는 동안 무엇을 했을까. 고고는 벗겨지지 않는 구두를 벗으려고 안간힘을 쓰고, 디디는 고고의 잊어버리는 습관에 절망하다가도 금세 또 고고와의 장난에 빠져들기도 한다. 서로 질문하고, 욕하고, 싸우고, 모자를 바꿔 쓰고, 목이나 매자는 이야기를 밥 먹듯 하면서도 그들은 죽지 않고 여전히 고도를 기다리고 있는 것이다. 그동안 그들 앞에 나타난 포조와 럭키! "나는 포조라고 합니다"를 잘못 들은 고고가 말한다. "자신이 고도라잖아." 아니라고 짜증을 내는 디디를 뒤로 한 채 고고가 중얼거린다. "보조……보조……." 끊임없이 반복되는 고고와 디디의 말장난!

의미 찾기는 그만!

확실히 고고와 디디는 말놀이에서는 탁월한 재주를 가지고 있다. 서로가 한 말을 따라하거나, 어느 순간 그 말을 뒤집고, 또다시 역전시킨다. 그들은 그저 생각나는 대로, 흘러가는 대로 대화한다. 어떻게 보면 그들의 대사는 공놀이 같기도 하다. 내게 오는 공을 받고 싶으면 받고, 받기 싫으면 "나는 가겠네"라면서 안 받으면 그만이다. 베케트식의 말놀이. 이 말의 유희는 사실 아무런 의미가 없다. 고고와 디디는 오직 시간을 보내기 위해서 재미있기 위해서만 말을 주고 받기 때문이다.

정말이지 베케트의 작품은 의미를 찾으려 하면 할수록 의미를 알 수 없다. 의미를 찾으려고 하는 순간, 『고도를 기다리며』는 곤욕스럽고 힘든 극이 되어 버리는 것이다. 하지만 만일 고고와 디디의 대화에서 의미 찾기를 포기한다면 그들의 반복되는 말장난과 움직임 속에서 재미를 발견할 수도 있을 것이다. 베케트는 등장인물들의 계속되는 말놀이를 보여 줌으로써 사람들이 집착하는 의미를 전복시키려 애썼던 것은 아닐까?

그럼에도 불구하고 그들에게 유일하게 의미 있어 보이는 것이 한 가지 있다. 문제의 '고도'이다. 하릴없이 구두와 씨름을 하고 "가자"고 말하면서도 그들이 떠나지 못하는 이유는 여전히 '고도'를 기다려야 하기 때문이다.

고도, 미지의 존재?

'고도'는 무엇인가. 이 질문에 대답하기 위해 수많은 연구자들과 비평가들이 애를 썼다. 프랑스의 유명한 소설가인 로브그리예(Alain Robbe-Grillet)는 '고도'를 '신'(God)으로 단정지었는가 하면, 어떤 이는 고고와 디디가 바로 '고도'라는 답을 내놓기도 했다. 1953년, 프랑스의 바빌론극장에서 『고도를 기다리며』를 처음 연출한 로제 블랭(Roser Blin)이 베케트에게 '고도'가 뭐냐고 물었을 때, 그는 병사의 군화를 뜻하는 프랑스어 고디요(Godillot)나 고다스(Godasse)를 뜻한다고 답했다고 한다. 베케트의 대답은 '고도'를 더욱더 미궁 속에 빠트렸을 뿐이다.

실체도 없이 고고와 디디를 기다리도록 만드는 '고도'는 꼭 시간을 닮았다. 그렇다면 인간에게 시간이란 무엇일까. 인간의 시간은 정해져 있음, 즉 유한하다. 시간이 한정되어 있기 때문에 우리는 시간이 흘러가는 것에 그토록 목을 맬 수 밖에 없다. 이 미지의 '고도'라는 작자 역시 극이 끝나도록 도착하지도 않으면서, 끝끝내 고고와 디디를 묶어 놓고 있지 않은가.

만일 '고도'가 시간의 속성과 비슷하다면 고도는 이미 도착했을 수도 있고 그렇지 않을 수도 있다. 과거가 이미 도착한 것이고, 미래가 아직 도착하지 않았다는 점에서 그렇다. 하지만 시간을 과거와 현재, 미래로 구분할 수는 없다. 현재는 붙잡으려고 하는 순간 곧바로 과거가 되어 버리고 미래는 도착하는 순간 현재가 되어 버린다. 우리가 시간을 파악할 수 있는 방법은 우리가 살아 있다는 사실을 떠올리는 것뿐이다.

삶의 허무를 던지고, 오늘을 잡아라!

1막의 마지막 장면에서처럼 2막에서도 고고와 디디는 여전히 그곳에 서 있다. 차라리 기다리기 위해서, 살아가기 위해서 그들은 자신들의 말이나 행동을 지연시킨다. 고고와 디디에게 중요한 것은 어쩌면 '기다리며'가 아닐까. 기다리는 동안 그들은 말을 주고 받고 작은 무대 이곳저곳을 왔다갔다하면서 자신들이 살아 있음을, 시간을 보내고 있음을 인식한다. 그래서일까, 극이 끝나는 마지막 순간에도 그들은 "가자"고 말하면서도 제자리에 멈추어서 고도를 기다리고 있다.

블라디미르 : 자? 그럼 가 볼까?
에스트라공 : 응. 가세나.
(그들은 꼼짝도 않는다.)

때때로 고고와 디디에게 찾아오는 죽음과 허무처럼 삶의 의미나 목적이 우리를 찾아와 괴롭힌다. 더 나은 미래만을 위해 살고 있는 우리는 어쩌면 단 한번도 삶을 가져 보지 못한 것은 아닐까. 베케트의 『고도를 기다리며』가 삶의 부조리함과 무의미함을 허무적으로 보여 준다는 평가 역시도 틀린 말은 아닐 것이다. 하지만 삶이 허무하다고 해서 삶을 잃어버려서는 곤란하다. 삶이 부조리하고 무의미하면 할수록, 삶은 발견되어야 하지 않을까. 베케트의 조언처럼 고도를 '신'으로 대입하는 식의 의미 찾기 대신 고디요나 고디스가 될 수도 있다는 식의 유희를 만드는 삶의 놀이를 만들어 내는 것이 어떨까. 삶의 유희, 그것이 『고도를 기다리며』에서 고고와 디디가 기다리는 동안 발견한 것이다.

◈ 고전 Tip & Talk

베케트와 노벨문학상

스물두 살, 아무런 영예도 없던 시절, 사뮈엘 베케트는 더블린에서 파리로 건너가 최초의 직업을 갖는다. 고등사범학교 영어 강사직이었다. 파리에서 영어를 가르치던 그는 평생의 스승이자 친구인 제임스 조이스(James Joyce, 1882~1941)를 만나게 된다. 조이스에게 헌정하는 글을 쓸 정도로 조이스를 사랑했던 베케트는 조이스와 같은 위대한 소설가가 되고 싶다는 강한 열망에 사로잡힌다. 그러나 베케트는 소설뿐 아니라 시, 소설, 드라마, 평론, 희곡 등 다양한 영역의 글쓰기에 관심이 있었다. 프루스트에 대한 비평서를 출판하는가 하면, 1930년에는 첫 시집 『호로스코프』를 출판한다. 또한 1930년대 초반 당대를 휩쓸었던 트리스탕 차라(Tristan Tzara, 1896~1963)와 같은 초현실주의자와의 교류를 통해 다양한 예술적 세계를 경험하기도 한다.

늘 좋은 일만 있을 수는 없는 법. 파리에서 강사직을 그만두고 영국으로 간 그는 단편집을 출판하지만 실패하는 좌절을 겪는다. 이후 독일 등 유럽을 여행하고 아일랜드로 돌아온 베케트에게 이번에는 더욱더 감당하기 힘든 이야기가 전해진다. 프랑스가 독일에 의해 함락되었다는 소식을 들은 것이다. 실제로 레지스탕스 활동에 가담하기도 한 그는, 어수선한 유럽의 사정 속에서 가장 왕성한 창작 시기를 맞이한다.

1946년에서 1949년 사이 베케트는 그의 중요 저작 세 권을 쏟아 낸다. 3부작이라 불리는 『몰로이』, 『말론 죽다』, 『이름 붙일 수 없는』이 그것이다. 그러나 이 기간에 극심한 무력감이 그를 괴롭힌다. 소설 쓰기의 괴로움 때문이었다. 그는 잠깐 동안 소설 쓰기를 중단하고 머리를 식힐 겸 희곡 한 편을 쓰는데, 그것이 바로 『고도를 기다리며』이다. 노벨상을 받기 전까지 자기 스스로도 졸작이라고 말하곤 했던 작품이 훗날 노벨문학상의 영예를 안겨 준 것이다. 고통 속에서 작업했던 소설 대신 휴식의 의미로 써냈던 작품이 노벨문학상이라는 영예를 안겨 주었다니, 참 아이러니하지 않은가.

_박혜선

변신, 출구를 향한 끝없는 시도

>> 프란츠 카프카의 『변신』

나는 한 마리 커다란 딱정벌레

어느 날 해충으로 변한 그레고르 잠자. 어떻게 그를 이해할 수 있을까? 벌레가 된 자신을 쳐다보던 그레고르 군을 이해하려면 우리 자신이 벌레가 되어야 하리라. 법학박사 학위를 갖고 프라하의 보험회사에 취직했던 카프카(Franz Kafka, 1883~1924)는 자신 안에 무섭게 꿈틀거리는 글쓰기 욕구를 참지 못하고 퇴근과 출근 사이의 한 밤 전부를 문학에 바치기로 결심한다. 1915년 『변신』이 발표되자마자 독일어권 독자들은 해충이 되어 버린 인간을 접한 충격에 사로잡혔다고 한다. 점점 동물의 소리를 내다 죽어 버리는 한 마리 인간에게서 소시민적 삶에 얽매인 자신을 발견하지 않는 사람이 없었다.

카프카의 작품 세계 안에서 인간이 벌레가 되고 원숭이가 사람이 되는 이야기는 특별한 테마가 아니다. 단편 「학술원에 드리는 보고」(1919)도 감옥 같은 현실과 그곳에서 탈출하기 위한 모험을 다룬다. 원숭이 피터는 동물원에 갇힐 수는 없다고 생각해 필사적으로 출구를 찾는다. 마침내 그가 선택한 방법은 인간을 모방하는 일. 소주병을 들고 술 취한 듯 휘청거리는 인간을 따라하면서, 피터는 동물원 대신 인간의 세계로 들어가게 된다. 현실이 갑갑하고 싫다면 가만히 서 있지 말고 출구를 찾아라! 원숭이 피터의 메시지는 확실했다. 그러나 부당한 현실에서 벗어나는 방법이 어째서 변신인가?

변신의 달인, 세계를 바꾸다

『변신』은 해충이 된 그레고르를 보며 작중 인물들이 모두 당황하지 않는다는 점 때문에 독자들이 되레 당황스러워지는 작품이다. 사실 이 작품에 등장하는 모든 인물들은 변신한다. 그레고르는 그를 비난한 회사 지배인조차 언젠가는 변신할지 모른다고 확신했다. 해충으로 죽는 그레고르의 운명이 비극적이지 않은 까닭은 작가 카프카가 변신의 가능성을 모든 존재에게 열어 두기 때문이다. 우리는 모두 변할 수 있고, 다른 삶을 살 수 있다. 해충이 될 것을 두려워 말라!

변신이 절망적인 세계의 희망이 될 수 있는 까닭은 무엇일까? 카프카는 나의 변신이 세상의 변신과 연결되기 때문이라고 말한다. 『변신』은 그것을 세 단계로 나누어 설명한다. 1장에서 갑자기 그레고르는 변신한다. 잠자 씨네 큰아들은 더 이상 돈 벌러 나갈 수 없게 되면서 아들로서의 자격을 잃는다. 하지만 그 순간 돈 버는 기계 같았던 그의 삶도 완전히 멈춘다는 것이 중요하다. 2장에서는 가족들의 변신이 일어난다. 해충과 함께 살아야 한다니! 이제 누가 돈을 벌어 오지? 아버지는 갑자기 숨겨 놓았던 돈을 꺼내고, 어머니와 여동생 그레테도 새로운 일거리를 찾아 집 밖으로 나가게 된다. 가족들 모두 그를 경멸하고, 어머니마저 그레고르를 찾지 않는다. 가족애란 겨우 이런 것이다! 부모의 사랑, 형제애 이 모든 것의 허울이 벗겨지고 적나라한 실체가 드러나게 된다.

가족들의 냉혹한 변신과 발맞추어 그레고르도 점점 인간의 감각을 떠난다. 잘 먹던 우유보다는 더러운 음식에 더욱 길들여지며 침대 밑이라든가 천정을 돌아다니는 일이 두 발로 걷는 것보다 편해진다. 아버지는 이런 그레고르를 더 이상 사람으로 여길 수 없다는 뜻으로 사과 한 알을 그의 등 뒤에 던져 박는다. 그레고르가 시력을 상실하자, 가족들은 그가 눈앞에서 기어 다녀도 없는 것처럼 무시한다. 이렇게 그레고르는 가족의 일상으로부터 완벽하게 사라질 수 있게 된다.

3장에서는 잠자 씨네를 둘러싼 시공간이 달라진다. 생계를 위해 하숙인들이 집을 장악하고 그들의 물건이 집 안을 채우게 되면서 과거의 잠자 씨네 공간은 이제 그레고르의 방 한 칸 크기로 줄어든다. 폐쇄된 그들의 집이 낯선 이방인들에게, 사회의 상업 질서에 개방되면서 『변신』의 시공간은 훨씬 더 확장된다. 그 안에서 그레고르는 점점 더 '싯싯' 소리를 내고, 인간의 말 소리가 아니라 씹는 소리에 민감해져 간다. 마침내 인간의 언어와 인간의 이름을 다 잃는다. 여동생 그레테가 참지 못하고 "우리는 저것에서 벗어나야 해요"라고 외쳤기 때문이다. 이 말은 외판원 그레고르가 차마 내뱉지 못했던 말이기도 했다. 너희들로부터 벗어나고 싶다! 결국 "저것" 그레고르는 박혀서 썩는 사과와 가족들의 비난을 안고 서서히 죽는다. 이렇게 철벽같이 갑갑하던 현실을 떠난다.

변신하라, 다른 삶을 살라

단지 그가 해충으로 변신했을 뿐인데, 가족도, 그를 둘러싼 세계도 다 변해 버렸다. 아버지와 어머니, 그의 누이 모두 그레고르 없이 노동과 사랑에서 새로운 관계를 찾았다. 그가 죽자 가족들은 더욱 건강해지고 그레테는 자신의 젊음을 뽐내며 삶에 대한 새로운 희망을 품는다. 물론 잠자 씨네 가족의 새로운 삶이 얼마나 훌륭해질지는 미지수다. 결국 그레고르만 불쌍해진 것일까? 아니다. 현실이 변함없이 강고하게 유지된다 해도 일순간 이 쳇바퀴 같은 현실을 멈출 수 있었다는 점에 주목하자. 해충의 삶을 택하는 동시에 아들과 오빠의 삶을 버림으로써, 그레고르는 한없이 숨막혔던 삶의 질서를 정지시키고 그것들로부터 빠져나갔다.

카프카는 이야기한다. 만약 당신이 자유롭고 싶다면 반드시 어떤 탈출구를 찾아야 한다. 그러나 외판원 하기 싫으니 수영선수 하겠다, 한국이 싫으니 미국 가서 살겠다는 식으로는 이 견고한 소시민적 삶을 떠나거나 바꿀 수 없다. 자유의 공간을 찾아 떠나지 말고 지금 이 삶을 정지시켜라. 거기에서 출구가 열린다. 그레고르 잠자의 갑작스런 변신이 일어난 아침이야말로 바로 그 출구였다. 카프카는 『변신』을 통해 지금 있는 이 자리에서 다른 삶을 살 것을 권한다. 익숙했던 모든 습관을 당장 떠나라! 마치 벌레가 된 듯, 원숭이인 듯, 이 순간 낯설게 세상을 보고 경험하라. 맛있던 것, 듣기 좋았던 것, 심지어 사랑했던 사람과도 헤어질 각오를 하고 낯선 삶을 시도하라. 내가 변하면 내가 속한 세계도 변한다. 현재의 나를 고집하면서 나의 권리와 나의 자유를 주장할 것이 아니라 아예 다른 나가 됨으로써 이 한계 상황의 배치를 바꾸자.

그레고르는 가족으로부터 추방당하는 슬픔을 무릅쓰고 해충의 본능을 좇았다.

다른 것이 되기 위해서.

다른 삶을 살고 싶어서.

변신하라. 하고 또 하라.

네가 변하면 너를 둘러싼 전체가 바뀐다.

이것이 그레고르의 명령이다.

◈ 고전 Tip & Talk

그는 고독하지 않았다, 카프카의 삶과 우정

이름도 제대로 부여받지 못한 채 난데없는 판결 앞에 허우적대는 인물들. 카프카의 작품 안에서 발산되는 엄격하고 고독한 기운 때문에 많은 독자들은 그가 깊은 사색 속에서 자족하는 쓸쓸한 작가 생활을 했을 거라고 생각한다. 1908년 보헤미아왕국의 노동재해보험협회 직원이라는 그의 딱딱한 명함도 이런 이미지에 한몫을 보탰을 듯하다. 하지만 카프카는 이방인이 아니었다. 성실한 직원으로 인정받았으며 동료들에게 신뢰를 받았다. 182㎝의 큰 키와 경쾌한 몸놀림으로 친구들과 함께 승마, 테니스, 수영과 같은 스포츠를 즐겼다. 카페와 거리에서 프라하의 지식인들과 함께 철학과 예술을 논하고 무정부주의적 색채를 띤 클럽에도 적극적으로 참여했다.

니체, 다윈, 보들레르, 아인슈타인. 이 모든 인물들의 삶과 작업들이 카프카와 친구들의 토론 주제였다. 서로에 대한 깊은 배려와 진리를 향한 진지한 토론은 그가 평생을 머무른 프라하 생활에서 핵심이었다. 단 한번도 결혼에 성공한 적 없었지만, 그는 모든 우정과 사랑이 글쓰기의 장애물이자 동력으로서 반드시 필요한 요소라는 것을 완전히 인정했다. 고교 시절 절친인 오스카 폴락(Oskar Pollak)에게 보낸 편지의 한 구절을 보자. "너는 나에게 창문과도 같은 존재야. 그 창문을 통해 나는 밖을 내다볼 수 있지. 혼자서는 할 수 없어. 나는 키가 큰데도 창틀에는 미치지 못하기 때문이지." 친구란 세상으로 난 창문이다!

사랑과 우정이 갖는 미덕을 깊이 신뢰한 카프카는 사후에도 우정의 힘을 톡톡히 맛보았다. 친구 막스 브로트(Max Brod)는 1935년 베를린에서 나치 정권하에서 금지되고 있던 카프카 작품의 전집 편집을 시도했다. 위험을 감수한 그의 노력으로 1937년에 프라하에서는 최초로 그의 전기가 나올 수 있었다. 독일어 사전에는 '카프카적인'(kafkaesque)이라는 형용사가 있다. 그는 역사와 전쟁, 운명과 선택, 절망과 희망 사이에서 출구를 찾고 헤매는 모든 사람에게 자신의 이름을 선물로 보낸 셈이다.

_오선민

세계를 편력하는 자의 어른 되기

>> 조너선 스위프트의 『걸리버 여행기』

기차가 대중교통수단으로 자리 잡기 이전까지 원거리 여행, 특히 대륙을 이동하는 긴 여행은 바다를 통과하지 않고서는 불가능한 것이었다. 그런 시대의 사람들에게 지구는 하나의 동그란 바다였고, 대륙들은 그 위에 점점이 찍혀 있는 몇 개의 크고 작은 섬이었다. 저 바다 너머에는 어떤 세상이 펼쳐져 있을까, 사람들은 상상하고 그리워하고 궁금해했다.

저 바다 너머의 세상 그리고 바다 위에서의 모험을 상상하는 것은 문학의 오래된 테마이기도 했다. 호메로스의 『오디세이아』나 헤밍웨이의 『노인과 바다』가 바다를 무대로 인간과 자연의 투쟁을 장대한 스케일로 보여 주었다면, 스위프트의 『걸리버 여행기』는 바다 저 너머의 낯선 세계를 무대로 인간사의 진풍경들을 경쾌하게 펼쳐 냈다. 바다와 여행은 그 자체로 삶에 대한 인간의 의지와 꿈을 가장 투명한 방식으로 보여 주는 하나의 장소이자 상징이었던 셈이다. 바다를 경유하는 여행의 경로를 통과하는 주인공은 자연 혹은 자신의 운명과 적나라하게 대면하고, 그 과정 속에서 때로는 좌절하고 또 때로는 행복감을 맛보며 앞으로 나아간다. 여행기를 읽는다는 것은 누군가의 여행에 동참한다는 것. 주인공과 더불어 죽을 고비를 넘기고 짜릿한 기쁨을 맛보며 점점 '어른'이 되어 가는 경험을 하는 것이다.

우리의 유년 시절 추천도서 목록에서 빠지지 않았던 『걸리버 여행기』. 이 책의 저자인 조너선 스위프트(Jonathan Swift, 1667~1745)는 18세기 영국문학에 한 획을 그은 탁월한 작가였고, 한 명의 영향력 있는 사제였으며, 무엇보다도 아일랜드의 자유와 독립을 위해 헌신했던 저항운동의 지도자였다. 작가의 이력에서 이미 눈치챘겠지만, 『걸리버 여행기』는 결코 가볍고 말랑말랑한 여행담이 아니다. 또 주인공이 항해 중 조난을 당하는 바람에 우연히 소인국과 거인국을 방문하게 된다고 하는 허무맹랑한 동화도 아니다. 모두 4부로 구성되어 있는 책의 원문에는 우리가 알고 있는 소인국과 거인국의 이야기 이외에도 하늘을 나는 섬 이야기와 말들의 나라 이야기가 더 수록되어 있는데, 어떤 점에서는 그동안 숨겨져 왔던 이 두 개의 에피소드 속에 이 작품의 정수가 숨어 있다고도 할 수 있다. 우리가 이미 알고 있는 앞의 두 에피소드가 정치로 대표되는 제도적 관계와 사회적 현실에 대한 통렬한 알레고리라면, 뒤에 나오는 두 개의 에피소드에서 스위프트는 너무나 자명한 것으로 받아들여지고 있던 인간의 본성과 이성을 근본적으로 의심하고 비판하기 때문이다. 이런 점에서 『걸리버 여행기』는 낯선 세계를 편력하는 자의 관찰기가 아니라, 여행기 혹은 소설의 형식을 빌린, 일종의 인문사회 비판서적이라고 할 만하다.

스위프트의 글을 조금만 들여다보자. 먼저 소인국과 거인국의 이야기. 소인과 거인은 신체적 크기만이 아니라 내적인 '그릇'이 극단적으로 다른 사람들이다. 소인국에는 소인배들만 산다. 그들은 "외줄 위에서 춤을 춰 고위직을 얻거나, 막대기 아래로 기어 다니며 황제의 총애를 받는 관습"을 오랫동안 지켜온 자들이다. 한동안 소인배들과 어울리던 걸리버가 거인국의 사람들을 만났을 때, 그는 자기 안에 숨어 있는 소인배 근성을 여지없이 드러낸다. 달걀의 둥근 쪽을 깨 먹을 것이냐 뾰족한 쪽을 깨먹을 것이냐 하는 문제로 전쟁을 불사하는 소인배들 앞에서는 큰 사람이었던 걸리버가 거인국에 가서는 어린 소녀의 애완인이 되고, 왕궁의 난쟁이에게 괴롭힘을 당하는 신세가 되었다는 것. 본인 딴에는 국왕에게 잘 보이고 싶은 마음에 화약제조 기술을 알려 주겠다고 했다가 "네 조국에 사는 원주민들이란 대자연이 지상에 기어 다니도록 만든, 지겹고도 작은 벌레들로 구성된 가장 해로운 인종"이라며 경멸당하는 걸리버. 걸리버의 작은 마음으로는 손 안에 들어온 무기를 거부하는 권력자를 이해할 수 없다.

라퓨타(하늘을 나는 섬)에는 "집중적인 사색에 너무 몰두해 있어서, 입과 귀가 외부적인 어떤 사물과 접촉하여 자극을 받지 않는 한 말을 하지도 못하고, 남의 말에 귀를 기울일 수도 없는" 사람들이 산다. 수학과 음악에 관한 탁월한 능력에도 불구하고 라퓨타 사람들은 비합리적이며, 깊은 사색에 잠겨 있기를 좋아하지만 그들에겐 상상력이나 발명과 같은 단어조차 없다. 자기 자신에 대한 맹목적 관심과 외부 세계에 대한 철저한 무관심으로 무장한 라퓨타 사람들의 우스꽝스러움은 그들의 아카데미에서 가장 적나라하게 드러난다. 걸리버는 그곳에서 본 것을 이렇게 말한다. "교수들은 유럽의 사람들이 상상도 못할 방법으로 가르치고 있었다. 뼛속에 가득 차 있는 결체질의 물질로 만든 잉크를 사용하여 여러 명제와 증명을 얇은 과자 위에 쓰면, 학생은 그것을 먹어 배를 채웠다." 수학적이고 실험적인 지식만을 맹목적으로 신봉하는 라퓨타 사람들의 모습은 18세기 계몽이성에 대한 스위프트식 비판이지만, 도구적 이성의 문제는 여전히 우리 시대에도 유효한 것이고 장식적 지식으로 권위의 탑을 세우는 아카데미의 풍경 역시 라퓨타에만 있는 것이 아니다.

여행의 대미는 휴이넘이 장식한다. 말[馬]들이 지배하는 이 섬에서 걸리버는 지금껏 단 한번도 보지 못했던 '불쾌한 짐승들'을 만나는데, 불결한 생활 습관과 탐욕으로 가득 찬 그 짐승들의 이름은 '야후' 즉 인간이다. 인간이 누군가의 지배를 받는다면 그것은 신 이외에는 있을 수 없다. 서구의 기독교적 관점에서는 특히 그렇다. 데카르트 이후 인간의 삶이 그 자신의 이성에 의해 유지, 개선되어 간다고 하는 입장에서 보더라도 인간이 동물의 노예가 된다는 것은 있을 수 없는 일이다. 그에게 남은 것은 자기 안에 있는 야후의 흔적을 지우는 것, 휴이넘과 같은 고귀한 덕성을 갖기 위해 노력함으로써 다른 존재가 되는 길밖엔 없다.

여행은 끝났고, 걸리버는 집으로 돌아왔다. 여행에서 돌아온 자는 이미 떠나기 전의 그 사람이 아니다. 여행을 통해 그는 새로운 앎을 습득했고, 낯선 삶의 방식을 배웠으며, 그 과정에서 자기를 발견하고 성장시켜 왔기 때문이다. 이런 점에서 걸리버의 여행, 혹은 진정한 여행이란 장식적 교양과 과시를 배후에 두는 관광과는 다르다. 그런데, 두 세기도 훨씬 전에 나왔던 『걸리버 여행기』를 오늘 펼쳐 들어도 전혀 낡았다는 느낌이 들지 않는다는 것, 아니 오히려 바로 지금 우리들의 얘기를 하고 있다고 느껴지는 것은 왜일까.

걸리버 여행기는 동화가 아니다

『걸리버 여행기』가 우리나라에 처음 소개된 것은 1908년 육당 최남선이 펴냈던 잡지 『소년』을 통해서였다. 『갈리보유람기』(葛利寶遊覽記)라는 제목으로 「알사람나라구경」(小人國漂着觀光錄)과 「왕사람나라구경」(巨人國漂流觀光錄) 두 편이 소개되었다. 육당은 이 작품을 『로빈슨 표류기』와 더불어 저명한 '해사소설'(海事小說)이라고 소개하면서, "부허(浮虛)하고 음탕(淫蕩)한 희작물(戱作物)"(요즘 말로 하면 '19금' 성인물)들로부터 '소년'(이때 소년은 단지 나이가 어린 사람을 뜻하는 것이 아니라, 봉건적인 기성세대와는 구별되며 새롭게 조성되는 근대적 환경에 적응하고 그것을 선도해 나갈 신세대층을 의미한다)들을 보호하고 가르치고자 하는 목적에서 번역, 소개한다고 말했다. 요즘과는 달리 어린 세대들에게 유익한 읽을거리가 전무하다시피 했던 20세기 초반, 『걸리버 여행기』는 매우 권장할 만한 교양도서로 선택된 것이다. 이 작품이 수록되어 있는 『소년』 창간호에는 육당 최남선의 유명한 신체시 「海에게서 소년에게」를 비롯, '바다'를 주제로 한 글이나 도판이 다수 실려 있는데, 여기서 '소년'은 민족의 장래를 이끌어 갈 신세대를, '바다'는 그들이 개척해 나가야 할 무한한 가능성의 세계를 의미한다. 육당은 소년들에게 모험심과 개척정신을 심어 주고자 하는 계몽적 의도로 잡지를 발행했고, 『걸리버 여행기』 역시 이러한 맥락 속에서 선택, 번역된 것이다.

육당 최남선의 번역 이래로 대체로 한국에서 『걸리버 여행기』는 소인국과 거인국에 관한 두 편의 에피소드만으로 이루어진 동화 혹은 청소년 필독서로 이해되어 왔다. 왜 하늘을 나는 섬 라퓨타 이야기와 말들의 나라 휴이넘에 대한 이야기는 번역되지 않았을까. 거기에는 어떤 의도가 있었을까? 물론 가장 설득력 있는 쪽은 육당이 선택한 것이 애초에 온전한 형태의 텍스트가 아니라 어린이용 버전이었을 가능성이다. 스위프트 당대에도 휴이넘의 이야기가 신성모독이라는 이유로, 소인국과 거인국의 이야기가 너무 신랄한 정치풍자라는 이유로, 그리고 라퓨타의 아카데미가 지식의 세계에 대한 지나친 조롱이라는 이유로 『걸리버 여행기』는 발매 즉시 금서 처분되었으며, 아동용 도서로 개작됨으로써만 간신히 출판될 수 있었다. 하나의 작품을 동화로 개작하는 데에는 두 가지 의도가 있다. 하나는 그것에 교육적 효과를 기대하기 때문이고, 또 다른 하나는 개작의 과정에서 그 작품 본래의 위험한 사상 혹은 비판적 맥락을 지워 버리는 것이다. 스위프트 당대에 『걸리버 여행기』의 동화 버전은 대체로 후자의 관점에서 만들어졌다. 위험한 사상을 품고 있는 글을 그 핵심적 맥락은 제거한 채 특정한 내용들만으로 재구성하는 방식은 작가와 작품의 권위를 실추시키고 그것을 대중들로부터 떼어놓는 가장 효과적인 방법으로 오랫동안 사용되어 온 것이다. 사실 이 책 전반에 걸쳐 자리 잡고 있는 신랄한 비판과 풍자의 내용들은 시대를 막론하고 그 비판의 대상인 권력자들의 입장에서는 받아들이기 힘든 것이다. 그래서인지 한국에서는 1990년 이후에야 비로소 원문에 충실한 『걸리버 여행기』의 번역본을 만날 수 있었다.

_권용선

지난한 '나'와의 싸움

>> 오승은의 『서유기』

『서유기』(西遊記)는 삼장법사와 그의 세 제자 손오공, 저팔계, 사오정이 서역으로 불경을 얻으러 가는 모험담이자 깨달음의 지난한 과정을 환상적으로 보여 주는 구법기(求法記)이다. 구름을 타고 하늘을 날아다니는 원숭이, 돼지 형상의 저팔계 및 험상궂은 무기와 다양한 모습의 요괴들. 그런데 이야기를 어디론가 떠나고 무언가를 찾아 나서는 환상의 여행이 아닌, 일상에서의 자기 극복과 구도의 과정으로 읽어 보자. 가령 새해가 되어 뭔가 계획을 세웠다. 작게는 금연이나 금주를, 아니면 운동과 다이어트를, 혹은 평생의 소원을 세웠다. 앞으로 세상을 위해 살겠다, 이렇게 살겠다 저렇게 살겠다는 등등. 그런 다음 결심과 목적에 맞는 다양한 방법들을 고안할 것이고 그것을 향해 매진할 것이다. 그럴 때 중요한 것은 뭘까. 역시 작심삼일이 되지 않도록 하는 것, 나의 목표를 달성하는 것일 테다.

요괴와 싸우는 힘

삼장법사는 일생을 걸고 서역으로 가서 불경을 중국에 가지고 오겠다고 결심을 했다. 중생을 구제하겠다는 마음을 안고 길을 떠나기로 한 것이다. 그 과정에서 삼장법사는 승려로서의 계율을 중시하면서 자신의 길을 묵묵히 갔다. 구체적으로 보자면, 요괴에게 잡아먹히지 않고 살아서 돌아오기(!), 자기의 원양(元陽; 타고난 정기가 변화한 것으로, 오장육부 등의 모든 기관과 조직의 활동을 추동하고, 생명 변화의 원천이 되는 기운)을 끝까지 지키기, 육식하지 않기, 그리고 구법의 마음을 잃지 않기였다. 일견 쉬워 보이지만 무지하게 어려운 고행임에 틀림없다. 그리고 요괴는 이 지점을 파고든다. 삼장법사를 납치해서 찜쪄 먹기(삶아 먹거나 튀겨 먹거나), 길 위에 여자를 배치하여 동정을 잃게 만들기, 구법을 중단하도록 부귀영화를 눈앞에서 흔들어 대기 등등. 그렇다면, 삼장법사는 이런 공격들에 어떻게 대응했을까.

손오공은 하늘을 날아다니고 72가지 변신술을 부릴 줄 알고 여의봉을 자유자재로 사용할 수 있다. 이와는 대조적으로 삼장법사는 자기 몸의 빈대조차 죽일 수 없는 (죽여서는 안 되는!) 전투력 제로 상태이다. 요괴인지 인간인지 분간도 잘 못한다. 여자 요괴들의 육탄공격에는 속수무책으로 시선을 떨구고 눈물만 흘릴 뿐이다. 나약하고 겁이 많은 삼장법사다. 그러나 삼장법사에게도 나름의 신통력은 있다. 그것은 암기력이 비상하여 한번 들으면 불경을 욀 수 있다거나 3~4일간은 거뜬히 좌선을 하고 앉아 있을 수 있다는 것이다. 손오공은 절대 할 수 없다는 좌선! 그리고 다른 무엇보다도 불법을 구해서 돌아가겠다는 확고한 결심과 의지가 요괴와 싸우는 그의 큰 무기이다.

깨달음, 자기와의 싸움

삼장법사는 서역으로 가는 길에 갖가지 곤란함에 부딪혔다. 죽은 자의 뼈가 타서 도깨비불로 춤추는 사막, 살이 타들어 가는 열기를 내뿜는 험준한 산, 깊이를 알 수 없는 모래 강에는 어김없이 누런 흙바람 요괴, 회오리바람 요괴, 푸른 털 사자 요괴, 꼬리 아홉 개 달린 여우 요괴, 자라 요괴 등이 삼장법사를 기다렸다. 이 요괴들은 삼장법사가 미지의 자연환경에서 갖는 두려움과 공포가 낳은 것들이다. 삼장법사로서는 이 두려움의 정체를 알아야만 한 발자국 앞으로 내디딜 수 있다. 다이어트하고 있는 사람 앞에 초콜릿, 케이크, 피자, 족발 등등을 한 상 가득 차려 놓았다고 하자. 눈앞의 음식물들이 마치 요괴인 양 보인다. 그러나 사실 먹을 것들을 앞에 놓고 크게 요동치는 내 마음이 바로 싸워야 할 요괴다.

81난(難)을 겪는 동안에, 삼장법사가 의지하는 것은 바로 『반야심경』(般若心經)이다. 요괴이든 보살이든 간에, 세상의 모든 존재자들은 "본래 마음에서 생겨나고 또한 마음을 따라 사라진다". 그렇다면 생겨나고 사라지는 것은 어디에서 연유하는가? 그것은 바로 자기로부터이다. "모든 것이 자기 마음에서 비롯된다면, 다른 사람의 말이 무슨 필요가 있는가?" 그렇기에 요괴와의 싸움은 철저하게 실재하는 어떤 외부적인 힘과의 격돌이 아니다. 밥 먹기 전과 밥 먹은 후가 다른 마음, 미친 듯이 날뛰다가도 어느 순간에는 금세 평정을 찾는 마음. 이러한 마음을 가만히 들여다볼 수 있는 힘을 기르는 과정을 『서유기』는 요괴와의 싸움을 통해서 보여 주고 있다.

자기 힘으로 가라

손오공은 위기에 처한 삼장법사를 어떻게 해서라도 구해 준다. 맘껏 변신술을 부리고, 여의봉을 자유자재로 휘두르면서 요괴를 섬멸해 간다. 손오공은 말 그대로 자기 마음먹은 대로 살아간다. 그래서일까, 손오공은 심원(心猿)이라는 별칭까지 갖고 있다. 손오공이 요괴를 물리치는 장면은 사실 구도자를 시험하는 심마(心魔)를 물리치는 모습을 형상화한 것이다. 즉 손오공은 삼장법사의 마음이 바깥으로 형상화된 것. 보는 즉시 그것이 요괴임을 간파한다(부처심)는 점에서, 그러다가도 때때로 제멋대로 날뛴다(중생심)는 점에서 그렇다. 때로 손오공은 자비심이고 뭐고 없다. 그럴 때 삼장법사는 긴고주(머리테를 죄는 주문)를 외어 손오공을 단속하듯, 자신의 마음을 단속한다.

손오공은 삼장법사에게 말한다. "다만 사부님께서 지성으로 깨달으시고 한 마음으로 돌아보신다면," 그곳이 바로 부처님 계신 곳이라고. 그렇기에 누구나 다 그 자리에서 부처가 될 수 있다. 그러나 부처가 되는 길은 다른 누구도 대신할 수 없다. 목마른 말을 물가로 데려갈 순 있어도 물을 마시게 만들 수는 없듯이. 반드시 스스로 여러 시련들을 몸소 겪어야만 고해(苦海)를 초탈할 수 있다. 손오공이 근두운을 타면 반나절에라도 도착할 수 있는 거리를 삼장법사는 13년이라는 긴 시간을 들여서 걸어갔다.

> "한 발자국씩 힘들게 가시는 거야. 너와 내가 할 수 있는 건 오직 사부님을 보호해서 몸과 생명을 위태롭지 않게 하는 것일 뿐, 이런 고통을 대신할 수도, 경을 대신 가져다 드릴 수도 없어."

깨달음은 자기 바깥에 있지 않다. 적대적인 것들만이 자기를 막는 것은 아니다. 삼장법사 일행의 후견인임을 자처했던 관음보살과 석가여래는 때때로 의도적으로 정령들과 요괴들을 사주하여 일행의 길목을 지키게 만든다. 불법을 더 들려 달라며 감사의 공양을 끊임없이 하는 선한 중생들도 일행의 옷깃을 붙잡는다. 삼장법사를 시험에 들게 하는 것이다. 나를 위해 주었던 주위의 배려가 나의 깨달음을 막는 셈이다. 부처를 만나면 부처를 죽이라고 했던가, 여전히 '부처'라는 이름과 외양에 속아 넘어가기도 하는 삼장법사이지만, 취경(取經)의 의지와 우직함은 변함이 없다. 그는 자신의 발로 인간의 속태를 벗기 위해 걷고 또 걸었다. 자기의 두려움과 고통을 직시하면서 말이다. 그는 도망가지 않고 자기를 시험하는 81난을 깨달음의 계기로 삼았다. 인생에서의 막힌 지점을 자기 극복과 공부의 실마리로 삼을 수 있는 힘과 그것을 직시하는 고행은 "철 속에서 피를 짜내듯", "가는 털실로 코를 꿰어 허공에서 결을 맺듯" 지난한 과정이었다. 타인의 도움이 아닌 자신의 힘으로 마침내 부처님 계신 곳에 도착한 삼장법사. 하지만 그것으로 끝나지 않았다. 81난을 채우기 위해 다시 물에 빠지는 어려움에 처하고, 경전은 얼마간 누락되었다. 귀국했다가 다시 서역으로 가야 한다. 시련이 또 시작된다. 그러나 여행이 끝나지 않은들 어떠랴. 한순간 한순간 마음을 다해 살아가는, 자신의 힘으로 구법을 향해 나아가는 자에게 '다시!'가 뭐 대수이겠는가.

또 하나의 『서유기』, 현장법사가 걸어간 길

『서유기』 삼장법사의 모델이 된 현장법사(玄奘法師, 602~664)는 실존했던 당나라의 고승이다. 어려서 출가하고 남달리 총명했던 그는 천자의 허락을 받지도 않은 채 중국의 국경을 몰래 나가 인도의 날란다에서 17년간 유학했다. 불경을 짊어지고 장안으로 돌아온 현장법사는 자신의 구법여행을 『대당서역기』(大唐西域記)로 남겼다. 당 태종의 명령으로 저술된 이 책에 그는 자신이 직접 보고 경험한 실크로드 주변 작은 왕국들의 기후, 산물, 풍속, 역사, 산물 등에 대해서 자세하게 기록했다. 현장법사 구법의 족적과 신기한 기행은 민간에 전승되었고, 그것이 『서유기』의 원형을 이뤘다. 현장법사의 행적과 관련해서는 『대자은사 삼장법사전』(大慈恩寺三藏法師傳; 제자 혜립이 썼다고 한다)이 전해지는데, 구법과 이후의 번역 사업 등에 관한 현장의 개인적인 체험이 전면적으로 부각되어 있다.

서역으로 불경을 구하러 가는 현장법사.

위진시기에 중국에 들어온 불교는 소승불교로, 개인의 수행을 통한 해탈을 그 목적으로 했다. 현장법사가 인도에서 가져온 불경은 중생을 제도해 부처의 경지에 이르게 하는 것을 이상으로 삼은 대승불교 경전이었다. 귀국한 현장법사는 불경 번역에 힘썼다. 그것은 흡사 또 다른 구법여행이었다. 방대한 분량, 산스크리트어의 개념들에 맞는 한문 번역어 고안하기, 어려운 교리를 파악하는 작업까지. 입적하기 전까지 그는 대승불교를 대표하는 『대반야바라밀다경』 번역에 매진했다. 그는 스스로 매일의 일과를 세웠고, 낮에 일이 충분하지 못하면 밤까지도 계속했다. "늦게 해시(亥時, 밤 10시 전후)가 지나서야 붓을 놓고, 경전을 덮은 뒤에는 예불하며 행도(行道)를 했다. 삼경에 잠깐 잠이 들었다 오경에 다시 일어났다. 범어본을 독송하면서 차례로 빨간 점을 찍어 다음 날 번역할 부분을 표시해 놓았다." 정확한 번역을 위해 중국에 들어와 있던 세 벌의 경전을 모두 대조하면서, 한 글자 한 글자씩 번역에 피를 쏟듯 임했다. 말 그대로 그의 번역 작업은 사막을 한 걸음씩 걸어가는 구법의 길과 다를 바가 없었다.

_최정옥

네 운명을 사랑하라

>> 소포클레스의 『오이디푸스왕』

기원전 5세기경에 창작된 소포클레스(Sophocles)의 비극 『오이디푸스왕』은 우리에게 잘 알려져 있는 이야기다. 아버지를 죽이고 어머니와 결혼한다는 신의 예언(신탁)을 받고 태어난 테베의 왕자 오이디푸스. 그는 예언이 글자 그대로 실현된 후 스스로 눈을 찔러 장님이 된 채로 테베를 떠나 버리고 만다. 이 비극은 서양문학과 연극의 고전 중의 고전일 뿐만 아니라 지금까지 동서양의 수많은 문학작품의 마르지 않는 샘이 되었다. 또 오이디푸스 콤플렉스라는 정신분석학의 용어나 고전문예학의 교과서인 아리스토텔레스의 『시학』의 출발점도 여기서부터다.

피할 수 없는 운명

오이디푸스에게 내려진 신탁은 실은 아버지 라이오스의 죄에서 (소포클레스의 작품에는 생략되어 있지만) 비롯된 것이다. 일찍이 라이오스는 미소년 크리소포스를 유괴-강간한다. 분노한 크리소포스의 아버지는 "결코 아들을 두지 못할진저. 만약 아들을 두면 그 아들에 의해 죽음을 당하리"라고 저주를 퍼붓고, 이것이 신에게 가닿아 신탁으로 내려졌다. 신이 말씀하셨으니 이는 운명이다. 이 운명 앞에 선 인간들은 안간힘을 다해 도망치려 한다.

아버지 라이오스. 그는 갓 태어난 아들의 발을 꽁꽁 묶어서 깊은 산 속에 내다 버린다. 신탁대로 아들이 자신을 죽일 것이라고 생각했기 때문이다. 운명으로부터 도망가려 했던 것은 아들 오이디푸스도 마찬가지였다. 운 좋게 목숨을 건져 양부모 밑에서 청년으로 자라난 오이디푸스는 자신의 신탁을 알게 되자, 멀리 길을 떠난다. 양부모를 친부모로 알고 있었기 때문에 그 곁을 떠나면 자신의 운명을 피할 수 있다고 생각한 것이다.

라이오스와 오이디푸스가 기를 쓰고 도망가려 했지만, 결국 신탁대로 모든 일이 벌어졌다. 신은 신탁을 내렸고, 인간은 그것을 피할 수 없었다. 왜 이다지 인간은 무력한가. 신이 뭐길래, 전지전능한 그의 능력 때문에 인간은 그저 복종만 할 수밖에 없는가. 그래서 『오이디푸스왕』이 비극인가. 이렇게 생각한다면, 소포클레스의 비극은 한갓 삼류드라마로 떨어지고야 말 것이다. 가련한 인간을 위해 눈물이나 한번 흘리고 말면 잊혀질 이야기, 그뿐이다.

오이디푸스의 운명과 신의 존재는 그러나 훨씬 더 근본적인 의미를 담고 있다. 신은 내 삶을 결정하는 존재다. 생성과 소멸을 관장하고, 삼라만상의 변화를 지휘하는 존재가 신이다. 이런 존재는 바로 자연의 섭리 그 자체다. 인간이 죽고 사는 것, 나아가 세상만물의 생로병사가 자연의 법칙에 따르는 것이기 때문이다. 따라서 신은 자연이자 나아가 우주적인 존재 법칙을 의미한다. 그렇다면 인간이 어떻게 자연에 맞설 수 있겠는가. 그에 맞서는 것은 내 삶을 포기할 때만 가능한 일이다. 인간으로 살고 있는 한, 삶의 자연법칙을 벗어날 수는 없다. 더구나 『오이디푸스왕』에서 나오는 운명은 라이오스의 죄로 인해 내려진 인과응보다. 원인이 있으면 그에 따른 결과가 있다. 죄에는 벌이 따른다. 그것이 자연법칙이자 운명이다. 그래서 이 운명은 피할 수 없다.

운명 앞에서 선 인간, 어떻게 할 것인가

신이 자연이고, 내 운명이 자연의 법칙에 닿아 있는 이상, 인간은 운명을 벗어날 수 없다. 그 운명을 받아들이고 나서야, 그것을 겪고 나서야 인간은 비로소 새로운 길을 갈 수 있다. 그것을 감당하지 않고서는 그저 죽는다는 길만이 선택 가능하다. 그래서 오이디푸스의 비극적 사건 즉 아버지를 죽이고 어머니와 결혼한 사실이 밝혀졌을 때, 충격을 받은 어머니이자 아내인 왕비 이오카스테는 스스로 목숨을 끊어 버린다. 이 끔찍한 일들은 이미 일어난 과거의 사건들이고, 지금의 나는 아무것도 할 수 없다. 자, 오이디푸스는 어떻게 할 것인가.

아버지의 죄 때문에 일어난 인과응보의 족쇄, 벗어날 수 없는 운명과 과거. 그 앞에서 왕비는 죽음을 선택하지만, 오이디푸스는 스스로 눈을 찌르고 장님이 된 채로 테베를 떠난다. 그가 운명을 감당한 방식은 장님되기, 국경넘기, 길찾기였다. 장님이 되어 버리는 것은 바로 자신의 눈으로 보아 온 혹은 인정한 모든 것들을 내려놓는 일이다. 자신이 타고난 것을 과감하게 버리는 일이자, 익숙한 모든 것으로부터 결별하겠다는 결단이다. 그러고 나서 그는 길을 떠난다. 테베를 떠나 이웃 콜로노스로 간 오이디푸스는 환영받지 못하는 이방인이다. 막강한 권력이었던 왕의 자리를 내려와, 자신의 영역이었던 국가 경계를 넘어가는 일은 자신이 소유했던 그 모든 것을 벗어나는 것이다. 장님이 됨으로써 자기 세계와 결별하고, 국경이라는 경계 즉 자신에게 익숙했던 배치를 넘어서서 고행의 길을 떠남으로써 새로운 장으로 접어드는 것이다.

이와 같은 오이디푸스의 선택들은 아마도 죽는 것보다 더 고통스러울지도 모른다. 하지만 그 고통을 선택했다는 것은 결국 벗어날 수 없는 과거를 껴안으면서 자신을 정화시키는 길에 다름 아니다. 바로 이것이 운명이 채워 준 족쇄에서 자유로워지는 오이디푸스의 선택이다. 이 순간 비로소 오이디푸스는 진정한 영웅으로 탄생한다. 스핑크스를 무찌르고 테베의 왕이 되었을 때가 아니라, 장님이 되어서 고행의 길을 떠나는 순간 진정한 영웅이 되는 것이다. 따라서 오이디푸스의 선택은 운명에 체념하는 수동성이 아니라 과거를 긍정하고, 운명을 사랑하는 그로 인하여 새로운 장으로 나아가는 능동적인 행위이다.

과거를, 자신의 운명을 긍정하고 나아가 사랑한다는 것은 지금의 삶에 무조건 만족한다는 뜻이 아니다. 삶을 체념하는 것도 아니다. 그저 인생에서 예상치 못한 사건들이 일어나고 감당하기에 버거운 사건들과 마주쳤을 때, 어떤 것과 만나더라도 뒤로 도망치지 않고 정면으로 맞서는 것. 그것이 내 운명을 맞이하는, 그리고 그 운명을 사랑하는 방법이다.

소포클레스와 그의 시대

소포클레스가 활동하던 기원전 5세기는 아테네와 그리스 문화의 최전성기였다. 기록에 남아 있는 소포클레스의 첫 등장 장면은 흥미롭다. 페르시아전쟁 중 벌어졌던 살라미스해전에서 그리스 동맹군이 승리를 거두었을 때, 15세 정도였던 소포클레스는 소년합창단의 선창자로 전쟁의 승리를 신에게 감사드리는 찬신가를 노래한다. 이 소년은 훗날 서른도 채 되기 전에 조국을 위한 노래를 직접 쓰는 비극 시인이 되어 디오니소스제의 비극경연대회에서 첫 우승을 차지한다.

디오니소스제의 비극경연대회는 매해 봄 아테네에서 신에게 봉헌되는 주요 의식이다. 이 대회는 국가가 지명한 시민들이 조직하고 비용을 부담하는 일종의 전 국민적 행사였다. 시와 노래, 춤과 웅변술, 고급 예술과 대중 예술이 어우러졌던 그리스 비극은 국가적 문화프로그램이었던 셈이다. 이런 의미에서 비극공연은 아테네의 시민들이 자신과 조국에 대해 성찰하는 중요한 통로 역할을 했다. 『오이디푸스왕』도 이런 비극공연 중 하나였다. 이 작품은 에게 해 일대에 전해 내려오는 그리스 신화를 소포클레스가 비극으로 다시 구성해 낸 것이다. 내용상으로 보면 신화와 별다를 바 없지만, 가장 두드러지게 눈에 띄는 차이는 소포클레스의 비극이 시작하는 지점이다.

『오이디푸스왕』의 서두는 모든 일이 다 벌어진 이후이다. 즉 오이디푸스가 예언대로 아버지를 죽이고, 어머니와 결혼해서 테베의 왕이 되고, 그 때문에 테베에 역병이라는 저주가 내린 이후, 소포클레스의 비극이 시작되고 있는 것이다. 이는 오이디푸스가 겪은 비극적 사건보다는 그 운명 앞에 선 인간을 중요시하기 때문에 선택된 구성방식이다. 이처럼 인간 존재의 운명을 되새기고 그를 성찰하는 비극이 공연되고, 무대 위에서는 장엄한 합창이 울려 퍼졌다. 이런 장에서 이루어지는 공동체의 체험이 아테네의 국가적 기획이었던 것이다.

어려서는 조국의 영광을 노래하고, 자라서 그 노래를 직접 쓰고, 아테네에서 생을 마감한 소포클레스. 사후 그는 '가장 아테네를 사랑하는 사람'이라는 칭호를 받는다. 그래서 소포클레스라는 이름은 한 개인이 아니라 아테네와 기원전 5세기라는 빛나는 시대 그 자체나 다름없다.

_김연숙

15세기 파리를 배경으로 한 사랑과 혁명의 서사시

>> 빅토르 위고의 『파리의 노트르담』

빅토르 위고(Victor Hugo, 1802~1885)의 장편소설 『파리의 노트르담』(*Notre-Dame de Paris*)은 국내에 '노트르담의 꼽추'라는 제목으로 익히 알려진 이야기다. 영화로도 유명한 이 작품은 노트르담의 곱사등이 종지기 카지모도와 아름다운 집시 에스메랄다의 러브 스토리 정도로 알려져 있지만, 원작에서 이들의 러브 스토리는 주제를 떠받치는 다양한 소재 중 하나일 뿐이다.

19세기 프랑스에서 자유와 낭만을 외치던 스물아홉의 위고는 15세기로 거슬러 가 복잡하게 얽힌 하나의 세계를 구축하게 된다. 그곳에는 아름답고 정교한 노트르담대성당이 있고, 성당의 닫힌 문을 두드리는 이교도들이 있으며, 광장 한가운데 서 있는 교수대와 지하 감옥이 있다. 인간들은 그곳에서 나고 자라고 죽고 미친다. 위고는 15세기 노트르담 아래에서 일어나는 이 모든 일을 조감하듯 그려 냄으로써 자신의 세기의 진통을 고찰하고자 했던 것이다.

광인들은 외치기 시작하고…

작품 첫 장은 1482년의 '광인절' 묘사에 할애된다. 그레브광장에서는 광인들의 교황을 선출하는 일이 한창이고, 파리 재판소에서는 한판 풍자극이 벌어진다. 이런 날이면 학생들과 장사꾼, 거지들은 한마음이 되어 귀족과 성직자들을 조롱하기에 여념이 없다. "타도하라, 앙드리 나리를, 교회지기들과 서기들을, 신학자들을, 의사와 교회법 박사들을, 소송대리인들을, 선거인들과 총장을!"

이 소리에 불쾌해진 대학 서적상이 말한다. "이 시대의 빌어먹을 발명품들이 모든 걸 망쳐 놓고 있다 이겁니다. 대포며 세르팡틴 포며, 구포, 그리고 특히 저 독일에서 온 또 하나의 가증스러운 발명품인 인쇄술 같은 것 말이지요. 이젠 수사본도 없어지고 서적도 없어졌소! 인쇄술이 서점을 죽이고 있어요. 말세가 왔어요, 말세가." 1450년 구텐베르크가 인쇄술을 세상에 내놓은 이래 이렇게 '말세'가 왔다고 누군가는 말했다. 그러나 또 한편에서는 이렇게 외치는 이들도 있었다. 혁명이 왔다, 해방이 왔다!

위고는 거리의 시인 그랭구아르, 곱사등이 카지모도, 거지들의 왕초 클로팽 등을 통해 노트르담 뒤편에서 꿈틀거리는 이 기운을 포착해 낸다. 신에게 바치는 숭배의 표현이었던 노트르담대성당은, 실은 신에게 보일 수 없는 많은 것들을 등 뒤에 가리고 있었다. 미로처럼 얽힌 골목길 끝에 '기적궁'이라는, 이름과 맞지 않는 거지들의 아지트도 수많은 은폐물 중 하나다. 버는 돈도 쓰는 돈도 없이 도시에 더럽게 얹혀사는 이들이야말로 광인절에 가장 적합한 주인공들이며, 아름다운 도시와 성당을 의도치 않게 위협하는 세력이었을 것이다.

15세기에 사람들은 이들을 광인, 이교도라 불렀다. 프랑스대혁명과 7월혁명을 거친 뒤 프롤레타리아트 계급을 이루게 되는 것 역시 그들이다. 그곳은 예외지대로, 국가의 통치권은 결코 거기까지 닿지 못한다. 헝가리, 스페인, 이탈리아 등지에서 온 인간들은 프랑스 국민도 파리의 시민도 성당의 신도도 아니다. 영토 안에 있지만 사실상 외부에 존재하는 그들은 모두 집시이고, 일종의 디아스포라(Diaspora, 離散; 흩어진 사람들이란 뜻으로, 팔레스타인을 떠나 전 세계에 흩어져 사는 유대인을 이르던 말)이며, 현대식으로 말하자면 불법체류자들이다. 그런데 작품 초반 비럭질과 사기를 일삼는 존재들에 불과했던 이들의 위상이 후반부에 이르러 바뀌는 것을 볼 수 있다. 이들은 에스메랄다를 구출하고 동시에 못마땅했던 성당을 노략질하기 위해 기적궁을 나선다. 그리고 진입 시도 중 나이 어린 학생 하나가 무참히 살해당하자, 그 분노에 힘입어 미친 듯 전진하기 시작한다. 광인절에 광장 위를 시궁창처럼 흐르던 이들이 바야흐로 거센 급류가 된 것이다.

이것이 『파리의 노트르담』의 시작이고 어쩌면 모든 것이다. 위고는 어떤 문이 아주 잠깐 열리려는 바로 그 순간을 그려 냈다.

그의 욕망이 우리의 혁명으로 이어진다

잠재되어 있던 것들이 어떤 촉발에 의해 느닷없이 발현될 때가 있다. 결과가 어찌되었든 그때 혁명계수는 최대치가 된다. 아름다운 여성을 욕망하면서 이루어진 카지모도의 변신을 보자. 그는 눈물과 슬픔을 알게 되고, 난생 처음으로 자신이 인간임을 느낀다. 그런데 이때의 변신은 그 자신만이 아니라 주변까지 변화시킨다. 희희낙락 교수형을 구경하던 군중들은, 교수형에 처해지기 직전 에스메랄다를 구출한 뒤 노트르담을 오르는 카지모도에게 환호와 박수갈채를 보낸다. 이 순간 카지모도는 왕과 사법에 저항하는 민중 영웅이 되고, 구경꾼들은 그에게 동조함으로써 평범했던 어느 날을 광인절로 되돌려 버린다. 귀족과 성직자를 흉내 내며 한껏 비웃는 불경한 날로 말이다. 이렇듯 혁명은 다른 삶과 다른 나를 욕망하기 시작한 누군가가 다른 이들의 잠들어 있던 욕망을 깨어나게 하는 순간에서 비롯된다.

하지만 혁명의 지속성은 누구도 보장할 수 없다. 혁명이 모든 사람들을 영원히 안락하고 행복하게 해준다는 것도 허상이다. 잠시 왕을 위협하는 세력이었던 거지들은 이내 흩어지고, 카지모도는 무지 속에서 아군인 기적궁 거지들을 죽인다. 잠시 일어났던 소요로 성당이 무너지거나 파리가 함락될 턱이 없다. 위고가 보여 주는 건 여기까지다. 작품은 교수형당한 에스메랄다의 시신을 껴안은 채 아사한 카지모도의 백골을 보여 주는 것으로 막을 내린다.

어쩌면 작품 전체는 서문에서 언급된 '숙명'(ΑΝΑΓΚΗ)이라는 단어에 대한 긴 주석일는지도 모른다. 하지만 위고는 숙명 안에서 펼쳐지는 인간들의 헛된 시도와 미망을 보여 주기 위해 펜을 들었던 게 아니다. 기적궁 거지들과 카지모도를 통해 확인할 수 있는 것은 무엇보다도 생명이 본능적으로 만드는 혁명의 기운 그 자체다. 존재의 생사가 숙명이라면, 존재들의 변신 또한 숙명 아니겠는가. 사랑이 본능인 한 혁명은 언제까지고 그와 함께 한다. 마구잡이식으로 마녀사냥을 하던 15세기, 혁명과 반혁명이 이어지는 어지러운 19세기에도 사람들은 그렇게 살고 싸웠다.

1789년의 프랑스대혁명, 박애사상의 대두, 그러나 곧바로 로베스피에르의 공포정치, 1830년 7월혁명과 영광의 3일, 다시금 왕의 부활……. 구체제와 혁명의 끊임없는 갈등과 긴장관계, 그 한복판에서 위고는 무지하고 추한 인간들을 대거 등장시킨 이 작품을 집필했던 것이다. 그에게는 쓰는 행위가 곧 싸움이고 숙명이었던 셈이다.

오늘도 시궁창은 도시를 가로지르고 호텔과 백화점들 뒤에는 기적궁이 엎드려 있다. 하지만 거기에도 사랑이 있고, 하루하루 만들어지는 삶이 존재한다. 21세기에도 화려한 빌딩숲 뒤에 사는 수많은 존재들이 언제 이디서 더 나은 생을 위해 성문을 부수려 할지 알 수 없는 노릇이다. 그 순간이 오면, 사랑과 혁명의 에너지가 폭발하듯 솟구칠 것임은 물론이다.

◈ **고전** Tip & Talk

위고, 사형폐지를 논하다

『파리의 노트르담』은 인간의 숙명에 대한 고찰이며, 파리시와 그곳의 아름다운 건축물에 대한 송가이기도 하지만, 또 동시에 프랑스의 부조리한 사법제도에 대한 맹렬한 비판이기도 했다. 자유를 부르짖는 낭만주의자, 인도주의자였던 빅토르 위고에게 사형제도는 도덕을 후퇴시키고, 민중의 미덕을 해치는 악습으로 여겨졌다.

작품에 등장하는 루이 11세는 위고에 의해 비쩍 마르고 성질 급한 노인네로 묘사된다. 그런데 이 왕의 경악스러운 지점은 다름 아니라 여기다. 왕의 일행이 감옥을 시찰하던 중 창살 저 너머에서 찢어지는 비명 소리가 들린다. 보이지 않는 죄수는 자신이 무고하다며 제발 자비를 베풀길 간청하지만, 왕의 귀에는 그 소리가 들리지 않는다. 신하들이 모두 그 소리에 소름이 끼쳐 얼어붙어 있는데도 왕은 하던 말만 계속 하고, 신하들에게 질문하고, 문서를 읽으며 감옥 안을 거닌다.

아름다운 노르트담대성당과 루브르궁이 서 있는 이곳 프랑스에는 비세트르성과 그레브광장이 함께 존재한다. 강도와 살인자들은 비세트르성에 감금되었고, 사형수들은 마차를 타고 그레브광장에 도착해 처형된다. 비정한 왕과 재판관들은 가난한 민중들이 못 배우고 굶주려 도둑질을 할 수밖에 없는 상황은 보지도 듣지도 않는다. 권좌에 앉아 있을 때 그들이 하는 일은 오로지 사회의 이름으로 행하는 복수뿐이다.

15세기로 날아간 위고가 열여섯 살의 가녀린 소녀 에스메랄다를 목매달게 한 것은 그의 나이 29세 때의 일이다. 그러나 그는 그보다 2년 전 이미 『사형수 최후의 날』이라는 제목의 소설을 통해 사형 및 사법제도의 기만성을 주장한 바 있다. 이 짧은 소설에서 위고는 사형을 언도받은 한 남자의 고독과 상념을 그린다. 이 작품을 통해 그는 "단두대의 붉은 받침대 아래 흥건히 고인 피 속에서 꼼짝 않고 누워 있는" 죽은 자의 영혼을 읽어 보길 독자에게 권한다. 사형 당하기 1분 전까지도 오감으로 세상을 느끼고 숨 쉬는 젊은 남자의 입장에서 쓰인 이 글은 다른 어떤 호소문보다 강렬하고 소름 끼친다.

_수경

파리여! 이제부터 너와 나의 대결이다!

>> 오노레 드 발자크의 『고리오 영감』

누가 고리오 영감에게 돌을 던지는가?

시골 청년 라스티냐크는 성공을 꿈꾸며 프랑스 최고의 도시 파리에 상경한다. 늙으신 어머니의 걱정 패인 이마 주름을 등지고, 누이들의 저금통을 털어 멋진 양복과 젊음으로 자신을 무장하고서 파리 시민귀족들 흉내를 냈다. 하지만 라스티냐크는 파리의 실체를 몰랐다. 도시를 관통하는 것은 애욕과 배신. 라스티냐크는 욕망의 소용돌이 속에서 결국 누이를 배신하고, 사랑을 불신하고, 늙은 동료의 죽음을 지키는 관조자로 타락하고 만다. 그렇게 파리의 삶을 배우고, 파리 시민이 되어 간다.

발자크(Honoré de Balzac, 1799~1850)의 『고리오 영감』은 사실 라스티냐크의 상경과 성숙을 다룬 입신출세의 드라마다. 그러나 작가는 라스티냐크와 정반대의 운명을 갖고 있는 '불쌍한 영감탱이' 고리오를 작품의 얼굴로 내세웠다. 라스티냐크가 속악한 사교계의 게임 법칙에 서서히 길들어 갈 동안, 같은 하숙집 사람 고리오의 운명은 점점 하강 곡선을 긋는다. 라스티냐크가 부유하고 멋진 사교계의 여성들을 하나씩 섭렵해 나갈 동안, 고리오는 점점 더 궁핍한 처소로 자신의 짐을 옮긴다.

왜 라스티냐크가 아니라 고리오가 소설의 제목으로 선택되었을까? 작품 속에 등장하는 화려한 파티 장면, 부정한 방법으로 동시에 한 자매를 사랑하는 청년, 남편 몰래 정부를 두는 여인들, 최하층의 사람부터 최상층의 사람들이 보여 주는 가지각색의 사건·사고, 무엇보다 근대화되고 있는 파리의 세밀한 풍경들. 하지만 발자크에게는 작품을 생기롭게 만드는 이 모든 요소들보다 고리오의 운명이 중요했다. 차마 비난할 수 없는 이 늙은 남자. 발자크는 바로 이 고리오 영감과 함께 누구도 무시할 수 없는 프랑스 최고의 베스트셀러 작가가 된다. 어째서 이런 일이?

프랑스혁명 이후의 가족 드라마

『고리오 영감』은 고리오 영감의 3층 하숙집 생활로부터 시작해서 1921년 그의 죽음으로 끝난다. 혁명 이후 프랑스에서는 나폴레옹의 출세를 뒤따르려는 젊은이들이 넘쳐나고 있었다. 고리오도 혁명의 수혜를 받았다. 1789년 대혁명 때 희생된 주인의 사업체를 우연찮게 인수하면서 국수공장 노동자에서 신흥 부르주아로 변신했다. 하지만 나폴레옹이 첫 패배를 한 1813년에 파리의 허름한 하숙집으로 들어와서, 나폴레옹이 결정적으로 몰락한 해인 1815년에 그 하숙집의 가장 남루한 3층으로 이사를 하며, 나폴레옹이 죽는 1921년에 그 자신도 세상을 떠난다. 발자크는 나폴레옹식 벼락 출세의 꿈에 사로잡혀 있는 사람들에게 찬물을 끼얹기라도 하듯 나폴레옹 세대의 몰락을 이야기의 기본 축으로 설정했다.

고리오와 그의 두 딸은 나폴레옹 실각 후 왕정복고시대 프랑스사회의 세 계층이 어떠했는지를 보여 준다. 고리오의 막강한 금력은 두 딸의 신분을 바꿔 놓았다. 무척 아름다웠던 큰딸 아나스타지는 대귀족과 결혼하는 데 성공한다. 둘째 델핀은 언니보다 예쁘지 못해서 많은 지참금을 갖고 자본 부르주아인 은행가와 결혼한다. 고리오는 이 두 딸의 드레스와 값나가는 보석을 대 주느라 장례 치를 돈조차 없는 빈털터리가 되어 죽는다. 신분의 차이 때문에, 아버지의 돈을 갖고 경쟁하느라, 딸들은 한 응접실에서 차도 마시지 않는 사이가 되었다. 딸들보다 신분이 낮았던 고리오는 더럽다는 이유로 낮에는 딸들을 방문할 수조차 없었다. 이들을 한 가족이라고 할 수 있을까? 발자크는 딸들에게 동전 한 푼까지 털리고 마는 고리오의 몰락을 보여 줌으로써 프랑스사회의 부권이 어떻게 몰락하는지, 계층 간 평등한 연대의 꿈이 어떻게 파괴되는지 그 현장을 드러냈다.

이 가족 옆에 시골 청년 라스티냐크가 있다. 그는 누구에게도 인정받지 못한 채 큰딸과 둘째딸 사이를 오가며 신분 상승의 기회를 엿본다. 청년은 이들 가족들의 욕망을 지켜보고, 거기에 동참하고, 또 그들로부터 무시당하기도 하면서 자신의 입지를 넓혀 간다. 그러다가 고리오의 진실된 부성애에 감동하여 자신의 허영을 깨닫게 된다. 라스티냐크는 끝까지 고리오 영감의 죽음을 지키고, 그의 장례를 치른다. 그렇다면 라스티냐크는 고리오 영감의 죽음을 계승하고 그 노인의 운명을 반복하게 되는 걸까?

이제부터 파리와 나와의 대결이야!

라스티냐크는 고리오의 장례를 치르자마자 자본 부르주아지에게 시집간 둘째딸을 찾아가기로 결심한다. 이 마지막 장면에서 독자는 앞으로는 귀족이 몰락하고 자본이 기승을 부리는 시대가 될 것을 예감할 수 있다. 하지만 발자크는 라스티냐크의 미래를 불확실하게 남겨 두었다. 델핀을 찾아가기 전에 이 청년은 센 강의 두 기슭을 따라 꾸불꾸불 펼쳐진, 등불들이 빛나기 시작하는 파리를 내려다본다. 거기에 그가 들어가고 싶었던 아름다운 사교계가 있었다. 그는 벌집에서 꿀을 미리 빨아먹은 것 같은 시선을 던지며 말한다. "이제부터 파리와 나와의 대결이야!"

그렇다. 라스티냐크는 고리오 영감의 보답받지 못한 부성애를 잊지 못할 것이다. 하지만 그는 자신만의 방식으로 홀로 설 것을 다짐한다. 나폴레옹과 같은 우상에 기대지 말자! 역사적 소명과 싸우지도 않겠다! 아무리 누추하고 잔인하더라도 오직 내가 원하는 것에 매달리자! 청년이란 자기 자신밖에는 아무것도 믿지 않는 자, 누군가의 죽음을 딛고 서면서도 더욱 의연한 자, 무엇보다도 뒤돌아보지 않는 자다. 타락해도 좋다! 라스티냐크의 패기 덕분에 발자크의 독자들은 고리오의 죽음에도 당황하지 않을 수 있었다. 젊은이의 모습에서 자기 운명의 불안정함을 있는 그대로 떠안은 자의 당당함을 발견했기 때문이다.

◈ 고전 Tip & Talk

발자크, 『일리아스』보다 위대한 근대의 서사시를 쓰다

스탕달은 『적과 흑』에서 나폴레옹을 동경하는 젊은이 쥘리앵 소렐을 그렸다. 쥘리앵은 사랑과 박애의 혁명정신을 순수한 마음으로 동경했다. 발자크에게 이런 낭만은 없다. 그는 사랑과 우정에 대한 헛된 꿈을 철저히 버리고 차갑게 세상의 추이를 지켜보는 길을 선택했다. 그 누구도 고리오 영감의 죽음에 조애를 표하지 않았다.

하숙집 주인 보케르 부인은 두 딸의 머리털이 들어 있는 금색 메달을 고리오의 주검에서 떼어 낸다. 그녀는 고리오가 저승길에 가지고 갈 수 있는 유일한 물건마저 훔치려고 달려든 것이다. 발자크는 이 부인의 어리석은 욕심도 가차 없이 포착했다. 그 결과, 나폴레옹 후일담만 되새김질하며 지내던 사람들은 허영에 허우적대는 자신 또한 직면할 수 있게 되었다.

보들레르는 1945년 자신의 비평문에서 이런 발자크의 인물들이 『일리아스』의 주인공보다 훌륭하다고 썼다. 고리오와 라스티냐크가, 심지어는 하숙집 주인 여자가 더 독특하다! 왜? 그들은 신화 속 영웅들처럼 자기 욕망 때문에 좌절하고 시련을 겪지만 결코 자신의 본성, 자신의 호기심을 꺾지 않기 때문이다. 신도 없는 세계에서 어떻게 그런 용기를! 그들은 그 끝에 허망한 죽음이 기다릴지라도, 약속된 것 하나 없이 세상에 알몸으로 떨어지더라도, 자기 두 주먹으로 세상과 맞짱 뜨는 일에 목숨을 걸었다. 발자크의 독자들은 이런 주인공의 매력에서 헤어 나올 수 없었다.

작가 발자크 역시 부와 명성이라는 자기 욕망에 충실했다. 쓰지도 않은 원고 인세를 미리 받아 가며 좋은 집과 가구들을 사들이기도 했다. 그는 대중의 기호에 따라 하루아침에 판세가 바뀌는 근대 저널리즘의 본성을 꿰뚫어 보았다. 덕분에 최초로 독자를 연구한 작가가 되었다. 당대 사회를 철저히 조사하여 대중의 욕망을 만족시키려고 노력했던 것이다. 그는 매일 밤 엄청난 양의 커피를 몸속에 쏟아부어 가며 쓰고 또 썼다. 그리고 이런 자신을 자랑스러워했다. 발자크의 이런 철저함과 낙관성 때문에 한낱 이야기꾼에 불과하던 소설가도 근대적 영웅으로 재탄생할 수 있게 되었다.

_오선민

'오래된 미래', 국가 없이 사는 법

>> 장주의 『장자』

제후들이 패권을 다투던 중국의 전국시대 중엽. 초나라 위왕(威王)이 한 사나이에게 재상을 약속하고 예물을 보냈다. 이 사나이는 위왕의 제의를 단번에 거절한다. "차라리 더러운 시궁창에서 즐겁게 살지언정 나라를 다스리는 군주의 속박을 받고 싶지 않습니다. 평생 벼슬을 하지 않고 내 맘대로 살겠습니다." 이 사나이, 그 유명한 장자(莊子)다. 이름은 장주(莊周), 송나라 몽(蒙) 지역 출신으로, 노자와 더불어 도가사상의 양대 거목 중 하나로 칭예되었던 '그' 장자.

장자는 짚신을 엮고, 목덜미는 비쩍 마르고, 얼굴이 누렇게 떴을 정도로 생계가 어려웠다. 곡식을 빌러 다니기까지 했다. 그럼에도 온갖 호사를 하다 거룩하게 희생되는 '소'보다는 하찮지만 오래 사는 '돼지'가 낫고, 안락하고 풍요로운 새장 속의 새보다는 숲 속의 고달픈 새가 낫다고 생각했다. 장자는 국가의 '명예로운' 종이 되기를 거부하고 기꺼이 '이름 없는' 자유민으로 살았다.

장자는 우리가 기대했던 바, 현실을 '도피'하여 자연 속에 은둔하지 않았다. 불로장생(不老長生)의 신선이 되지도 혹은 신선처럼 살지도 않았다. 장자는 현실 속에서 현실을 견뎌 내며 주류적인 길과 전혀 다른 길을 걸었다. 장자의 『장자』는 우주상의 생명체들을 지배하고 억압하는 모든 인위적이고 인간적인 시스템의 망상을 냉철하게 파헤친 우화다.

만물은 모두 똑같다

사람들은 '어떻게 하면 천하가 다스려지는지'를 묻는다. 장자가 보기에 이 질문은 '야비하다'. 천하를 다스린다는 사고는 인간의 오만이다. 서민은 잇속 때문에, 선비는 명예를 좇아, 대부는 가문을 위해, 군주는 천하를 소유하려고 천하를 위하는 척할 뿐이다. 천하를 다스린다는 건, 우주의 생명체들을 자기만의 척도로 균질화하고 등급화하여 그 생명력을 속박하는 일일 뿐이다. 천하의 만물은 그냥 두면 된다. 저마다 알아서 살아간다.

장자는 인간이 이 세계의 중심적인 존재가 아님을 증명하기 위해 우주의 생성을 말한다. 만물은 무(無)에서 나왔다. 세상이 있기 전, 있음이 없었던 그 이전, 그 없음조차 없었던 그 이전, 이 세상엔 그야말로 아무것도 없었다. 무에서 나온 음양의 두 기운이 운동하면서 천지와 만물이 생겨났다. 저절로 그렇게 생겨난 상태, 그것이 자연이다. 우연한 부딪침에 의해 그렇게 태어난 것이다. 만물을 그렇게 만든 것은 하늘도 아니요, 신도 아니다.

우발적으로 생성되었다는 점에서 만물은 모두 똑같다. 만물들 사이의 우열은 존재할 수 없다. 인간들이 언어를 만들면서 선악, 미추, 시비와 같은 경계가 만들어지고, 그 경계에 따라 모든 존재들을 구분하고 차별하게 된 것이다. 인간의 관점을 강요함으로써 만물의 존재성은 왜곡되기 시작한 것이다.

장자는 세상의 온갖 기준과 통념을 해체한다. 중국 최고의 미녀, 여희(麗姬)와 모장(毛嬙)은 인간에겐 아름답다. 그러나 물고기나 새나 순록은 그녀들을 보면 멀리 달아난다. 습지는 미꾸라지에게 알맞은 거처다. 그러나 인간이 습지에 살면 허릿병이 생겨 반신불수로 죽는다. 어느 얼굴을 아름답다 하고, 어느 거처를 좋다고 할 수 있는가? 우주적으로 사유하면 이분법의 척도들이 삽시간에 스러진다.

장자는 세상에서 쓸모 있다고 여기는 것이 존재들의 양생에 얼마나 쓸모가 없는지, 쓸모없다고 버려진 것들이 얼마나 쓸모가 있는지를 통해 가치를 전도시켜 버린다. 집 짓는 데 쓰이는 나무만 쓸모가 있는 게 아니다. 재목감이 못 되어 도끼를 피한 나무는 그 나무 입장에서 보면 얼마나 쓸모가 있는가? 인간 위주의 독단적이고 독점적 가치들을 벗어 버리고 그 나무 그늘에 누워 소요유(逍遙遊)함이 어떻겠는가? 장자의 제안은 참으로 매력적이다.

만물-되기와 무위(無爲)하기

중심으로부터 탈주하기. 장자는 국가 없이, 권력 없이, 제도 없이도 공생할 수 있는 사회를 꿈꾼다. 장자는 '공동선'(共同善)을 위해 고안된 시스템조차 신뢰하지 않았다. 공자와 묵자의 '인의와 겸애'조차 긍정하지 않는다. '인의와 겸애'가 결국엔 수갑과 차꼬를 채우는 명분이 될 수 있음을 간파한다. 인의를 내세워 천하와 백성을 소유하고 전쟁을 일으키는 행위는 강도질로 사람을 죽였던 '도척'(盜蹠)의 행악보다 더 나쁘다. 도척은 몇 사람을 죽였지만, 요순 같은 성인은 무수한 사람들을 죽음으로 몰아넣었다. 장자는 묻는다. 요순임금이 도척보다 낫다고 말할 수 있는가?

그렇다면 제도 없이, 중심 없이 만물들은 공존할 수 있을까? 공자와 묵자는 대항이념, 대항국가, 대항제도를 내세웠다. 그러나 장자는 절대 중심이 해체된 출구에서 세상을 본다. 만물이 '도'(道)에 따라 살면 국가 없이 공생할 수 있다. 도를 따르면 다스림이 없어도 세상은 잘 돌아간다.

장자에게 도란 무엇일까? 길은 다녀서 이루어졌다. 그런 의미에서 '도'는 만물이 저절로 태어나서 살아가는 길이다. 만물을 주재하는 절대적인 도란 없다. 자연인 채로 살아가는 길, 그것이 만물의 도다. 따라서 도는 어디에도 있다. 도는 땅강아지나 개미에게도 있고, 돌피나 피에도 있고, 기와나 벽돌에도 있고, 오줌과 똥에도 있다. 도는 하나로 규정할 수 없다. 생명체들이 살아가는 그 현장에서 드러날 뿐이다.

만물은 이렇듯 저마다의 도에 따라 살아간다. 저마다의 도를 해치지 않고 살려 주는 때에만 만물은 공생할 수 있다. 따라서 만물이 공생하려면 다른 존재들이 살아가는 법을 온몸으로 감지해야 한다. 세상의 기준과 가치와 상식으로 무장된 '나'를 버리고 대우주가 생성된 그 찰나를 기억하며 다른 존재와 마주쳐야 한다.

장주가 꿈에서 나비가 되어 팔랑팔랑 날아다녔던 것처럼 나비의 기운장이 장주의 기운장으로 전이되면 장주와 나비 사이의 간격은 사라진다. 장주와 나비는 형체는 분명 서로 다르지만, 그 순간 장주는 나비가 되고, 나비는 장주가 된다. 이것이 바로 물화(物化) 곧 만물-되기다.

만물-되기를 이루면 국가라는 이름의 다스림이 없어도, 시스템에 의한 자선이 베풀어지지 않아도 만물들은 평화롭게 살아갈 수 있다. 저절로 살아가는 천하에 군더더기를 덧붙일 필요가 있을까? 배려한다는 행위 없이도 배려가 이루어지는 세상. 다스린다는 행위가 없는데도 잘 돌아가는 세상. 그런 무위(無爲)의 세상이 장자가 상상한 공동체다. 국가 없이 살기를 꿈꾸고, 국경 없는 사회를 꿈꾸는 당신에게 『장자』는 든든한 벗이 되어 줄 것이다.

◈ 고전 Tip & Talk

혼돈과 바닷새의 죽음

『장자』에 나오는 가장 어이없는 죽음은 혼돈(混沌)과 바닷새의 죽음이다.

> 남해의 임금을 숙이라 하고 북해의 임금을 홀이라 하며, 중앙의 임금을 혼돈이라 한다. 숙과 홀이 혼돈의 땅에서 만났다. 혼돈이 매우 융숭하게 그들을 대접했다. 숙과 홀은 혼돈의 은혜에 보답할 의논을 했다. 사람은 누구나 일곱 구멍이 있어서 그것으로 보고 듣고 먹고 숨 쉬는데 혼돈에게만 없다. 구멍을 뚫어 주자, 날마다 한 구멍씩 뚫었는데, 7일이 지나자 혼돈은 죽고 말았다.

> 옛날 바닷새가 노나라 서울 밖에 날아와 앉았다. 노후가 이 새를 친히 종묘 안으로 데리고 와 술을 권하고, 구소의 음악을 연주해 주고, 소·돼지·양을 잡아 대접했다. 그러나 새는 어리둥절해하고 슬퍼할 뿐 고기 한 점 먹지 않고 술도 한잔 마시지 않은 채 사흘 만에 죽어 버리고 말았다.

혼돈과 바닷새는 더할 나위 없이 융숭한 대접을 받고는 죽었다. 구멍을 뚫으면 혼돈은 생명줄인 혼돈스러움을 잃는다. 바닷새는 바다에서 물고기를 먹고 살아야지 궁전에서 사람처럼 살면 바닷새다움을 잃는다. 이것이야말로 의도하지 않은 동일성의 폭력이다. 이 세계의 주인이라 자처하는 자들, 이 세계에서 가장 위대하고 완성된 자라고 생각하는 자들이 범하는 실수다.

나에게 좋음이 저들에게 좋음일 수 없다. 나에겐 삶이지만 저들에겐 죽음일 수 있다. 다른 이의 생을 이해하지 않은 채 행해지는 선의는 타자에게 작동하는 순간, 폭력이 된다. 의도하지 않은 폭력, 의도하지 않은 살해. 자신이 내린 혜택이 타자에겐 고통이 될 줄 아예 상상조차 하지 못하는 존재들의 무심함과 무명(無明)이 이보다 더 잘 그려지긴 어렵다.

_길진숙

백수의 자유, 길 위의 향연

>> 홍명희의 『임꺽정』

"너 어디 사느냐?"

"양주 읍내 삽니다."

"나이 몇 살이냐?"

"서른다섯 살입니다."

"부모와 처자가 있느냐?"

"아버지가 있고 처자도 있습니다."

"네 집에서는 농사하느냐?"

"아닙니다. **아무것도 안 하고 놉니다.**"

"아무것도 아니 하고 놀아? 네 아비는 무엇하는 사람이냐?"

"소 백정입니다."

(강조 필자)

꺽정이는 직업이 없다. 아비가 백정이라 아주 가끔 백정일을 거들기는 하지만 그걸 '업'으로 삼을 생각은 전혀 없다. 한마디로 '노는 남자'다. 비단

꺽정이만 그런 것도 아니다. 칠두령은 물론이려니와, 대부분의 등장인물들이 제대로 된 직업을 가지고 있는 경우가 거의 없다.

'노는' 남자들 혹은 '배우는' 남자들

그럼 뭘 하고 노는가? 배우면서 논다. 꺽정이는 봉학이, 유복이와 더불어 서울 갖바치의 집에서 청년기를 보낸다. 갖바치는 당대 최고의 사상가이지만, 꺽정이에게는 집안 어른이자 스승이다. 꺽정이와 그의 친구들은 갖바치의 집에 더부살이를 하면서 많은 걸 배운다. 물론 문자를 워낙 싫어하다 보니 배우는 게 주로 병법, 기예 같은 것들이다.

그럼, 배워서 뭐하지? 아무 이유 없다! ―"대체 검술을 배워 무엇하니?"라고 묻자, 꺽정이의 대답. "그저 배워 두었으면 좋으려니 생각할 뿐이지. 무엇하려는 작정은 없소." 그냥 배운다. 놀면서 배우고, 배우면서 논다. 그리고 그게 일상이다. 놀랍지 않은가? 이들은 소위 백수다. 그런데 자괴감에 찌들기는커녕 정규직들은 상상할 수 없는 자유를 만끽한다. 비정규직 600만, 청년실업 140만 명 시대에 대하소설 『임꺽정』에 필이 꽂힌 이유가 여기에 있다.

길 위의 향연, 배우고 사랑하고 싸운다

저자는 벽초 홍명희(洪命憙, 1888~1968). 구한말 명망 높은 양반 가문에서 태어나 이광수, 최남선 등과 더불어 조선의 '3대 천재'로 꼽혔다. 1920년대 민족운동사에 한 획을 그은 '통일전선' 신간회를 이끈 지도자이기도 하다. 『임꺽정』은 그의 유일한 작품이자, 20세기가 낳은 걸작이다. 남북한

이 함께 자랑해 마지않는, 아주 드문 고전이기도 하다.

시대 배경은 명종 대. 당대를 주름잡던 화적패 '청석골 칠두령'을 밑그림으로 조선시대의 사화와 정쟁, 풍속과 일상이 파노라마처럼 펼쳐진다. 작가의 야심 찬 선언대로 '순(純) 조선적' 정조(情調)를 유감없이 발휘한 작품이다. 하여, 서구적 의미의 소설이라기보다는 '이야기'에 가깝다. 그만큼 구술문화의 입담이 생생하게 살아 있다.

위에서 보다시피 꺽정이와 그의 친구들은 정착민이 아니다. 농사를 짓자니 땅이 없고, 장사를 하자니 밑천이 없다. 출신성분이야 더 말할 나위도 없다. 유복이는 이름대로 유복자고, 봉학이는 기묘사화때 집안이 풍비박산 나는 바람에 할머니 밑에서 자랐다. 곽오주는 '임노동자', 길막봉이는 소금장수고, 배돌석이는 떠돌이 룸펜이다. 천왕동이는 백두산에서 살다 제 누이가 꺽정이랑 혼인을 하는 바람에 꺽정이네 집에 와서 더부살이를 한다.

한마디로 결손가족에, 집에서 내놓은 자식들이다. 따라서 이들을 하나의 집단, 하나의 계급으로 묶기란 참, 곤란하다. 말하자면, 특정 범주로 포섭하기 어려운, 체제의 변경을 떠도는 '마이너'들인 셈. 그러니 이들의 인생역정은 대부분 길 위에서 이루어진다.

예컨대, 유복이는 청년기를 앉은뱅이 신세로 지내는데, 하도 할 일이 없어 혼자 표창 연습을 하다 댓가지창의 명인이 된다. 그의 실력이 어느 정도냐 하면, 누워서 던져도 파리를 맞힐 수 있는 수준이다(와우~). 그 인연으로 지나가는 이인을 만나 병을 고치고 차력사로 거듭난다. 어머니의 유언에 따라 아버지의 원수를 갚은 다음, 관가의 추격을 피해 도주하다 얼떨결에 최영 장군 사당에서 각시를 얻는다(이게 웬 떡!). 마을사람들을 공포에 떨게 하는 벌역 따위엔 아랑곳없이 각시를 데리고 튄다.

이렇듯 이들은 모두 천민이자 도망자들이지만 사랑과 성을 박탈당하기는커녕 오히려 더 화끈하게 누린다. 장군귀신의 마누라를 달고 튄 유복이의 사랑도 '대박'이지만, 백두산에서 꽃핀 꺽정이와 운총이의 '풋사랑'이나 귀신도 녹여 버린 봉학이와 계월향이의 열애 등도 하나같이 다 '블록버스터'다. 이 사랑의 서사 속에 조선조 민중의 '인정물태'(人情物態)가 손에 잡힐 듯 생생하게 녹아 있다.

◈ 고전 Tip & Talk

『임꺽정』 미완성 미스터리 : 사주로 보니 벽초 51세때 大運 변화, 문필서 조직의 '짱'으로

『임꺽정』(사계절 펴냄)은 총 10권으로 된 장편소설이다. 그런데 아쉽게도 미완성이다. 작가가 요절한 것도 아니고, 수용소에 갇혔던 것도 아닌데, 왜 이 필생의 작품이 미완성이 되었을까. 좀 엉뚱해 보이지만, 이 미스터리를 풀기 위해 사주명리학을 동원해 작가를 살펴보았다.

1888년 탄생. 1928년부터 『임꺽정』 연재, 1948년 월북. 1968년 사망. 책날개에 소개된 홍명희의 연보다. 뭔가 공통점이 보일 것이다. 한 살 단위로 인생이 크게 변곡점을 그리고 있다. 그렇다면 이 사람의 대운은 한 살일 가능성이 크다. 대운이란 10년 단위로 운이 바뀌는 걸 뜻하는 명리학 용어다. 1대운이면 한 살, 열한 살, 스물한 살……. 3대운이라면 세 살, 열세 살, 스물세 살 등으로. 연보를 토대로 홍명희의 사주를 뽑아 보았다. 가장 먼저 눈에 띄는 사항은 큰 스케일의 역마살. 벽초는 어린 시절부터 중국, 싱가포르, 타이완 등지를 떠돌아다녔으니 과연 그렇다고 할 수 있겠다. 『임꺽정』과 관련된 대목을 찾아보니, 41세에 『조선일보』에 연재하기 시작하여 딱 10년간 쓰고 손을 놓아 버렸다. 대운의 흐름을 살펴보니 51세부터 대운이 크게 바뀌었다. 이른바 갑자(甲子) 대운! 갑자는 육십갑자의 첫 시발점이다. 그래서 이 대운이 들어오면 인생 전체가 크게 변한다고 해석된다. 때는 바야흐로 역사의 격동기. 여러 조직의 '짱'을 맡더니 급기야 61세에 우연히 북한에 들어갔다가 부수상 등 고위관직을 역임한다. 그러니 『임꺽정』을 다시 쓰지 않은 건 바빠서도 아니고 힘에 부쳐서도 아니다. 대운이 바뀌면서 벽초의 인생이 문필에서 조직으로 이동해 버린 탓이다. 말하자면, 50대가 되면서 『임꺽정』과는 시절인연이 끝나 버린 것. 반론도 있겠지만 사주로 풀어 보면 그렇다!

_고미숙

고민하는 햄릿, 그가 보여 주는 인간의 길

>> 윌리엄 셰익스피어의 『햄릿』

창백한 지식인, 햄릿형 인간

셰익스피어(William Shakespeare, 1564~1616) 비극의 주인공 햄릿의 괴로운 한 마디, "To be, or not to be. That is a question"(죽느냐 사느냐, 그것이 문제로다/있음이냐 없음이냐, 그것이 문제로다). 숙부가 자신의 아버지를 죽이고 어머니와 결혼한 후 왕위에 올랐으니 햄릿은 괴롭다. 복수를 해야 한다. 그런데 고민스럽다. 우선 심증은 가나 물증이 없는 범죄를 어떻게 확인할지가 고민이고, 간통과 별다를 바 없는 결혼을 한 어머니를 어떻게 해야 할지가 고민이고 나아가 어떻게 복수할지가 고민이다. 상대는 막강한 힘을 가진 왕이 되었는데, 자신은 왕위를 계승할 수 있을지 없을지도 확실치 않은, 선왕의 왕자일 뿐이다. 그러니 끙끙 앓다시피 괴로운 것은 당연지사.

이 괴로운 햄릿의 모습으로부터 19세기 영국 낭만주의 시인들은 창백한 지식인의 이미지를 만들어 냈고, 독일의 괴테는 고귀하고 연약한 귀공자를, 러시아의 투르게네프는 '햄릿형'과 '돈키호테형'이라는 인간 유형을 만들었다. 행동은 하지 않은 채 고민만 주구장창하는 사람의 유형을 햄릿형, 아무 생각 없이 무조건 행동으로 돌진하는 사람은 돈키호테형이라는 것이다. 나아가 햄릿형 인간은 예민한 감수성과 퇴폐적 세련미를 과시하고, 우울함이나 권태에 몸을 맡기는 데카당스 지식인의 모습으로 발전, 전 세계적으로 널리 퍼져 나갔다. 그래서 꾀죄죄한 몰골로—하루만 세수하지 않고, 잠 설치면 가능하다—담배연기를 내뿜으며 'To be, or not to be'라고 읊조리는 모습은 지금도 지식인의 전형적인 이미지처럼 여겨지고 있다. 햄릿 따라하기의 장대한 역사인 셈이다. 하지만 400년 동안 계속되는 이미지라니, 이 이상한 마력은 어디에서부터 비롯된 것일까.

고민, 그로부터 이어지는 자기 삶의 투쟁

『햄릿』에는 근친상간, 사랑과 불륜, 음모와 배신, 광기, 결투, 자살, 살인 등 갖가지 사건들이 등장하지만, 그 핵심은 햄릿의 복수다. 하지만 5막으로 이루어진 『햄릿』의 구성에서 복수가 시작되는 것은 사실상 마지막 장(5막 2장) 뒷부분에 이르러서이다. 그 전까지는 고민만 계속된다. 이를 두고 셰익스피어 연구자들은 '복수지연'이라고 부르기도 하지만 폼나게 말해서 '지연'이지, 한마디로 햄릿에게는 죽으나 사나 계속 고민하는 것이 전부였다. 결국 '복수지연'이란 해석은 『햄릿』의 결말로부터 전체를 재구성해서 나온 것일 뿐, 『햄릿』의 중심축은 지속되는 그의 고민인 셈이다.

이처럼 '고민'이 계속되는 이유는 모든 것이 불확실하기 때문이다. 우선 유령이라는 불확실한 존재. 밤마다 성루를 헤매는 아버지의 유령은 아들 햄릿을 만나 죽음의 전말을 밝히고, 복수해 줄 것을 당부한다. 물론 햄

19세기 대표 화가인 존 에버렛 밀레이가 그린 「오필리아」. 자신의 아버지가 연인 햄릿에게 살해되자 강물에 몸을 던져 스스로 목숨을 끊는 장면을 그린 것이다.

릿도 유령을 만나기 전부터 아버지의 죽음에 대해 의심하고 있었지만 유령은 그 의심이 사실임을 밝혀 준다. '사실' 여부를 확인해 주는 게 유령이라니, 이보다 더 혼란스러울 수 있을까. 그것이 진짜 아비의 혼령인지, 악마인지, 헛것에 지나지 않는지조차 헷갈리는데 말이다. 이때 유령이라는 모호한 존재는 공포스러운, 기이한 대상이라기보다는 삶의 혼란과 모순이 뒤엉킨 속에서 만들어진 추상적인 이미지의 산물이다. 인간이라는 존재가 만들어 낸 강박관념, 죄의식, 양심의 가책일 수도 있는 그런 것이다.

한편 혼란스러운 것은 이뿐만이 아니다. 삼촌이자 왕이자 새아버지의 자리를 차지한 클로디어스, 배신했지만 여전히 어머니인 거트루드, 자신의 친구인데도 왕의 편이 되어 버린 로젠크란츠와 길든스턴, 사랑하는 여자이자 왕과 결탁한 자의 딸인 오필리아처럼 햄릿의 주변은 그 어느 하나 적과 아군으로 확연히 구분되지 않는다. 이 불확실성은 햄릿이 처한 조건을 우리에게 보여 주는 장치다. 햄릿의 세계는, 선과 악이 뚜렷이 구별되는 동화나 정의가 항상 승리하는 영웅의 세계와는 달리 모든 것이 뒤엉킨 인간세계인 것이다.

모호한 관계가 겹쳐 있어서 분명한 확신을 내리거나 분별하기 힘든 인간의 세계. 그 속에서 햄릿은 "단 한 자루 단검이면 자신을 청산할 수 있을진대. 누가 짐을 지고 지겨운 한 세상을 투덜대며 땀 흘릴까?"라면서 죽는 게 차라리 편하다고 생각하기도 한다. 그럴지언정 햄릿은 계속해서 고민한다. 이 고민은 그 자체로 인간세계의 불확실성을 적나라하게 드러내 준다. 이에 비해 이 고민이 해결되는 방식은 다소 밀도가 떨어진다.

우선 복수하기에 햄릿은 허약하다. 그는 스스로도 '허약함'과 '우울증'이 있음을 인정할 뿐만 아니라, '광기'를 빌려서 미친 척하고서야 겨우 속마음을 내비칠 정도다. 그래서 오랜 고민 끝에 행해지는 햄릿의 복수는 어이없게도 "우연히" 이루어진다. 레어티즈(연인인 오필리아의 오빠)와 결투를 하는 와중에 "우연히" 왕(숙부)의 흉계를 알게 된 햄릿이 왕에게 칼을 휘두르고, 햄릿의 어머니는 독이 든 술잔을 "우연히" 마시고 죽는다. 그리고 햄릿마저 죽게 된다. 이는 결국 햄릿의 인간적인 한계를 부각시키는 비극적인 결말 처리방식인 것이다.

그 누구도 확신을 던져 주지 않고, 자기 스스로 생산할 힘도 없는 속에서 그럼에도 불구하고 계속되는 햄릿의 고뇌는 소중하다. 그는 인간이 처한 세계와 그 한계를 드러내고, 그 앞에서 고민을 멈추지 않는다. 그리고 그 고민이 계속되는 과정에서 인간이라는 조건을 받아들이는 태도를 읽어 낼 수 있다. 고민하는 햄릿이 400년이란 시간 동안 사람들을 매료시킨 이유가 아마 여기에 있을 것이다. 일견 무력해 보이지만, 가늘게 계속 이어지는 햄릿의 고민. 그래서 그의 고민은 자기 삶의 투쟁이기도 하다. 끝나지 않는 둥근 원의 투쟁이다.

> "투쟁은 둥근 원과 같다. 어디서든 시작할 수 있다. 하지만 결코 끝나지 않는다." (마르코스, 『마르코스와 안토니오 할아버지』)

◈ 고전 Tip & Talk

대중지성의 생산물, 계속되는 『햄릿』

『햄릿』의 저자 셰익스피어는 전 세계적으로 유명한 문학가이다. 당대의 영국인들이 셰익스피어와 인도(당시 영국 식민지)를 바꾸지 않겠다고 했다는 이야기도 또한 유명하다. 그 말을 두고 영국인들의 오만함이나 제국주의적 사고방식을 비판하기도 한다. 그러나 그와는 별개로 400년 동안 셰익스피어가 영국뿐만 아니라 세계적으로 끼친 거대한 영향을 부정할 사람은 아무도 없을 것이다.

원래 셰익스피어는 배우로 출발해서 나중에는 자기가 소속된 극단의 주주이자 전속작가 노릇을 했다고 한다. 극단은 셰익스피어가 쓴 연극 대본을 연극흥행을 이유로 출판하지 않았다. 그러나 『햄릿』 공연을 했던 배우, 주로 조연급 배우들이 극단 밖에서 연극대사를 외워 내고, 그것을 재구성하면서 셰익스피어의 대본은 세상에 알려지기 시작했다. 『햄릿』은 1603년경 처음으로 전체적인 작품 꼴을 갖추었고, 이후 계속 수정·증보 과정을 거친다. 1623년 셰익스피어의 동료배우들이 극단에 보존된 자료들을 토대로 다시 작품을 완성해 낸다. 결국 『햄릿』은 애초부터 판본이 정해져 있지 않았을뿐더러 여기에 번역본이라는 한국적 차이까지 감안하면, 그 어디에도 셰익스피어가 쓴 그대로의 것은 없는 셈이다. 또 셰익스피어 연구자들은 12세기 말부터 유럽에 전해 내려오는 전설, 설화, 덴마크 역사이야기 등의 집합적 맥락에서 『햄릿』을 바라봐야 한다고 지적한다.

결국 『햄릿』은 셰익스피어라는 개인의 창작물이라기보다는 유럽에 전해 내려오는 이야기 - 연극 공연 - 배우들의 기억 - 극단의 자료 등등이 모두 합쳐진 그야말로 집단 생산물인 셈이다. 한 개인의 개별적 능력이 아니라, 그의 시대가 셰익스피어를 통해서 발현된 것이다. 시대의 집합적 배치 속에 들어가, 공동체적 기반 속에서 삶의 리듬을 조율해 낸 것이 『햄릿』이다. 셰익스피어라는 이름을 통한 대중지성의 창작물! 그리고 그 『햄릿』은 지금도 계속해서 새롭게 만들어지고 있다. 연극, 뮤지컬, 오페라, 영화, 드라마, 미술, 그림책, 애니메이션 심지어 컴퓨터 오락 게임까지. 『햄릿』은 아직도 계속 생산되는 중이다.

_김연숙

우리 시대에 던지는 우정의 빛

>> 사마천의 『사기』

『사기』(史記)는 어떤 책인가. 사마천(司馬遷, B.C. 145~B.C. 86)의 『사기』는 삼황오제 때부터 한 무제 때까지 약 2,000년 동안의 중국 고대 역사를 서술하고 있는 책이다. 「본기」(本紀) 12편, 「표」(表) 10편, 「서」(書) 8편, 「세가」(世家) 30편, 「열전」(列傳) 70편 이렇게 전체 130편으로 구성되어 있다. 이 중에서 「열전」 편은 사기 전체에서 가장 많은 분량을 차지하며, 사마천의 독창성이 돋보이는 부분이다. 역사를 왕조 중심의 연대기로만 평면적으로 서술하는 것이 아니라 다양한 인물들의 특징적인 삶을 적극적인 논평과 함께 입체적으로 기술하고 있다. 이 책은 주류 역사에 포함되기 힘든 자객, 글쟁이, 총신(임금의 총애를 받는 신하), 익살꾼, 점쟁이, 장사꾼, 변방의 이민족 등과 같은 주변부 사람들의 삶까지 적극 역사 속에 포함시킴으로써 중국 고대 2,000년의 역사를 더욱 풍부하게 전한다.

나를 낳아 준 이는 부모, 길러 준 이는 포숙

『사기』의 「관안열전」(管晏列傳)에는 관중(管仲)과 포숙(鮑叔)의 사귐이 나온다. 장사를 해서 관중이 더 많은 이익을 차지했을 때, 포숙은 관중을 탐욕스럽다 하지 않았다. 관중이 가난하다는 것을 알았기 때문이다. 사업에 실패했을 때에도 포숙은 관중을 어리석다 하지 않았다. 사람에게는 운이 따를 때가 있고 그렇지 못할 때가 있기 때문이다. 관중이 벼슬길에 나가 번번이 쫓겨났으나 무능하다 하지 않고 그가 아직 때를 만나지 못한 것이라 했다. 관중은 전쟁에 나가 세 번이나 도망쳤지만 포숙은 그를 겁쟁이라 비웃지 않았다. 관중에게는 고향에 늙은 어머니가 있다는 것을 알았기 때문이다. 그래서 관중은 "나를 낳아 준 이는 부모지만 나를 길러 준 이는 포숙이다"(生我者父母 知我者鮑叔)라고 포숙을 기렸다.

친구란 어떤 존재인가. 진정한 친구는 그 사람의 가치를 알아봐 주고, 그 가치가 실현될 가능성을 믿고 기다려 주는 존재이다. 포숙은 가난한 시절 관중의 모습에서 후일 제나라의 명재상이 될 그릇을 알아봤다. 그래서 그가 아직 때를 만나지 못해 일이 잘 풀리지 않을 때나 사람들에게 오해를 받을 때 포숙은 언제나 관중을 이해하고 도와주었다. 이런 포숙을 두고 관중은 '나를 알아봐 준 사람'(知我者)이라고 하였다. 그래서 친구를 지기(知己)라고 한다. 과연 관중은 후에 탁월한 경영 능력으로 제나라를 춘추시대 최강국으로 만든 명재상이 되었다.

고귀해진 관중, 그를 믿은 포숙의 뜻도 이뤄져

친구는 나를 고귀한 존재로 만들어 준다. 관중은 포숙을 만나 고귀해졌다. 고귀해진다는 것은 높은 자리에 오른다는 뜻이 아니다. 자기에게 가장 맞는 자리에서, 자신의 힘과 재능을 세상에 온전히 펼친다는 뜻이다. 관중이 고귀하다는 것은 그가 재상 자리에 올랐기 때문이 아니다. 그 일을 통해 관중이 자신의 힘과 재능을 마음껏 펼칠 수 있었기 때문이다. 관중은 고귀해졌다. 그런데 포숙은? 관중과 포숙의 사귐에서 포숙은 일방적으로 희생하고 배려만 해주는 존재인가? 그렇지 않다. 관중이 고귀해지면 포숙도 함께 고귀해지는 것이다. 고귀해진다는 것이 지위의 고하가 아니라 자신의 뜻을 이루는 것이기 때문이다. 관중이 자신의 뜻을 이루어 고귀해지면 관중의 뜻을 이해하고 믿어 주었던 포숙의 뜻도 함께 이루어지는 것이다. 아들이 성공하면 어머니가 기쁜 것처럼 친구 또한 일심동체여서 함께 고귀해진다. 내가 고귀해지고 싶으면 먼저 친구를 고귀하게 만들어라! 이것이 우리가 포숙에게 배우는 지혜이다.

곤경에 처한 이를 위해 목숨 걸고 대변하다

또 사마천에게는 독특한 우정관이 있다. 사마천에게 우정은 미지의 친구를 만나는 일이다. 사마천에게 친구는 나하고 가까이 있는 사람, 나하고 친한 사람이 아니다. 가까이 있는 사람에게 잘하는 것은 특별히 우정이랄 것도 없이 당연한 도리이다. 힘써 우정을 발휘해야 할 대상은 멀리 있는 미지의 친구이다. 특히 그가 고립되어 곤경에 빠진 처지라면 전후좌우 사정을 따지지 않고 우선 몸을 던져 구하는 의협심, 이것이 사마천에게는 우정이었던 것이다.

사마천의 이러한 독특한 우정관은 '이릉(李陵) 사건'에서 잘 드러난다. 한 무제 때 장수인 이릉은 젊고 패기 넘치는 자신이 겨우 군량과 무기 운반이나 하고 있는 게 불만이었다. 그래서 보병 5,000명으로 그보다 수가 훨씬 많은 흉노의 기마군대와 싸우다 투항했다. 이때 한 무제와 조정 대신들은 모두 이릉을 비난했으나 사마천만은 이릉을 변호했다. 국가 반역죄인을 두둔한 죄로 사마천은 결국 궁형을 당한다.

평소 이릉과 특별히 친하지도 않았는데 사마천은 왜 위험을 무릅쓰고 이릉을 두둔했을까. 이에 대해선 사마천이 이릉을 천거했다, 사마천이 전에 이릉의 조부인 이광의 신하였다 등등 여러 가지 설이 있지만 최근 연구에서 천퉁성(陳桐生)은 이것을 사마천의 '협사 정신'에서 찾는다. 현실 상황에 대한 합리적인 판단보다 '윤리적 감정'이 앞서는 협객 정신이 이릉 사건에 연루된 사마천의 내적 원인이라고 보는 것이다. 즉 사마천이 이릉을 변호한 것은 이릉과 특별히 친해서도, 이릉이 잘해서도 아니다. 이릉이 곤경에 처했기 때문이다.

수백 년을 뛰어넘은 사귐, 사마천의 열정

그의 가치를 알아봐 주고 믿고 기다리는 것[知], 함께 고귀해지는 것[貴]. 사마천의 우정은 여기에서 그치지 않는다. 친소 관계와 시간의 경계를 넘어 텍스트의 안팎을 넘나들며 멀리 있는 친구를 찾아간다[俠].

백이·숙제 이야기는 『사기』 이외에 다른 역사책에는 나오지 않는다. 그러나 사마천은 이들에게 주목하여 「백이열전」을 『사기』 「열전」 편 첫머리에 두었다. 이렇게 의로운 사람들이 왜 굶어 죽어야 하는가? 이런 세상에 과연 천도(天道)가 있다고 할 수 있는가?

그런데 백이·숙제는 은나라 말기의 사람이고 사마천은 한 무제 때 사람이다. 이들 사이에는 수백 년의 세월이 가로놓여 있지만 사마천은 이들의 존재를 힘써 증명했고, 이러한 존재 증명을 통해 사마천 또한 궁형의 치욕을 씻었다.

당신은 얼마나 멀리 친구를 찾아갈 수 있는가. 사마천은 중국 고대 2,000년의 역사를 헤매 다니며 친구를 찾았다. 세상에 잊혀진 무수한 존재들을 지금 이곳의 생생한 삶으로 되살렸다. 당신은 얼마 동안 친구를 기다릴 수 있는가. 사마천은 이 책을 써 놓고 2,000년 동안 당신을 기다렸다. 당신이 문득 이 책을 알아봐 주기를! 그래서 비로소 당신이 고귀해질 수 있기를!

◈ 고전 Tip & Talk

21세기에도 통하는 『사기』의 명문

『사기』에는 인생을 현명하게 살아가는 심오한 지혜와 통쾌, 유쾌한 유머가 함께 있다. 무협지보다 흥미진진한 박진감이 흘러넘친다. 『사기』 속 명문장, 명장면을 살짝 엿보며 『사기』의 풍부한 멋을 느껴보자.

"토끼를 잡으면 사냥개를 삶아 먹는다"

한신은 탁월한 지략으로 적은 수의 유방 군대가 중국 천하를 통일하도록 도왔다. 그런데 막상 한나라가 세워지자 유방은 한신을 견제한다. 전란 중에는 한신의 능력이 필요했지만 천하가 통일된 다음에는 자신을 능가하는 한신의 능력이 오히려 부담스러워진 것이다. "토끼를 잡으면 사냥개를 삶아 먹는다(兎死狗烹)는 말도 듣지 못하였는가?" 무섭과 괴통이 모반을 부추기나 한신은 배신할 수 없다고 한다. 그러나 한신은 뒤늦게 진희와 모반을 일으키다 죽임을 당한다. (「회음후열전」)

"뱃속의 창자에 장사 지내십시오"

초나라 장왕에게는 사랑하는 말[馬]이 있었다. 왕은 이 말을 너무 사랑한 나머지 비단 옷을 지어 입히고, 침대에서 자게 하고, 대추와 마른 고기를 먹였다. 과잉 총애로 말이 '살 찌는 병'에 걸려 죽으니 왕은 이 말을 대부의 예로 장사 지내도록 했다. 이때 궁중의 악인이었던 우맹이 왕의 잘못을 바로잡기 위해 이렇게 말한다. "부뚜막으로 바깥널을 삼고, 구리로 만든 가마솥으로 속널을 삼고, 생강과 대추를 섞은 뒤, 향료를 넣어 쌀로 제사를 지내고, 화광으로 옷을 입혀서 이를 사람의 창자 속에 장사 지내십시오." 즉 맛있게 먹으란 소리다. (「골계열전」)

"바람소리 쓸쓸하고 역수는 차갑구나"(형가의 노래, 「역수가」)

자객 형가는 독이 묻은 비수를 감추고 황제에게 다가간다. 칼이 빗나가 황제 대신 옷소매가 떨어진다. 놀란 황제가 몸을 돌려 피하면서 반격을 하려는데 당황하여 칼이 뽑히지 않는다. 하무저가 약주머니를 형가에게 던진다. 단 아래 있던 신하가 "폐하, 칼을 등에 지십시오"라고 소리쳐서 마침내 정신을 수습한 진시황이 칼을 뽑아 형가를 내리친다. 다리에 칼을 맞은 형가가 기둥에 기대 주저앉으며 쓸쓸하게 웃는다. 형가와 진시황의 격전 장면은 묘사가 너무 생생해 영화의 소재가 되기도 했다. (「자객열전」)

_정경미

여행, 경계를 넘고 나를 넘는 길

>> 박지원의 『열하일기』

"자네, 길[道]을 아는가? 길이란 알기 어려운 게 아니야. 비로 저편 언덕에 있거든. 이 강은 바로 저들과 우리 사이에 경계를 만드는 곳일세. 언덕이 아니면 곧 물이란 말이지. 사람의 윤리와 만물의 법칙 또한 저 물가 언덕과 같다네. 길이란 다른 데서 찾을 게 아니라 바로 이 사이에 있는 것이지. 이것과 저것, 그 사이에서 존재하는 것은 오직 길을 아는 이라야만 볼 수 있는 법."

마음이 시원해지는 소리, 울음

나는 오늘에야 알았다. 인생이란 본시 어디에도 의탁할 곳 없이 다만 하늘을 이고 땅을 밟은 채 떠도는 존재일 뿐이라는 사실을. 말을 세우고 사방을 돌아보다가, 나도 모르는 사이에 손을 들어 이마에 얹고 이렇게 외쳤다. "훌륭한 울음터로다! 크게 한번 통곡할 만한 곳이로구나!"

압록강을 앞두고 연암(燕巖 朴趾源, 1737~1805)은 두려움과 설렘에 잠시 머뭇거린다. 책문을 통과하기 전에는 동쪽을 바라보며 집 생각에 서글퍼

지기도 한다. 그러다 마주친 드넓은 요동 벌판! 연암은 이곳에서, 아기가 태어날 때 힘차게 울 듯 자신도 한번 시원하게 울어 보고 싶다고 한다. 그것은 두려움과 슬픔의 울음이 아니라 새로운 세계로 들어선 기쁨의 울음이요, 해방감의 통곡이었다. 연암은 당시 사대부들이 의례적으로 가던 길을 가지 않았다. 과거를 보고 관리가 되는 길 대신 친구들과 고금의 일을 토론하고 글을 썼다. 물론, 주어진 길을 거부하는 삶이 녹록하지는 않았다. 생계를 책임져야 했고 뜻하지 않은 비방을 당하기도 했으니 때론 고독하고 때론 우울하기도 했을 것이다. 그러던 차, 우연히 삼종 형님을 따라가게 된 중국행. 좁은 조선을 벗어나 광활한 땅을 마주한 연암은 거기서 인간 존재의 미미함과 수많은 길의 가능성을 보게 된다. 연암에게 여행은 단순히 견문을 넓히고 타지 풍경을 감상하는 '유람'이 아니라 천지 만물과 마주쳐 기존의 세계에 균열을 내는, '길 위의 실험'이요 '구도의 길'이었다.

똥덩어리에 도가 있다

"소의 몸뚱이에 나귀 꼬리, 낙타의 무릎에 호랑이 발, 귀는 구름을 드리운 듯하고 눈은 초승달 같고, 어금니는 두 아름이나 되고 키는 한 장(丈) 남짓이며 코는 자벌레처럼 생겼다."

연암은 생전 처음 본 코끼리를 묘사하기 위해 안간힘을 쓰지만 기존에 알고 있던 그 어떤 동물로도 코끼리의 모습을 설명할 수 없었다. 코끼리 하나 제대로 설명할 수 없는 앎이라니! 이 '낯선 사물' 앞에서 현기증을 느끼던 연암은 불현듯 어떤 이치를 깨닫는다. 코끼리는 맹수인 호랑이를 코로 때려 잡지만 하찮은 쥐 한 마리 앞에서는 쩔쩔맨다. 그렇다면 호랑이가 강한가, 쥐가 강한가? 사물에 대한 일반적 인식을 전복시키는 코끼리 앞에서 연암은 '만물에 동일한 이치가 있을까?' 하는 질문을 던진다. 나의 '이치'로 눈앞에 보이는 코끼리 하나 설명할 수 없는데, 어찌 내가 아는 이치를 천하에 두루 통하는 이치라고 말할 수 있겠는가? 천하의 이치라고 하는 것도 결국 내 눈에 보이는 것들의 이치에 불과한 것이 아닐까? 이것은 대단히 불온한 의심이었다. 일부종사해야 하는 도리가 있고, 글쓰기의 전범이 있고, 경전 해석에 정통이 있는 조선에서, 그와 같은 '당연한 이치'를 의심하는 것은 기존의 질서에 대한 부정을 의미했기 때문이다.

연암의 사유에 틈을 내는 것들은 코끼리처럼 진기한 동물만이 아니었다. 그는 '그림처럼 곱게 쌓아 올린 두엄더미'에서도 천하의 제도가 다 갖춰져 있음을 본다. 오랑캐가 다스려도 그들의 삶은 조선보다 훨씬 세련되고 정갈하다. 백성을 다스릴 때 제일 먼저 필요한 것은 중화의 덕과 성인의 도가 아니라 그들의 삶을 도탑게 하는 것이다. 이치는 어디에 있으며, 천하의 도는 어디에 있는가? 연암은 말한다. 경전이 아니라 현실에, 저 똥덩어리에 있노라고!

벗, 또 다른 나

연암은 지기(知己)를 잃은 슬픔이 아내를 잃은 슬픔보다 더한 것이라고 할 정도로 벗을 귀하게 여겼다. 함께 음악을 즐기고, 술을 마시고 토론하며 생각을 나누는 친구는 또 다른 나였다. 중국에 가서도 이런 벗을 사귀어 보리라 다짐한 그는 만나는 사람마다 필담을 시도한다. 그러던 중 선양(瀋陽)의 '예속재'라는 골동품 가게에서 젊은 장사치들을 만난다. 장사란 하찮은 이문이나 쫓아다니는 것이라고 생각했던 연암에게 그들은 상업의 이로움을 역설한다. 그런가 하면 열하의 태학에서 만난 중국 선비들과는 우주론에서 윤회론까지 장장 열네 시간에 걸쳐 필담을 하는데, 여기서 연암은 한족 출신과 만주족 출신 사이의 팽팽한 긴장을 감지한다. 한족과 이민족을 어르고 달래며 통치하는 청나라는 조선이 '되놈의 나라'라고 무시할 만한 '야만족'이 아니었다. 중원을 차지한 오랑캐들과 싸우려고 해도 그들을 알아야 가능한 것이고, 적수가 안 되니 함께 살 길을 모색하려 해도 우선 그들을 알아야 했다. 연암은 타국의 벗들과 대화하면서 조선에서 외치는 '북벌론'이 지식인의 허구적 수사학에 지나지 않는다는 사실을 절감한다. 나는 나 스스로를 볼 수 없다. 나를 볼 수 있게 해주는 건 나의 벗이다!

말 한마디 안 통하는 타국의 지식인들에게 배움을 구하고, 낯선 사물들 앞에서 자신의 사유를 되묻는 연암. 그에게는 세계가 배움의 터전이요, 세상의 모든 것이 벗이었던 셈이다. 여행을 '휴식'하고 '쇼핑'하고 '관광'하는 것이라고 생각하는 현대인들의 시각으로 보면, 연암의 여행은 피곤하기 짝이 없다. 그는 끊임없이 걷고, 만나고, 묻고, 웃고, 생각한다. 연암에게 여행은 이것과 저것 사이로 길을 만드는 사유의 실험이자 '미지와의 조우'를 통한 깨달음의 여정이다. 『열하일기』(熱河日記)는 지리적 경계뿐 아니라 사유의 경계를 넘어서는 한 구도자의 '환희기'다.

문체반정의 배후, 『열하일기』

"근자에 문풍이 이렇게 된 것은 모두 박지원의 죄다."

정조는 당시 사대부들의 문풍을 어지럽힌 '배후'로 박지원의 『열하일기』를 지목하고, 연암에게 순정한 고문체(古文體)로 글을 지어 올리면 음직(蔭職)을 내리겠다고 회유한다. 그러나 졸지에 어떻게 순수하고 바른 글을 짓겠느냐며, 그것이 더 큰 죄를 짓는 것이라는 핑계(?)를 둘러대면서 연암은 끝내 어떤 반성도, 전향도 거부한다.

연암에게 글이란 남을 아프게도 하고 가렵게도 할 수 있는, 한마디로 '살아 있는 것'이어야 했다. 『열하일기』는 비장에게 들은 이야기, 하인들과 나눈 대화, 중국 선비들과의 필담 등 온갖 '잡다하고 품격 없는' 글들로 가득하다. 「허생전」이나 「호질」처럼 '빵빵 터지는' 스토리들이 있는가 하면, 「호곡장」이나 「일야구도하기」처럼 사유의 깊이를 가늠하게 해주는 철학적 아포리즘들이 곳곳에 포진해 있다. 영민한 정조가 몰랐을 리 없다. 연암의 문체에 함축된 사유의 반(反)시대성을! 『열하일기』는 정조의 시대뿐 아니라 지금 우리 시대에도 여전히 다양한 사유를 촉발하는, 대단히 위험하고 강렬한 책이다.

_홍숙연

몸과 우주의 비전 탐구, 『동의보감』

>> 허준의 『동의보감』

16세기 들어서면서 조선 전역에 역병(疫病)이 창궐했다. 설상가상으로 기근과 전쟁(임진왜란)이 덮쳐, 백성들은 굶주림과 질병으로 죽어 갔다. 의서는 넘쳐났으나, 처방전에 적힌 중국 약은 구하기도 힘들뿐더러 약값도 턱없이 비쌌다. 게다가 시대마다 다양한 유파들의 의론(醫論)이 서로 다른 까닭에, 이 중국 의서들을 실전에 이용하기란 여간 혼란스럽지 않았다.

이에 선조는 조선의 실정에 적합한 의서를 간행하라는 명을 내린다. 하교를 받은 허준(許浚, 1539~1615)은 양예수, 정작 등과 함께 『동의보감』(東醫寶鑑) 편찬에 착수했다. 초기엔 함께 작업을 했으나 후반기 작업은 허준이 혼자 감당해야 했다. 편제 방침은 번다한 중국 의서를 정리하고, 구하기 쉬운 향약(鄕藥)을 잘 활용할 수 있도록 하는 것, 무엇보다, 삶의 수양을 약이나 침 치료 우위에 두어, 생활을 바꿔 몸과 마음의 질병을 치유하는 양생적 패러다임을 담아내는 데 있었다.

'동의'(東醫)라는 뜻은 '북의'와 '남의'라는 중국 의학의 두 축에서 벗어난 조선의 독자적인 의학을 표현한 것이다. 그러나 '동의'의 지엽성은 중국과 일본에 이 책이 전해지면서 보편적인 명사로 거듭났다. 중국의 임상가들을 사로잡았고, 일본 전통의학의 표준을 제시한 책, 『동의보감』 안에는 도대체 어떤 진경이 펼쳐지고 있는 걸까?

몸, 우주의 통로

둥근 머리는 하늘을 상징하고 모난 발은 땅을 상징하며, 하늘에 사시(四時)가 있듯이 사람에게는 사지(四肢)가 있고, 하늘에 오행(五行)이 있듯이 사람에게는 오장(五臟)이 있으며. 하늘에 육극(六極)이 있듯이 사람에게는 육부(六腑)가 있고……. (『동의보감』, 「신형문」)

『동의보감』은 자연의 형상과 사람의 기관을 비유하는 것으로 첫 장을 열었다. 요지는 사람의 몸과 우주는 통해 있다는 것. 여기에 배경이 되는 이론은 '음양오행'(陰陽五行)이다. 본시 음양과 오행은 몇 가지의 코드로 하늘과 땅 그리고 인간을 동시에 해석하고 연결한다. 『동의보감』은 이 언어를 바탕으로 "천지의 정기(精氣)가 만물의 형체가 되"는 이치를 사람의 몸에 적용했다. 그렇게 천지의 기운은 사람의 몸과 마음으로 이어져 있다. 때문에 통하면 아프지 않고(通卽不痛), 통하지 않으면 아픈 것(不通卽痛). 바로 이러한 이치가 『동의보감』 양생 의학의 핵심이다.

우주의 기운이 몸으로, 마음으로 통해 있는 것처럼, 몸과 마음도 서로 소통한다. 구체적으로, 간(肝)은 분노, 심(心)은 기쁨, 비(脾)는 생각, 폐(肺)는 슬픔, 신(腎)은 두려움의 감정과 연결된다. 예컨대, 화를 자주 내면 간이 상한다. 너무 기뻐하면 심장이 다치며, 두려움이 지속되면 신장에 병이 생긴다. 감정은 삶의 모습을 비추는 거울이다. 그래서 희로애락과 오장육부가 연동하는 것은 질병이 삶 전체 안에서 해석되어야 한다는 뜻이다. 결국, 병의 치유는 어떻게 살아 내야 하는가에 대한 문제인 셈. 이러한 양생관은 몸과 삶을 단절시켜 병균을 막으려는 위생의료와 완전히 다른 차원의 세계관이다.

비워야 산다

이런 양생적 신체를 갖는 구체적인 방법은 의외로 간단하다. 몸과 마음을 가볍게 하고 삶의 찌꺼기를 덜어 내면 된다. 언제나 몸의 안팎에 적체된 삶의 잉여가 소통의 길을 막는다. 몸 안에는 혈전, 근종과 암세포, 담음(痰飮) 등이 쌓이고, 삶에서는 지나친 욕심으로 인한 잉여물이 쌓인다. 잦은 감정의 분출, 넘치는 말, 그리고 자신과 가족만을 위해 쌓아 둔 재물 등이 그것이다.

약과 침은 몸 안의 찌꺼기들을 일시적으로 제거할 수 있다. 하지만 몸은 기본적으로 삶의 영향력 아래에 놓여 있는 법. 삶이 변해야 몸도 변한다. 따라서 삶에서 덜어 내면 몸의 찌꺼기도 비워진다.

> 환자로 하여금 마음속에 있는 의심과 염려스러운 생각 그리고 일체 헛된 잡념과 불평과 자기 욕심을 다 없애 버리고 지난날의 죄과를 뉘우치게 해야 한다. …… 이렇게 된다면 약을 먹기 전에 병은 벌써 다 낫게 된다. (『동의보감』, 「신형문」)

현대임상의학을 넘어서

바야흐로 의료 소비의 시대다. 첨단 진료장비와 의료서비스는 날로 진보해 간다. 하지만 그럴수록 현대인의 몸과 마음은 더욱 소외된다. 이에 사람들은 '대체의학'을 찾기 시작했다. 몸과 마음이 함께 치유되길 원했고, 기왕이면 스스로 치유하고 싶어 했다. 그러나 제법 의미 있는 대안들이 제시되었음에도, 많은 대체의학들은 웰빙소비상품 이상의 가치를 생산하지 못했고, 소비자들은 여전히 자기 몸의 주인이 될 수 없었다.

그런 점에서 『동의보감』의 이치는 오히려 이 시대에서 더욱 발할 수 있다. 몸과 마음, 질병과 삶 그리고 우주를 엮는 광대한 시야. 그러면서도 구체적으로 삶의 용법을 기술해 놓은 치밀함. 무엇보다 특별한 지식 없이도 이 용법들을 스스로 찾아보고 쓸 수 있도록 편제되었다는 점. 『동의보감』의 이런 미덕은 현대임상의학의 한계를 넘어설 뿐만 아니라, 삶을 통찰하고 재구성하는 자기 구원의 길을 열어 줄 것이다.

『동의보감』은 이제 세계적으로 알려진 기록유산이 됐다. 하지만 그 유명세에 비해 사람들에게 거의 읽혀지지 않은 책이다. 그것은 의학은 어려운 것, 하여 의사만이 취급해야 한다는 편견 때문일 터. 그러나 질병의 치유는 몸과 마음의 주인이 자기 자신이라는 인식에서 시작돼야 한다. 그렇게 주체적인 시선으로 삶을 돌아보게 되면, 병을 포함한 삶의 치유법을 스스로 찾게 될 것이고, 그 지점에서 『동의보감』과 새롭게 마주하게 될 것이다.

◈ 고전 Tip & Talk

신형장부도와 해부도

10여 년 전, 한의학 바람을 몰고 온 드라마 「허준」. 가장 인상적인 장면 중 하나는 스승 유의태가 자신의 육신을 허준에게 내주는 신이다. 장엄하게 연출된 이 장면을 보고 시청자들은 해부를 경험한 허준이 더 뛰어난 명의가 될 거라 믿었을 것이다. 과연 그럴까?

서양의학에서의 해부는 그 나름의 가치가 있다. 진단체계가 주로 보이는 것에 의존해 왔기 때문이다. 해부는 의학의 상징이자 의사의 특권이 되었다. 사람들에게 해부는 큰 강이었고, 여기서부터 의학은 전문화된 영역으로 인식되었다. 일반인은 건널 수 없는 강이기에, 해부는 보다 전문적이고 진보적인 의학의 표상이 되었다. 허준의 해부 장면은 바로 이러한 암묵적인 전제가 깔려 있는 것. 그래서 시청자들은 해부학을 공부한 허준이 다른 의사와 차별화된 의학을 구사할 거라고 믿었던 것이다.

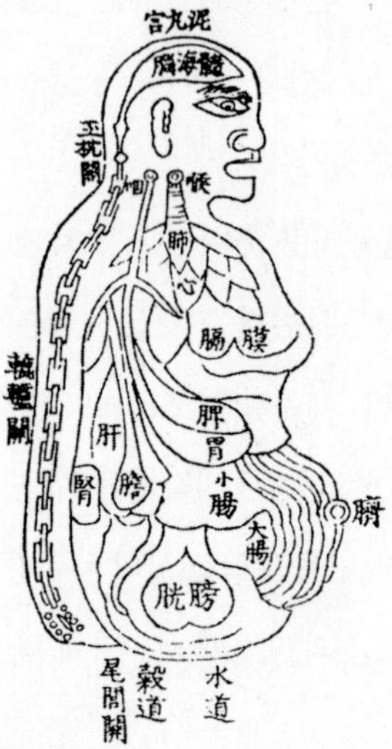

『동의보감』 첫 장에 실린 신형장부도. 유형의 장부만을 묘사한 해부도와 달리 무형의 기(氣)의 흐름을 담아냈다.

그러나 이 장면은 잘못된 설정이다. 스승이 자신의 몸을 희생할 만큼 해부할 기회가 없었을 거라는 오해도 그렇거니와, 해부학으로 허준의 의술을 한 차원 높이려 하는 작가의 의도도 엉터리이기 때문이다. 해부학은 한의학적 진단에 거의 영향을 주지 못한다. 한의학에서의 진단은 보이지 않는 기운의 배치를 읽어 내는 것. 그러니 죽어 있는 몸을 본들 무슨 도움이 되겠는가.

『동의보감』 첫 장에 실린 한 장의 그림은 그러한 한의학의 인식론적 배치를 잘 보여 준다. 몸 안의 장부를 엉성하게 표현한 '신형장부도'(身形臟腑圖)라는 이 그림은 실상 유형의 장부만을 묘사한 것이 아니다. 정기가 다니는 미려관, 녹로관, 옥침관 그리고 정기의 주요 통로인 척추. 이것들은 진단의 핵심인 무형의 기운을 배치해 놓은 것이다. 당연히 유형의 장기를 묘사한 해부도와는 다를 수밖에 없다. 한의학에서 명료한 진단을 내리기 위해서는 장부와 장부의 관계, 몸과 마음, 사람과 우주의 관계를 읽어 내야 한다. 그러려면 보이는 것만으로는 어림없다. 보이지 않는 기운을 봐야 한다. 신형장부도는 그런 시야로 해독돼야 한다.

_안도균

거인의 시대를 사뿐히 지나가는 고양이

>> 나쓰메 소세키의 『나는 고양이로소이다』

이름 없는 고양이, 나

나는 고양이로소이다. "아, 고양이 '로소'구나." 누군가 이렇게 말했다고 한다. 아마도 그에게 '~로소이다'는 냉큼 귀에 들어오지 않는 낯선 어투였을 것이다. 더구나 나는 고양이다? 그냥 보면 아는 건데, 이 무슨 말장난인가. 그러니 고양이 이름이 '로소'라고 나름 상상력을 동원할밖에.

나쓰메 소세키(夏目漱石, 1867~1916)의 『나는 고양이로소이다』(吾輩は猫である)에 나오는 고양이는 정말 이름이 없다. 주워 온 고양이, 아니 정확하게 말하면 슬그머니 기어 들어와 빌붙어 사는 고양이다. 어디서 태어났는지도 모른다. 게다가 쥐는 절대 잡지 않는다는 '철학'이 있는, 희한한 고양이다. 소세키는 이 고양이의 눈을 통해 1905년의 일본을 우리 앞에 펼쳐 놓는다. 풍부한 학식을 쌓은 지식인, 수완 좋은 사업가, 진리를 부르짖는 철학자, 지체 높은 귀족, 야망 가득한 청년 등 소위 그 시대의 선두 주자들이 낯선 풍경으로 새롭게 재구성된다. 소세키에 따르자면, 이는 있어도 없는 것 같은, 어디를 걸어도 엉성한 소리가 나지 않는 고양이의 발놀

림 덕분에 가능한 일이다. 이름 없는 고양이의 발걸음은 어떤 경계도 두지 않고, 그 무엇에도 아랑곳없이 구석구석을 누비면서 새로운 움직임을 감지해 낸다.

고양이의 시선에 비친 근대인

나, 고양이에게 인간들은 참으로 기이한 족속이다. 날로 먹어도 되는 음식을 굳이 삶고 굽고 볶으면서 유난을 떨고, 옷이랍시고 온갖 것을 다 피부에 얹어 놓으며, 발이 네 개인데도 불구하고 두 개밖에 사용하지 않는 "사치스런 동물"이다. 그뿐이랴. 자기가 만들지도 않은 토지 따위를 자기 소유로 정하고, 심지어 그 '소유권'을 팔고 사는 짓거리도 한다. 땅이 생겨나는 데 인간이 무엇을 노력했고 어떤 도움을 주었냐고 고양이는 되묻는다.

또 인간들은 돈과 다수 세력에 복종하거나, 동의할 수 없더라도 맞추어 살려고 갖은 애를 다 쓴다. 그야말로 "미치광이"들이 모여 사는 세상이다. 이런 미치광이들이 그 당시 대표적인 인간이다. 고양이에 따르면 그들은 자나깨나 자기 이익과 손해를 따지는 데 여념이 없다. 거의 강박적으로 스스로를 꾸며 내고 방어하느라 바쁘다. 남과 끊임없이 비교하면서 자신을 몰아친다. 불나방처럼 문명의 이기를 쫓아갈 뿐이다. 이런 '미치광이'들이 살아가는 세상이 바로 "초열지옥"(焦熱地獄)이다.

이에 비해서 고양이의 주인인 구샤미 선생과 메이테이, 간게쓰 등은 무력하고 무능하기 짝이 없는 인간들이다. 무언가를 하기는 하지만, 세상의 시선으로 보자면 쓸모 있거나 의미 있는 일은 아무것도 없다. 구샤미 선생 집에 모여서 시시껄렁한 잡담을 나누는 것이 고작이다. 중학교 영어

선생인 구샤미는 재주도 지혜도 별로 없는, 불어 터진 국수 같은 인물이다. 학교에서 돌아오면 서재에 틀어박히기 일쑤지만, 사실은 그저 책장에 침을 흘리며 낮잠이나 자고 있을 뿐이다. 메이테이는 끊임없이 허풍스러운 거짓말을 만들어 낸다. 그런 거짓말에 아는 척, 있는 척하고 싶어 하는 "사치스러운 동물"들은 아주 쉽게 속아 넘어간다. 간게쓰는 학자인데, 그는 「목 매기의 역학」, 「도토리의 스태빌리티(stablility)를 논하고 아울러 천체(天體)의 운행을 논함」, 「개구리 눈알의 전동 작용에 대한 자외 광선의 영향」 등과 같이 학문의 대상이 절대 될 수 없는 것들을 연구한답시고 바쁘다.

구샤미 일당의 무력하고 무능한 모습은 초열지옥인 현실에서 한쪽 발을 슬쩍 빼고, 딴청을 피우기 때문에 생겨난 것이다. 그 모습이 우스꽝스럽지만, 그래서 그들은 느긋하고 자유롭다. 이 자유는 인간세상에서 중요하다는 것, 의미 있다는 것들에 대해 "정말 그래? 왜?"라고 되묻게 만들어 준다. 의심을 품게 하고 질문을 만드는 힘, 이 때문에 고양이는 구샤미 일당을 "고급스러운" 무능력을 가진 인간들이라고 부른다.

거인의 시대에 살아가는 방법

『나는 고양이로소이다』에 나오는 장면 하나. 아이들은 하늘 높이 공을 던진다. 그러다 왜 공이 떨어지는지, 왜 위로 오르지 않는지 묻는다. 엄마는 거인이 땅속에 살아서 "거인인력"으로 공을 끌어당기기 때문이라고 대답한다. 이 거인은 공만이 아니라 세상만물을 자기 쪽으로 끌어당긴다. 이 거인의 시대가 소세키의 시대다.

나쓰메 소세키가 잡지 『호토토기스』에 『나는 고양이로소이다』를 연재하기 시작한 1905년 무렵, 일본은 러일전쟁 승전으로 한껏 고양되어 있었다. 이후 일본은 만주와 한반도에서의 주도권을 본격적으로 행사하기 시작한다. 대한제국은 열강의 묵인 속에 을사늑약을 강요당했고, 1910년에는 강제로 일본에 합병된다. 한반도를 식민지로 확보하면서 일본은 강력한 제국에 대한 욕망을 노골적으로 드러내기 시작했다. 자신의 이름을 부여받은 근대적 개인들은 국민이라는 사명을 띠고 역사적인 개인이 되어야만 했다. 모든 것은 국가를 중심으로 끌어당겨졌고, 일본은 제국을 향해 내달렸다.

이런 초열지옥과도 같은 현실에서 구샤미 일당은 딴청만 피우고, 우리의 주인공 고양이는 가벼운 발걸음으로 끊임없이 돌아다닐 뿐이다. 고양이는 마지막 죽음까지도 태평스럽게 맞이한다. 이름 없는 고양이와 무능한 인간들이 보여 주는 이 유유자적한 자유가 거인의 시대를 살아가는 소세키의 방식이다. 물론 이로써 시대를 정면으로 맞서지는 못하지만, 거인인력에 끌려가지 않으면서도 그것을 빗겨 나가는 틈새를 만들어 낼 수 있다.

당대 최고의 지식인이었던 나쓰메 소세키는 마흔이 가까운 나이에 처음 쓴 소설작품에서, 역설적이게도 자신의 시대를 벗어나는 방식을 시도했던 것이다. 또한 이 방식은, 그리고 이름 없는 고양이의 눈과 발걸음은 비단 1905년에만 머무르지는 않는다. 이력서에 채워 넣을 내용, 남보다 뛰어나다는 것을 입증할 수 있는 점수와 자격증을 위해 삶을 바쳐야 하는 우리 시대. 고양이는 가늘지만 날카로운 울음소리를 내지른다. 고양이의 눈과 발로써 시대의 낯선 틈새를 만들어 보라고. 거인의 시대를 가로질러 보라고.

◈ 고전 Tip & Talk

돌로 입을 헹구는 '국민'작가, 나쓰메 소세키

지금으로부터 거의 백 년 전, 일본의 셰익스피어라고 불렸던 '국민작가' 나쓰메 소세키. 소세키(漱石)는 『진서』(晋書)에서 따온 필명이다. 진나라 손초가 침석수류(枕石漱流), 즉 돌을 베개 삼고 시냇물로 양치질한다고 말해야 할 것을 침류수석(枕流漱石), 시냇물로 베개를 삼고 돌로 양치질한다고 잘못 말했다. 그러나 주위에서 아무리 틀렸다고 해도 손초는 흐르는 물을 베개로 삼는 것은 귀를 씻기 위함이고, 돌로 입을 헹구는 것은 이를 닦기 위함이라고 우겼다고 한다. 억지스러울 정도로 자기 고집을 밀고 나간다는 것이 소세키의 뜻인 셈이다. 그 이름처럼 나쓰메 소세키는 마흔이 가까운 나이에 첫 소설을 쓴다. 이후 제국대학(지금의 도쿄대학) 교수직을 때려치우고, 신문사 전속작가로 12년 동안 13편의 장편소설과 수십 편의 단편 · 중편 소설을 쓰다 49세에 절명한다.

일본의 셰익스피어, 국민작가라는 별칭은 몇몇 호사가들의 칭찬만은 아니다. 그는 1900년 서른셋의 나이에 국비유학생으로 영국에 갔던 인재였고, 1909년에는 당대 손꼽히는 잡지 『태양』의 작가 투표에서 1등을 차지한 인물이기도 했다. 그 명성은 사후까지도 계속 이어져, 1984년부터 2004년 가을까지 근 20년 동안은 1000엔짜리 일본지폐에 그의 초상이 새겨져 있었다. 지금까지도 교과서를 비롯 각종 여론조사, 인기투표, 판매량 등등에서 늘 손꼽히는 작가이다.

이런 나쓰메 소세키의 인기는 가장 국민다운, 가장 일본다운 대표 작가이기 때문이 아니다. 오히려 그는 국민을 만들고, 국민과 비국민을 가르는 20세기 국가주의 시선에서 벗어나는 작가다. 소세키는 '개성'을 내세운 인물들을 통해 돌로 입을 헹구다 모든 이가 와장창 나갈지언정 멈추지 않는 다양한 삶의 모습을 보여 준다. 그의 작품은 소소한 일상을 예리하게 파헤치고, 기존의 경계를 넘나드는 모습을 보여 주고, 독자들에게 삶을 재창조하는 힘을 불어넣어 준다. 그래서 나쓰메 소세키는 국민이 무엇인지 고민하게 만드는 '국민' 작가이다.

_김연숙

“나는 철학한다, 고로 자유롭다”

>> 아우렐리우스의 『명상록』

마르쿠스 아우렐리우스(Marcus Aurelius Antoninus Augustus, 121~180)는 로마제국 '오현제(五賢帝) 시대'의 마지막 황제이자, 스토아학파의 주요 철학자다. 황제보다는 철학자로 살고 싶어 했던 아우렐리우스의 『명상록』은 우주와 자연의 섭리, 공동체와 인간의 보편이성에 대한 사유를 비롯해서 스승들의 가르침과 일상의 도리들, 죽음과 행복, 마음의 평안에 대한 기록에 이르기까지, 권력을 타인이 아니라 자기 자신에게 행사할 줄 알았던 자유로운 '철인(哲人) 황제'의 사유를 담고 있다. 부드럽고 평온하면서도 단호하고 단정한 그의 메모를 읽노라면 안정된 치세를 연상하기 쉽지만, 사실 『명상록』의 한 구절 한 구절은 포화 가득한 전장에서 쓰인 것들이다.

단 한번의 흐트러짐도 없이 사막을 걸어가는 고행자처럼, 그는 죽음이 난무하는 전쟁터에서 흔들림 없이 사유하고 기록하면서 자신의 일상을 다진다. 아우렐리우스에게 철학이란 그런 것이었다. 어떤 위급한 상황에서라도 당장 꺼내어 쓸 수 있는 것. 한시도 내 몸과 마음을 떠나지 않는 것. 죽음조차 평온한 일상의 하나로 넘길 수 있게 해주는 것. 그에게 철학은 고담준론이 아니라 삶에 대한 태도이자 실천이었다.

운명, 우주적 섭리의 또 다른 이름

『명상록』에는 유독 죽음과 운명에 대한 기록들이 많은데, 이는 스토아철학의 중요한 주제이기도 하다. 아우렐리우스를 비롯한 스토아철학자들에게 죽음이란 고통이나 종말이 아니라 해체와 소멸이라는 자연의 작용에 불과하다.

> 어떤 것들은 생성되려고 서둘고, 어떤 것들은 생성되었다가 소멸되었으며, 생성되고 있는 것들도 일부는 소멸되었다. 흐름과 변화가 우주를 쉴 새 없이 새롭게 하는데, 그것은 시간의 부단한 진행이 끝없는 세월을 언제나 새롭게 하는 것과 같다. …… 각자의 삶은, 말하자면 피의 발산과 공기의 흡입과도 같은 것이다. 우리가 매 순간 그러하듯 공기를 한 번 들이마셨다가 내쉬는 것이나, 네가 엊그제 태어나면서 받은 호흡 능력 전체를 네가 처음으로 그것을 낚아챘던 곳으로 돌려주는 것이나 같은 것이기 때문이다.

아우렐리우스는 끊임없이 반복해 말한다. 죽음은 피조물을 구성하는 요소들의 해체 외에 아무것도 아니며, 따라서 선도 악도 아니라고, 그러니 두려워할 필요가 없다고. 삶 또한 마찬가지다. 시간이란 '생성되는 만물들의 급류'다. 무언가가 떠내려오고 무언가가 휩쓸려가는 시간의 급류 속에서 삶이란 잠깐의 체류일 뿐이다. 삶에서 주어지는 행복과 불행, 고통과 쾌락, 부와 가난에 일희일비하거나 다가올 죽음에 대해 불안해하는 자는 우주의 섭리를 이해하지 못하는 어린애와도 같다.

아우렐리우스에 따르면, 우리의 두려움과 집착과 망상은 사물에 대한 '그릇된 표상'에서 기인한다. 예컨대 어둠 속에서 공포에 사로잡히게 된다면, 이는 '어둠' 때문이 아니라 어둠에 대한 나의 표상과 가치판단 때문이다. 어둠이란 빛이 부재하는 자연현상임을 인식한다면 공포스러울 것도, 당황할 것도 없다. 우리가 '쾌락'으로 여기는 행위들도 같은 맥락에서 바라볼 수 있다. 예를 들어, 성행위는 살이 접촉할 때 발생하는 '약간의 경련과 배설'(!) 그 이상도 그 이하도 아니다. 여기에 대체 집착할 그 무엇이 있단 말인가. 이처럼 미세한 시선으로 사물과 사건을 꿰뚫어 볼 수 있다면 우리는 표상으로부터 자유로워질 수 있다. '나'에 대해서도, 삶과 죽음에 대해서도, 표상에 얽매이지 말고 있는 그대로 받아들일 것! 그리하면 모든 것이 거대한 자연의 일부임을 인식하게 되리라는 것, 선도 악도 아닌 세계 자체를 긍정하게 되리라는 것이다.

『명상록』의 또 다른 화두는 운명이다. 생사, 사고, 부귀, 강약 등은 우리 자신과 무관하게 일어나는 일들, 즉 운명이다. 이것은 우리가 어쩔 수 없는 영역이다. 강에 낚싯줄을 드리운 어부에게 물고기가 많이 잡히느냐 안 잡히느냐도 운명이고, 세상에 태어나 무병장수하다 가느냐 요절하고 마느냐도 운명이다. 개체는 이 '운명' 때문에 행복해하고 불행해하지만, 이것이 곧 우주적 차원의 행·불행은 아니다. 안타깝게도, 우주와 운명은 개체에게 무관심하다. 그러니 어쩌겠는가. 어쩔 수 없는 것은 어쩔 수 없는 채로 내버려 두라. 단, 우리 자신에게 달려 있는 것이 있으니, 고기를 잡으려고 낚싯줄을 드리우는 행위, 몇 년을 살다 가든 우주의 섭리와 공동체의 윤리에 부합하게 살려고 하는 행위는 개체의 의지요, 개체의 자유다.

> "이런 일이 나에게 일어나다니, 나야말로 불운하구나!" 천만에. 그렇게 말할 것이 아니라 이렇게 말하라. "나는 이런 일을 당했는데도 고통을 겪지 않았고, 현재의 불운에도 망가지지 않고 미래의 고통도 두렵지가 않으니, 나야말로 행운아로구나!" 그런 일은 누구에게나 일어날 수 있지만, 그런 일을 당하고도 고통을 겪지 않는 것은 누구에게나 주어지는 것이 아니기 때문이다.

우리를 행이나 불행으로 인도하는 것은 운명이 아니라 운명을 받아들이는 우리의 태도다. 우주의 사건들은 일어나야 할 방식대로 일어난다. 그것이 자연의 섭리요, 운명이다. 인간이 여기에 더 보탤 것도, 뺄 것도 없다. 하지만 어떤 운명이 닥치든 초연하고 담담하게 대처할 수는 있다. 어떻게? 철학하기를 통해!

철학, 자기구원을 위한 수행

아우렐리우스의 스승 에픽테토스는 자신이 세운 철학학교를 '진료소'에 빗대 설명한다. 누구는 어깨를 삔 상태로, 누구는 두통을 호소하며 진료소를 찾듯, 마음이 건강하지 않은 자는 철학학교를 찾아야 한다. 몸을 돌보는 것과 마음을 돌보는 것은 하나다. 전자에 규칙적 생활이 필수적이듯, 후자에는 일관성과 꾸준한 자기통제력이 요구된다. 철학자는 의사요, 철학하기란 치료 행위다!

아우렐리우스는 매일 밤 잠들기 전 자신의 하루를 '진단'하고 '점검'한다. '스스로를 카이사르와 같은 황제로 착각하지 않고' 보통사람들처럼 충실하게 자신의 임무를 수행했는지, '소박하고, 선하고, 순수하고, 진지하고, 가식 없고, 정의를 사랑하고, 신들을 두려워하고, 자비롭고, 맡은 바 의무에 대하여 용감'했는지 등……. 아우렐리우스는 자신의 모든 행위를 그것이 마치 생애 최후의 행위인 것처럼 충실하게 완수하고자 한다. 전장에서의 삶은 고달팠고, 그와 로마의 운명은 이미 기울고 있었지만, 그는 그렇게 철학을 통해 자신을 구원했다. 철학이란 매 순간 자신에 대해 완벽한 지배 상태에 놓이게 하는 힘이요, 스스로를 구원하는 실천 행위임을 보여 준 것이다.

◈ 고전 Tip & Talk

스토아학파는 철학을 자기구원·쾌락 얻기 위한 삶의 도구로

스토아학파는 기원전 4세기 말에 키프로스의 제논이 설립한 학파다. 제논이 아테네광장에 있던 공회당의 채색주랑(彩色柱廊; 스토아 포이킬레)에서 제자들을 가르쳤다고 해서 붙여진 명칭이다. 스토아는 '주랑'(긴 복도)을 가리킨다. 기원전 3세기 중반에 크리시포스에 의해 도약의 국면을 맞은 이래로 세네카, 무소니우스, 에픽테토스, 마르쿠스 아우렐리우스 등으로 이어지며 기원후 2세기까지 명맥을 유지했다.

스토아주의 철학은 철학자가 실천해야 할 구체적인 수련 덕목들을 다룬다. 그래서 종종 가벼운 '어록'이나 '덕담집'으로 치부되기도 하지만, 그들에게 철학은 일상과 동일한 지평에서 구체적인 '연장'으로 작동한다. 이 연장을 손에서 놓지 말고 열심히 일상을 단련하라는 것이 스토아철학자들의 한결같은 조언이다. 이 말을 확인하고 싶다면, 『명상록』과 더불어 에픽테토스의 어록이나 세네카의 서간집을 함께 읽기를 추천한다.

흔히 스토아학파를 '금욕주의자'로 명명하는데, 이들이 주장한 '금욕'은 강제적 법칙이나 규율과 무관한, 자기구원과 쾌락에 도달하기 위한 자율적인 '삶의 기술'(ars vivendi)이었다. 이들에게 철학하기란 단지 '생각을 바꾸는' 것이 아니라 자신을 변형하는 문제, "한번도 되어 본 적이 없는 자신이 되는"(푸코) 문제다. 누구도 운명을 피할 수는 없다. 그러나 그 운명을 기다리고 준비하는 나의 모습은 내가 만들 수 있다. 이것이 자유고, 이것이 철학해야 하는 이유다.

세네카는 이렇게 말한다. "네가 원하는 대로 사태가 일어나도록 하고자 힘쓰지 말라. 그저 일어나야 할 방식대로 일어나기만을 바라라. 그리하면 행복하리라."

_채운

저기요…, 혹시… "도를 아시나요"

>> 노자 가르침의 진수 『노자』

사마천의 『사기』 중 「노자·한비 열전」 편에 실린 노자의 생애는 간략하다. 초나라 사람이었고, 이름은 이이(李耳), 호는 담(聃)이요, 주나라의 장서를 관리하는 사관이었다는 것. 공자가 그를 '용과 같은 존재'로 묘사했으며, 한구관(函谷關)에서 관령(關令)의 부탁으로 도(道)와 덕(德)의 의미를 5,000자에 담은 『도덕경』을 지었다는 것 정도다. 사마천은 노자, 장자, 신불해, 한비 등을 소개한 뒤 "이들의 학설은 모두 도덕에 그 근원을 두고 있지만, 그 가운데 노자의 학설이 가장 깊다"고 평했다. 『노자』는 자연예찬론도, 도덕적인 잠언집도 아니다. 『노자』는 도, 즉 삶의 길에 대한 현자의 깨달음을 담은 텍스트이자, 전쟁이 난무하던 시대를 살아간 어느 지식인의, 불가능한 유토피아에 대한 상상이다.

루쉰에게 무참히 패러디 당하다

중국의 대문호 루쉰은 『새로 쓴 옛날이야기』(故事新編)에 실린 한 단편에서 노자라는 인물과 그의 사상을 무참하게 패러디한다. 여기서 노자는

"시든 나무"로 표현된다. 이도 다 빠지고 가진 거라고는 '연한 혀'뿐인 '늙은 선생' 노자가 관소(關所)에서 사람들에게 강의 한 자락을 펼친다. "도를 도라고 할 수 있으면 상도(常道)가 아니고……."

그러나 웬걸. 강의를 듣던 수강생들이 정신없이 조는가 하면, 여기에 한술 더 떠서, 노자의 방언과 새는 발음 때문에 강의를 하나도 못 알아들었다며 투덜거리는 게 아닌가. 5,000자로 된 강의안을 써 주고 쓸쓸히 관소를 떠나는 노자. 그가 떠나자 수강생들의 본격적인 '뒷담화'가 시작된다.

혹자는 구역질이 났다고 하고, 혹자는 연애담이나 들으러 갔다가 곤욕만 치렀다고 하고, 또 누군가는 '함도 없고 하지 않음도 없다'는 사람이 사랑 같은 걸 해봤을 리가 있냐며 비아냥거린다. 1935년 중국 땅에서 노자의 사상은 이토록 무기력하게, '시든 나무'처럼 비틀거리며 사라져 간다. 하지만 루쉰이 노자의 사유 자체를 전면 부정했다고 보긴 어렵다. 다만, 그 사유의 현실적 무능력과 오작동을 개탄했을 터다. 그렇다면 지금 우리에게는 『노자』가 어떻게 작동할 수 있을까. 우리는 어떻게 그것을 삶 속의 빛나는 지혜로 '전습'(傳習)할 수 있을까.

도라고 할 수 있는 도는 도가 아니다

『노자』는 '도가도비상도'(道可道非常道), 즉 '도라고 할 수 있는 도는 영원한 도가 아니다'라는 구절로 시작된다. 도는 보려 해도 볼 수 없고, 들으려 해도 들을 수 없으며, 잡으려 해도 잡을 수 없다. 도가 없기 때문이 아니라 그것을 고정된 것으로 실체화할 수 없기 때문이다. 『노자』에서 '도'는 여러 이미지들로 암시될 뿐이다.

"도는 비어 있어서 아무리 써도 막히지 않고, 깊숙해서 만물의 근원인 것 같다"라든지, "혼돈 속에 생성된 것이 있어 천지보다 먼저 생겨났으니, 고요하고 텅 빈 채 홀로 우뚝 서서 변하지 않으며, 두루 행하지만 위태롭지 않으므로 천하의 어미가 될 수 있다" 같은 구절에서처럼, 도는 만물이 생성되는 일종의 모태(母胎)다.

그렇다고 해서 모든 것의 절대적 기원이나 창조주를 의미하는 것은 아니다. 도는 "골짜기의 냇물이 바다로 흘러가는 것과 같이" 쉼 없이 운행(運行)하며, 그 과정에서 매번 무언가가 생겨나고 길러지고 스러진다. 도는 '어미'요, '근원'이지만 자신이 낳은 것에 집착하지 않는 어미요, 매번 새롭게 솟아나는 근원[泉]이다. 이 '도'에 최대한 합치되게 살라는 것, 즉 집착하지 말고, 멈추지 말고, 걷고 또 걸으라는 것. 그것이 노자의 가르침이다.

우리가 '도'라는 단어 앞에서 멈칫하는 건, 그것을 초월적 진리나 절대적인 법칙과 동일시하기 때문이다. 하지만 『노자』의 도는 가장 평범하기 때문에 보이지 않는 것, "단순성과 친근성으로 인하여 숨겨져 있는 것들"(비트겐슈타인)이다. 감이 있으면 옴이 있고, 오르막이 있으면 내리막이 있으며, 꽃 피는 시절이 있으면 꽃이 지는 시절도 있다. 여름은 지나간 봄을 아쉬워하지 않으며, 다가올 겨울을 꿈꾸지도 않는다. 그저 자신이 내딛는 지금의 '한 걸음'에 온 무게를 실을 뿐이다. 그러나 이 모든 운행은 지극히 '자연스러워서' 누구도 그걸 의식하지 못한다.

부처, 예수, 공자 같은 성인들의 삶을 보라. 그들이 '도'를 펼치는 것은 '길'[道] 위에서다. 아니, 그들이 걷는 '길'이 바로 그들의 '도'다. 나무를 베고, 물을 긷고, 책을 읽고, 사람을 만나는 일상들. 이 일상이 펼쳐지는 길, 그게 바로 도다. 무수한 만남과 장애물, 희로애락이 펼쳐지는 일상을 방기하고서는 단 한 걸음도 앞으로 나아갈 수 없다.

> 어려운 일은 쉬운 데서 도모하고, 큰 일은 작은 일에서부터 시작하나니, 세상의 어려운 일은 반드시 쉬운 데서 일어나고, 천하의 큰 일은 반드시 작은 곳에서 일어나는 것이다. 그래서 지혜로운 사람은 끝내 큰 것을 꾀하지 않으므로 큰 것을 이룰 수 있다.(63장)

작위성과 잉여성 배제, '소국과민' 꿈꿔

'무위'는 『노자』의 핵심 개념 중 하나다. 무위란 '아무것도 하지 않음'이 아니라 '작위(作爲)하지 않음', 즉 무언가를 억지로 꾸며서 하지 않음이다. 달리 말하면, 이는 '잉여를 남기지 않음'이라고도 할 수 있다.

자연은 특별히 무언가를 하려고 함이 없지만 하지 않는 것이 없다. 모든 것을 하지만 잉여를 남기지 않는다. 반면 인간은 종종 자신이 감당할 수 없는 것을 욕망한다. 스스로 감당할 수 없는 말과 행위들, 이것이 잉여다. 정치인들의 경우에야 더 말할 나위도 없다. 그들은 '국민을 위한다'는 명분으로 무수한 말을 쏟아내지만, 사실 '누구를 대신한다'거나 '누구를 위한다'는 말만큼 오만하고 작위적인 것도 없다.

노자가 말했다시피, '나라를 잘 다스려 보겠다'는 의도가 오히려 백성을 속이고, 그들을 전쟁터로 내모는 법. 문제는, '악의'가 아니라 지나친 '선의'가, 주먹구구식의 앎이 아니라 합리적 지식이 더욱 폭력적인 결과를 낳는다는 데 있다. 노자는 이러한 작위성과 잉여성이 철저히 배제된 '무위의 정치'를 꿈꾼다. 하지만 그가 꿈꾼 유토피아는 대단히 비관적이다.

> 나라는 작고 백성은 적으며, 편리한 기계가 있어도 사용하지 않고, 백성들은 죽음을 중히 여겨 멀리 옮겨 다니지 않는다. 배와 수레가 있지만 탈 일이 없고, 무기가 있지만 쓸 일이 없다. 사람들로 하여금 다시 새끼를 엮어 쓰게 하고 먹던 음식을 달게 여기고 입던 옷을 좋게 여기며, 살던 곳을 편안히 여기고 각자의 풍속을 즐거워하게 하니, 이웃 나라가 서로 바라보이고 닭 울고 개 짖는 소리가 들려도 백성들은 늙어 죽을 때까지 왕래하지 않는다.(80장)

이 유토피아 아닌 유토피아를 흔히 '소국과민'(小國寡民)이라는 말로 표현한다. 이건 불가능한 공동체다. 노자가 그걸 모를 리 없다. 그럼에도 불구하고 노자는 소망했을 것이다. 개체의 삶을 온전히 지켜갈 수 있는 공동체를, 만들어지고 지워지는 무수한 길[道]들이 펼쳐진 세계를. 노자는 세상의 '산'이 아니라 '계곡'이 될 것을, 가득 채우기보다는 비울 것을, 단단하고 강한 것보다는 부드럽고 연약한 것을, '대의'(大義)보다는 일상의 성실함을, 유용한 지식보다는 무용한 배움을 강조한다. 이 시대를 사는 우리에게 이보다 더 유용하고 혁명적인 지혜가 있을까. 세상을 구원하는 것은 진리도, 영웅도, 대의도 아니다. 말 없는 가르침을 행하는 것, 자신의 한 걸음에 존재의 무게를 싣는 것, 그리하여 매 순간 자신이 걷는 길과 합치되는 것. 그것이 삶의 도요, 그것이 삶의 길이다.

'천장지구'는 변치 않는 사랑?

천장지구(天長地久)

"천지는 장구하게 지속되나니, 천지가 오래갈 수 있는 것은 자기만 살려고 하지 않기 때문이니, 그러므로 장생할 수 있다." 유덕화, 오천련 주연의 「천장지구」를 기억하는지. '변치 않는 영원한 사랑'이 있다고 거의 믿어 버릴 만큼 눈물을 쏙 빼놓던 추억의 영화. 하지만 사랑이 어디 영원하던가. 쉼 없이 변화하는 것만이 장생한다.

상선약수(上善若水)

"최고의 선은 물과 같나니, 물은 만물을 이롭게 해주면서도 다투지 않으며 사람들이 싫어하는 곳에 머문다." 물은 미세한 틈 사이로 스며들어 만물을 키우고, 어떤 고정관념도 없이 흐르고 또 흐른다. 물처럼 흐르는 사유는 선악도, 좌우도, 어떤 이분법도 알지 못한다. 박희태 전 한나라당 대표의 좌우명이기도 하다. 정치인뿐 아니라 개개인의 좌우명이 자신의 삶과 부합하는가는 별개다.

대기만성(大器晩成)

"큰 모는 모서리가 없고, 큰 그릇은 늦게 이루어지고, 큰 소리는 들리지 않으며, 큰 형상은 드러나지 않으니, 도는 이름 없이 숨어 있으나 오직 도만이 잘 베풀어 주고 잘 이룬다." 노자 말씀하시길, 세상 사람들이 일을 다 이루었다가 실패하는 것은 시작할 때와 끝마칠 때가 여일(如一)하지 않기 때문이다. 큰 그릇이 되기 위해서는 매 순간 자신의 열정을 올인해야 하는 것!

대교약졸(大巧若拙)

"아주 곧은 것은 굽은 듯하고, 뛰어난 솜씨는 서툰 듯하며, 잘하는 말은 눌한 듯하다." 최상의 지혜가 화려한 수사를 필요로 하지 않듯, 위대한 작품은 현란한 기교와 무관하다. 가장 명징하고 단순한 말과 형상만으로도 모든 걸 표현할 수 있는 법. 위대한 지혜는 알기 쉽고 행하기 쉽다. 세상이 알지 못하고 행하지 못할 뿐 아니겠나.

천지불인(天地不仁)

"천지는 불인하니 만물을 지푸라기로 보고, 성인은 불인하니 백성을 풀이나 개로 삼는다." 천지의 운행을 주관하는 어떤 존재가 있다면 가난한 땅에 축복을, 불행한 자에게 행복을 내려주면 좋으련만, 천지는 만물의 행 · 불행과 빈부에 무심하다. 그저 변화하는 흐름만이, 낳고 자라고 죽는 무한한 차이의 반복만이 있을 뿐.

_채운

방황하는 청년에게 고함

>> 이광수의 『무정』

1917년 한 편의 난세 드라마

한국에서 근대 백 년 최고의 베스트셀러는 단연 『무정』(無情)이다. 26살의 청년 이광수(李光洙, 1892~?)는 생애 두번째 일본 유학을 하던 1917년, 조국의 『매일신보』에 자신의 원고를 보냈다. 바야흐로 을사조약 후 12년이 지났고, 3·1운동을 2년 앞두고 있던 때였다. 새해 벽두부터 연재되기 시작한 이 작품은 당대 독서대중을 쥐락펴락하며 그 해 6월 14일까지 총 126회에 걸쳐 연재된다. 최초의 신문 1면 소설이었던 이 작품은 우리 시대의 일일연속극보다 훨씬 더 강도 높은 배신과 사랑의 드라마였다. 이 작품으로 이광수는 일약 조선의 문사이자 조선의 스승으로 등극하게 된다.

『무정』은 해방 이후로 줄기차게 간행되어 그 판본을 이루 헤아릴 수 없을 정도다. 2005년에는 일본어로, 2006년에는 영어로도 번역되었다. 과연 이 작품의 생명력은 어디에서 나오는가? 작품의 주인공인 일본 유학생 출신 이형식의 속물근성, 그를 중심으로 기생 박영채와 여학생 김선형이 만드는 애정의 삼각관계, 폐쇄적 공간 안에서 서로의 육체를 탐하는 동성애 코드, 공원 데이트와 고백에 이르는 신식 자유연애의 문법, 청나라를 신봉하던 박진사와 그 딸의 퇴행적 삶, 오로지 미국만 외쳐 대는 얼개화꾼(개화가 어중간한 사람을 낮잡아 이르는 말) 목사의 허영까지, 『무정』은 그 자체로 전통과 근대를 넘나드는 일상의 박물지였다. 독자들은 당장이라도 경성과 평양 시내 한복판에서 만날 수 있을 것 같은 주인공들의 행동과 말솜씨에 열광했다.

그러나 『무정』은 무엇보다 청년들의 이야기다. 한일병합 이후 한치 앞도 가늠할 수 없게 된 식민지의 현실 안에서 지사와 학생들은 우왕좌왕했다. '난세(亂世)의 시대, 청년은 어디로 가야 하나?' 와세다대학을 다니고 있던 이광수는 이야기의 힘을 빌려 이 질문에 답했다. 그리고 이와 같은 질문이 반복될 때마다 『무정』은 다시 우리 앞에 나타난다.

달콤 살벌한 연인들

작가가 말하고자 하는 바는 선명하다. 청년들이여 무정하라! 과연 무엇에 대해? 또 어떻게?

『무정』을 관통하는 것은 구시대와 신시대의 대립이다. 옥에 갇힌 아버지를 구하기 위해 기생이 되어 버린 첫사랑 영채. 그리고 이제 막 ABC 받아쓰기를 시작했지만 반드시 미국 대학 졸업생과 결혼하겠다고 생각하는 속물 선형. 영채는 낡았고, 선형은 타락했다. 그러나 형식에게는 두 여인 외에 다른 선택지가 없었다. 형식은 선형의 집안이 밀어줄 학력과 금력을 원했지만, 보잘것없는 고아였던 자신을 돌봐 준 영채 가족에 대한 의리를 저버릴 수도 없었다. 봉건적 인습으로 얽힌 옛 연인을 버릴 수도 없고,

자유연애로 사랑을 키운 엘리트 애인을 어찌하지도 못하는 조선의 찌질남! 그들의 역사는 여기서 시작한다. 형식은 이 난관을 어떻게 돌파할 것인가?

『무정』에는 사랑과 출세의 화신인 형식이 무정한 인간으로 변신하는 대목이 두 번 나온다. 첫번째는 자살하러 평양에 간 영채를 형식이 제대로 찾아보지도 않고 돌아오면서다. 형식에게는 순결을 잃고 평양으로 도망친 영채의 죽음이 차라리 다행이었다. 불결한 과거와는 굳이 손잡을 필요가 없기 때문이다. 평양에서 돌아온 형식은 간절히 사랑을 갈구하며 선형에게 프로포즈를 한다. 1917년의 독자들은 영채를 자살시키지 말아 달라고 떼를 쓰는 투서를 연일 신문사로 보냈다고 한다. 그 시절의 독자들은 무정한 형식과 무정한 사회를 비난했다.

두번째 변신이 이루어지는 건 삼랑진 수해의 국면에서다. 살아 돌아온 영채는 자신을 구해 준 병욱과 함께 일본 유학길에 오른다. 형식과 선형도 미국 유학을 떠나기 위해 부산으로 가고 있었다. 기차 안에서 형식, 선형, 영채, 세 사람은 운명처럼(!) 조우한다. 허나, 이 돌발적 조우 때문에 세 사람은 서로에 대한 신의를 완전히 잃게 된다. 무정했던 세상을 핑계로 영채에게 등을 돌렸던 형식이 다시 딜레마에 빠지기 때문이다. 선형은 난데없는 영채의 등장으로 비로소 질투라는 감정을 알게 되었고, 형식의 무정함이 야속했던 영채는 미련을 버리지 못한다.

그런데 바로 그때, 삼랑진에 엄청난 수해가 닥친다. 강물 위로 돼지가 떠내려가고, 곧 아이를 낳을지도 모르는 산모는 물 위에서 정신을 잃을 찰나였다. 이를 본 형식은 갑자기 영채와 선형에 대한 사랑이 사소하게 생각되고, 정신없이 수해에 허덕이는 민족을 구하는 사명감에 몸서리치면서 자신의 미래를 재정립하게 된다. 영채와 선형의 연인(lover)이 아니라 민족의 스승, 민족의 지사이기를 원하게 된 것이다. 수해의 폭력은 순식간에 형식의 사적 열정을 쓸어가 버리고 말았다.

이날 형식은 결국 기차 안 젊은 예술가들과 정치인들을 독려해 수해 복구를 위한 자선음악회를 개최한다. 그리고 놀랍게도 그에게 감화된 영채와 선형은 서로 화해하고 각자의 길을 축복한다. 작품을 관통하던 세 남녀의 각종 정념이 수해와 함께 모두 증발해 버린 것이다. 세 사람은 사랑도 미움도 없는 동지애를 느끼며 '조선인으로' 하나가 되었다. 민족을 향해서는 달콤하게, 자신의 연인에게는 살벌하게! 근대적 문명인이라면 무엇보다도 조국과 민족의 운명부터 생각할지어다! 이것이 『무정』의 무정하고도 숭고한 결말이다.

민족지사여, 무정한 세상을 살라

삼랑진 수해 앞에서 보이는 이형식의 돌연한 결단과 확신에 찬 행동은 지금 읽어도 강렬하다. 근대적 개인, 개성과 자율을 자랑하는 독아적(獨我的) 주체들이 사회를 장악한 시대에 이처럼 민족을 생각하는 헌신적 인간이 어디 있겠는가? 청년이라면 마땅히 대의를 위해, 역사를 위해 자신을 던질 줄 알아야 할 것이다. 이것이 근대 백 년을 관통한 『무정』의 메시지였다.

하지만 풀리지 않는 의문이 남는다. 형식을 향한 사랑 대신에 민족애를 거머쥐게 된 선형은 행복할까? 자신을 배신한 형식이 조선을 위해 공부하고 있다는 이유만으로 영채는 그를 용서할 수 있을까? 정말로 형식은 여인에 대한 육체적 욕망을 다 버리고 계속 계몽운동만 할 수 있을까? 과연 이런 민족지사들은 인생의 모든 문제를 다 해결할 수 있을까?

『무정』의 주인공들은 끝내 가난한 고향으로 귀환하지 않았다. 언젠가는 자신들처럼 방황하게 될 자식도 낳지 않았다. 『무정』은 어디로 튈지 모르는 청춘의 에너지, 그 모든 의욕을 조선이라는 이름으로 흡수했다. 전통과 질서에 대한 줄기찬 의심, 미래를 향한 당돌함, 자신의 맨몸에만 기대는 패기! 이 모든 행동은 조선을 위해서만 의미 있는 일이 되었다. 그리하여 뜨겁던 청춘은 실종되었다. 각양각색의 청년들은 사라지고, 민족지사만 남게 되었다. 무정한 세상을 무정하게 살아가는 사람들끼리만 살게 된 것이다.

◈ 고전 Tip & Talk

이광수, 민족의 상처

평론가 김현은 "이광수는 만지면 만질수록 덧나는 민족의 상처"라고 했다. 주지하다시피, 이광수는 동경에서 2·8 독립선언문을 썼고, 상해와 만주를 떠돌면서 독립운동에 매진했으나, 일제 말기에는 일본어로 작품을 쓰며 천황폐하 만세를 외쳤기 때문이다. 물론 이광수는 자신의 안위를 계산하지 않았다. 일본과 조선이 대등해지고, 마침내 조선인이 세계 역사에 떳떳해지기 위해서 그 자신이 할 수 있다고 생각한 일을 했을 뿐이다. 그로서는 『무정』의 주인공들처럼 '민족을 위해' 자신의 생애를 다 바친 것이다. 그러나 그가 치러야 할 대가는 가혹했다. 지사에서 변절자로 바뀐 그를 조선의 청년들은 용서하지 않았다. 길거리에서는 사람들에게 뭇매를 맞기도 했고, 가세는 날로 기울었다.

하지만 이광수를 '변절자', '친일파'로 단순하게 매도해 버리는 것이 정당한 일일까? 그는 식민지 조선이 맞닥뜨린 역사적 국면마다 자신의 글을 썼다. 자신이 생각하는 민족의 임무와 한계를 거침없이 토해 내면서, 최소한 그는 에둘러 가거나 자신을 합리화하지 않았다. 덕분에 우리는 식민지 조선을 살았던 파워엘리트의 세계관이 어떻게 변했는지를 심도 있게 들여다볼 수 있게 되었고, 그런 점에서 이광수의 글은 근대 한국 지성의 능력과 한계를 보여 주는 바로미터다. 청년들은 여전히 방황한다. 방황하는 청년들이여, 그대들은 지금 무엇을 할 것인가?

_오선민

양산박, 108명 강골들의 네트워크

>> 시내암의 『수호지』

분노의 책, 『수호지』

"이 책은 가슴속의 분노를 터트리기 위해 지어진 책이다."(『분서』) 명말 사상가 이지(이탁오)는 『수호지』(水滸誌)를 "동심(童心)에서 우러나온 명문"이라고 격찬한다. 작자들이 가슴속에 쌓아 왔던 울분을 분식(粉飾)하지 않고서 '문자'로 새겨 넣었고 이것이 시공간을 넘어 사람들을 감응시킨다는 것이다.

『수호지』—혹은 『수호전』(水滸傳)—의 작자는 원대의 시내암(施耐庵) 또는 명대 나관중(羅貫中)이라고 알려져 있다. 그러나 둘 다 생애나 행적에 대해 알려진 바가 없기에 저자로서 큰 의미를 부여할 필요는 없다. 오히려 저자가 누구인지가 중요하지 않을지 모른다. 이야기꾼의 재담과 광대들의 잡극 속에서 『수호지』는 계속 변주되고 재구성되었기 때문이다. 이야기꾼을 둘러싼 사람들은 이들과 함께 탐관오리를 비웃으며 영웅들의 삶의 행적과 호쾌한 무용담에 박수갈채를 보냈다. 이런 면에서 수호지의 작자는 소설에 감응했던 모든 사람들이라고 할 수 있다. 이 저자들은 자신들의 울분을 형상화한 다양한 인물들을 소설 속에 풀어놓았다. 양산박에 모여든 108명의 호한(好漢)들은 부랑 농민, 어부, 밀수업자, 하급관료, 하급군인이 주를 이뤘다. 이런 인물군은 이 잡극판의 단골손님이었다. 이들이 자신들의 분노를 책 속에 터트리고 있는 셈이다. 그런데 각자의 의분(義憤)을 가진 이들을 어떻게 하나로 합치시킬 수 있었을까? 또 이런 강골들의 욕망을 어떻게 충돌시키지 않고 교차·횡단시킬 수 있었을까?

자존심에 살고 자존심에 죽는다!

양산박 이야기는 12세기 북송을 배경으로 한다. 가렴주구(苛斂誅求)의 일상화! 관료사회는 부패했으며 농민들은 끝없이 수탈당한다. 당연히 피수탈자들의 체제 밖으로의 탈출도 격화된다. 양산박도 이런 반체제적 집단의 하나다. 체제를 벗어나서인지 양산박의 무리들은 대단히 거세다. 이들은 자존심과 배짱을 가지고 승부한다. 이들은 자신들이 옳다고 생각하는 일에 망설이지 않고 서슴없이 달려든다. 양산박으로 들어올 때도 그랬지만 양산박에 공동체를 이룬 다음도 마찬가지다. 양산박을 멸시하거나 비방한 대상이라면 국가권력이라 해도 철저하게 응징한다. 그리고 지식이나 돈, 권력을 무기로 자신을 치장하는 이들과 대립한다. 이들은 관료나 선비들을 골탕 먹이며 관군들을 끊임없이 격퇴시킨다. 심지어 황제 앞에서 주눅들지도 않는다. '반역'이라는 말도 주저하지 않고 사용한다.

> "형님, 양산박 주인이 아니라 대송황제(大宋皇帝)가 된들 안 될 것이 무어란 말이오?"

"이 검둥이가 또 허튼소리를 하는구나. 그런 말을 다시 꺼내만 봐라. 네놈의 혀를 잘라 버릴 테다."

"형님보고 촌장이 되라는 것도 아니고 황제가 되라는데 왜 내 혀를 자르겠소?"

'의'(義)는 자신이 옳다고 여기는 일을 하는 행위라고 한다. 이들은 자신이 옳다고 여기는 것을 위해서는 절대 굽히지 않는다. 강골들의 집합체. 행위에 있어서도 어떤 주저함도 망설임도 없다. 자존심이나 명예를 상하게 한 사람들에게는 즉각적이고 철저하게 복수한다. 말과 행동의 간극 혹은 시간차가 없다. 당연히 죽음에 대한 공포도, 재물에 대한 미련도 없다. 지금에 충실하기 때문이다.

링크의 힘

그런데 이 강골들이 어떻게 서로 섞일 수 있을까? 사실 대부분의 결사나 집단들이 해체된 것은 이런 강골들의 자존심 때문이 아니었나. 의롭지 않아서 해체된 것이 아니라 의롭기 때문에 사단이 발생한다. 양산박 내부에서도 이런 다툼의 요소는 다분히 많다. 가령 일장청 호삼랑의 가족을 살해한 자는 이규다. 지금의 입장에서 봐서도 다툼은 피할 수 없을 것 같다. 그러나 양산박 내부에서 이런 다툼이 일어난 적은 없다. 양산박의 강골들을 통류(通流)하게 하는 리더가 있었기 때문이다. 급시우(及時雨) 송강(宋江). 그는 '때맞춰 내리는 비'처럼 사건에 개입해서 사람들의 긴장을 누그러뜨린다.

107명의 호걸들을 이끌고 온갖 전투와 전쟁에 참여해 계속 승리하는 인물. 우리는 상상 속에서 기세등등하고 영명한 호걸의 이미지를 떠올릴 것이다. 그러나 정작 소설 속에서 그려진 송강에게서 영웅을 떠올리기는 쉽지 않다. 그는 키도 작고 얼굴도 검으며 몸매도 볼품없다. 그렇다고 이 풍채를 만회할 완력이 있는 것도 아니다. 사건이 생기면 늘 얻어터지고 살려 달라고 빌기 일쑤다. 학식도 마찬가지. 그렇다면 신분은? 운성현의 서리에 불과하다. 그럼에도 불구하고 그를 만나는 사람들이 모두 그를 도와 일을 도모하게 된다. 사람들은 그의 명성을 오랫동안 들어 왔다고 하는데 그 명성이란 '가난한 사람들에게 금전적 혜택을 베풀고 노름꾼에게 돈을 사기당해도 화를 내지 않는다' 정도다. 뭔가 어이없다. 이런 이유로 영웅이 되다니. 소설 속 '송강'은 다른 영웅들과 비교했을 때 개성도 없고 무능한 인물이라고 할 수 있다.

그런데 이 무능력이 사실 송강의 능력이다. 그는 자신의 무능을 누구보다도 잘 자각하고 있다. 그러므로 자신보다 나은 친구들에게 늘 도움을 청하고 그들의 말에 경청한다. 그는 늘 배운다. 자신의 한계를 자각하는 만큼 상대방에게 배우고 상대방은 그 공간에서 자신의 생각과 행동을 펼쳐 낸다. 모르기에 배우는 것은 당연하다. 자신이 능력이 있다고 생각하는 사람들은 자신의 것을 쉽게 내려놓지 못한다. 갖고 있는 것이 없으면서 그 작은 것에 집착하고 무리를 한다. 반면 송강은 특별한 행동을 하지 않는다. 그러나 그가 비워 낸 공간 속에서 사람들은 자신들의 생각과 행동을 펼쳐 내도록 열어 놓을 뿐이다. 송강은 사람들과 끊임없이 연결된다.

양산박의 강골들을 이끄는 인물이 송강이라는 것은 꽤나 재미있다.

그러나 아무리 강골이라도 혼자 힘으로 할 수 있는 것은 거의 없다. 중요한 건 각기 다른 강골들의 힘을 하나로 엮어 내는 힘, 말하자면 네트워크의 힘이다. 송강은 네트워크의 연결고리다. 강골들이 이 고리를 따라 서로 흘러가며 집합적인 힘을 구성할 수 있었던 것이다.

◈ 고전 Tip & Talk

忠, 마음(心)의 중심(中)을 잡는 것!

『수호지』의 내용은 크게 두 부분으로 나뉜다. 1화부터 70화까지와, 71화부터 120화까지.

전반부가 하늘의 별을 타고난 108명의 강골들이 양산박에 모이는 것을 그렸다면, 후반부는 이들의 나라를 위한 싸움을 그린다! 전자가 의(義)에 초점을 맞춘다면, 후자는 충(忠)을 강조한다. 국가의 외부에서 활기차게 살아가던 인물들이 갑자기 국가에 충성이라니! 그러나 충을 마음[心]의 중심을 잡는 것[中]이라는 관점에서 보면 강골들의 행동이 꽤 흥미롭다.

한 부류는 전사로서의 삶에 마음의 중심을 잡았다. 이들은 국가와의 만남을 하나의 기회로 활용한다. 이들은 가만히 있기보다는 전장에서의 싸움을 갈망한다. 요나라나 방랍과의 전투, 혹은 길 위의 삶을 지루한 양민으로서의 삶보다 더 즐긴다. 전쟁이 끝나고 조직이 해체된 다음에도 국가로 편입되지는 않는다. 가령 연청이나 이준, 공손승과 같은 이들은 전장에서 공훈을 세우고 난 후 홀연히 자취를 감춘다. 이들은 알고 있다. 자신들이 토사구팽 당할 것임을. 설사 그렇지 않다 하더라도 기다리는 건 '진부한 일상'뿐임을.

다른 부류는 자신이 선택했던 마(魔)의 세계를 삶의 일부로 받아들인다. 가령 송강이 그렇다. 송강은 전쟁이 끝난 후 왕이 내린 독주를 마시고 죽는다. 게다가 자신이 죽은 다음 이규가 반란을 꾀할 것을 염려해 그에게도 독주를 마시게 한다. 그는 왕이나 권력집단이 자신을 죽일 것을 알고 있었다. 그럼에도 이런 행로를 선택했다. 자신이 사람을 죽였고 그 공으로 살고 있다는 것, 자신이 이런 인과의 일부임을 당당히 받아들인 것이다. 좋은 것만을 즐기는 것은 졸장부의 행동이라고 말한다.

고통을 삶의 일부로 받아들이지 않으면 삶은 구원되지 않는다. 동시에 마의 세계를 받아들이지 않으면 마군으로 살아가는 사람들을 구원하지도 못할 것이다. 그의 충성은 국가나 왕과 같은 특정한 대상을 위한 것이 아니었다. 마음[心]의 중심[中]을 잡는 것은 차라리 이러한 자기 배려의 한 형식이었다.

_최진호

제멋대로 기록자가 술회하는 불구자들의 시대

>> 권터 그라스의 『양철북』

엄마 뱃속에서 양수에 제 얼굴을 비춰 보며 지냈다고 말하는 황당한 꼬마가 여기 있다. 태어나면 눈도 못 뜨고 울기 바쁜 범인(凡人)들과 달리 녀석은 태어나자마자 '어머니의 남편'(결코 아버지는 아니다)이 자신을 장사꾼으로 키우겠다는 소리, 어머니가 양철북을 선물해 주겠다는 소리를 들었다. 이야기는 점입가경이다. 아직 푸르죽죽한 아기는 남자의 제안을 단호하게 거부하고, 어머니의 제안을 호의적으로 검토하기로 결심했단다. 이 아이의 이름은 오스카. 독일 전후문학의 대명사이자, 가장 잔혹한 성장소설 『양철북』의 주인공이다.

그는 어머니와 '추정상 아버지'인 어머니의 사촌이 벌이는 질펀한 애정 행각, 어머니 남편의 콤플렉스와 욕망을 관망한다. 또 어머니의 죽음을 지켜보고, 두 아버지를 '고의적으로' 죽게 한다. 이런 오스카에게서 동심을 발견하긴 힘들 것이다. 그를 통해 발견되는 것은 아이들의 내면과 세계가 아니라 오히려 어른들의 세계다. 우리는 오스카라는 안경을 통해 독일 사회와 소시민들의 삶을 들여다볼 수 있다. 그런데 렌즈 자체가 이미 왜곡

되었던 것일까? 안경에 비친 풍경은 모두 처참할 정도로 그로테스크하다.

작품은 정신병자인 서른 살 오스카의 회고담으로 구성된다. 그는 뭉툭한 손가락으로 단치히를 가리키며 이야기를 시작한다. 때는 1920년대부터 50년대, 전 지구적으로 사람들이 불안에 휩싸이고 공포에 휘청이다 고독 속으로 침잠하던 그 시기, 독일인 그리고 독일인들이 경멸하는 '폴래커'(폴란드인을 경멸하여 부르는 말)들이 뒤섞여 살던 곳에서 오스카는 나고 자랐다. 집 안 거실과 안방, 아버지의 식료품점뿐만 아니라, 이웃의 집, 학교, 우체국, 시장 등 온갖 곳에서 오스카는 부모와 똑같은 사람들을 만난다. 그들은 어떤 격변 속에서도 흔들림 없이 사는 소시민, 자신들의 콤플렉스와 탐욕으로 시대의 광기를 부른 부모 세대다. 오스카는 광기의 징후가 어디에서나 발견될 수 있음을 증언한다.

세 살배기 시절 이미 세계에 대한 권태에 사로잡힌 오스카에게 남은 건 이제 양철북뿐이다. 그는 세 살이 되는 생일에 스스로 계단에서 떨어져 추락하면서 성장을 멈춘다. 어른이 되길, 즉 소시민이 되길, 미친 시대에 똑같이 미친 방식으로 살아가는 인간이 되길 온몸으로 거부했던 셈이다. 그런 뒤 오스카는 부모와 교사가 요구하는 규범에 모르쇠로 일관, 목에 걸고 있는 양철북만 허구한 날 두들겨 댄다. 어른들은 그의 북을 빼앗으려 하지만, 오스카는 소름 끼치는 비명으로 멋지게 막아 낸다. 오스카는 결코 언어적 규칙하에 의사를 표현하지 않는다. 떠올려 보자. 일반적인 가치 판단에서 비껴난 지대에서 북을 두드리고 소리 지르는 94센티미터의 자그마한 아이를.

과거와의 결별은 지금의 변신을 요구하는 법, 어머니의 남편을 죽게 만든 스물한 살의 오스카는 그 장례식에서 '자라야 하나 말아야 하나'를 고민하기 시작한다. 전체주의 광기의 죽음이 그 다음 세대의 성장을 요구하기 시작한 것이다. 그러나 그는 결코 곧게 자라지 못한다. 머리는 점점 더 커지는데 다리와 몸통 길이는 그에 비례해 자라지 않은 데다, 등 뒤에는 혹이 생겨났던 것. 세 살배기 오스카는 이제 곱사등이 오스카가 되어 버렸다. 그는 전쟁 주범인 아버지 세대를 죽게 하긴 했으나 여전히 왜소하고 심지어 불구자다. 드디어 신장이 1미터를 넘겼지만, 성장을 거부했던 시절의 흔적은 그의 몸에 고스란히 새겨져 있다.

작은 몸집에 머리만 커다란, 게다가 등 뒤에는 한 짐을 싣고 있는 이 남자의 회고를 우리는 어디까지 믿을 수 있을까? 최고의 입담꾼일지는 모르지만, 어쩌면 그는 그저 전쟁의 충격이 빚어낸 몽상가, 제멋대로 날조하는 이빨의 소유자에 불과한 게 아닐까? 그는 유아적이고 불구자인 독일 정신의 현신(現身)은 아닐까? 어머니를 경멸하고 아버지를 증오했던 아들은, 부모가 죽은 후에도 그들과 완전히 결별하지 못하고 또 제 키를 온전히 키우지도 못하고서, 멋대로 과거를 각색해 허풍 떠는 정신병자로 세계 위에 덩그러니 앉아 있을 뿐이다.

하지만 회고자가 난쟁이라는 사실이 이야기를 믿지 못할 것으로 만들어 버리는 건 아니다. 여기서 1미터 조금 넘는 그의 키 높이는 그와 세계 간의 미묘한 거리감이다. 그 키 탓에 사람들은 종종 허리 밑에 서 있는 오스카의 존재를 잊은 채 자기들끼리 대화하고, 싸우고, 성교한다. 그리고 오스카는 보고 들은 이야기를 있는 그대로, 제 해석대로 적어 내려갔던 것이다. 오스카, 그는 세계 속에 살고, 세계 자체를 자기 신체로 드러내지만 동시에 그 작은 키로 자신을 감춘 채 다른 각도에서 세계를 향해 눈알을 굴리는 한 마리 개구리다.

이 개구리는 두 개 언어를 구사한다. 그는 한편으로는 비명을 지르고, 북을 두들기지만, 또 한편으로는 정신병원 안에서 글을 쓴다. 글을 쓰는 건 곱사등이 오스카지만, 그의 생애 전반을 결정짓는 것은 그가 '어버버' 소리밖에 못 내던 시절 내지르던 비명과 두드리던 북소리다. 병실 안에서 그가 쓰는 매끈한 텍스트에는 양철북의 깡깡대는 소리로 주조된 날카로운 비명, 유리병 깨지는 소리, 계단을 구르는 소리, 어머니의 만족스러운 신음, 시끄러운 북소리, 수많은 이웃들의 등에 총알이 박히는 소리 등이 겹쳐진다. 미친 인간들의 미친 놀음이 당연시되던 미친 시대의 파편들이 계속해서 오스카의 말 사이사이로 비어져 나온다.

베를린 장벽이 굳건하게 서 있고, 전쟁 중이었던 1937년에 떨어진 명령이 전후인 1950년대까지도 유효한 시대에, 오스카는 살아남은 자이자 고아로서 기괴한 전쟁 기록을 남긴다. 거기에서 히틀러, 강제수용소, 연합군 등은 다 미소(微小)한 음향효과에 불과하다. 그는 화약 연기 없이 2차 대전과 전체주의를 그린다. 주요 등장인물은 육욕의 화신, 식욕의 화신, 잔인한 장난을 일삼는 어린아이, 심약한 이웃사촌. 오스카의 글은 현기증을 불러일으키는 북소리와 펜의 사각대는 소리로 축조된, 한 소년과 가족을 중심으로 한 움직이는 미로, 길고도 잔혹했던 어느 전쟁에 대한 가장 기괴한 기록물 중 하나다.

영화 「양철북」, 보다 친절하게 보다 그로테스크하게

1979년, 독일 영화감독 폴커 슐뢴도르프(Volker Schlöndorff)는 귄터 그라스(Günter Wilhelm Grass)의 『양철북』을 영화로 제작하면서 큰 성공을 거두었다. 작품은 칸 영화제 황금종려상과 아카데미 최우수외국영화상을 수상했고, 이로 인해 귄터 그라스와 소설 『양철북』에 또 한차례 사람들의 시선이 집중된 바 있다.

분열증 환자처럼 지껄여 대는 오스카를 길잡이 삼아 독일 전체주의와 소시민 사회, 그리고 일그러진 가족의 초상 사이를 오가며 어지럼증을 경험해 본 독자라면, 보다 직접적으로 그 모든 것들을 '보여 주길' 택한 영화 「양철북」의 관객이 되어 보는 것도 좋을 것이다. 작품 속에서 카메라는 세 살에서 성장이 멈춘 오스카의 시선을 정직하게 따라, 곧잘 낮은 각도에서 앵글을 잡는다. 카드 게임이 한창인 탁자 밑에서 '추정상 아버지'인 남자가 자기 어머니의 치마 속을 발로 더듬는 것을 말없이 지켜보는 오스카, 할머니의 네 겹짜리 치마 속으로 들어가 몸을 웅크리고 있는 오스카, '추정상 아버지'가 어머니의 몸을 더듬으며 달래 주는 모습을 옷장 속에서 바라보는 오스카. 관객은 오스카의 바로 옆에서 이 모든 장면을 함께 '봐 버리는' 공범자가 된다.

영화 「양철북」의 한 장면. 부모 세대의 광기를 '봐 버린' 오스카의 표정은 경악 그 자체이다.

이때 눈에 들어오는 오스카의 표정은 그로테스크함 그 자체다. 아이다운 볼살 한 점 없이 홀쭉한 얼굴에 언제나 처진 입을 앙다물고 있는 이 아이는 옅은 하늘색

눈—어쩌면 빈약한 하안검 위의 하늘색 눈동자 때문에 감독이 열한 살짜리 데이비드 베넨트를 택한 게 아닐까?—을 홉뜬 채 앉아 있다. 그는 한마디 말도 없이 모든 광경을 올려다볼 뿐이다.

어른들을 향해서는 단 한마디도 제대로 하지 않고 오직 양철북을 두드리고 비명만 지르는 오스카에게, 감독은 기나긴 내레이션을 지시한다. 영화 속 내레이션은 소설 『양철북』과 거의 흡사하다. 때문에 소설 속에서 매끈한 텍스트 위로 흐르는 북소리와 비명을 함께 상상하는 게 쉽지 않았던 독자라면, 영화에서 한 목소리가 들려주는 두 소리—인간의 음성과 짐승의 괴성을 보다 친절하게 느낄 수 있을 것이다.

_수경

'식인의 잔혹사'와 단절하라

>> 루쉰의 『광인일기』

제1차 세계대전(1914~1918)이 막바지에 달했을 무렵, 루쉰이란 필명으로 쓰인 소설이 잡지 『신청년』에 발표된다. 이 작품이 중국 최초의 현대소설 『광인일기』다.

소설이 발표된 시기는 민주주의와 인도주의 등의 새로운 사상이 전 세계를 휩쓴 후, 신해혁명(辛亥革命, 1911)으로 청나라가 망하고 '중화민국'(中華民國)이 된 지 7년이 되던 해였다. 정치체제도 바뀌고 전쟁도 끝나가는데, 루쉰이 보기에 중국인들의 생활방식이나 태도는 예전과 다를 바 없었다. 혁명은 일어났지만 아무것도 바뀌지 않은 것이다. 그는 이런 현실에 절망했고, 그후 침묵한다. 『광인일기』는 7년이란 긴 침묵의 시간을 깨고 나온 소설이다.

광인의 공포—'나는 잡아먹힐 것이다'

어느 날 갑자기 주인공은 자신을 둘러싼 모든 것들이 낯설게 느껴진다. 달라진 건 아무것도 없는데 그는 사람들이 자신을 잡아먹을지도 모른다는 공포에 시달린다. 자신을 제외한 다른 모든 사람들이 식인종이라는 걸 느끼는 순간, "나 역시 인간이다. 놈들은 나를 먹고 싶어진 것이다"라고 생각하게 된 것.

이제 이 공포심은 구체적 징후들을 통해 극대화되어 간다. 길거리에서 한 여인이 자기 자식을 때리면서 "물어뜯어도 시원찮을 놈아!"라고 하는 말이나, 시체를 먹으면 담보가 커진다는 속설을 믿은 마을 사람들이 사람을 죽여 그 자의 내장을 기름에 튀겨 먹었다는 이야기나, 그를 바라보는 사람들의 눈빛 등에서 말이다. 심지어 자오가(趙家)네 개에게서조차 살기를 느낀다.

그는 식인이 자행되는 세계 속에 놓인 자신을 발견한다. 주변 사람 모두가 그의 적이다. 동시에 그 모두에게 이제 그는 광인이다. 그는 다음 번 식인의 희생자가 자신일 거라고 확신한다. "나를 겁내는 것인지 나를 해코지 하려는 것인지. …… 머리끝에서 발꿈치까지 소름이 쫙 돋는다. 놈들이 벌써 채비를 다 갖춘 게야."

자기가 느끼는 공포의 정체를 확인하기 위해 그는 역사책을 뒤진다. 역사책에서 그가 발견한 것은 '인의도덕'이란 좋은 말과 그 사이에 쓰인 '식인'이란 두 글자다! 그는 전통이란 이름으로 4,000년간 지속되어 온 식인의 역사가 자신을 꼼짝 없이 제물로 만들 것이라는 위협을 느낀다. 형도, 광증을 치료해 준다는 의원도 사실은 자신의 죽음을 기다리는 식인종이었다고 하는 공포 속에서 '광인'은 하이에나 같은 이들에 둘러싸여 먹지도 자지도 못한다. 가족과 세계, 역사가 모두 광인의 적이다.

광인의 자각—'4,000년 식인 역사를 가진 나!'

문을 나선 늙은이는 몇 걸음을 떼더니 나직한 목소리로 형에게 말했다. "서둘러 드십시다!" 형은 고개를 끄덕였다. 아니, 당신마저! 이 대발견은 의외인 것 같지만 이 역시 짐작했던 바다. 패거리를 모아 나를 먹으려는 자가 다름 아닌 나의 형이라니!

사람을 먹는 자가 내 형일 줄이야!

내가 사람을 먹는 사람의 동생일 줄이야!

나 자신이 먹힌다 해도 여전히 사람을 먹는 사람의 동생일 줄이야!

광인은 형이 자신을 먹으려는 식인들과 한패라는 사실을 발견한다. 그리고 이 '대발견'은 자기 존재에 대한 자각과 연결된다. 그렇다, 나도 식인종의 동생이다! 동생을 잡아먹은 형, 이에 동조한 어머니, 그리고 나. 혈연으로 엮인 관계 속에서 자신도 식인사회의 동조자였다는 걸 깨닫는 순간 그의 인식은 전환된다. 자신 역시 식인사회와 동떨어져 존재하는 인간이 아니고 그 사회의 일부일 뿐이라는 철저한 자각과 함께 비로소 그는 광증에서 벗어난다.

그는 피해망상에서 벗어나 이 시대를 어떻게 극복해 나갈지 고민하기 시작한다.

> 사람을 먹는 사람을 저주함에 있어 먼저 형에서 시작하리라. 사람을 먹는 사람을 만류하는 일도 먼저 형부터 착수하리라.

그는 자신과 가장 가까운 사람부터 개심(改心)시키고자 한다. 그는 '참된 인간'이 되기 위해, 야만의 역사를 벗어나야 한다고 형을 설득한다. 고대의 요리사 역아(易牙)가 자신의 아들을 삶아서 왕에게 바친 이야기는 과거의 전설이 아니라 현재 일어나고 있다. 처형된 혁명가의 피에 만두를 찍어 먹는 자들을 보라.

루쉰은 부모의 병을 낫게 하기 위해 자신의 넓적다리 살을 베어 낸 자를 효자라고, 물에 빠진 아버지를 구하기 위해 강물에 몸을 던지는 딸을 효녀라고 칭송하는 중국의 전통에서 시대의 절망을 느꼈다. 인의도덕과 같은 덕목은 왜 언제나 가해 행위로 증명되어야 하는가. 4,000년 동안의 중국역사를 관통하는 것은 '식인'의 폭력성과 잔인함이다. 거기에 길들여진 사람들은 예전부터 내려온 방식을 그대로 반복하면서 살아갈 뿐이다. 이들에게 루쉰은 광인의 입을 빌려 이렇게 말한다. '참된 인간'이 되기 위해 우리는 이런 식인의 역사와 단절해야 한다고.

출구의 발견—'아이를 구하라'

사람을 먹어 본 적 없는 아이가 혹 아직도 있을까?
아이를 구해야 할 텐데 …….

소설은 '아이를 구하라'는 광인의 절박한 외침으로 끝난다. 식인의 역사를 단절하기 위해 주인공은 아직 식인하지 않은 아이들에게 희망을 건다. 광인의 희망은 절망 끝에서 발견한 출구다. 자신도 모르는 사이에 누이동생의 고기를 먹었을지도 모른다는 절망감이 '아이를 구하라'는 절박한 외침을 낳은 것! 이제 그는 외치기 위해서라도 기어코 살아남아야 한다.

『광인일기』는 시대의 어둠에 갇혀 있던 한 사람이 자신의 한계를 뚫고 나오게 되는 과정을 보여 준다. 일기는 그렇게 되기까지의 병과 자각의 흔적이다. 식인하지 않은 아이들을 위해 광인은 자기 한계를 넘어 새로운 길로 자신을 밀어 넣는다. "청년아, 나를 딛고 나아가라!" 시대의 적막을 뚫고 탄생한 『광인일기』는 우리들에게 던져진 한 '광인'의 외침이다.

어쩌면 우리야말로 잡아먹힐지도 모른다는 피해망상 속에서 살기 위해 다른 자들을 잡아먹는 식인이 아닐까? "죽어도 이 한 걸음을 내딛으려 하지 않는다"는 광인의 목소리를 들을 수 있는 자 누구인가.

◈ 고전 Tip & Talk

그의 글은 '투쟁의 무기'였다

『광인일기』가 수록된 『외침』(吶喊, 1923)은 루쉰이 1918년부터 1922년까지 쓴 소설들을 모아놓은 작품집이다. 루쉰은 중화민국이 성립된 1912년부터 『신청년』에 본격적으로 글을 발표하기 시작한 1919년까지 사오싱회관에 살면서 낮에는 일하고 밤에는 고문서를 베끼는 일에 몰두했다. 이는 군벌정부의 눈을 피하기 위한 것이기도 했지만, 한편으로는 자기 존재와 세계를 통찰하는 통과의례의 시간이었다고도 할 수 있다.

루쉰은 자신의 글이 이 세계를 설명할 수 있는 절대적인 수단이나 목적이 아님을 알면서도 문학을 투쟁의 무기로 삼고, 글쓰기에 전 존재를 걸었다. 소설집의 원제 '납함'(吶喊)은 '함성'이란 뜻이다. 『삼국지』나 『수호지』에서 중앙으로 나와 싸움을 주고받는 무사를 향해 양 진영의 병졸들이 깃발을 흔들고 소리를 내질러 응원하는 것을 '요기납함'(摇旗吶喊)이라 한다. '납함'은 바로 여기서 따온 말이다. 루쉰은 민중을 선동해 앞길을 제시하는 영웅의 존재를 믿지 않았고, 다만 투쟁하는 이들을 응원하기 위해 글을 썼다. 이것이 지식인의 한계이지만, 또한 지식인이 할 수 있는 전부라고 생각했다. 『외침』이 나오기까지 루쉰은 이런 한계에 대한 철저한 자각의 시간을 통과해야 했던 것이다.

『외침』에 실린 작품들 중에 가장 널리 알려진 것이 『아Q정전』이다. 아Q는 자각과 통찰 없이 시대의 조류에 휩쓸려 간 인물의 전형으로, 자기에게 유리한 방향으로 모든 상황을 잘못 해석하고 함정에 빠져 버리는 어리석은 인간이다. 그러나 소설은 이런 어리석은 아Q를 비판하는 것에 멈추지 않는다. 소설의 맨 마지막, 아Q가 처형당하는 장면을 구경하려고 모인 사람들에게서 아Q는 굶주린 식인의 시선을 본다.

"'잔혹'을 오락으로 삼고 '타인의 고통'을 감상거리나 위안"(『열풍』)하는 자들이야말로 식인의 역사를 계승하는 무기력한 사람들이다! 광인이 본 식인의 잔혹사는 이렇게 『아Q정전』에서 반복된다.

_최태람

다윈이 종교를 비판했다구?

>> 찰스 다윈의 『종의 기원』

수많은 생물들이 지구 표면에 어떻게 분포되어 있는지를 고찰할 때 매우 인상적인 사실 몇 가지가 있다. 우선 여러 지역에 사는 생물들의 유사성이나 차이가 기후나 그 밖의 물리적 조건으로는 완전히 설명할 수 없다는 사실이다. 광대한 아메리카 대륙을 미국의 중앙부에서부터 남쪽 끝지점까지 여행해 보면, 거의 모든 기온 아래서 습윤한 지역, 건조한 사막, 높은 산, 초원, 삼림, 늪지, 호수, 큰 강 등 극도로 다양한 조건들을 접할 수 있다. 이런 신세계의 기후나 조건들 중 구세계(유럽)와 평행해 있지 않은 것은 거의 없다. 구세계와 신세계의 모든 조건에는 그렇듯 평행성이 있는데도 살고 있는 생물에는 어쩌면 이리도 큰 차이가 있는 것일까! …… 우리는 이런 사실들 속에서 물리적 조건과는 관계없는 모종의 깊은 유기적 유대를 본다.(『종의 기원』 11장)

『종의 기원』 전 편에 걸쳐서 다윈(Charles Darwin, 1809~1882)은 물리적 조건을 중시하는 당대 과학자들을 강하게 비판했다. 생물이 살고 있는 "지역의 물리적 조건이 생물에게 있어서 가장 중요하다고 생각하는" 것이

"뿌리깊은 오해"라고 단언하기도 한다(12장). 물리적 조건을 중시한 당대의 과학자들, 그들은 누구였을까? 바로 창조론자들이다. 뭐라고? 과학자들이 창조론자들이었다고? 그것도 물리적 조건을 가장 중시한 과학자들이? 그렇다. 그러니까 다윈이 창조론을 비판했다는 우리의 통념은 절반의 진실일 뿐이다. 나머지 절반은 그 창조론자들이 실은 물리적인 조건을 대단히 중시하는 과학자들이었다는 사실이다. 물리적 조건을 중시한 과학자들이 창조론자들이라……. 우리 현대인들은 종교와 과학을 매우 대립적인 것으로 느끼기 때문에 이런 상황을 이해하기가 좀 힘들다. 수많은 수도사나 신부들이 자연과학자였던 사실을 상기하면 좀 나을까? 나아가 당대 최고의 물리학자 톰슨 경(J. J. Thomson)이 다윈을 혹독하게 비판한 창조론자였고, 유전학의 창시자인 멘델(G. Mendel)부터가 수도사였다는 사실도 떠올리도록 하자. 한마디로 말해서 당대의 현실이 지금과 달랐던 것이다. 『종의 기원』의 '머리말'에는 또 다른 흥미로운 대목이 나온다.

> 자연학자들(Naturalists)은 언제나 변이의 가장 유력한 원인으로 기후나 먹이 등 외부적 조건만을 제시한다. 극히 한정된 의미에서는 그 말이 사실일 때도 있다. 그러나 예컨대 딱따구리의 발, 꼬리, 부리, 혀 같은 구조가 나무껍질 밑에 있는 곤충을 잡기 위해서 훌륭하게 적응해 있는 것을 외적인 조건 탓으로만 돌리는 것은 무리다. 겨우살이는 어떤 나무들로부터 영양을 섭취하고, 그 종자는 어떤 새들에 의해 운반되어야 하며, 그 꽃은 암수가 따로따로여서 꽃가루가 한 꽃에서 다른 꽃으로 운반되려면 어떤 곤충들에 의해 매개되는 것이 절대적으로 필요하다. 이런 기생 식물의 구조와 그것이 몇몇

전혀 다른 생물들과 맺는 관계들을 외적인 조건이나 습성, 식물 자체의 의지 등의 작용으로 설명하는 것 또한 무리한 일이다.

역시나 다윈이 당대의 과학자들(즉 창조론적 과학자들)을 비판하는 모습이다. 생물들을 연구할 때 외적인 조건을 너무 중시했다는 것이다. 헌데 마지막 대목에 식물의 "습성, 의지 등의 작용으로 설명"한 사람은 누굴까? 바로 유명한 라마르크(Jean-Baptiste Lamarck)다. 뭐라고? 그럼 이거 뭐가 어떻게 되는 거지? 다윈이 진화론계의 대 선배님인 라마르크를 비판했다구? 정말 이해하기가 힘들구만!

이렇듯 『종의 기원』을 직접 펼쳐 보면 우리가 막연히 알던 것과는 사뭇 다른 면모가 도처에서 발견된다. 그 중에서도 대표적인 것 몇 가지만 들어보자. 우선 첫째로, 다윈은 창조론과 진화론을 모두 비판했다. 달리 말하자면 다윈은 기존의 진화론을 더욱 정교하게 가다듬어 제시한 사람이 아니다. 그가 제시한 진화론은 전혀 새로운 것이었다. 둘째, 창조론적 과학자들이 가장 중시한 것은 물리적 조건(혹은 외적인 조건)이었다. 셋째, 진화론의 대표선수였던 라마르크가 가장 중시한 것은 생물의 습성이나 의지였다. 놀랍지 않은가, 창조론자들은 객관적 조건(즉, 물리적 조건)을 중시하고 정작 진화론자 라마르크는 주관적 조건(즉, 생물의 습성이나 의지)을 중시했다니!

여러 가지 의문이 꼬리에 꼬리를 물지만, 여기서는 어느 것 하나 속 시원히 설명할 수가 없다. 대신 『종의 기원』이 얼마나 문제적인 책인지는 느낌이 오지 않는가! 만약 그렇다면 당신은 『종의 기원』을 직접 읽기 위한 필수 조건을 이미 획득한 셈이다. 고전을 읽을 때 꼭 필요한 것은, 수많은 사전 정보보다는 꼭 알고 싶다고 하는 마음이기 때문이다. 다만 한 가지는 여기서 마저 얘기하기로 하자. 다윈 말대로, 생물들을 설명할 때 생물들의 객관적 조건이나 주체적 요소를 중시해서는 안 된다면, 그렇다면 대체 무얼 가지고 설명해야 하는가? 다양한 생물계의 비밀이 생물들의 바깥에도 없고 안에도 없다면, 대체 어디에 있단 말인가? 자! 과연 다윈의 답은 무엇이었을까? 그것은 바로 "생물이 다른 생물들과 맺는 관계"였다. 즉, 한 종의 생물이 다른 종의 생물과 맺는 관계, 혹은 같은 종의 다른 개체들과 맺는 관계에 그 비밀이 있었다("지금까지 내가 자주 말해 온 것처럼 생물 상호 간의 관계가 모든 관계 중에서 가장 중요하다", 『종의 기원』). 다윈의 답을 이해할 수 있겠는가? 나아가 긍정할 수 있겠는가? 한번 생각해 보자. 어떻게 생물과 생물의 관계를 통해서 생물의 다양성을 설명할 수 있을까? 심지어 진화론을 정립할 수 있단 말인가? 차라리 이전의 창조론적 과학자들처럼 물리적 조건과 생물들의 특징을 연관시키는 게 과학적인 설명 아닌가? 추운 기후와 털이 두꺼운 동물, 혹은 적은 일조량과 키 큰 나무들. 이렇게 확연히 관찰되는, 물리적 조건과 생물들의 특징의 연관성을 대체 다윈은 무슨 근거로 부정할 수 있었던 것일까? 그러나 어쨌든 다윈은 그 엄청난 과업을 수행했다. 물리적 조건 대신 생물 대 생물의 관계를 중심으로 자연계의 신비를 그려 내는 데 성공했다. 한 인간이 그렇게 하는 데 최소한 20여 년의 고투가 필요했으며 결국 500페이지에 달하는 『종의 기원』의 출간으로 결실을 맺었다. 그러니 다윈의 여정을 함께 되밟고 싶은 분들은 『종의 기원』을 펴자. 평생 건강이 나빠 하루 2~3시간밖에 짬이 없었던 다윈. 그런 그가 도저히 포기할 수 없었던 질문과 마침내 얻어 낸 경이로운 해답들이 그 책 속에 오롯이 들어 있다. 그가 본 근사한 세상이 당신을 유혹하고 있다.

◈ 고전 Tip & Talk

『종의 기원』이 종교비판서라구?

"원숭이의 후손이라고! 오, 맙소사! 우리 모두 그것이 사실이 아니기를 바랍시다. 만약 사실이라면 그것이 널리 알려지지 않도록 기도합시다." 이것은 『종의 기원』 출간 후 우스터(Worcester) 주교의 부인이 토했다는 탄식으로 널리 알려져 있다. 사실이 아니기를 바라는 열렬한 완고함, 사실이라면 널리 알려지지 않도록 기도하자는 노예 근성 등이 너무나도 잘 담겨 있기 때문이리라. 게다가 공동 조상의 후손일 원숭이와 인간을, 조상-후손 관계로 착각하는 유치한 오류까지 더해져, 그야말로 금상첨화다. 결정적으로 이 발언의 당사자가 구시대의 상징인 주교의, 그것도 부인이라는 사실! 낡은 종교와 무지몽매한 아줌마의 결합! 창조론을 풍자하는 데 이보다 더 좋을 수가 있느냐 말이다. 헌데 어떨까? 만일 『종의 기원』이 기독교 비판 서적이 아니라면, 늙고 완고한 성직자와 신학자들에 대한 비판 서적이 아니라면 어떨까? 『종의 기원』을 통독해 보면 알 수 있는 사실이지만, 이 책은 과학과 과학자들에 대한 근본적인 비판서다. 그걸 과학자들을 포함한 근대인들이 감쪽같이 종교 비판서로 바꿔버린 것이다. 기존의 과학을 최대한 유지하면서 다윈의 진화론을 그 안에 포섭하기. 자신들의 낡은 모습은 '종교+노인+아줌마'라는 3종 세트 안에 처박아 서둘러 매장해 버리기. 이것이 지난 150년간 근대인들이 해온 일이다. 현대 천문학의 대표 주자인 '빅뱅' 이론을 보라. 태초에 있었다는 "말씀" 대신 엄숙하게 들어앉아 있는 '물질'이 보이는가! 니체가 갈파한 대로 신만 몰아내고 신의 자리는 그대로 남겨져 있는 형국. 이리하여 갈릴레오와 뉴턴 이래의 과학이 지금껏 계속 이어질 수 있었다. 다윈은 신의 자리라는 특권적 보좌가 사상누각임을 폭로하였는데, 이게 어찌된 일인가? 이 세상 모든 사물과 사건들은 끝없는 과정의 산물임을 주장하였는데, 그걸 다시 거룩한 태초의 순간으로 환원하려 하다니…….

_박성관

우리가 되기 위한 나와 너의 싸움

>> 올더스 헉슬리의 『멋진 신세계』

행복의 조건

누구나가 행복한 삶을 살고 싶어 한다. 그 행복을 위해 꿈을 꾸고, 그 꿈을 이루기 위해 계획을 세우며, 그 계획에 맞춰 자신을 갈고 닦는다. 하지만 아무리 멋진 꿈도 그 꿈을 보아 줄 누군가가 없다면 아무런 소용도 없다. 글을 쓰는 사람은 독자를 필요로 하기 마련이고, 영화를 찍는 사람은 관객을 필요로 하기 마련이다. 심지어 혼자 떠나는 여행조차 새로운 공간에서의 새로운 만남을 꿈꾸며, 설령 새로운 만남을 바라진 않더라도 결국은 그 여행담을 들어 줄 누군가를 필요로 하지 않은가. 혼자 떠나는 여행의 소중함을 어떻게든 많은 사람들에게 알려 주고자 하는 여행자의 역설. 그것은 바로 인간이란 존재가 갖고 있는 인간적 한계의 증거다.

하지만 안타깝게도 누군가와의 만남이 행복한 삶을 보장해 주진 못한다. 나와 너의 만남이 '우리'라는 이름을 갖게 될 때 우리 사이에는 치열하다 못해 처절한 싸움이 시작된다. 나의 행복을 위해선 반드시 너라는 존재가 필요하지만 '우리'를 유지하기 위해선 나의 행복만을 고집할 수가 없다. 난감한 일이다. 너를 떠나보내자니 홀로 되어 버린 내가 행복해 질 리 만무하고, '우리'라는 이름으로 너와 함께 있자니 나의 존재가 점점 사라져 버리는 것만 같다. 행복을 위해 포기할 수 없는, 나와 너, 그리고 우리. 올더스 헉슬리(Aldous L. Huxley, 1894~1963)는 바로 이 복잡하기 이를 데 없는 인간 존재의 질문을 『멋진 신세계』를 통해 다시 한번 살펴본다.

'우리'는 무엇을 원하는가?

올더스 헉슬리의 『멋진 신세계』는 철저하게 '우리'에게 맞춰져 있는 세계다. 세계 국가로 통칭되는 이 세계의 모토는 '공동사회, 동일성, 안정'이다. 이 모토에 위반하는 모든 요소들은 철저히 통제된다. 사회의 안정을 위해 『멋진 신세계』에서는 유전자 조작에 의한 계급 구분도 서슴지 않는다. 그리고 알파, 베타, 감마, 델타, 입실론이라는 계급으로 나뉘어 태어난 인간들은 신생아 때부터 무의식적 세뇌를 받음으로써 제 계급에 대한 불만을 모두 제거당하게 된다. 또한 그럼에도 불구하고 나타나는 사회에 대한 개인의 불만은 하나의 이기적인 질병으로 그리고 유전자 생산 과정의 불량품으로 판정되어 약을 처방받거나 멋진 신세계에서 추방당한다. 개인의 자유라고는 전혀 인정되지 않는 완전한 디스토피아.

하지만 멋진 신세계의 통치자 무스타파 몬드는 이 모든 통제가 결국 '우리'를 위한 것이라고 말한다. 실제로 그는 멋진 신세계 안에서는 어느 누구도 절대 불행하지 않다고 단정 짓는다. 멋진 신세계, 그 안에서는 과학의 발달로 노화를 방지할 수도 있으며, 그로 인해 아름다움을 간직한 채 죽음을 맞이할 수도 있다. 경제적으로 필요한 것은 언제든 국가에서 제공

받을 수 있으며, 섹스마저도 자유롭다. 그러니 사랑이나 고독, 슬픔, 복수 따위로 골머리를 썩을 일도 없다. 한 사람의 욕망이 다른 한 사람에게 집착하지 않는, 그래서 누구도 외롭지 않은 '우리'의 세계. 그는 바로 이런 세계야말로 인간들이 진정으로 꿈꾸는 유토피아라고 주장하고 있는 것이다. 그에게 있어 개개인의 자유로운 욕망이란 누군가를 상처 내고 죽이는 잔인한 이빨일 뿐이다. 그는 이 세계의 어느 누구도 불행해지는 것을 보고 싶지가 않은 것이다. 그러니 설령 『멋진 신세계』의 통제방식에 문제가 있다 한들 이런 그를 이해 못할 바도 아니다. 과연 이 세상 어느 누가 서로에게 상처받거나 상처 주면서 살길 바라고 있겠는가. 무스타파 몬드의 멋진 신세계는 디스토피아를 그리고 있을지언정 그의 꿈은 유토피아를 향하고 있지 않은가.

'나'는 무엇을 원하는가?

물론 그럼에도 불구하고 '나'는 '우리'에 결코 만족할 수가 없다. 그것은 인간이 가진 이기심과 어리석음 때문이 아니다. 자신의 의지와 감정으로 선택할 수 있는 자유가 없다면 사랑도 행복도 무의미하다. 누구도 소외되지 않기 위해 사랑이라는 감정을 깨끗이 거세한 채 육체만을 서로 공유하는 행위는 결국, 나 홀로 떨어져 외로움에 고통받을 것을 두려워한 나머지 서로가 서로에게 행하는 복종과 다름이 없는 것이다. 때문에 멋진 신세계의 통치자 무스타파 몬드의 말에 맞서 멋진 신세계의 이방인인 새비지와 멋진 신세계의 '불량품'들은 무엇이든 자신이 선택할 수 있는 권리를 주장한다. "늙어서 추해지고 무능하게 되는 권리는 말할 것도 없고, 매독과

암에 걸릴 권리를, 기아의 권리를, 더러워질 권리를, 내일은 무슨 일이 일어날까에 대해서 끊임없이 걱정할 권리를, 장티푸스에 걸릴 권리를, 말할 수 없는 온갖 고통에 시달릴 권리를."

도대체가 말도 안 돼 보이는 이러한 권리. 하지만 이는 '누군가를 위해!'라는 망상으로 빚어진 독재에 대한 저항 이상의 의미를 내포하고 있다. 애초부터 '우리'라는 이름으로 태어난 존재들은 절대 진정한 의미의 '우리'를 이룰 수가 없는 것이다. 그 안에는 '나'와 '너'라는 존재가 없기 때문에. 그렇기에 이방인 새비지와 불량품들은 자신이 불행해질 것을 감수하면서까지 '나'의 자유를 그토록 갈망할 수밖에 없는 것이다. 하지만 그토록 갈망하는 진정한 '우리'를 위해선 또 얼마나 많은 시간을 저 홀로 견뎌 내어야 하는지. '나'의 자유를 당당히 주장하던 이방인 새비지조차도 결국은 홀로 있음, 그 지독한 외로움을 견디지 못해 스스로 목숨을 끊어버리고 만다. 누구에게도 이해받지 못한 채 나 홀로 고립된 세계, 이 또한 디스토피아가 아니고 무엇이란 말인가.

겁내지 마라, 고립은 없다

인간의 삶 속에서는 '우리'를 향한 나와 너의 싸움이 멈추지 않는다. 멈출 방법도 없다. 그 끝나지 않는 지독한 싸움에 지친 자들이 이 세상을 등지기도 한다. 하지만 돌이켜 생각해 보면 인간은 고독하다고 느낄 때조차 그 누구도 혼자일 수 없다. 내가 고독하다고 말할 수 있다면 반드시 '너'라는 존재를 상정하고 있어야 하니까. 내가 고독하다고 말할 수 있는 건 내가 '우리'라는 싸움을 계속 진행시키고 있다는 걸 의미하고, 나는 여전히 너와 함께인 것이다. 만약 그 고독이 '너'를 상정하지 않은 고독이라면 더욱 걱정할 필요가 없다. 거기엔 '나'라는 존재 자체가 없을 테니까. 어처구니 없지만 그 순간 '나'는 저 어딘가에서 아무렇지 않게 삶을 즐기고 있을 것이다. 나조차 없는 곳에 고독이 어떻게 숨어든단 말인가. 그러니 나와 너의 싸움에 고통받을까 봐 겁내지 마라, 고립은 없다. 부디, 우리의 싸움에 지치지 마시길.

◈ 고전 Tip & Talk

미래로 나아가는 방법

2차 세계대전 후 올더스 헉슬리는 『멋진 신세계』에 새로운 서문을 추가한다. 이 서문은 이전의 『멋진 신세계』에서 자신이 놓쳤던 결점을 집어내는 형태로 쓰여 있다. 하지만 이마저도 만족스럽지 않았던지, 그는 1958년 『다시 찾은 멋진 신세계』라는 비평집까지 발간한다. 어찌 보면 이는 작가로서 꽤 위험한 작업이 아닐 수 없다. 자신의 작품에 대해 작가가 던지는 끊임없는 질문들은 작가에 대한 독자들의 신뢰를 여지없이 무너뜨릴 수도 있기 때문이다. 게다가 『멋진 신세계』가 SF 형식으로 쓰여져 있다는 점, 더 정확히 말해 미래사회를 그리고 있는 작품이라는 점을 생각해 보면 그의 행동은 선뜻 이해가 가질 않는다. 아직 도래하지 않은 미래에 대한 이야기를 펼쳐 놓고는, 그 이야기 안에 심각한 결점이 있었다고 주장하는 것은 한편으로 작가의 오만처럼 보이기도 하기 때문이다.

하지만 이와 같은 생각은 SF를 공상과학소설이라고 불러오던 우리의 오해에서 비롯된 것이다. 미래사회를 그리고 있는 어떤 작품도 절대 '공상'에 기대 있지 않다. 다른 문학 작품들과 마찬가지로 미래사회를 그리고 있는 SF 또한 결국은 '지금-여기'라는 현실에 기초해 쓰여졌기 때문이다. 다만 미래사회, 특히 미래사회를 디스토피아로 그리고 있는 SF는 지금의 현실에 만족해하며 인간들이 아무것도 선택하지 않고, 어떤 행동도 하지 않을 경우 맞닥뜨리게 될 극한의 삶을 보여 준다는 것. 그러니 따지고 보면 미래사회를 그리고 있는 작품들은 오히려 우리가 리얼리즘이라 부르는 작품들보다도 더 리얼하다고 볼 수 있다. 그리고 그 작품들 대부분의 결말이 디스토피아라는 것은 여간 씁쓸한 일이 아니다.

간혹 암울한 결말이 맘에 들지 않는다는 이유로 SF작품들을 외면하는 사람들도 더러 있다. 하지만 그들이 그토록 원하는 장밋빛 미래를 살기 위해선 현재의 악몽을 직시해야 한다. 악몽을 잊기 위해 다시 단잠을 청해서는 곤란하다. 한시라도 빨리 끔찍한 악몽에 화들짝 깨어나 현실을 살아가야 하지 않겠는가.

_이종영

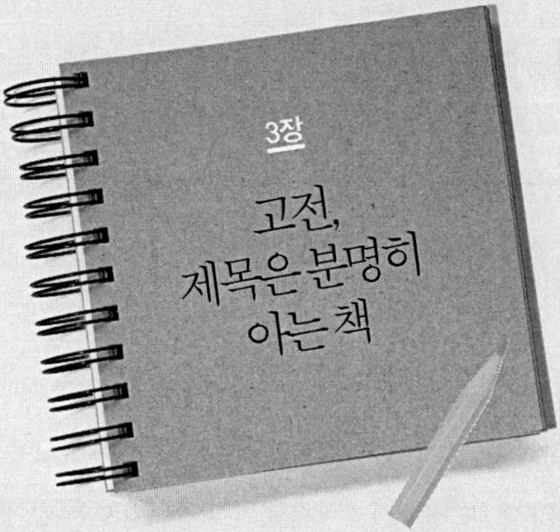

3장

고전, 제목은 분명히 아는 책

집대성, 성실과 근면의 다른 이름

>> 주희의 『주자어류』

하루라도 음식을 어떻게 어디에서 구할 것인가 하는 등의 걱정 없이 보낼 수 있게 된다면, 그 하루의 절반을 조용히 앉아서 지내고 나머지 절반을 책을 읽으며 보내는 것이 좋을 것이다.(『주자어류』)

주자(朱子, 1130~1200)는 성실한 학자이자 모범적인 스승이었다. 물론 이 글은 한 제자에게 던진 덕담이었지만, 이 짧은 언급에서도 주자의 평소 스타일이 드러난다. 주자는 결코 부유하거나 영향력 있는 집안 출신이 아니었다. 주자의 아버지 주송(朱松)이 과거에 급제했고 관직에 나아가기는 했지만, 주자는 가난한 집안의 수재였다. 주자는 19살에 공식적인 과거시험을 모두 통과했다. 비교적 이른 나이부터 그는 사실상 혼자 힘으로 세상과 맞서야 했던 것이다.

주자 철학의 핵심은 흩어진 선배들의 생각들을 한데 모아 묶어낸 데 있다. 주자는 『시경』(詩經)·『서경』(書經)·『역경』(易經)·『예기』(禮記) 등의 경서(經書)에 방대한 주석 작업을 완성했을 뿐 아니라, 『논어』(論語)·『맹자』(孟子)·『대학』(大學)·『중용』(中庸)을 사서(四書)라는 이름으로 묶어 주석 작업과 함께 편찬하고, 이를 경전화시켰다(죽기 사흘 전까지도 주자는 『대학』에 관한 경구 해석에 매달렸다!). 그런가 하면 주자는 절친인 여조겸(呂祖謙)과 함께 자신이 존경하는 북송대의 선배 유학자의 글을 편집하여 『근사록』(近思錄)이란 책을 편찬했다. 주자는 『근사록』을 '사서'에 이르는 사다리에 비유했다.

주자에 의해 편찬된 사서는 유학의 공식적인 해석으로 인정되어 1313년부터 과거시험의 척도가 되었다. 주자학의 영향력은 1912년 과거제가 공식적으로 폐지될 때까지 지속되었다. 이 사실은 주자의 사유가 700여 년간 세계(사실상 중국은 당시 세계 그 자체였다)의 학문적 헤게모니를 장악하고 있었다는 것을 의미한다. 제자 문인들과의 강학 및 대화를 기록한 방대한 양의 『주자어류』(朱子語類)는 바로 이러한 주자의 세계관과 학문에 대한 태도 등을 살펴볼 수 있는 주자학의 가장 충실한 기본 텍스트이다.

오늘날 이와 같은 주자의 철학 정신은 '집대성'(集大成)이란 말로 불린다. 주자의 철학적 관심은 새로운 개념의 창안에 있지 않았다. 그렇다고 해서 주자의 작업이 단순히 흩어져 있던 선배들의 자료를 한데 모아놓았다는 식의 의미로 축소되는 것은 아니다. 집대성이란 말 그대로 한데 모아 크게 이룬다는 뜻이다. 그런 점에서 볼 때 집대성자로서의 주자는 오히려 '조술하되 창작해서 짓지는 않는다'는 술이부작(述而不作)의 창작 태도를 견지했던 공자의 학문 정신과 일맥을 같이한다고 말할 수 있다.

집대성, 그러므로 그것은 성실과 근면, 그리고 끈기로 똘똘 뭉친 한 위대한 지성의 작업에 대한 존경을 표현하는 말이라고 할 수 있다. 주자는 새로운 개념을 추구한 철학자였다기보단 이곳 저곳에 산재해 있던 다양한 원석(原石)들을 한 자리에 모아 데코레이션을 가미한 철학자였다. 그리고 바로 이러한 과정을 거쳐 주자는 앞선 문헌들에 대해 유학의 전통적인 해석과는 다른 생기를 불어넣었다. 다시 말해 2차 해석에 불과한 주석 작업을 통해 주자는 서로 무관해 보이던 텍스트들 사이를 이(理)와 기(氣)라는 실로 꿰매 주었던 것이다.

하나의 달이 천 개의 강에 떠오른다

이와 기! 주자는 단순해 보이는 이 두 개의 용어로 우주론으로부터 존재론으로, 인식론으로부터 윤리론 사이를 종횡무진 넘나든다. 이기론(理氣論)이란 간단히 말해 세상 모든 현상[氣] 이면에는 그 이치[理]가 존재한다는 사유이다. 예컨대 하늘에는 하늘의 이치가, 사물에는 사물의 이치가, 사람에게는 사람의 이치가 각각 존재한다. 그런데 이러한 각각의 이치들은 또한 서로 무관한 것이 아니라 그렇게 존재하게끔 되어 있는 또 다른 이치를 따르고 있다. 다시 말해 원래 이는 하나인데, 이 하나의 이치가 각기 다른 수많은 존재로 현상하고 있다는 것이다.

예를 들어 보자. 밤하늘에 달이 떠오르면, 천 개의 강과 호수마다 그 달이 비치지 않는 곳이 없다. 간혹 날이 흐려 달이 구름에 가려진다면 천 개의 달은 구름에 가려진 모습으로 드러난다. 즉 천 개의 달은 하늘의 달에 의해 그 존재 작용이 가능하다. 하지만 그렇다고 해서 하늘의 달과 천 개의 달 사이의 관계가 서로 종속적인 것이라고는 말할 수 없다. 천 개의 달의 존재 이유가 되는 하늘의 달이라 할지라도 그것은 결국 강과 호수라는 구체적 작용이 아니면 세상에 드러날 수가 없다. 요컨대 하늘의 달 또한 천 개의 달에 의지하지 않고서는 세상에 나설 수가 없는 것이다. 하늘의 달과 강물 위에 뜬 천 개의 달을 같다고 말할 수도 없다. 그렇다면 하늘의 달과 강과 호수 위에 떠오른 천 개의 달은 어떤 관계인 것일까.

> 천지는 그 마음이 만물에 두루 미치기 때문에, 사람이 그것을 얻으면 사람의 마음이 되고, 사물이 그것을 얻으면 사물의 마음이 되고, 초목과 짐승이 그것을 얻으면 초목과 짐승의 마음이 되니, 오직 천지의 마음 하나일 뿐이다.(『주자어류』)

주자는 하나의 달이 천 개의 달로 떠오르는 것은 하나의 이치를 수많은 존재들이 나눠 갖고 있는 것[이일분수理一分殊]이라고 했다. 천 개의 달은 하나의 달을 천 개로 조각내 나눠 갖고 있는 것이 아니다. 천 개의 달은 저마다 각각 하나의 달을 품고 있다. 다만 그 천 개의 강마다 서로 다른 기질적 차이 때문에 하나의 달은 천 개의 강으로 세상에 드러나는 것이다. 예컨대 어떤 강의 달은 지형에 의해 일그러질 테고, 어떤 강의 달은 조도(照度)에 의해 더 하얗게 빛나거나 어둠 속에 잠길 것이고, 또 어떤 강의 달은 크거나 작게 현상할 것이다. 어느 것 하나 하늘의 달을 따르지 않을 수 없지만, 이 각각의 달들은 저마다의 조건(기질)에 따라 단 하나도 똑같은 달이 되지는 않는다.

주자는 말한다. 이와 기는 서로 섞이지 않으며(不相雜), 서로 떨어지지도 않는다(不相離)고. 하지만 모든 현상의 이면에는 반드시 그것을 가능케 하는 이치가 있다는 주자의 생각은 사실상 기보다 이가 선차적인 것임을 선언한 것이었다. 물론 주자는 이것이 시간적인 순서가 아님을 분명히 했다. 하지만 논리적으로 따진다면 이가 기에 선행한다고 말하지 않을 수 없다! 그리고 이 순간, 주자의 이기설은 천수백 년 간 이어 온 기 중심의 중국철학 전통을 근본에서부터 뒤집는 혁명을 시작한다.

◈ 고전 Tip & Talk

아호사 논쟁, 신유학의 분기점

살아생전 학문적·사상적으로 주자의 최고 라이벌은 상산(象山) 육구연(陸九淵, 1139~1192)이었다. 장시(江西) 출신의 육상산은 집안 내력이나 출신 성분, 철학적 태도 및 학문에 대한 관점 등 여러 면에서 주자와 대비되는 인물이었다. 주자와 육상산은 당대에 이미 서로의 존재를 알고 있었으며, 만나기를 기대했다. 그리고 주자와 육상산의 역사적인 만남은 마침내 1175년 주자의 친구 여조겸의 주선으로 장시 지방 신저우(信州)에 있는 아호사(鵝湖寺)에서 이루어졌다. 만남의 형식은 육상산 형제(이때 육구연의 형 육구령도 함께 있었다)와 그의 제자들이 모여 있는 아호사로 주자가 방문하는 형식이었다.

수일에 걸친 만남 동안 논점은 학문하는 방법에서 예각화되었다. 주자는 평소 자신의 소신대로 학문의 근본은 널리 보고 넓게 관찰하게 한 후에 요약하는 데 있다고 주장했다. 이에 반해 육상산은 학문이란 사람의 본래적인 덕성(德性)을 밝히는 데 그 목적이 있을 뿐임을 강조했다.

두 사람의 의견은 좁혀지지 않았고, 마침내 주자는 육상산의 학문 태도가 지나치게 '간이'(簡易; 너무 간단하고 쉬움)하다고 평가했다. 육상산은 주자의 태도야말로 너무 '지리'(支離; 흩어져서 갈피를 잡을 수 없음)하다고 논평했다. 지리함과 간이함! 이 짧은 한마디가 주자와 육상산의 학문적 성향을 대변한다. 주자와 육상산의 대립은 죽을 때까지 합치되지 못했다.

아호사에서 이루어진 이들의 논쟁은 이어지는 신유학의 역사 속에서 도문학(道問學; 이치의 탐구)과 존덕성(尊德性; 도덕본성의 중시)의 분기로 전개되었다. 요컨대 도문학은 주자식의 이학파(理學派)로, 존덕성은 왕양명식의 심학파(心學派)로 나뉘어 발전했던 것이다. 논쟁의 과정은 결코 녹록지 않았지만, 결과적으로 이러한 차이는 전근대 시기 중국의 사상사가 한층 섬세하고 풍부한 철학 논변으로 나아가는 튼튼한 재산이 되었다.

_문성환

국가라는 괴물

>> 토머스 홉스의 『리바이어던』

나는 공포와 쌍둥이

때는 1588년 영국 어느 시골 마을의 한때로 거슬러 올라간다. 스페인의 무적함대가 영국으로 침입해 들어온다는 소문에 영국 국민들은 공포에 질려 있었다. 런던 교외에 있던 맘즈베리에 살던 어느 목사의 아내는 그 말에 얼마나 놀랐던지, 아직 출산일이 한참이나 남았는데도 아기를 낳아 버렸다. 그가 바로 '새로운 철학의 빛나는 땅을 개척한 위대한 콜럼버스'라는 찬사와 '최고의 무신론자이며 맘즈베리의 악마'라는 비난을 동시에 받았던 홉스(Thomas Hobbes, 1588~1679)였다. 홉스가 자신은 공포와 쌍둥이라고 농담 삼아 이야기했던 것도 우스갯소리만은 아니었다. 그가 살던 당시 유럽은 종교전쟁뿐만 아니라 국내에서도 내전이 치열하던 때였다. 그는 실제로 평생을 자신이 살해당할 공포에 사로잡혀 살았다. 홉스가 보기에 사람들은 사람을 죽일 수 있는 능력 면에서는 평등했다. 그렇기 때문에 자연 상태에서는 누구나 살해에 대한 공포를 느끼게 된다는 것이다. 그의 리바이어던은 이렇게 공포라는 정념에서 탄생한다. 그렇기에 이런 혼란에서 해방시켜 줄 단 하나의 절대적 존재인 리바이어던이 요청된다. 원래 성경 「욥기」에 등장하는 무시무시한 괴물인 리바이어던이 홉스에 의해 국가의 다른 이름으로 불리기 시작한 것이다.

만인의 만인에 대한 투쟁

홉스를 들으면 가장 먼저 떠오르는 말이 '만인의 만인에 대한 투쟁'일 것이다. 그는 말한다. "인간은 그들 모두를 위압하는 공통의 권력이 존재하지 않는 곳에서는 전쟁 상태에 들어가게 된다. 이 전쟁은 만인의 만인에 대한 전쟁이다!" 그건 너무 오버라고? 하지만 아동성범죄, 묻지마 살인 등 사이코패스 범죄가 난무하는 요즘, 이러한 공포는 사람들 사이에 기본적으로 깔려 있는 정서 아닌가? 이게 전쟁 상태가 아니면 무엇이란 말인가? '만인의 만인에 대한 투쟁'이라는 표현은 그런 점에서 어쩌면 우리네 현실을 가장 잘 보여 주고 있는 말일지도 모른다. 그는 전쟁이라는 것은 싸움 혹은 전투 행위의 존재 유무만으로 판단하는 것이 아니라, 전투 상태로 대립하고자 하는 의지가 충분히 확인되는 시간적 공간 역시 전쟁, 즉 전쟁 상태라고 말한다. 즉, 그는 실제로 총과 칼이 교차하는 전쟁만이 아니라, 불안과 공포 속에서 전투 상태의 의지가 계속되는 상태, 즉 인간이 인간에 대해 늑대인 상태 역시 전쟁이라 말하는 것이다. 아마 그가 지금의 상태를 본다면 자신의 말이 맞았음에 득의의 미소를 짓고 있을는지도.

따라서 인간들은 이러한 공포와 불안에서 벗어나기 위해 법을 필요로 하고, 공통권력을 요청한다. 절대적인 힘을 갖는, 인민들의 목숨을 보장할 수 있는 절대적인 존재! 리바이어던이 등장하는 이유이다. 따라서 사람들은 계약을 통해 절대적 권리를 갖는 리바이어던을 탄생시킨다. 그가 묘사한 장면을 보자.

> 이것은 마치 만인이 만인을 향해 다음과 같이 선언한 것과 같다. "나는 스스로를 다스리는 권리를 이 사람 혹은 이 합의체에 완전히 양도할 것을 승인한다. 단 그대도 그대의 권리를 양도하여 그의 활동을 승인한다는 조건 아래." 이것이 달성되어 다수의 사람들이 하나의 인격으로 결합되어 통일되었을 때 그것을 코먼웰스(Commonwealth)―라틴어로는 키비타스(Civitas)―라고 부른다. 이리하여 바로 저 위대한 리바이어던이 탄생한다. 아니 좀더 경건하게 말하자면 '영원불멸의 하느님'의 가호 아래, 인간에게 평화와 방위를 보장하는 '지상의 신'이 탄생하는 것이다!

백성들은 스스로를 다스리는 권리를 리바이어던에게 완전히 맡김으로써 공포에서 벗어난다. 그리고, 이때 리바이어던의 권력은 분리하거나 나누어 가질 수 있는 것이 아닌 절대적 권리 그 자체이다.

리바이어던을 넘어, 소극적 자유를 넘어

홉스의 국가 논리는 그렇게 지금까지 이어져 온다. 지금 우리가 매일 만나는 권력이 리바이어던보다 심했으면 심했지 덜하다고 누가 감히 말할 수 있을까? 아니, 오히려 그 괴물은 '지금, 여기' 한국 땅에서 그야말로 무소불위의 권력을 행사하고 있지 않은가! 그렇다면 이를 견제하는 방법은? 보다 좋은 대통령을 뽑는 것? 아니면 삼권 분립을 통해 권력을 잘 견제할 수 있는 시스템을 만드는 것? 하지만 절대적인 국가를 상정하는 홉스의 논리대로라면 그것이 해답이 될 수 없다. 그렇기에 우리가 지금 홉스를 읽는다는 것은 이러한 국가라는 리바이어던을 어떻게 다시 사유할 수 있을 것인가라는 물음 속에서일 것이다. 그것이 고전을 읽으며 새로운 가능성을 찾아 나가는 작업이리라.

홉스의 후예들은 말한다. 당신들을 대리하는 주권을 구성한 것, 그것은 바로 백성들인 당신들이고, 당신들이 그것을 원했다고. 그러므로 공연히 우리를 괴롭히지 말라고. 너희들에게 우리가 베푼 한도 내에서 너희들은 충분히 자유롭다고. 소위 '소극적 자유'라고 불리는 개념은 그렇게 홉스에게서 시작된다. 그러나 이는 단지 노예 상태의 자유라고 할 수 있지 않을까? 이 상태에서 자유는 주인의 재량 혹은 폭군의 재량하에 달려있다. 물론 대통령이 폭군이 아닐 수도 있고, 국민들을 위한 정치를 펼칠 수 있다. 또한 노예를 배려하는 주인도 얼마든지 가능하다. 하지만 그것을 진정한 자유라고 부를 수 있을까? 그러한 '꼴랑한' 아량을 우리의 자유라고 정의할 수 있을까? 아니다. 아량과 시혜라는 종속적 관계는 언제든지 노예의 상태에 빠질 수 있기 때문이다. 그렇기 때문에 자유는 간섭의 부재, 방해의 부재가 아니라 무언가를 할 수 있는 힘 그 자체에 달려 있다. 그러므로 우리의 삶을 옥죄는 통치라는 이름의 권력, 자본이라는 이름의 권력인 리바이어던에게 말하자. 당신이 그어 놓은 이 선을 뛰어넘겠다고. 그것이 우리의 자유라고!

『리바이어던』, 그 표지에 대하여

여기 한 권의 책 표지가 있다. 그렇다. 홉스가 도안했다고 알려진 『리바이어던』의 표지이다. 모든 책들이 다 마찬가지이겠지만, 책의 표지는 단순히 예쁜 그림으로 장식하기 위한 것만은 아니다. 특히나 그가 살던 시대에 시각적 이미지는 자신의 뜻을 전달하기 위한 훌륭한 수단이었다. 그렇기 때문에, 책의 표지를 이해하는 것만으로도 책의 내용을, 저자의 의도를 파악하는 것이 가능하다.

일단 한 명의 거인이 도시 위에 서 있는 모습이 보인다. 누굴까? 책 제목이 『리바이어던』인 만큼 리바이어던을 그린 것이리라. 그렇다면 그가 양손에 들고 있는 것은? 왼쪽에는 칼을, 오른쪽에는 주교가 종교 행사 때 드는 지팡이, 목장(牧杖)이다. 그리고 칼과 목장 양 끝 위로 문장 하나가 보인다. "지상에 더 힘센 사람이 없으니 누가 그와 겨루랴. 「욥기」 41장 24절" 즉, 리바이어던이 세속적인 권력과 교회 권력을 양손에 쥐고 있는 무소불위의 주권자임을 보여 준다. 그리고 그 아래에는 다섯 개의 그림들이 쌍을 지어 나란히 있다. 위에서부터 보자면 성과 교회, 왕관과 교황모자, 왕권을 의미하는 대포와 교황권을 의미하는 파면권이다. 그 아래에는 전쟁터에 쓰이는 총칼과 종교재판에서 쓰이는 논리라는 무기이고, 마지막 그림은 전쟁터와 종교재판을 의미한다. 이것들이 의미하는 바는 굳이 설명 안 해도 아

『리바이어던』의 표지.

시리라. 그리고 그 사이에 휘장처럼 책의 제목이 내려져 있다. '리바이어던, 교회국가 및 시민국가의 재료와 형태 및 권력!'

그러나 여기서 놓치고 가기 쉬운 것 하나. 리바이어던의 몸을 자세히 들여다보시라. 무엇이 보이시나? 갑옷? 아니다 리바이어던의 몸을 이루고 있는 것은 단순히 갑옷이 아니라, 약 300여 명의 사람들, 즉 리바이어던을 구성하고 있는 백성들이다. 그리고 그 사람들은 무언가 두려워하면서, 한편으로는 안도감을 느끼고 있다. 그리고 그들의 시선은 공통적으로 모두 리바이어던의 얼굴을 향해 있다. 자신의 안전을 위해 사회계약을 맺은 이들은 리바이어던의 몸뚱이를 구성하며 리바이어던의 처분만 기다리고 있는 것이다. 자, 책 표지만 보아도 홉스가 말하고자 했던 바가 무엇이었는지 대충 감이 잡히시지 않는지.

_김태진

전사의 행동백서

>> 묵적의 『묵자』

한 사내가 초나라 국경에 들어섰다. 열흘 밤낮을 걸어서인지 피로한 기색이 역력했다. 발바닥이 아파 살펴보니 짚신 바닥이 닳아 큰 구멍이 나 있었다. 발은 군데군데 트고 물집이 생겼다. 그러나 그는 조금도 개의치 않고 계속 걸어갔다. 전쟁을 막아야 했기 때문이다. 공자가 평생 천하를 떠돈 덕분에 그의 집 굴뚝에 연기가 나는 일이 없었던 것처럼, 이 사내의 방석 또한 따뜻해질 새가 없었다. 그는 바람과 이슬을 자신의 방석으로 삼았다. 당연히 몸이 힘들었다. "머리끝에서 발꿈치에 이르기까지 털이 다 닳아 없어질 정도"(『장자』, 「천하」)였다. 그러나 그는 자신이 옳다고 생각하는 일이라면 절대로 포기하지 않았다. 온몸이 깡마르게 되는 한이 있더라도 말이다. 이 사내가 바로 묵자(墨子)다.

『묵자』, 반(反)전쟁론

묵자는 춘추전국시대에 공자와 함께 가장 큰 영향력을 행사했던 사상가였다. 그런데 진한제국 성립 이후 언제 존재했었느냐는 듯이 명맥을 감추었다. 약간의 문헌에서 간헐적으로 묵자에 대한 기록이 남아 있을 뿐이다. 그나마 묵자의 제자들에 의해 선생의 어록이 전해질 수 있었다. 그것이 오늘 우리가 만날 『묵자』다. 선생으로부터 듣거나 배운 기록인 만큼 어떤 체계를 갖추고 있지 않다. 더구나 묵자의 제자가 세 파로 분열된 뒤 만들어진 까닭인지, 비슷한 내용이 약간씩 변주되어 있다. 지금의 시각으로 보면 약간 두서없다. 한편에서는 '겸애'나 '의리'와 같은 윤리에서부터 인재 등용과 같은 제도적 이야기가 펼쳐지고 다른 한편에서 제자들과의 대화, 유자들과의 논쟁 등이 담겨 있다.

그런데 『묵자』에는 무엇보다도 전쟁 반대나 적을 막는 기술에 관한 이야기가 많다. 일종의 반전쟁론이다. 묵자가 춘추 말기와 전국 초기에 살았음을 생각해 보면, 반전쟁론은 그리 낯설지 않다. 이 전란의 시기에 묵자와 그 제자들은 전쟁 반대를 외치며, 전쟁을 막기 위해 부지런히 뛰어다녔던 것이다.

겸애, 적이 아니면 누구를 사랑하랴?

왜 전쟁과 혼란이 일어나는 것인가? 역설적이게도 그것은 '사랑' 때문이다. 사람들은 자기를, 더 나아가 자기의 가정을, 그리고 국가를 사랑한다. 그런데 사람들은 사랑하는 이들을 위하여 누군가를 약탈하고 짓밟는다. 반대편도 그 폭력을 참지 않기 마련이다. 따라서 세상에는 싸움만이 존재한다. 사랑의 결과가 서로 간의 다툼이라는 아이러니! 적과 나를 구별하고 적보다 강한 자가 되기 위해 서슴없이 칼을 든다. 정말 다정(多情)은 병이다.

이 병을 어떻게 치료해야 할까? 사랑을 포기해야 하나? 묵자에 의하면 치료약 또한 사랑이다. 그러나 묵자의 사랑은 조금 다르다. "모두가 아울러 사랑하고 모두가 서로 이롭게 하는 방법으로써 이를 대신해야 한다." 즉 겸애(兼愛)가 치료약이다. 묵자는 자기에 대한 사랑과 타인에 대한 사랑의 격차에서 혼란의 원인을 찾는다. 나를 사랑하듯 타인을 사랑할 것. 묵자는 사랑은 이롭게 하는 것, 기쁘게 하는 것이라고 말한다. 그러므로 나를 이롭게 하듯이, 타인을 이롭게 하는 것이 겸애다.

그렇다면 나를 이롭게 한다는 것은 무엇인가? 묵자는 인간이 찾는 이로움 혹은 기쁨을 하늘의 뜻[天志]과 결부시킨다. 자연의 뜻이라고 해도 좋다. 당대의 생존조건을 떠올려 보자. 자연의 힘이 절대적이었다. 사람들은 가뭄이나 홍수와 같은 자연재해를 전쟁보다도 더 두려워했다. 그러나 자연이 존재하는 것만으로 인간은 혜택을 얻는다. 인간이 사는 데 필요한 모든 것이 자연의 산물이다. 물론 자연의 혜택을 그냥 얻을 수 없다. 그것은 자연과 교감함으로써만 가능하다. 그런데 자연은 끊임없이 변화한다. 하늘의 뜻을 읽어 내기 위해서 인간 역시 변해야 한다. 그렇지만 인간은 쉽게 변할 수 없다. 습속의 동물이기 때문이다. 변하기 위해서 인간은 자기 한계를, 자기 규제의 틀을 넘어서야 한다. 예측불가능한 자연변화는 인간에게 끊임없이 자기 변신을 상기시킨다. 자연의 변화에 적응하는 것이 바로 나를 이롭게 하는 것이다. 따라서 자기의 껍질을 깨트리는 것, 그것이 자기를 사랑하는 것이다. 말하자면 인간은 자연이 제공하는 변화와 마주할 때 비로소 자기를 사랑하게 된다.

이런 의미에서 타자와의 만남을 통해 나를 사랑하게 된다고 할 수 있다. 타자는 나를 사랑하기 위한 필요충분조건이다. 타자 없이는 나를 사랑할 수조차 없다. 타자는 내 생존을 위협하는 적이 아니라 나를 생존케 하는 친구다. 그러니 어떻게 차이를, 타자를 사랑하지 않을 수 있겠는가? 나의 사랑과 타자에 대한 사랑은 하나다.

"온 천하가 모두 아울러 서로 사랑하게 되면 곧 다스려지고 모두가 서로 미워하면 어지러워진다. 그러므로 남을 사랑하라고 권하지 않을 수 없다." 자, 적이란 없다. 아니 적이 아니면 누구를 사랑할 것인가? 해서 묵자는 '적'을, 아니 친구를 향해 달려갔다.

공(功)이란 없다!

전쟁을 막기 위해 초나라로 달려갔던 묵자. 그는 초나라 왕 앞에서 공수반과 모의 전쟁을 치러 승리한 후, 공수반과 초왕의 전쟁 계획을 단념시킨다. 그리고 곧바로 자신의 고향으로 돌아간다.

> 묵자는 돌아가는 길에 송나라를 지났다. 마침내 비가 내려 그곳 마을 문 안으로 들어가 비를 피하려 하였다. 그러나 마을 문을 지키는 사람이 그를 들여보내 주지 않았다. (『묵자』, 「공수」公輸)

그렇다. 초나라로 불철주야 달려갔던 묵자가 전쟁을 막은 대가로 얻은 것은 엄청난 보물이 아니다. 단지 감기 몸살뿐이다! 세상을 위해서 뭔가를 한다는 것은 자신을 위해 아무것도 남기지 않는 것이 아닐까. 생각해보라. 일을 순리대로 흘러가게 했을 뿐이지 무엇인가를 특별히 한 건 아니다. 당연히 보상은 필요 없다. 아니 오히려 낯선 상황과 마주침으로써 이미 충분한 선물을 받지 않았던가.

◈ 고전 Tip & Talk

제국과 그 문턱

모리 히데키(森秀樹)의 『묵공』. 이 만화가 영화 「묵공」의 원작이다. 만화는 진제국 성립 이후 묵가의 급작스런 소멸에 관한 많은 것을 시사해 준다.

겸애(兼愛)와 비공(非攻), 의리(義利)를 중심으로 아무런 대가도 바라지 않고 남을 위해 봉사하던 묵가. 그러나 전국시대 말기 묵가는 진나라와 결탁해 다른 여섯 국가를 공격하는 데 참여한다. 오랫동안 전쟁을 막기 위해 발전해 온 묵가의 전투력이나 기술력이 각 국가를 점령하는 데 요긴한 기술로 활용된다. 전쟁을 막는 대신 전쟁에 참여하고 파괴하는 묵가.

『묵공』은 단순한 전투 기계, 전투 수단으로 전장에 참여하는 묵가를 보여 줌으로써 묵가 스스로가 자유를 포기한 채 제국의 구성원이 되었음을 시사한다. 이제 묵가는 싸움의 대가를 요구하기 시작한다. 이들에게도 지키고 돌봐야 할 가족, 집, 고향이 생겼다. 이를 위해 다른 이들의 가족과 집, 고향을 서슴없이 파괴한다.

> "묵적(=묵자)의 생각은 옳지만 그것이 행동으로 나타났을 때는 옳지 않다. 후세의 묵가들을 고생시키고 장딴지와 정강이의 털이 닳아 없어지게 행동하도록 하는 데에 지나지 않았다. 천하를 어지럽히는 죄만 많고 천하를 다스리는 공은 적다." (『장자』, 「천하」)

장자는 묵자의 방식이 사람들의 자연스러운 감정을 극단적으로 억압하기에 묵자의 사유를 일관성 있게 밀고 갈 수 있는 사람은 극히 적었다고 지적한다. 그래서일까? 말기 묵가는 그의 가르침에서 완전히 벗어나 버렸다. 이들은 문턱 안쪽의 안락한 공간을 찾아갔다. 전쟁을 막아 내며 제국의 형성을 저지하던 힘들이 제국을 확장하는 창과 방패로 바뀌어 버렸다. 말하자면 묵가의 소멸은 외부의 박해 때문이 아니었다. 묵가 스스로가 자신들의 종말을 고한 것이었다.

_최진호

思無邪, 혹은 불량가요의 힘!

>> 중국의 오래된 노래책, 『시경』

노래의 책, 『시경』

『시경』(詩經)은 지금으로부터 약 3,000년 전, 그러니까 중국의 주나라 때부터 춘추시대 때까지 황허 유역의 사람들 사이에 구전되던 노래를 공자가 모아서 엮은 책이다. 원래 311편인데 이 중에 6편은 제목만 전하고 내용은 전하지 않는다. 이렇게 『시경』의 시가 300편가량 되기 때문에 『시경』을 '시' 혹은 '시삼백'이라고도 부른다. 『시경』은 쉽게 말해서 노래책이다. 여기에는 여자들이 불렀던 노래도 있고, 남자들이 불렀던 노래도 있고, 농부가 불렀던 노래도 있고, 전쟁터에 나간 병사가 불렀던 노래도 있다. 각양각층의 다양한 사람들이 불렀던 오래된 노래의 책이 바로 『시경』이다.

『시경』이 건전가요라고?

공자는 "『시경』의 시 삼백 편을 한마디로 표현하면 생각에 사악함이 없게 하는 것이다"(子曰 詩三百 一言以蔽之曰 思無邪. 『논어』, 「위정」)라고 하였다.

사무사(思無邪)! 생각과 행동에 사악함이 없다는 뜻이다. 그런데 "『시경』은 사무사다"라고 하니까, 흔히 "『시경』의 노래들은 도덕적이고 교훈적인 내용이다"라고 생각한다. 즉, 요즘으로 치자면 '건전가요'라고 생각한다. 그러나 사실은 그렇지가 않다. '아'(雅)나 '송'(頌)은 임금의 덕을 칭송하고 후대의 자손들에게 올바른 덕을 권장하는 계몽적인 내용이므로 건전가요라고 할 수 있지만, '국풍'(國風)의 시들은 내용이 별로 건전하지가 않다. 오히려 점잖치 못한 연애시들이 많다.

청컨대 그대여 우리 마을로 넘어오지 마세요	將仲子兮 無踰我里
내가 심은 버드나무 꺾지 마세요	無折我樹杞
어찌 그것이 아깝겠어요 부모님이 두렵답니다	豈敢愛之 畏我父母
그대가 보고 싶지만 부모님의 말씀도	仲可懷也 父母之言
두렵답니다	亦可畏也

'정풍'(鄭風)에 나오는 「장중자」(將仲子)라는 시이다. 이 시에서 아가씨는 연인을 기다린다. 그러나 아가씨를 좋아하는 도령은 아가씨의 마을에 살지 않는다. 도령이 아가씨를 만나려면 담장을 넘어야 한다. 이것은 설레면서도 두려운 일이다. 도령과 만나고 싶다. 하지만 부모님이 혼내실까 두렵다. 이 두 가지 마음 사이에서 갈등하는 아가씨는 그래서 이렇게 노래한다. 도련님 도련님 보고 싶은 도련님, 우리 집 담장을 넘어오면 안 돼요, 돼요……. 아니, 이건 도대체, 도령보고 담장을 넘어오라는 것인가. 넘어오지 말라는 것인가.

관관저구 재하지주……. '요조숙녀'와 '전전반측'이라는 말이 나와서 유명한 「관저」(關雎)는 "어디로 갔을까 나의 반쪽은?"이라고 하면서 짝을 구하는 노래이다. 강가 모래섬에 저구새가 광광 소리 내어 짝을 부르는 것과 같이 군자가 자기에게 어울릴 요조숙녀를 찾는 노래이다. 「표유매」(摽有梅)에서는 혼기를 맞은 여자가 배우자에게 빨리 와서 자기를 데려가라고 한다. "매실이 떨어집니다. 열매 일곱 개 남았네요. 날 데려갈 그대는 좋은 날에 오기를! 매실이 떨어지네요. 열매 세 개 남았네요. 날 데려갈 그대는 지금 오기를! 매실이 다 떨어졌네요. 광주리에 주워 담습니다. 날 데려갈 그대는 말이라도 건넵시다!" 「도요」(桃夭)는 복숭아꽃이 만발한 날 시집가는 아가씨를 축복하는 시이다. 인생에서 가장 환한 때는 언제일까. 아마 여자에게는 시집가는 날일 것이다. 이제 비로소 어른이 되고, 새로운 공동체의 당당한 주인이 되는 때. 나무로 치자면 봄에 꽃이 활짝 피는 때이다. 이런 봄날의 풍경을 시집가는 아가씨의 모습과 함께 표현하였다.

연인들 사이 선물을 주고받는 시로 「모과」(木瓜)가 있다. "그녀가 나에게 모과를 주었네. 나는 그녀에게 옥돌을 주었네. 보답을 하려는 게 아니라 그녀랑 친해지고 싶어서." 옛날 사람들은 좋아하는 이에게 모과를 주었나 보다. 이런 정표를 받은 남자가 가만 있을 수 있나. 옥돌을 준다. 모과를 받았는데 옥돌을 주다니. 손해 보는 거 아니냐고? 그러나 선물은 장사와 다르지. 그녀가 나를 좋아하는 순수한 마음, 내가 그녀를 좋아하는 순수한 마음으로 치자면 모과나 옥돌이나 소중하기는 똑같다.

『시경』에는 연애시와 함께 근심이 가득한 노래가 많다. 『시경』에서 휘파람은 즐거운 때 부는 흥겨운 가락이 아니라 근심을 푸는 한숨소리이다.

전쟁 때문에 남편과 헤어진 여인의 슬픔을 노래한 시(「중곡유퇴」中谷有蓷), 행역 나갔다 돌아와 보니 나라가 망해서 기장과 피만 수북이 자라는 황폐한 옛터를 맥없이 비틀거리며 걷는 시(「서리」黍離), 가난 때문에 가족들이 뿔뿔이 흩어져 살아야 하는 유랑민의 비애를 노래한 시(「갈류」葛藟), 정복 전쟁에 끌려간 병사가 사랑하는 아내가 있는 고향의 집으로 나 돌아갈래를 외치는 시(「동산」東山)도 있다.

즐겁되 지나치지 않고, 슬프되 마음을 상하지 않는다

노래가 사람의 마음을 순화하고 풍속을 교화한다는 유가의 본래 취지에 따르자면 『시경』의 연애시들, 근심이 가득한 노래들은 별로 권장할 만한 노래들이 못 된다. 그건 사무사가 아니라, 오히려 '사'(邪)에 해당하는 것 같다. 그런데 공자는 왜 이런 노래들을 사무사라고 했을까? 공자는 「관저」를 두고 이렇게 평했다. "즐겁되 지나치지 않고 슬프되 마음을 상하게 하지 않는다"(樂而不淫 哀而不傷). 『시경』의 시들은 즐거움이나 슬픔 같은 인간의 솔직한 감정이 표현되었지만 그것이 거짓되거나 과장되지 않아 억눌린 마음을 풀어 주고 다른 이에게 감동을 준다는 뜻이다. 즉 『시경』의 시들은 지극히 사사로운 감정을 노래한 것이지만 그것이 자기 자신에게만 머물지 않고 다른 이들과 감응하고 소통한다는 점에서 사가 아니라 사무사인 것이다.

『시경』은 건전가요가 아니다. 뜻은 너무 좋지만 아무도 부르지 않는 노래, 건전가요가 아니라, 『시경』은 오히려 발칙한 불량가요에 가깝다. 그러나 삼천 년 전의 노래가 아직도 우리의 심금을 울린다는 것! 공자가 말한 사무사는 『시경』의 바로 이러한 감응과 소통의 능력을 가리키는 말이 아닐까. 『시경』의 진솔한 노래들은 지치고 왜소해진 우리들의 마음에 생기를 불어넣어 준다. 기쁜 마음은 정말 기쁘게, 슬픈 마음은 정말 슬프게, 화나는 마음은 정말 분통이 터지게……. 어떤 마음이든지 깊이 헤아리고 편안하게 풀어 주는 노래의 힘! 이것이 바로 불량가요 『시경』의 힘이다.

◈ 고전 Tip & Talk

「시경」을 읽으면 좋은 점

공자는 『시경』을 읽으면 여섯 가지 좋은 점이 있다고 했다(『논어』, 「양화」). 감수성이 풍부해지고, 정치를 잘 하게 되고, 주위 사람들과 잘 어울릴 수 있게 된다. 잘못된 일과 불쾌한 일을 빨리 알아차려서 고치게 된다. 사람의 올바른 도리를 알고 행하게 된다. 동식물의 이름을 많이 알게 된다. 요컨대, 『시경』을 읽으면 세계가 풍요로워지며 생생불식하는 마음의 힘을 회복하여 천지만물과 하나가 되는 우주적 신체가 된다.

① 可以興 : 감흥이 일어난다

『시경』은 참으로 다양한 사람들의 처지와 심정을 노래하고 있다. 이런 시를 읽으면 감수성이 풍부해지는 것은 당연한 일!

② 可以觀 : 정치를 잘 하게 된다

『시경』을 읽으면서 우리는 풍부한 삶의 지혜를 얻는다. 내가 처한 상황을 직시하고, 상황에 맞게 대처하는 힘을 얻기도 한다. 시는 정치를 올바로 하는 능력과도 통한다. 그래서 공자는 "『시경』의 시 삼백 편을 외우더라도 정치를 맡겨 주었을 때 제대로 해내지 못한다면 시를 많이 외운들 어디에 쓰겠는가"(『논어』, 「자로」)라고 하였다.

③ 可以羣 : 무리와 잘 어울리게 된다

시를 읽는다는 것은 무엇인가. 오래전 사람의 생각을 이해하고, 멀리 있는 사람의 느낌과도 만나는 것이다. 그래서 『시경』을 읽으면 주위 사람들의 마음을 잘 헤아릴 수 있게 된다. 그래서 관계를 조화롭게 이끈다.

④ 可以怨 : 잘못을 싫어하게 된다

시는 너와 나 사이 마음이 통하는 것, 흐름이다. 그런데 욕심과 어리석음 때문에 종종 이 흐름이 막힌다. 마음이 막히니까 생각도 막히고 말문도 막히고 기가 막힌다! 시는 이런 불인(不仁)의 상태를 싫어하고 인(仁)의 상태를 지향하게 된다.

⑤ 邇之事父 遠之事君 : 사람의 도리를 알게 된다

『시경』을 읽으면 가까이는 아버지를 잘 모시고, 멀리는 임금을 잘 섬기게 된다. 즉 사람의 도리를 올바로 알고 실천할 수 있게 된다. 삼천 년 전의 사람과 교감하는 사람이 부모님의 마음을 헤아리지 못하랴!

⑥ 多識於鳥獸草木之名 : 동식물의 이름을 많이 알게 된다

『시경』에는 풀 이름, 나무 이름, 새 이름, 물고기 이름, 곤충 이름, 여러 가지 생활용품이나 장신구 이름들이 많이 나온다. 그래서 『시경』 사전이 따로 있을 정도이다. 그래서 조선시대의 실학자 정학유는 『시경』에 나오는 동식물을 정리하여 『시명다식』(詩名多識)이라는 책을 쓰기도 했다.

_정경미

차라투스트라, 중력 위에서 춤추다!

>> 프리드리히 니체의 『차라투스트라는 이렇게 말했다』

니체, 차라투스트라를 만나다

1881년 프리드리히 니체(Friedrich W. Nietzsche, 1844~1900)가 질스마리아의 실바플라나 호숫가의 숲 속을 거닐고 있을 때 하나의 사유가 '비둘기처럼 조용하게' 찾아왔다. 니체는 고대 페르시아의 예언자로서 '조로아스터교'의 창시자였던 차라투스트라의 입을 빌려 자신의 사유를 펼쳐 낸다. 사실 예언자 차라투스트라와 니체의 차라투스트라는 대조적이다. 전자가 선악을 엄격하게 구분한 가운데 도덕을 창시했다면, 후자는 도덕의 몰락과 새로운 세계의 시작을 말한다. 말하자면 니체는 페르시아의 차라투스트라를 몰락시키고 그에게 새로운 의미를 부여했다. 그리고 1883년 2월 『차라투스트라는 이렇게 말했다』(이하 『차라투스트라…』) 1부를 쓰기 시작한다. 1부를 완성하는 데 걸린 시간은 단 열흘. 2부와 3부 역시 그 해 여름과 겨울에 각각 열흘에 걸쳐 완성하였다. 그리고 1884년 반 년간의 작업을 거친 뒤, 1885년에 제4부가 나왔다. 조용히 다가온 사유와 폭풍과 같은 글쓰기. 그렇게 니체는 영감을 인류에게 보낸 최고의 선물로 만들어 냈다.

차라투스트라, 허무주의와 맞서 싸우다

『차라투스트라…』는 차라투스트라의 변신이야기다. 그는 동굴에서의 수련과 인간 심연에 대한 탐사 후에 충혈된 눈을 하고 우리들에게 다가온다. 그는 때로는 웃고, 때로는 아파하며 자신과 주위의 사물을 보다 섬세하게 파악하고 이해하게 된다. 그리고 '인간적인 것들'과 끊임없이 싸워 나간다.

『차라투스트라…』의 첫 장면도 마찬가지다. 동굴에서 10년 동안 수련을 마치고 나온 차라투스트라가 성자를 만나 던진 말은 '신의 죽음'이었다. 니체에 의하면 사멸하는 인간은 존재의 불안정함에, 존재가 우연에 맡겨져 있음에 공포를 느끼며 안정을 욕망한다. 존재의 사멸성을 받아들이는 대신 피안의 영원한 세계를 설정한다. 거기서 현재의 삶은 벗어나야 할 것으로 그려진다. '저편의 세계를 신봉하는 사람들'은 삶의 허무함을 근거로 현재의 삶을 비난하고 평가절하한다.

그런데 『차라투스트라…』 4부의 '보다 높은 인간들'이 보여 주듯 인간은 붙잡을 가치가 소멸한 뒤에 다시 새로운 대체물을 발견해 낸다. 가령 신의 죽음을 인정한 교황도 '신앙'을 만드는 것은 중단하지 않으며 미신과 주술을 거부하는 과학자조차도 실증성과 엄밀성의 신앙에 빠져든다.

절대적 가치의 무가치함을 인정하고 기존의 가치를 새로운 가치로 전환하는 것도 쉽게 오류에 빠질 수 있다. 이런 창조 행위가 '과거'의 부정인 한, 창조와 생성에서 '리얼'한 세계가 누락되기 때문이다. 이때 행위의 판단 기준은 현재의 삶이 아니라 기억이다. 이들에게 현재의 삶은 존재하지 않는다. 삶의 영역 밖의 것을 삶의 기준으로 삼는다는 점에서 이들은 일종의 허무주의자다!

차라투스트라는 이 삶이 멈춰선 자리에 함께 멈춰선다. 이들의 멈춰버린 시간을 어떻게 돌릴 것인지, 또 멈춰선 자를 어떻게 길 떠나게 만들지를 사유한다. 그리고 차라투스트라는 말한다. 삶을 돌아보라고.

> 형제들이여, 맹세코 대지에 충실하라. 하늘 나라에 대한 희망을 설교하는 자들을 믿지 말라! 그들은 그들 스스로가 알고 있든 모르고 있든 간에 독을 타 사람들에게 화를 입히는 자들이다.(「머리말」)

어린아이, 주사위를 던지다

사람은 자유를 좋아한다고 하지만 실제로 그다지 자유롭지 못하다. 자신의 의지에 따라 자유롭게 사유하고 활동할 수 있는 것처럼 착각하지만 주어진 조건과 자리에 따라 말하고 행동한다. 대개 '별 수 없어', '어쩔 수 없어'라고 말을 하게 되는 상황. 푸코식으로 이야기하면, 사유의 틀이 있고 인간은 그 속에서 정해진 대로 사유할 뿐이다. 말하자면 '아무리 발버둥쳐도 이 틀을 벗어날 수 없으며', '창조는 더더욱 불가능하다.' 더욱이 이런 사유의 틀이 깨진다고 해서 자유로운가? 그렇지 않다. 다른 형태의 억압이 만들어진다. 부자유의 영원회귀! 지금의 사건은 과거에 이미 일어난 사건이라는 탄식. 차라투스트라에 의하면 이런 반복의 피로감이 우리의 변신을 가로막는다.

어찌해야 우리는 활발한 삶을 살아갈 수 있을까? 차라투스트라는 아이들의 주사위 '놀이'를 통해 이 문제를 해명한다. 하늘로 던져진 주사위는 땅에 닿기 전까지 무수히 많은 변화에 내맡겨진다. 이것은 삶의 우연성 혹은 현재 상황으로부터의 벗어남을 의미하는 것이다. 하늘로 던져진 주사위를 구속할 어떤 필연성도 없다. 그러나 주사위는 땅에 떨어져 하나의 숫자가 나오게 될 수밖에 없다. 그러므로 주사위 놀이는 우연과 필연의 반복이다.

이 사건을 해석하는 상반된 부류의 사람들이 있다. 하나는 소위 학자 부류. 이들은 주사위 놀이에서 하나의 법칙성을 끌어내려고 한다. 많은 사례들을 수집하고 그 속에서 일반적인 법칙을 끄집어낸다. 주사위를 던지는 순간의 우발성이나 혼돈은 고려 대상이 아니다. 이들은 그것은 '원래 그래'라고 말한다.

그러나 주사위로 노는 '아이들'은 다르다. 던져질 때마다 주사위는 그들에게 매번 새로운 흥미를 불러일으킨다. 더욱이 놀이에 열중해서 경쟁이 붙은 아이들은 주사위 놀이에 몰입한다. 학자들의 주사위 던지기가 동일한 것의 회귀라면 아이들의 던지기는 매번 차이의 귀환이다. '생성'의 반복, 혹은 '차이' 나는 반복이다. '원래 그래'라고 말하는 대신 매 순간 '설레요', '힘들어요'라고 구체적으로 이야기한다.

한편으로 주사위가 우연의 하늘에 다시 펼쳐지는 한, 과거의 낡은 사건은 새로운 사건으로 다시 태어나게 된다. 잘 실감나지 않는다고? 주사위 게임을 축구의 역전승으로 바꿔서 떠올려 보길. 상대에게 당한 첫번째 골은 참을 수 없는 고통이지만 동점골과 연속골이 터지는 순간, 과거의 쓰라림은 현재의 기쁨을 배가시키는 원인으로 바뀐다. 우리는 이렇게 과거조차도 끊임없이 재창조할 수 있다.

인간은 세계 속에서 생성하고 소멸한다. 그러나 우리는 우리 자신의 몰락을, 자신의 해체를 받아들이려 하지 않는다. 끊임없이 습관대로 살고자 한다. 사실 주사위 놀이는커녕, 단 한번의 주사위 놀이에 짓눌려 있다. 변화를 거부한다는 점에서 우리는 철저하게 부자유를 사랑한다. 그러나 우리가 한 번의 주사위 놀이를 했음을 상기하자. 이것은 우리 안에 무엇인가를 생성할 수 있는 능력이 있음을 의미한다. 자신이 갖고 있는 능력을 긍정한다면 자신의 삶을 긍정하며 또 다른 '한 번 더'를 선택할 수 있지 않을까? 결국 니체는 차라투스트라의 목소리에서 '한 번 더'의 외침을 듣고 차이의 기쁨에 공명하지 않았을까?

◈ 고전 Tip & Talk

니체와 독자

니체는 글 가운데 '피로 쓴 것만'을 사랑했다. "다른 이의 피(넋)를 이해한다는 것은 쉬운 일"이 아니기에 "게으름을 피워 가며 책을 뒤적거리는 자들"을 미워했다. 저자의 넋을 이해하기 위해 온 힘을 기울일 귀와 눈을 가진 독자를 니체는 갈망했다. 그래서일까? 니체의 언어는 우리에게 매우 낯설다. 『차라투스트라…』만 해도 초판은 단지 40부만 판매되었을 뿐이다. 사실 니체는 아무나 『차라투스트라…』를 읽을 수 있다고 생각하지 않았다. 또 누구라도 읽어 주길 바라지도 않았다.

그렇다면 니체의 책들은 오직 높은 지적 능력을 가진 사람만을 위한 것일까? 아니다. 오히려 니체는 자신의 책과 공명할 독자 또한 창조하고자 했다. 니체는 독자들에게 묵독이 아니라 암송을 권장한다. 묵독이 의식의 영역에 관계된 것이라면, 암송은 신체의 영역에 관련된다.

“이 한 가지 일을 위해서 사람들은 거의 소가 되다시피 해야 하며 어느 경우에도 ‘현대인’이 되어서는 안 된다. 이는 되새김질하는 것을 말한다.”(『도덕의 계보』)

소의 되새김질을 떠올려 보라. 그리고 하나의 사유를 잘근잘근 씹고 또 씹어 맛의 무수한 변화를 체험하는 동시에 영양분을 하나하나 온몸에 퍼뜨리는 독자를. 니체식으로 말하면 글이 어떤 맛과 향기로 이루어져 있는지를 ‘신체’가 기억하게 하는 것이다. 이렇게 몸에 앎이 흡수된다면 ‘지금’ 머릿속으로 이해되지 않던 생각들도, 몸에서 자연 숙성된다. 그리고 불현듯 독자는 뜻밖의 영감과 만날 수 있게 된다. 말하자면 의식이 아니라 존재에 호소하는 독서법이 존재한다. 니체는 자신의 독자가 책과 존재의 차원에서 만나기를 바라지 않았을까?

_최진호

자본에 대한 영원한 반시대적 고찰

>> 칼 맑스의 『자본』

시간의 이빨로도 씹을 수 없고 역사의 위장으로도 소화시킬 수 없는 책들이 있다. 출간된 지 150년이 되어 가는 칼 맑스(Karl Marx, 1818~1883)의 위대한 책 『자본』(1867)이 그 중 하나다. 역사학자 홉스봄은 『자본의 시대』에서 '자본주의'라는 말은 1860년대에 등장했으며 무엇보다 『자본』의 출간이 중요했다고 지적했다. 맑스의 『자본』이 자본주의에 대한 강력한 비판서라는 것은 모두가 알고 있다. 하지만 홉스봄의 언급을 참고할 때, 『자본』은 자신이 논박할 적으로서 우리 시대, 즉 자본주의를 개념적으로 먼저 정초한 셈이다. 다시 말해 『자본』의 비판 덕에 우리는 '자본'을 명명하고 이해할 수 있게 된 것이다.

『자본』의 전개 방식을 보면 흡사 추리소설의 느낌을 준다. 실제로 『자본』을 소설처럼 읽어 보는 것도 나쁘지 않을 것이다. 첫 장면은 상품이 가득 쌓여 있는 시장이다. 상품들은 이마에 제 가치를 붙이고 있다. 저 가치들은 어디서 온 것일까. 부는 도대체 어떻게 증식되는 것일까. 맑스가 자본의 비밀을 파헤치는 장면은 추리소설에 등장하는 밀실살인과도 같다. 자본은

"유통 안에서 생겨날 수 없지만 유통 밖에서도 생겨날 수 없다. …… 상품은 가치대로 교환되어야 하지만 어떻든 과정이 끝나면 잉여가치가 생겨야 한다." 도대체 어떻게 이런 일이 가능할까.

시장을 돌아다니던 맑스는 독특한 상품, 바로 노동력이 거래되는 장면에서 탐정처럼 어떤 냄새를 맡는다. 노동력 매매자들을 따라 맑스가 우리를 안내한 곳은 '관계자 외 출입금지'라 쓰인 공장이다. 거기서 그는 정가를 치르고도 잉여를 챙길 수 있는, 노동력이라는 상품에서만 가능한 하나의 해결책을 제시한다. 그가 밝혀낸 바 잉여가치란 노동력의 가치와 노동력의 사용이 만들어 낸 가치의 차이다. 자본가는 이 차이를 극대화하려 온갖 짓을 다하고, 그의 탐욕 때문에 공장은 사람들이 죽어 나가는 '공포의 집'으로 돌변한다. 노동자들의 필사적인 저항과 표준노동일의 제정, 기계제 생산의 도입. 다시 새로운 실업과 과로의 확산. 맑스가 방대한 보고서를 인용하며 뛰어난 필치로 그려 낸 19세기 지옥도는 끔찍하기 이를 데 없다.

더구나 맑스는 이 지옥이 불운한 한 노동자의 우연한 비극이 아니라 자본의 천국을 떠받치는 필연적인 구조임을 밝혀낸다. 어느 날 시장에서 노동력을 판 뒤 공장에서 과로한 노동자는 다음 날 어김없이 시장에서 자기를 인도할 자본가를 또 기다린다. 오늘 온 노동자는 어제 왔던 노동자이고, 어제 아버지 노동자가 왔다면 내일은 아들 노동자가 올 것이다. 한 노동자가 한 자본가를 만나는 것은 우연일 수 있지만, 집합으로서 노동자는 살기 위해 반드시 자본가를 만나야 한다. 자본의 재생산은 노동력의 재생산을 전제하는데, 이 노동력의 재생산은 노동할 영양과 건강의 재생산일 뿐만 아니라, 노동하지 않으면 살 수 없을 정도의 결핍과 빈곤의 재생산이기도 하다. 오늘의 가난이 내일의 노동력 판매를 요구하며, 아버지의 가난이 아들의 노동력 판매를 요구한다. 『자본』은 자본주의사회에서 부의 축적이 가능한 것은 그만큼의 가난 또한 축적되기 때문임을 폭로한다.

『자본』은 이 점에서 19세기 자본주의의 성실한 증언자이자 정의로운 고발자라 할 수 있다. 하지만 이뿐일까. 『자본』이 '시간의 이빨'을 부러뜨리며 독자를 계속해서 낳는 이유, 그것도 교양인의 안락한 서재가 아니라 긴장이 고조된 투쟁 현장에서 제 분신을 계속해서 낳는 이유 말이다. 『자본』의 가치가 '시대적인 것'에 있다면, 아마도 누군가는 19세기 노동가치설의 문제를 지적하는 식으로, 또 누군가는 오늘날 금융 기법이 맑스가 분석한 '은행자본'이나 '신용제도' 등과는 비교할 수 없을 정도로 발전했음을 보임으로써 『자본』의 한계를 지적할 수도 있을 것이다.

따라서 『자본』이 어떤 영원성을 갖는다면 그 이유는 결코 '시대적인 것'에 있지 않을 것이다. 오히려 시대를 파악하면서 곧바로 '반시대'를 형성했다는 사실에 『자본』의 더 큰 위대성이 있는 게 아닐까. 시대에 반대한다는 의미에서가 아니라 시대로 포섭되지 않는, 더 나아가 시대의 극복을 의미하는 '반시대' 말이다. 역사가 꼬이는 방식이 풀리는 방식을 말해 주듯, 맑스는 시대를 가능케 하는 형태 속에서 그것의 해체 형태를 발견한다.

『자본』은 자본주의의 멸망에 대한 공허한 저주가 아니다. 『자본』이 보여 주는 것은 자본주의가 고유한 위기 속에서만 발전한다는 것, 자본주의는 발전을 위해서도 그 위기를 키울 수밖에 없다는 사실이다. 자본주의가 근거하는 토대 아래 모순과 역설, 위기와 공황의 심연이 있음을 『자본』은 우리에게 환기시킨다. 최근 유럽에서 『자본』의 판매량이 늘고 일본에서 그

해설판이 수십만 부 팔린 것은 결국 맑스가 옳았다는 뒤늦은 자각이 아니라 우리 시대의 근거가 와해되는 어떤 징후일 것이다. 우리가 믿음을 주고 꿈을 맡겼던 우리 시대의 근거들이 근거 없는 것으로 폭로되고, 부의 천국 옆에 감춰둔 빈곤의 지옥이 더 이상 가려질 수 없을 때, 투쟁하는 모든 힘들은 말 그대로 '근거 없이' 회귀한다. 모순과 역설이 드러나고 위기와 공황이 발발하며, 사람들은 거대한 채찍을 맞은 정신처럼 꿈에서 깨어난다.

『자본』의 부제 '정치경제학 비판'에 들어 있는 '비판'(Kritik)의 참된 의미가 여기에 있다. 맑스는 '비판'을 '과학'보다 더 근본적인 것이라고 생각한 것 같다. 그는 '무자비한 비판'이라는 말을 곧잘 썼는데 그것은 현존하는 모든 것들의 토대를 문제 삼되 그 결과를 두려워하지 않는 태도이다. 과학이 근거의 영역이라면, 비판은 근거의 '근거 없음'을 지적하며 심연에 이르는 일이다. 그곳은 '앎'이 아니라 '앎의 의지'가 드러나는 곳이고, '과학'이 아니라 '과학의 당파성'이 정립되는 곳이다. 『자본』의 표현을 빌리자면 여기서는 '권리와 권리', '올바름과 올바름'이 투쟁하며 오직 힘만이 문제를 해결한다. 과학 이전에 입장이 있다. 『자본』은 시대와 독자에게 그것을 묻는다. 우리 모두는 불편하지만 말해야만 한다. 자신의 입장과 계급성을. 그 어느 책이 시대와 독자를 이토록 괴롭힐 수 있을까. 『자본』, 참으로 위대하고도 고약한 책이다.

◈ 고전 Tip & Talk

맑스, 『자본』의 원고를 넘기고 교정지를 기다리며

『자본』은 맑스가 정치경제학 연구에 착수한 지 거의 20년 만에 내놓은 미완의 역작이다. 1867년 맑스가 직접 탈고한 책은 1권뿐이고, 2권과 3권은 엥겔스가 맑스의 원고를 모아 사후에 엮은 것이다. 『자본』의 기본 구상이 이루어진 1850년대 말에서 1860년대 초 사이, 맑스는 스스로의 표현을 빌리자면 '미친 사람'처럼 연구와 집필에 몰두했다. 하지만 집필 환경이 좋았던 것은 아니다. 망명지에서의 생활고 때문에 자식도 잃었고, 약한 폐와 엉덩이 종기로 집필을 중단하기도 했다. 『자본』의 마지막 몇 페이지는 종기 때문에 아예 일어서서 썼다고 한다.

그러나 맑스는 그의 아내도 감탄할 만한 유쾌한 정신의 소유자였다. 『자본』 집필을 마친 후 그는 원고를 직접 함부르크에 있는 출판사에 가져가려 했다. 하지만 입고 갈 옷과 시계가 전당포에 있었다. 정작 원고는 썼는데 옷이 전당포에 있어 갈 수가 없었다. 하지만 이는 맑스의 처신을 통해 볼 때, 비극이기보다는 가난한 자의 코믹한 일상에 가까웠던 것 같다. 맑스는 엥겔스에게 돈을 받아 전당포에 감으로써 『자본』 출판의 첫번째 실무를 수행했다.

출판사에 원고를 넘긴 뒤 교정지를 받기까지 한 달 동안 맑스는 자신의 팬이었던 쿠겔만의 집에 머물렀다. 거기서 그는 온갖 익살과 농담, 박식을 뽐내며 쿠겔만의 가족과 이웃을 즐겁게 해주었다. 그는 사람들을 즐겼고 사람들은 그를 즐겼다. 그 와중에 비스마르크가 보낸 사절이 와서 독일을 위해 그의 두뇌를 써줄 수는 없는지 묻기도 했다. 그런데 유머를 잃지 않던 그가 딱 한번 분노를 터뜨린 적이 있다고 한다. 어느 방문객이 '공산주의에서는 누가 구두를 닦느냐'고 물었을 때였다. 맑스는 이렇게 쏘아붙였다. "당신이 닦으쇼." 쿠겔만 부인이 맑스 같은 귀족적 인물이 평등사회에서 살아갈 모습을 상상하기 어렵다고 하자 그는 말했다. "나도 상상할 수 없소. 그런 시대가 반드시 오겠지만, 그때 우리는 이미 세상에 없을 거요."

_고병권

내 안의 무의식을 찾아서

>> 지그문트 프로이트의 『꿈의 해석』

무의식의 중창

오페라나 뮤지컬에는 중창이란 것이 있다. 두 명이나 세 명, 많게는 대여섯 명의 출연자들이 각자의 생각을 노래하며 화음을 만드는 것이다. 상호 간의 유대나 협조, 담합, 흥정, 음모, 대결 등을 적나라하게 드러내며 극을 전개시키는 묘미가 쏠쏠하다. 모차르트는 연극에서 여러 명이 한꺼번에 지껄이면 소음이 되지만 오페라에서는 멋진 화음이 된다고 했다. 멜로디와 화음은 멋지게 조화되지만 서로 다른 속마음을 드러내는 '동상이몽'형 중창은 오페라가 주는 매력의 백미다. 유명한 예로 베르디의 「라 트라비아타」에 나오는 「축배의 노래」는 두 남녀가 처음 만나 축배를 드는 화려한 2중창인데, 알프레도는 사랑의 미덕을 찬양하면서 자신의 순정을 전하지만, 비올레타는 "사랑은 부질없는 것, 사랑 같은 소릴랑은 말고 술이나 마시며 즐깁시다"라고 노래를 받는다. 노래는 같지만 서로의 생각은 다른 것이다.

프로이트(Sigmund Freud, 1856~1939)가 발견한 무의식이 꼭 이렇다. 이런 중창이 한 사람에 의해 불리는 장면을 상상해 보자. 오페라 무대에서는 불가능하겠지만 무의식의 무대에서는 가능하다. 프로이트는 한 사람이 여러 명의 인격을 표출하는 정신분열증이나 적대적인 생각들을 타협시켜 하나의 증상으로 표출하는 신경증에서 이런 무의식의 중창을 발견했다. 이런 '비정상적'인 사람들만 그런 게 아니라 '정상적'인 사람들도 마찬가지다. 신경증자나 정신병자의 무의식적 중창이 현실과 불협화음을 낸다면 '정상인'들은 현실과 화음을 내기 위해 무진장 애쓰는 것뿐이다. 가만히 눈을 감고 머릿속에 떠오르는 생각들을 자유롭게 연상해 보자. 서로 다른 시간 속의 사건들에 대한 기억, 각기 다른 인물들에 대한 감정과 판단들이 저마다의 선율로 때로는 화음을 때로는 불협화음을 내는 소리가 들리지 않는가?

무의식의 중창을 듣기 위해서는 눈을 감는 것만으로는 부족하다. 무의식이란 자아에 의해 억압되어 좀처럼 의식의 표면으로 떠오르지 않는 생각들이기 때문이다. 프로이트는 자아의 도덕적 검열이 약화된 수면 중의 표상활동, 즉 꿈을 통해 무의식의 중창을 들을 수 있다고 생각했다. 프로이트는 고대인들의 지혜를 따라, 꿈은 단지 수면 중 자극에 대한 모호하고 쓸모없는 잔상 반응이 아니라 꿈꾼 이의 욕망과 숨겨진 진실을 담고 있는 "의미 깊은" 해석 대상이라고 보았다. 책 제목을 『꿈의 해석』(*Die Traumdeutung*)이라 한 이유도 그 때문이다.

그러나 고대의 해몽술과 프로이트의 꿈 해석은 다르다. 고대인들이 꿈을 꿈꾼 이의 정념이나 미래에 일어날 일을 미리 보여 주는 하나의 이야기로 본 반면에 프로이트는 꿈을 서로 다른 사건과 대상에 대한 생각과 이미지의 복합물(complex)로 보았다. 해몽술에서 꿈은 한 가지 의미를 전달하는 '아리아'인 반면에 『꿈의 해석』에서는 서로 다른 생각들의 '중창'인 셈이다. 수면 중의 외부 자극이나 내부 충동에 대한 이미지, 전날의 기억들, 아득히 먼 유아기의 소망들, 평소 억압되어 의식되지 않던 욕망들, 그 억압된 욕망을 감추기 위해 덮개처럼 사용된 생각들이 저마다의 선율로 하나의 꿈을 구성하고 있는 것이다.

그래서 꿈을 해석하기 위해서는 일단 꿈의 내용들을 잘게 쪼개야 한다. 그리고 각각의 단편들에서 연상되는 사건과 인물, 배경과 주제, 정서와 욕망들을 추적해야 한다. 비유하자면, 불협화음 투성이라 도대체 무슨 얘긴지 모를 중창을 멈추게 하고 출연자들 한 명 한 명의 가사를 따로 들어 보는 것이다. 이렇게 꿈의 다중적인 출처를 밝혀낸 다음에는 그것들이 서로 어떤 관계를 맺고 있는지, 동조하는지, 혹은 적대하는지 분석해야 한다.

내 안의 비정상성

프로이트는 꿈을 통해 표출되는 생각들을 두 편으로 나눈다. 한편은 도덕적이고 합리적인 '자아'에 동조하는 생각들이고, 다른 편은 그 자아에 의해 억압된 '이드'(id; 뭐라 말할 수 없어서 '그것'Es이라 부른 무의식적 욕망의 출처)의 욕망에 관한 생각들이다. 꿈은 자아의 '검열' 기능이 느슨해진 틈을 타서 평소 억압했던 이드의 욕망이 표현되는 무대인데, 그렇다고 자아의 검열이 완전히 중지되는 것은 아니다. 그래서 억압된 욕망에 관한 생각과 이미지들은 원래 모습대로 드러나지 않고, 별로 억압될 필요가 없는 다른 생각이나 이미지로 대체되기도 하고 혼합되기도 하면서 변형된다. 프로이트는 이런 꿈 형성의 원리로 신경증이나 도착증, 혹은 정신병의 증상을 해석했다. 정상인들이 꿈의 무대에서 무의식적 욕망을 가장된 형태로 표출하는 방식 그대로 신경증자들은 자신의 억압된 욕망을 강박 행위나 신체증상으로, 도착증자들은 병리적인 충동 행위로, 정신병자들은 망상이나 환각으로 변형시켜 표출하는 것이다.

자아에 의해 억압된 생각(무의식)이 다른 생각으로 대체되거나 혼합된 형태로 표출되는 현상은 비단 꿈이나 병리적인 증상에서만 일어나는 것이 아니다. 프로이트에게 그것은 모든 인간의 의식 저변에서 항상 일어나는 현상이다. 자신을 학대하는 남편에 대한 생각과 감정이 자식에게 전가되거나, 자신의 노동력을 착취하는 자본가에 대한 계급적 증오가 억압되었다가 엉뚱하게 외국인노동자나 여성노동자를 향한 증오로 표출되는 현상에서, 혹은 다양한 사회적 갈등과 혼란에 대한 생각이 '국가의 적'에 대한 생각으로 응축되는 현상들에서 우리는 이와 같은 무의식의 작동 형식을 발견할 수 있다.

우리는 보통 한 가지 생각은 오직 한 가지 의미만 담고 있을 거라 생각한다. 하지만 프로이트는 하나의 생각처럼 보일지라도 그것은 언제나 다른 생각을 대체한 것이거나 여러 생각들이 혼합된 것이라고 보았다. 우리는 보통 꿈속의 생각과 깨어 있을 때의 생각, 비정상인들의 생각과 정상인들의 생각 사이에 넘을 수 없는 선을 긋는 데 익숙하다. 그러나 프로이트는 그런 구별과 분리의 선은 우리 안에 있는 의식과 무의식, 자아와 이드 사이의 분리선이 타인을 향해 투사된 것일 뿐이라고 한다. 『꿈의 해석』을 통해 우리는 우리 안에 있는 비정상적인 생각들이 정상적인 생각들과 어울려 불협화음을 내는 무의식의 중창을 들을 수 있는 방식을 배우게 된다.

거짓 속의 진실

『꿈의 해석』의 출판년도는 1900년으로 되어 있지만 실제로 출판된 것은 1899년 10월이고 서점에 진열된 것은 11월 4일이다. 새로 시작되는 세기에 맞추려는 흥행심리 때문일 것이다. 그러나 출판업자의 이 거짓에는 예언적인 진실이 있다. 정신분석학의 신호탄인 『꿈의 해석』은 니체와 맑스의 책과 함께 20세기를 대표하는 사상서가 되었다.

출판 후 몇 년 동안 『꿈의 해석』은 언론과 학계의 침묵 속에 내팽개쳐졌다. 그나마 입을 연 몇몇 학자들은 프로이트가 미신과 과학, 예술적 상상력과 과학적 이성을 혼동했다고 혹평했다. 고대 해몽술의 전통을 이어받은 프로이트의 꿈 해석은 주관적인 해석일 뿐 과학적인 진실이 될 수 없다는 것이다. 물론 이 책을 쓰게 된 계기가 프로이트 자신이 꾼 꿈에 대한 해석이고 꿈 해석의 대상도 수면 중의 꿈 자체가 아니라 깨고 난 이후 망각과 왜곡으로 '오염된' 기억내용일 뿐이라는 점에서, 그리고 분석 결과에 대한 사실 검증이 없다는 점에서 『꿈의 해석』은 과학서라기보다는 문학서에 가깝다. 프랑스어판은 책 제목을 『꿈의 과학』(*La Science des rêves*)으로 달면서 정신분석학의 과학적 타당성을 인정해 주었지만, 오히려 프로이트 자신의 입장은 과학적 진실이야말로 객관적 진실이 아니라 공인된 해석에 다름 아니라는 것이다.

프로이트는 해석 대상의 왜곡 가능성에 대해 오히려 그런 거짓 속에서 무의식의 진실이 드러난다고 보았다. 단지 '게임'일 뿐인 진실게임을 통해 진실을 말하거나 '농담'의 포장지로 싸서 사랑을 고백하는 경우처럼, 인간은 거짓말을 통해 진실을 드러내는 특이한 존재다. 아버지의 손에 이끌려 마지못해 프로이트를 찾은 여자 동성애자가 있었는데, 얼마 후 그녀는 남자와 결혼하고 싶은 욕망을 담은 꿈을 꾸었다. 프로이트는 그녀의 꿈은 프로이트 자신을 속여 아버지의 간섭에서 벗어나기 위한 속임수임을 간파했다. 그러나 이런 거짓된 욕망의 꿈은 무의식 속에서 그녀가 자신에게 매혹된 프로이트를 자기 아버지와 동일화시키고 있으며 그녀의 동성애는 자신을 향한 아버지의 이성애적 욕망에 대한 도전 행위라는 진실을 드러낸 것이다. 『꿈의 해석』은 거짓 속에서 진실을 찾는 과학이라고 할 수 있다.

_박정수

『삼국사기』를 둘러싼 오해와 진실

>> 김부식의 『삼국사기』

『삼국사기』에 새겨진 낙인들

『삼국사기』를 지을 때 김씨의 마음은 이를 독립의 조선사로 지은 것이 아니라 지나[중국] 역대사 가운데 동이(東夷) 열전의 주석으로 자처함이 명백하도다.(신채호, 『조선상고문화사』)

선유들이 말하되 3국의 문헌이 모두 병화(兵禍)에 없어져 김부식이 고거할 사료가 없어 부족하므로 그가 편찬한 『삼국사기』가 그렇게 소루함이라 하나, 기실은 김부식의 사대주의가 사료를 분멸한 것이다.(신채호, 『조선사연구초』)

단재 신채호는 『삼국사기』(三國史記)를 이렇게 맹렬하게 비난했다. 근대 제국주의의 광풍이 몰아치던 20세기 초, 『삼국사기』는 폐기되어도 아쉬울 게 없는 책으로 전락했다. 근대 애국지사들은 『삼국사기』에 민족정신을 말살한 역적이요 사대주의 화신이란 낙인을 찍었다.

근대 사가들이 『삼국사기』에 새겨 놓은 낙인은 아직까지 지워지지 않고 있다. 사람들은 여전히 『삼국사기』가 중국 역사서들을 그대로 모방하여 민족의 역사적 사실을 왜곡한다고 인식한다. 거기에 관찬역사서에 대해 갖는 반감이 더해져 『삼국사기』는 읽지는 않지만 비난할 수 있는 역사서가 되어 버렸다. 그러나 『삼국사기』를 그저 사대에 찌든 역사서로, 관변적인 역사서로 매도하는 것은 또 하나의 편견이다.

12세기 중세 보편 문화의 흐름 속에서 탄생한 『삼국사기』에서 근대 사가들이 그토록 원했던 '민족정신'을 고취할 만한 요소를 찾아보기는 어렵다. 민족에 대한 개념도 없고, 민중 의식도 없고, 요동벌에 대한 영토 의식도 없다. 신라, 고구려, 백제의 관계는 수나라, 당나라, 돌궐, 왜국의 관계와 다르지 않다. 삼국은 모든 나라와 필요에 의해 연합하고 필요에 따라 전쟁한다. 신라, 고구려, 백제는 적일 뿐이다.

이처럼 김부식(金富軾, 1075~1151)에게 역사는 근대 사가들이 생각하는 역사와는 다른 것이었다. 『삼국사기』는 근대인들의 역사 관념과는 다른 지점에서 역사를 구성한다. 동시에 그런 의미에서 『삼국사기』는 역사로 들어가는 또 하나의 새로운 출구이기도 하다.

천재지변도 위대한(?) 역사적 사건이다

'우박이 내려 나는 새가 죽었다', '폭풍이 불어 나무를 뽑고 용이 금성 우물에 나타나고 서울에 누런 안개가 사방에 자욱하게 끼었다', '큰 별이 월성 서쪽에 떨어졌는데 그 소리가 우렛소리 같았다', '주력공의 집 소가 한 배에 송아지 세 마리를 낳았다', '뱀이 남쪽 고방에서 사흘 동안 울었다', '흰 무지개가 대궐 우물에 박히고 토성이 달을 범했다.'

이 기사들은 「세상에 이런 일이」와 같은 프로에 나올 법한 내용들이다. 그런데 『삼국사기』「본기」는 이 천문현상과 천재지변에 관한 일을 정치적 사건만큼이나 비중 있게 다룬다. 『삼국사기』에서 천재지변은 전쟁이나 반란이나 왕의 죽음과 같은 사건을 경고하거나 예시하는 조짐이다. 그야말로 저절로 오는 것이 아니라 천하가 혼란스러울 때 나타난다.

천재지변은 인간의 행위에 대한 경고이자 재앙을 예고하는 징표다. 그렇기 때문에 통치자는 천재지변이 닥칠 때 늘 자신의 행위를 돌아봐야 한다. 결국 중요한 것은 천재지변을 제대로 해석하여 자신을 바꾸는 능력이다. 만약 통치자가 천재지변의 경고를 받아들여 하늘의 해와 달처럼 투명하게 잘못을 드러내고, 그 잘못을 고치면 재앙은 찾아오지 않는다. 그러나 하늘의 조짐을 보고도 행동을 바꾸지 않으면 재앙을 피할 길이란 없다.

김부식에게 천재지변은 단순한 물리적 현상이 아니었다. 천재지변은 인간사에 감응하고 인간사에 개입하는 역동적 실체였기 때문에 역사적 사실이자 사건으로 취급되었다. 김부식에게 역사는 자연과 인간의 연동 작용에 의해 구성되는 것이다. 그러나 지금은 이런 현상을 역사적 사실로 절대 생각하지 않는다. 이런 것은 비과학적이고 초자연적 미신으로 치부되어 역사 저편으로 추방될 뿐이다. 김부식의 시대와 우리 시대는 역사적 사실조차 그 함의가 달랐다. 따라서 역사는 사실에 입각해야 한다고 말하면 안 된다. 어떤 것을 사실로 인식하는가를 따져야 한다. 우리 시대 어떤 것이 역사적 사실인가?

평강 공주와 온달, 또 다른 역사

김부식은 고려시대 최고의 문장가다. 대문장가로서의 면모를 『삼국사기』

「열전」에서 유감없이 발휘했다. 그 중 「온달전」은 문장의 백미다. 한말의 문장가 창강 김택영(滄江 金澤榮)은 박지원의 「야출고북구기」(夜出古北口記)와 함께 「온달전」을 조선 5천 년 이래 최고의 명문이라고 칭송했다. 삼국시대 사람들을 움직이는 힘은 무엇일까? 「온달전」은 간결하면서도 아름다운 문장으로 여기에 답한다.

평강왕의 공주는 궁중을 떠나 주체적으로 살고 싶었다. 공주가 울보가 된 것은 이 때문이다. 공주는 사대부의 처가 아니라 마음이 맞는 사람의 처로서 주체적으로 살고 싶었다. 가난하여 추레하지만 마음만은 올곧고 순수한 온달은 공주가 찾는 짝이었다. 공주가 온달을 만나 한 말도 바로 동심(同心)이다. 한 말의 곡식과 한 자의 베를 나눠 먹고 입더라도 마음이 맞으면 함께할 수 있다고. 마음이 맞는 자와 함께해야 한다는 믿음이 공주를 움직인 것이다.

이야기는 여기서 끝나지 않는다. 온달은 공주의 내조 덕에 장수로 성공한다. 온달은 신라에 빼앗긴 고구려의 땅을 찾기 위해 아단성 전투에 참여한다. 온달은 공주에게 땅을 되찾지 못하면 돌아오지 않겠다는 굳은 맹세를 던지고 전투에 나아갔다. 온달은 싸우다 화살에 맞아 죽는다. 그는 공주와의 약속을 지키지 못했다. 그 때문에 온달의 관은 움직이지 않았다. 공주가 '생사는 결정되었으니 돌아가시라'고 마음을 풀어 준 뒤에야 관이 움직였다. 자신을 믿어 준 공주에게 약속을 지키고 싶었던 온달, 그 마음을 알아준 공주. 「온달전」은 어리석고 미천한 남자가 아내를 잘 만나 성공한 이야기가 아니다. 이들은 부부이기 이전에 서로를 알아주고 믿어 줬던 지기(知己)였다.

『삼국사기』는 주로 국가의 역사를 기록한다. 즉 통치자의 역사를 기록한다. 그렇지만 『삼국사기』는 「열전」을 통해 이런 한계를 넘어선다. 「열전」은 「본기」에서 담지 못한 삼국시대의 다양한 삶의 결들을 잡아낸다. 정사가 담지 못한 삶의 이야기를 「열전」에서 풀어내어 역사 너머 사람들을 만날 수 있게 해준다.

◈ 고전 Tip & Talk

『삼국사기』의 영원한 라이벌 『삼국유사』

삼국시대의 역사를 이야기하려면 『삼국사기』와 『삼국유사』를 함께 거론하지 않을 수 없다. 하나는 정사요 하나는 야사, 김부식은 유학자요 일연은 불승, 하나는 문헌조사를 중심으로 하나는 현지조사를 중심으로 기술되었다는 점에서 두 역사책은 대칭을 이룬다. 이 때문에 『삼국사기』를 읽으면 『삼국유사』가 궁금해지고, 『삼국유사』를 읽으면 『삼국사기』가 궁금해진다.

『삼국사기』 「열전」과 『삼국유사』 「기이」 편에 동시에 실려 있는 신라의 박제상 이야기를 비교해 보자. 박제상은 계림(신라)의 신하다. 박제상은 고구려에 억류되었던 왕자 복호를 구하고, 일본에 억류되었던 왕자 미사흔을 탈출시키는 데 성공한다. 그러나 정작 박제상 자신은 일본 왕에게 잡혀 온갖 고문을 당한 끝에 죽임을 당한다.

이야기는 여기서 끝이 아니다. 『삼국사기』 「열전」에서 죽은 박제상은 대아찬에 추증되고 그의 가족들은 후한 상을 받았으며 제상의 둘째딸은 미사흔의 아내가 된다. 미사흔의 귀환으로 왕실은 화락함을 되찾는다. 『삼국유사』의 뒷이야기는 이와 다르다. 박제상의 아내는 왜국으로 떠나는 남편을 따라잡지 못해 망덕사의 모래벌판 위에 누워 길게 울었다. 오래 뒤 제상의 아내는 그리움을 견딜 수 없어 치술령에 올라 왜국을 바라보며 통곡하다가 죽어 치술신모가 된다.

김부식은 국가인의 시선으로 사건을 기술한다. 김부식에게 국가는 주체고, 개인은 객체다. 그렇기 때문에 국가가 충신에게 부여한 영광에 초점을 맞춘다. 반면 일연은 박제상의 부인을 주체로 다룬다. 왕실은 가족을 되찾았지만 정작 제상의 아내는 남편과 이별하게 되고 사무치는 그리움 때문에 죽게 되는 이 역설. 명예와 영광 이면에 도사리고 있는 비감 어린 가족사. 일연은 이 부분에 주목했다.

김부식은 국가에 집중했고, 일연은 국가 외부의 개인에게 시선을 던졌다. 『삼국사기』와 『삼국유사』에 대해, 역사책으로서 그 우열을 판정하고 가치를 판단하기는 어렵다. 확실한 건 『삼국사기』가 국가 내부를 사유하게 한다면, 『삼국유사』는 국가 외부를 사유케 한다는 점이다. 역사 기술의 출발점이 다른 『삼국사기』와 『삼국유사』는 영원한 맞수이자 서로를 비추어 주는 거울이다.

_길진숙

별을 지도 삼아 길을 떠나던 시대의 이야기

>> 호메로스의 『오디세이아』

이따금, 삶이 가혹하고 힘겹다고 느껴질 때, 우리의 마음은 한 장의 지도를 꿈꾼다. 내가 가야 할 길을 지시해 주는 그런 지도가 있다면, 용기를 갖고 흔들림 없이 인생의 길을 걸어갈 텐데. 그런 지도를 가졌던 시대가 있었다면 그 시대의 사람들은 얼마나 행복했을까?

호메로스(Homeros)는 그런 지도를 가졌던 시대와 사람들이 있었다고 말한다. 트로이전쟁이 끝난 후 10년이라는 긴 시간에 걸쳐 고향으로 돌아오는 오디세우스에게 그 지도는 하늘의 별이었고, 올림푸스의 신들이었고, 무엇보다도 그 자신의 삶에 대한 확고한 의지였다. 퀴클롭스에게 전우들을 잃고, 칼립소와 키르케의 유혹에 발이 묶이고, 세이렌의 노래와 스킬라의 광폭함에 마음이 흔들릴 때에도 그는 한순간도 자신이 가야 할 길을 잃어버리지 않았다. 그의 옆에는 매번 다른 모습으로 나타나 용기를 북돋아 주던 아테네 여신이 있었고, 생사고락을 함께하는 전우들이 있었으며, 낯선 이방인을 환대하는 마음씨 좋은 사람들이 있었다. 이런 시대의 삶에 대해 헝가리의 문예학자 루카치(György Lukács)는 이렇게 동경의 찬사를 보낸다. "별이 빛나는 창공을 보고, 갈 수가 있고 또 가야만 하는 길의 지도를 읽을 수 있던 시대는 얼마나 행복했던가? 그리고 별빛이 그 길을 훤히 밝혀 주던 시대는 얼마나 행복했던가?"

올림푸스의 신들은 삶을 긍정하기 위한 예술적 상상

그 시대의 사람들은 자신의 운명에 겸손했으나 삶 앞에서 수동적이지 않았으며, 신화적인 힘들을 존경했으나 인간적인 욕망을 당당하게 드러낼 줄도 알았다. 그들은 생각했다. 내 삶은 내가 산다. 신은 내 삶의 나침판이자 지도일 뿐이다. 호메로스는 『오디세이아』에서 이러한 그리스인들의 생각을 제우스의 입을 빌려 이렇게 말했다. "인간들은 걸핏하면 신들을 탓하곤 하지요. 그들은 재앙이 우리에게서 비롯된다고 하지만 사실은 그들 자신의 못된 짓으로 정해진 몫 이상의 고통을 당하는 것이오." 인간은 모두 자신이 행한 바에 의해 자기 삶을 스스로 축복하거나 저주한다. 자신의 의지와 정당한 노력으로 포세이돈의 저주를 뚫고 고향으로 돌아온 오디세우스가 한 집안의 가장으로서 그리고 한 나라의 왕으로서 행복한 삶을 완성했다면, 그가 집을 비운 사이 페넬로페에게 구혼을 한다는 핑계로 오디세우스의 재산을 먹어치우며 오만불손한 행패를 부리던 이타케의 구혼자들은 모두 복수의 화살을 피할 수 없었다.

그런데 그리스인들은 왜 올림푸스의 신들을 상상했을까. 니체는 『비극의 탄생』에서 이렇게 말했다. "그리스인들은 삶의 공포와 전율을 알고 있었고 느낄 수 있었다. 요컨대 살기 위해서 그들은 올림푸스라는 꿈의 산물을 만들어 내야 했다." 특히, 그 시대의 인간들에게 자연은 자신들의 능력으로는 이해 불가능한 공포의 대상이었기 때문에, 거기에 인간적인 형상을 부여함으로써 그 공포를 극복하고자 했던 것이다. 고대 그리스인들은 '올림푸스의 신'이라는 예술적 서사를 통해 더 오래, 삶을 즐길 수 있는 방식을 발견했던 셈이다.

이방인을 환대하는 것은 올림푸스의 신들을 공경하는 것

그들에게는 모든 우주만물이 '신'이었다. 특히 인간의 형상을 한 신들은 매번 자신이 원하는 방식으로 모습을 바꿔 가며 인간들의 집을 찾아온다고 믿었다. 때문에 낯선 곳으로부터 오는 이방인에 대한 무조건적인 환대는 기도를 하고 가축을 제물로 바치는 제사의식과 함께 그들의 삶에서 중요한 부분을 차지한다. 오디세우스의 돼지치기는 떠돌이 노인의 모습으로 자신의 집에 찾아온 주인을 알아보지 못하지만, 그를 성심껏 환대한다. "나그네여! 그대보다 못한 사람이 온다 해도 나그네를 업신여기는 것은 도리가 아니지요. 모든 나그네와 걸인은 제우스에게서 온다니까요." 이런 말과 함께 돼지치기는 떠돌이 노인으로 변장한 오디세우스를 제우스처럼 환대한다. 자신이 갖고 있는 가장 좋은 음식을 대접하고 가장 좋은 잠자리를 제공하면서.

오디세우스나 그의 아들 텔레마코스가 여행을 하면서 만나게 된 대부분의 사람들은 모두 그들을 진심으로 환대한다. 낯선 자가 자신을 찾아왔을 때 그들이 보여 주는 공통적인 태도는 이방인에게 일단 '먹고 마시는 욕망'이 충족될 수 있도록 배려한다는 점이다. 손님이 어떤 신분인지, 누구인지를 묻지 않고 그가 누구든 무조건 환대한다. 주인과 손님이 함께 충분히 먹고 마시고 난 후, 비로소 주인은 손님에게 묻는다. 이방인이 떠나온 곳은 어디이며, 어떻게 이곳에 도착했으며, 그는 누구인지. 『오디세이아』에서 가장 흥미로운 부분인 오디세우스의 모험이 자신을 환대해 준 파이아케스족의 왕에게 이야기를 들려주는 방식으로 구성되어 있다는 점을 우리는 주목할 필요가 있다. 주인에게는 자신을 찾아온 이방인을 무조건 환대할 의무가 있으며, 손님에게는 자신을 환대한 주인이 원하는 이야기를 들려줄 의무가 있다. 아니, '이야기'를 들려주는 것은 환대에 대한 일종의 답례인 것이다. 오디세우스의 귀향을 가능케 했던 '환대의 법칙'은 역설적이게도 그가 이타케의 집으로 돌아왔을 때 중지된다. 자신의 정체를 밝힐 수 없었던 오디세우스는 그의 재산을 탕진하고 있던 오만한 구혼자들의 냉대와 모욕을 묵묵히 견뎌야만 했다. 이때 파탄 난 환대의 법칙은 가혹한 복수에 하나의 정당성을 부여한다.

죽음을 통해 유한한 삶을 긍정하는 기술

호메로스의 인간들은 모두 언젠가 죽을 존재로서의 자신을 인정하고, 삶과 자기 자신을 일치시키는 방식으로 살았다. 때문에 그들에게 있어 진정한 공포의 대상은 자연이나 신이 아니라 삶으로부터의 이탈, 즉 언젠가는 직면하게 될 죽음이었다. 『오디세이아』에서 호메로스가 이야기의 중간 그리고 마지막에 '저승'의 에피소드를 삽입해 넣은 것은 바로 이러한 맥락, 즉 그 시대 그리스인들에게 공통적으로 내재되어 있던 죽음에 대한 불안과 고통을 은연중에 드러낸 것이라고 할 수 있다. 서사시의 11권에서 오디세우스가 자신의 귀향을 둘러싼 예언을 듣기 위해 저승으로 내려갔을 때, 그가 확인한 것은 삶이 죽음보다 좋은 것이라는 점이었고, 그러한 깨달음이 이후에 그가 겪게 될 고난이나 고통으로부터 그의 삶을 지켜 준다. 오디세우스가 트로이전쟁의 영웅이었던 아킬레우스를 만나 그를 칭송하는 말을 건네자, 아킬레우스의 혼백은 쓸쓸한 표정으로 이렇게 말한다. "저승에서 사자(死者)들을 통치하느니 차라리 지상에서 머슴이 되어 농토도 없고 재산도 많지 않은 가난한 사람들 밑에서 품이라도 팔고 싶다."

자연에 대한 공포나 죽음에 대한 불안을 극복하고 삶을 긍정하는 한 방식으로 그리스인들이 발견한 것은 신화 혹은 서사시라는 예술의 영역이었다. 『오디세이아』에는 한 용감하고 지혜로운 그리스인의 여행담이라는 형식으로 이러한 내용들이 압축적으로 담겨 있다. 어떤 어려움 속에서도 자신이 원하는 것을 향한 용기와 의지를 버리지 않으며, 신을 섬기듯 낯선 자들을 환대하며, 일상을 축제로 즐길 줄 알았던 그리스인들의 머리 위에는 항상 반짝이는 별들의 지도가 펼쳐져 있었다.

◈ **고전** Tip & Talk

멘토의 발견

오디세우스의 고난에 찬 귀향길과 아버지의 행방을 쫓는 텔레마코스의 여행길에는 언제나 아테네 여신이 함께한다. 『오디세이아』 전 편에 걸쳐 아테네의 활약은 눈부시다. 예정된 시간을 넘겨서도 귀향하지 못하는 주인공을 위해 아테네는 올림푸스의 신들에게 그의 귀향을 탄원하고, 그가 낯선 곳에 갈 때마다 환대받을 수 있도록 배려하며, 이타케로 돌아온 오디세우스가 구혼자들에게 복수할 때에도 함께하며, 전운이 감도는 이타케에 평화가 정착할 수 있도록 애를 쓴다.

텔레마코스가 아버지의 소식을 듣기 위해 트로이전쟁의 영웅인 네스토르와 메넬리우스를 방문할 때에도 아테네는 그의 여행이 순조롭게 진행될 수 있도록 매번 자신의 모습을 바꿔 가면서 응원한다. 아테네는 자주 멘토르의 모습을 하고 텔레마코스 앞에 나타나는데, 오디세우스는 트로이전쟁에 참전하기 전, 친구인 멘토르에게 아들을 부탁한 바 있다. 오디세우스가 고향을 떠나 있는 동안 멘토르는 텔레마코스의 선생이자 친구, 아버지의 역할을 도맡아 하며 그가 훌륭하게 자랄 수 있도록 도움을 주었다. 텔레마코스는 아버지의 친구인 멘토르와 멘토르로 분장한 아테네의 도움으로 당당한 성인으로 성장해 나갈 수 있었다. 오늘날 우리에게 익숙한 '멘토'(mentor)라는 말은 이러한 배경 속에서 만들어져 온 것이다.

_권용선

인생, 붉은 누각에서 꾼 한바탕의 꿈

>> 조설근·고악의 『홍루몽』

『홍루몽』(紅樓夢)의 지은이로 알려져 있는 조설근(曹雪芹, 1715~1763)은 청나라 난징(南京) 강녕직조(江寧織造; 황궁에 물건을 공급하는 일)를 맡은 명문가의 귀공자로 태어났다. 강희제가 남방을 순시했을 적마다 그 집에서 묵었다고 하니, 이 집의 영화로움은 가히 상상할 수 있다. 그러나 부귀영화는 잠시였고, 소년 시절(옹정제 대)에 가문이 몰락하였다. 베이징으로 이주한 그는 불우하고 가난한 일생을 보냈다. 조설근이 창작해 놓은 전 80회 ― 처음에는 『석두기』(石頭記)라는 제목이었다 ― 를 이어, 고악(高鶚, 1738~1875)이 후 40회를 창작했다고 한다. 우리가 읽고 있는 120회본 『홍루몽』이 이로써 완성됐다.

『홍루몽』은 480명에 이르는 각양각색의 인물들이 등장하고, 청대의 문화, 사회, 정치, 전통, 복식, 음식 등의 다방면이 그려져 있는 '중국 전통사회의 백과사전' 격인 작품이다. 주로 가보옥(賈寶玉)과 임대옥(林黛玉) 및 설보차(薛寶釵) 간의 연애와 혼인, 가부(賈府; 가 씨가 사는 대저택)의 흥망성쇠를 큰 줄기로 하고 있다. 여기서 반봉건·반청혁명 사상 및 인생무

상설과 인생비극설, 애정비극설 등의 주제들이 도출된다. 학계에서는 『홍루몽』을 연구하는 학문을 '홍학'(紅學)이라고 부를 정도로, 대중과 연구자들의 광범위한 관심을 받고 있다.

인간세계로 내려간 돌

옛날옛날에 공공(共工) 씨가 부저우산(不周山)을 들이박아 하늘에 구멍이 났다. 이에 여왜(=여와, 女媧) 씨가 급히 돌을 달구어 하늘을 기웠다. 그때 하늘을 깁는 일에 쓰이지 못한 신통한 돌은 어느 날 문득 인간세상으로 내려가 부귀영화를 누려 보고자 하는 마음을 갖는다.

그리고 신선세계의 스님과 도사에게 인간세계로 보내 달라고 조른다. 선사들은 만류한다. "저기 저 인간세계에는 진정으로 즐거운 일이 있지만, 그걸 오래도록 간직할 수는 없다네. 하물며 옛말에도 아름다운 것에는 부족함이 있고, 좋은 일에는 마가 낀다고 하지 않았던가. 이 두 경구는 언제나 붙어 다니는 형국이니, 순식간에 즐거움이 극에 달하면 슬픔이 생기는 법이요, 사람도 달라지고 산천도 바뀌는 법이지. 결국에는 한바탕 꿈이 되고 만사가 공(空)으로 돌아가는 것이라네. 그러하니 아예 가지 않는 게 좋아."(1회)

돌은 재주가 남달랐을 터이나 하계에 마음이 가 있는 상태라 이 말이 귀에 쏙 들어오진 않는다.

그것은 사람도 마찬가지다. 인생이 꿈과 같다는 것, 한때의 부귀영화가 허망하다는 것을 다 알고 있으면서도 우리는 눈앞의 그것을 좇아서 일생을 살아간다. 실제로 겪지 못한 일에 대해서 이성적으로, 합리적으로 생각한다고 모든 것을 납득하는 것은 아니다. 인간 존재의 본성이 그렇다. 자기가 하고 싶은 대로 살아간다. 그러면서 자기가 한 걸음 한 걸음 내디딘 곳에서 길[道]이 만들어지고, 그 길을 걸어간다[修道]. 걸어가면서 깨달아 간다. 아, 그렇지 이게 삶이지. 그러므로 인간에게 일상은 도량이 된다.

한 번으로 완전히 득도할 순 없다(그런 사람도 있고, 득도의 순간은 한순간에 판가름나지만). 하계로 내려가고 싶어 하는 미련한—물론 신통방통하긴 하지만—돌처럼 『홍루몽』 속 인물들도 단 한번의 사건과 단 한번의 예언으로는 인생사의 이치를 깨닫지 못한다. 수많은 꿈과 수많은 예언 및 징조들이 있었다. 그걸 되씹어 볼 시간도 없이 다른 일들이 터진다. 불초한 자손과 우매한 중생은 환몽(幻夢)에 도취되어 살았으니, 그들은 현실을 둘러싸고 있는 환(幻)의 그물을 알아채지도, 찢지도 못했다.

'달은 차면 기울고 물도 차면 넘친다'고 했다. '산은 산이요, 물은 물이다'라고도 했다. 초등학생도 다 아는 말이라지만, "세상 사람들은 모두 신선 좋은 줄은 알면서도, 오로지 부귀공명을 잊지 못한다!"는 말처럼, 그저 현실의 욕심과 편안함에 눈 가리고 아웅할 뿐이다. 그 눈가리개를 치워 버리는 일! 그것으로 자신의 본성에 마주할 수 있다.

바보, 사랑을 외치다

어쨌든 신통하지만 조금은 바보 같은 돌은 막무가내로 떼를 써서, 부채 끝에 매달기 딱 좋은 크기의 옥이 되어 인간세상으로 내려왔다. 백옥으로 집을 짓고 금으로 말을 만들 정도로 권세를 휘두르는 가부의 귀공자 가보옥으로 환생했다. 그 인연의 징표인 옥을 입에 물고. 이러한 심상치 않은 탄생으로, 그는 세상에 없는 것 빼놓고 다 가진 가부의 절대 권력인 할머니의 사랑을 받으면서 자라난다. 그는 홍진세계에 존재하는 온갖 감정들을 경험한다.

특히 그는 "여자는 물로 만든 골육이고 남자는 진흙으로 만든 골육이라, 여자아이를 보면 마음이 상쾌해지지만 남자를 보면 더러운 냄새가 진동한다"고 할 만큼 여성의 아름다움과 행동거지 및 식견에 감탄했고, 수염 난 사내가 갖고 있는 가식적인 충효사상을 싫어했다. 그가 배운 세상의 아름다움은 8할이 여성이라는 존재를 통해서였다. 그리고 또한 그녀들의 낙화와 같은 운명에 세상의 쓴맛, 단맛, 신맛, 짠맛 등을 한데 맛보는 경험을 했다.

현실의 부귀영화를 쥐려고 하면 쥘 수 있는 처지였으나 사랑에서도 그렇고, 원치 않은 입신출세의 길도 그렇고, 보옥은 현실세계와 타협의 지점을 찾을 수 없었다. 아, 다정(多情)도 병이런가, 자신의 옥마저 잃어버린 보옥은 정신줄을 놓고 만다. 바보가 되었다. 눈동자가 풀리고 옆에서 하라고 하지 않으면 문안인사도, 밥도 먹지 않는 상태까지 되었다. 바보도 병이다. 마음이 주위 환경과 조화를 이루지 못하고, 몸의 변화를 따라가지 못해서 생긴 병이라고 할 수 있다. 여러 번 시도했지만 성공하지 못한 사랑의 고백, 대옥의 의심과 주위 어른들의 반대. 바보 보옥은 한마음을 그녀에게 줬지만, 할머니의 반대로 원치 않은 여인과 결혼해야 했다. 결혼식이 진행될 때 대옥은 죽고, 그렇게 이들의 사랑은 비극으로 끝났다.

하지만 그것은 또 하나의 시작이었다. 어른들의 거짓으로 성사된 결혼은 대옥의 죽음 위에서 이뤄졌다. 결혼이라는 의식에는 죽음과 삶이 교차했다. 시간이 지나 보차를 사랑하게 된 보옥. 이 사랑의 결정체로, 쇠퇴한 가부를 다시 일으킬 이들의 자식은 새로운 질서와 운명에 대한 긍정이다. 달이 차면 이지러지고, 봄이 되면 꽃이 피고 까마귀는 어디선가 운다. 이런 자연현상이 길한지 흉한지 점칠 수 없다. 자연은 스스로 그렇게 자기 본성을 드러낼 뿐이니까. 인간만이 자연현상과 인간사에 온갖 의미를 부여하며, 가짜니 진짜니 하며 얽매이며 연연해한다.

『홍루몽』에는 여러 번 이런 구절이 나온다. "가짜가 진짜가 되면 진짜 또한 가짜요, 무가 유가 되면 유 또한 무가 된다." 이 구절을 가짜와 진짜라고 확언할 수 없는 것, 그냥 음양이 끊임없이 하나가 다하면 다른 하나가 되는 변화의 양상만이 참되다는 식으로 해석할 순 없을까.

◈ 고전 Tip & Talk

세상의 모든 화려함

가부의 화려함은 친척 덕을 보려고 가부를 찾아온 유씨 노파의 시선을 통해서 드러난다. 18세기 중엽, 중국 권문세가의 물질적·문화적 화려함과 우아함은 유씨 노파라는 시골뜨기의 시선에 어떻게 포착되었는가. 그녀는 출입이 엄하게 단속되는 규방의 구석구석을 독자들에게 생생하게 보여 준다.

유씨 노파가 처음으로 가부에 찾아왔을 때다. 그녀는 어린 시녀를 따라 방안으로 들어왔는데, 화려한 비단 휘장과 향기로운 냄새, 눈부시게 빛나는 가구와 장식품에 입이 떡 벌어졌다. 그녀는 비단옷에 금은보석으로 장식한 평아(시녀)의 꽃 같은 얼굴과 옥 같은 용모를 보고 아씨라고 생각하고, 아씨라고 부르려고 했다. 그 정도로 이 집은 부리고 있는 시녀마저도 아름답고 재능이 출중하다!

얼마 있자, "어디선가 째깍째깍 하는 소리가 났다. 마치 체 나무통을 치는 것 같은 소리였다. 어리둥절해서 이리저리 두리번거리는데 대청 가운데 기둥 위에 매달린 나무상자가 눈에 띄었다. 상자 밑에 매달린 저울추만 한 물건이 쉬지 않고 흔들리고 있었다"(6회). 유씨 노파가 도대체 어디에 쓰는 물건인지 생각하고 있을 때 홀연 "땡!" 하는 소리가 아홉 번 났다. 마치 쇠북이나 경쇠가 울리는 소리. 그것은 바로 괘종시계였다. 시녀들은 회중시계를 가지고 다니면서 가부의 일을 봤다.

유씨 노파는 순박한 시골의 풍취를 느끼려는 가부의 여인들과 저녁 식사를 하게 된다. 향긋한 맛과 쫄깃쫄깃함이 예사롭지 않은 음식을 먹게 된다. 그런데 이 요리가 가지절임이란다, 유씨 노파가 평상시 먹는 것과는 전혀 다른! 어떻게 이럴 수가! "세상의 모든 요리 이름을 주방 칠판에 써놓고" 하나씩 이름을 지워 가면서 요리를 만든다는 가부의 주방. 마님들이 일상적으로 먹는다는 가지절임의 레시피를 살펴보자.

우선, 방금 따낸 가지의 껍질을 벗기고 속살을 실같이 가늘게 썰어서 닭기름에 튀긴다. 다음으로 닭가슴살과 표고버섯, 죽순, 목이버섯, 오향을 넣어 말린 두부, 각종 말린 과일 등을 가늘게 썰어 닭 국물에 졸인 후에 말린다. 그런 다음 참기름을 치고 향유로 무쳐 사기 항아리에 넣어 봉해 두었다가 먹을 때 볶은 닭고기와 비비면 가지절임 완성이다(41회). 정말이지, 화려하지 아니한가!

_최정옥

잃어버린 시간을 찾기 위한 지도책

>> 마르셀 프루스트의 「스완네 집 쪽으로」

두 번 읽어야 하는 책 「스완네 집 쪽으로」

1913년 말의 파리. 프랑스 문학인들은 큰 충격을 받았다. 화자가 불분명하고, 중심 사건이 뭔지를 도통 알 수 없는 전대미문의 소설이 출현했기 때문이다. 어린 마마보이 마르셀이 겪는 인과가 불분명한 사건들의 연속, 끝도 없이 이어지는 긴 문장! 문단의 신인 마르셀 프루스트(Marcel Proust, 1871~1922)는 이 작품 「스완네 집 쪽으로」(1913)가 『잃어버린 시간을 찾아서』라는 연작의 첫 부분이 될 것이라고 했다.

프루스트는 어떤 혹평과 칭찬에도 흔들림 없이 차근차근 작품을 발표해 나갔다. 그리하여 『잃어버린 시간을 찾아서』는 「스완네 집 쪽으로」에 이어 「꽃피는 아가씨들 그늘에」(1919), 「게르망트 쪽」(1920~1921), 「소돔과 고모라」(1921~1922), 「갇힌 여인」(1922), 「사라진 알베르틴」(1925), 「되찾은 시간」(1927) 이렇게 7개의 부분으로 구성된 대작이 된다. 프루스트가 작품을 처음으로 구상하게 된 것이 1909년 무렵부터라고 하니 구상에서 완성까지 무려 19년이나 걸린 셈이다. 하지만 안타깝게도 그는 이 작품의 완간을 보지 못한 채 1922년 11월 18일 파리의 자택에서 숨을 거두었다.

봄에 밭을 바라보는 사람은 농부가 어떤 씨앗을 뿌려 놓았는지 알 수가 없다. 가을이 되고 열매를 맺고 나서야 '아 지난 봄에 바로 이것이 싹트고 있었구나' 알게 된다. 프루스트는 「스완네 집 쪽으로」 안에 농부가 씨를 뿌리듯 이야기의 씨앗을 뿌려 놓았다. 그래서 「스완네 집 쪽으로」의 진정한 맛을 느끼려면 독자는 제7편 「되찾은 시간」을 읽고 나서 돌아와 다시 읽어야 한다. 이렇게 두 번 읽어야 하는 책. 「스완네 집 쪽으로」는 프루스트가 숨겨 놓은 8번째 책이 된다.

콩브레, 시간여행의 출발지

「스완네 집 쪽으로」는 다시 제1부 '콩브레', 제2부 '스완의 사랑', 제3부 '고장의 이름'으로 나뉜다. 사실 제1편의 배경은 스완네 집만은 아니라 마르셀네 집 안, 마을의 시냇가, 들판, 성당 등이다. 게다가 스완네 집이 있는 콩브레에는 대부르주아인 스완네 집보다 훨씬 더 멋지고 화려한 대귀족 게르망트네의 영지가 있다. 프루스트가 '스완네 집 쪽으로'를 강조한 것은 스완이라는 인물의 사랑과 예술적 취향이 어린 마르셀에게 영향을 미치기 시작하는 것으로 전체 이야기가 시작하기 때문이다.

주인공 마르셀의 가족은 지방 부르주아에 불과하다. 마르셀 식구들은 언제나 스완네 집 쪽과 게르망트 쪽 중 어느 쪽으로 산책할 것이 좋을지 고민한다. 한쪽에는 "세상에서 가장 아름다운 평야"가, 다른 쪽에는 "전형적인 강가 풍경"이 펼쳐지고 있어 전혀 다른 풍경을 연출하기 때문이다.

「스완네 집 쪽으로」의 배경이 되는 콩브레 마을. 프루스트가 어린 시절 자주 머물던 동네 일리에를 본떴다. 특히 동네 한가운데 높이 솟은 종탑을 보며 주인공 마르셀은 처음으로 창작 의욕을 불태우게 된다.

제1편에서 스완과 게르망트라는 이름은 이렇게 뒤섞일 수 없는 사회의 두 계급을 상징한다. 프루스트는 『잃어버린 시간을 찾아서』를 통해 이 전혀 다른 두 세계가 만나서 섞이고 뒤바뀌는 이야기를 만들려고 했다. 마르셀은 여기서 결정적인 역할을 한다. 그는 스완의 딸 질베르트를 만나면서 부르주아 세계로 곧장 진입하게 되며, 게르망트 대공 부인을 쫓아다니면서 귀족사회의 이면을 발견하게 되기 때문이다. 그는 두 가문의 문지방을 넘나들면서 평범한 시골 소년에서 파리의 모던 보이로 성장한다.

마르셀은 두 가문 사람들과 사랑과 우정을 나누고, 그들의 배신과 죽음을 겪은 후 고향에 돌아와 안착한다. 그리고 우연히 산책하다가 스완네 집 쪽으로 난 길이 결국 게르망트네 쪽으로 이어진다는 것을 알게 된다. 전혀 달라 보이던 두 풍경이 실은 맞닿아 있었으며, 함께 콩브레의 멋진 풍경을 연출하고 있었던 것이다. 프루스트는 『잃어버린 시간을 찾아서』

를 통해, 겉으로 달라 보이는 세계의 이면에는 다른 세계로 향하는 또 다른 길들이 있음을 말하고자 했다. 결국 「스완네 집 쪽으로」에 등장하는 모든 사람, 모든 장소는 낯선 인생의 진리를 보여 주게 될 길의 입구가 된다.

시간여행자여, 마들렌 과자 타임머신을 타라

어떻게 잃어버린 시간을 찾을 수 있을까? 「스완네 집 쪽으로」에서 우리는 프루스트가 설명해 주는 시간여행 방법을 놓치지 말아야 한다. 특히 마들렌 과자 먹기 장면은 이 소설에서 가장 감각적이고 신비롭다. 추운 날 밖에서 귀가한 마르셀에게 어머니가 몸을 녹이라며 홍차와 마들렌 과자를 주신다. 아무 생각 없이 한 입 맛보았을 뿐인데 감미로운 행복감이 엄습한다. '이건 무슨 느낌일까? 과자 안에 어떤 비밀이 있는 거지?' 그러다 마르셀은 자신이 느낀 만족감이 과자 때문이 아니라 유년의 기억과 관련되어 있다는 것을 발견하게 된다. 콩브레 시절, 일요일 아침마다 침상에 누워만 계시던 레오니 고모가 늘 홍차와 함께 마들렌 과자를 주시던 기억을 끄집어낸 것이다. 마르셀의 머릿속으로 유년의 고향 콩브레 마을 전체가 서서히 펼쳐졌다. 레오니 고모네 정원에 핀 꽃, 스완 아저씨네 넓은 뜰의 온갖 꽃들, 대귀족 게르망트네 영지 옆을 흐르던 비본느 강의 연꽃……. 놀랍게도 마들렌 과자 한 입의 맛이 이 모든 추억을 되살려 낸 것이다. 타임머신 마들렌! 마르셀은 과자 맛을 음미하며 자신의 유년과 청년 시절을 왕복하고, 갖가지 사건 사고들을 생생하게 다시 생각하고 느낄 수 있게 된다.

그렇다면 프루스트는 왜 이런 시간 체험에, 잊고 있었던 것들을 다시 불러내어 미지세계의 진리를 찾아가는 것에 매달렸던가? 프루스트는 우리가 현재 놓치고 있는 세계에 관심이 있었다. 스완의 사랑을 간직한 콩브레의 들판, 마들렌 과자를 좋아했던 고모의 개성, 해질녘 콩브레성당이 보여 주는 멋진 뒷태! 그는 우리가 각자의 삶에서 이런 것들을 생생한 현재로 떠올릴 수 있다면 더욱 풍요로운 삶을 살게 될 것이라고 생각했다.

프루스트는 마들렌 과자가 촉발한 상상 작용을 일본 종이꽃 놀이에 비유한다. 물이 담긴 사기 그릇에 형체 없는 종이꽃을 넣으면, 윤곽이 생기고 색깔이 선명해지면서 집이며 물건이며 감춰진 부분들이 눈앞에 펼쳐진다. 이런 종이꽃 놀이처럼 『잃어버린 시간을 찾아서』에서는 시간의 흐름에 따라 사건들의 다양한 측면들이 드러나고 의미가 분기한다.

그러나 프루스트가 집중하는 것은 종이꽃이 다 펼쳐진 상태가 아니다. 종이꽃 놀이를 진정 즐기려면 종이가 펴지면서 형체를 갖추는 '순간'에 집중해야 하듯이, 프루스트에게 중요한 것은 사건의 시작과 끝이 아니라 사건의 '중간'이었다. 그는 타임머신을 타고 어디로 갈 것인가가 아니라, 타임머신을 타고 있는 그 순간에 무엇을 보고 겪게 되는지를 쓰려고 했다. 「스완네 집 쪽으로」 이후 사건은 더욱 일관성 없이 확장되고, 시간은 과거와 현재와 미래가 두서없이 공존하는 중층적 구조로 전개된다. 하지만 독자들이여, 당황할 필요는 없다. 어차피 지금 내가 겪고 있는 일들은 지금 보이지 않는 법. 그저 최선을 다해 지금을 살아 내듯이, 종이꽃 놀이를 즐기듯이, 천천히 한 장면 한 장면을 음미하며 풍요롭게 증식하는 내 삶의 이야기를 읽으면 된다.

글쓰기로 자신을 치유하는 의사가 되다

프루스트는 평생을 극도의 신경쇠약과 면역결핍에 시달렸다. 그러나 『잃어버린 시간을 찾아서』는 그가 하루 종일 병상에 앉아 있으면서 시간을 버티기 위해 쓴 작품이 아니다. 실제로 프루스트는 이 책을 구상하면서 엄청난 체력관리에 돌입했다. 모든 에너지를 집필에만 쏟았으며, 갑자기 쓰러지지 않으려고 최선을 다해 음식과 수면을 조절했다. 엄청난 수의 인물이 저마다 인생의 진실을 노래하는 대하 서사시를 쓰기 위해 그는 고전을 다시 읽고, 더 자주 침상 밖으로 나갔다. 산책을 하고, 주변 사람들과 적극적으로 이야기를 나누면서 이야기를 더욱 탄탄하게 만들어 나갔다. 작품을 향한 그의 열정은 그를 누구보다 건강한 사람으로 만들어 주었다. 초인적 글쓰기를 통해 자신의 병마저도 힘으로 전환시킨 자, 그가 프루스트다.

_오선민

욕망하는, 고로 고독한!

>> 가브리엘 가르시아 마르케스의 『백 년의 고독』

가브리엘 가르시아 마르케스(Gabriel García Márquez)를 세계적인 작가로 만든 장편소설 『백 년의 고독』(*Cien años de soledad*)은 가상의 도시 '마콘도'에 사는 '부엔디아' 가(家)의 백 년사를 그리고 있다. 전염되어 퍼져나가는 불면증이 몰고 온 망각 증상, 어머니에게 자기 죽음을 알리기 위해 먼 길을 돌고 돌아 흐르는 아들의 붉은 핏줄기, 어느 날 빨래를 널다 말고 침대 시트를 타고 승천해 버리는 미녀 등 이 소설은 부엔디아 가문의 21명 사람들이 겪는 흥미진진하고 다채로운 이야기들로 가득하다. 그런데 문득 궁금해진다. 옛이야기처럼 재미난 이런 이야기를 두고 왜 작가는 '고독'이란 제목을 가져다 붙였던 것일까? 대체 부엔디아 가문에선 무슨 일이 일어났던 것일까?

광기의 이름으로

부엔디아 가문의 선조 '호세 아르카디오 부엔디아'는 진취적이고 성실한 사람이었으나, 집시 무리와 함께 마콘도에 찾아온 '멜키아데스'가 내놓은 각종 발명품들에 매료돼 연금술에 빠져든다. 아무도 공감해 주지 않는 소리들을 지껄이다 폭주해 버린 그는 아들에 의해 집 뒤 밤나무 기둥에 묶이는 신세가 되고 마는데, 그의 피를 이어받은 탓에 후손들 역시 크고 작은 광기를 보이게 된다. 소설이 본격적으로 광기와 더불어 찾아온 고독을 그리는 것은 이제부터다. 아들 '아우렐리아노'는 작업실에 틀어박혀 허구한 날 금물고기만 만들다 죽고, 딸 '아마란타'는 어느 날 사신(死神)의 방문을 받은 이후부터 자기 수의를 짓다 풀길 반복하고……. 저 같은 행동을 우리는 어떤 식으로 이해하면 좋을까?

고독은 살아 있는 모든 존재의 본능적 감각이다. 어느 날 갑자기 세상에 떨어져 살아가는 존재들에게 있어 그것은 늘 함께하는 공기와도 같다. 사람들은 인간은 자유의지로 무언가를 선택한다고 곧잘 말하지만, 그러나 그 선택의 순간이 가장 고독할 수 있으리란 사실은 외면한다. 이렇게 볼 때 고독은 치유하거나 타파해야 할 대상이 아니라—원한다고 치유되고 제거되는 것도 아니다—오히려 함께 생을 살아갈 동료라고 해야 한다.

그런 면에서 광기는 고독과 관계 맺는 독특한 방식 중 하나라고 볼 수 있을 것이다. 광인은 분명 고독한 존재다. 그들은 물과 어울릴 수 없는 기름, 타자의 시선에 의해 늘 나무 기둥에 매이는 존재다. 그러나 그들은 고독이 두려워 자신의 욕망을 감추거나 누르지 않는다. 그들에게 있어 고독은 생의 허무로 떨어지는 길이 아니라, 용광로 같은 생 안에서 언제나 함께하는 동반자다.

나는 보았다!

광인의 선택이, '광인 되기'의 결단이 얼마나 고독할 수 있는지는 '호세 아르카디오 2세'가 잘 보여 준다. 그는 마콘도에 들어온 미국회사 '바나나 공장'의 노동자 파업을 주도하지만, 이 파업은 군대에 의해 처참한 실패로 종결되고 만다. 군대는 노동자를 비롯해 3천여 명의 주민들을 광장에 모아놓고 사살한 뒤 기차에 싣고 가 시체들을 전부 바다에 내버렸던 것이다. 그러나 단 한 명의 생존자 호세 아르카디오 2세가 아무리 그 사실을 이야기해도 어느 누구 하나, 심지어 가족조차 그 말을 곧이듣지 않는다. 마치 5·18 당시 광주 지역을 제외한 모든 대한민국 국민들이 그 사실을 알지 못했거나 믿지 않았던 것처럼. 그러나 그는 스스로를 증인으로 내세우고 아무도 귀 기울이지 않는 이야기를 계속한다. 3천 명이 넘었다, 역 앞에 있던 사람이 다 죽었다…….

낮이면 고요하고 평화롭지만 밤만 되면 다시 수상한 자들을 색출해 잡아가는 군부를 피해 그는 멜키아데스의 방에 들어가 숨는다. 아마 이날부터였을 것이다, 그가 광인이 되어 지저분한 몰골로 혼잣말하고 웃기 시작한 것은. 그는 죽은 멜키아데스가 생전에 연구실로 쓰던 방에서 4년 11개월 이틀간 바깥출입 한번 없이 지낸다. 그가 몰두하기 시작한 건, 멜키아데스가 남긴 어느 양피지의 해독이다.

운명을 벗어날 수 없는 자들

멜키아데스의 양피지는 부엔디아 가문의 호기심 많은 자손들이 두고두고 손을 대지만 끝내 해독할 수 없었던 비밀의 문서다. 이에 대해 멜키아데스의 훈령은 “백 년의 세월이 흐르기 전까지는 아무도 이 내용을 알아선 안 되기 때문”에 알려 줄 수 없다고 말할 뿐이다.

양피지의 내용은 책의 종장에 가서야 밝혀진다. 이제 독자 앞에 서 있는 인물의 이름은 ‘아우렐리아노 바빌로니아’다. 자신의 이모와의 근친상간으로 태어난 아기가 지금 막 흰개미 떼들에 실려 개미소굴로 들어가는 현장을 목격한 그는 무언가 깨달은 듯 황급히 멜키아데스의 방으로 달려가 양피지를 편다.

이 집안 최초의 인간은 나무에 묶이고 마지막 인간은 개미에게 먹히리라.

멜키아데스가 남긴 양피지에 적힌 것은 부엔디아 가문의 생멸에 대한 예언이었던 것! 그렇다면 양피지에 달려들었으나 끝내 비밀을 캐내지 못한 채 죽은 호세 아르카디오 2세의 모든 시도들은 그저 어리석고 무용한 것에 불과했던 것인가?

알려지지 않은 예언

그러나 간과해선 안 될 것은, 멜키아데스의 양피지가 알려지지 않은 예언이었다는 점이다. 이 예언은 부엔디아 가의 마지막 생존자 아우렐리아노 이외의 누구에게도 공개된 적 없으며 앞으로도 공개될 가능성은 없다. 바나나 공장의 파업을 주도하고, 죽기 직전까지 3천여 명의 학살을 되뇌던 호세 아르카디오 2세의 선택들을 떠올려 보자. 그는 알려지지 않은 예언에 복속된 존재라기보다는 오히려 자신도 모르는 사이 스스로의 예언을 쓰는 하나의 주체다. 바로 지금 그의 구체적인 행위들 속에 이미 미래의 고독이 새겨져 있기 때문이다. 그러므로 그는 누군가가 과거에 이미 예언한 미래를 따르는 자라기보단 오히려 지금을 살아 냄으로써 양피지에 스스로의 미래를 쓰는 자다.

이렇게 볼 때 부엔디아 가문은 정해진 운명 탓에 고독했던 게 아니다. 그들의 고독은 존재조차 몰랐던 양피지 속 예언에 의한 것이 아니라, 그들이 순간순간 했던 행위에 의해 조형된 것이다. 그러므로 멜키아데스가 예언한 것은 양피지에 의한 부엔디아 가문의 고독이 아니라, 그들 스스로의 선택들이 빚어낸 갖가지 고독의 형태들이라고 보아야 할 것이다.

결국 요는 무엇을 택하느냐다. 부엔디아 가문 사람들이 했던 갖가지 능동적인 시도들과 구체적인 선택들, 그것이야말로 그들 자신의 운명을 만들고 실현하는 중요한 요소 중 하나다. 그러니 고독한 우리들, 고독을 두려워 말고 그와 더불어 한판 제대로 운명을 만들어 보는 게 보다 멋지지 않겠는가!

◈ 고전 Tip & Talk

마술적 사실주의? 경이로운 현실!

중남미 문학에 대해, 구체적으로는 자신의 글쓰기에 대해 마르케스가 한 이야기 중 아주 재미있는 구절이 있다. 그는 팔딱팔딱 튀는 칠리콩이 담긴 그릇을 쳐다보며 몇 시간을 보내는 자신에 대해 이와 같은 설명을 하고 있다. "정말로 멋진 것은 애벌레가 있어서 칠리가 움직이는 것이 아니라 칠리가 움직이기 위해서 애벌레를 갖고 있다는 설명일 것이다."

다이내믹한 자연 기후와 원초적인 토속 신앙, 그리고 콜럼버스의 아메리카 발견 이래 계속되어 온 역사적 굴곡들로 점철된 카리브 해에서 나고 자란 마르케스에게 있어 세상은 가공할 만한 것들로 이루어진 원더랜드다. 그러므로 작가인 자신이 할 수 있는 것은 기껏해야 시적 영감을 가지고 그 현실을 문학 속에 이식하는 것 정도라고 그는 말한다.

그런데 이건 아무래도 개인적인 겸양의 표현 같지가 않다. 쿠바의 작가 카르펜티에르(Alejo Carpentier)는 로트레아몽(Comte de Lautréamont)을 필두로 한 유럽의 초현실주의자들에 대해 비판하면서, 불신 상태에서 오직 상상만으로 비현실적인 것을 표현하는 것은 문학적 속임수에 지나지 않는다고 말한다. 그에게 있어 경이로움은 작가의 조작된 몽상이 아니라 현실에 있기 때문이다. 그렇다, 경이로움은 현실에 있다! 중남미 작가들에게 있어서는 현실 그것이야말로 경이로움이다.

흔히 '중남미 소설' 하면, '마술적 사실주의'라는 말이 짝패처럼 따라 붙곤 한다. 사실과 환상을 적절히 섞어 작품을 쓴다는 말인데, 예술 중에 그렇지 않은 건 또 어디 있을까? 낯설고 이질적인 것이 익숙한 틀 안에 포섭되는 과정이 여기에서 드러나는 것 같아 마음이 불편해진다. '마술적 사실주의'라는 유럽의 사조보다—이 용어는 독일의 예술 비평가 프랑크 로(Frank Roh)가 회화 비평을 위해 처음 사용했다—카르펜티에르의 말, '경이로운 현실'이 와닿는 건 이 때문이다.

중남미 문학은 곧 경이로운 현실이다. 현실이야말로 가장 훌륭한 작가다. 그래서 중남미 작가는 오늘도 현실을 받아 적고 있다. 단, 시적 영감이 가득 찬 채로.

_수경

이야기에 의한, 이야기를 위한, 이야기의 역사

>> 일연의 『삼국유사』

'괴·력·난·신'(怪力亂神)의 사건을 담아낸 역사책 『삼국유사』(三國遺事). 승려 일연(一然, 1206~1289)은 기이하고 허탄하다는 이유 때문에 버려진 이야기들을 수습하여 『삼국사기』와는 다른 '또 하나의 삼국 역사'를 구성한다. 증명하기 어렵고 경험의 세계로는 설명이 안 되는, 기껏 설화로나 취급될 법한 이야기들에서 역사의 진실을 보았던 일연. 일연이 아니었다면 '괴력난신'의 이야기들은 역사 저편으로 사라져 버렸을 것이다.

『삼국유사』의 마치 가공한 듯한 신이한 이야기들이 사실인지 아닌지를 찾아내는 것은 중요하지 않다. 이 이야기들을 통해 일연이 전하고 싶었던 바, 역사적 진실과 삶의 역동성을 우리의 현실로 만드는 것, 이것이 『삼국유사』와 만나는 방법이 아닐까?

민족, 여러 인연들의 환상적인 조합

삼국이 고구려, 백제, 신라임엔 틀림없지만 일연은 삼국 이전에 존재했던 국가들의 역사까지 모두 삼국의 역사 안에 포함시킨다. 『삼국유사』「기이」(紀異) 편의 이야기들은 그 나라가 크든 작든 그 역사가 길든 짧든, 적어도 하나의 국가가 탄생하기 위해서는 그에 걸맞은 이적이 일어나며, 이렇게 만들어진 나라들이 한반도의 역사를 구성했음을 보여 준다. 이 때문에 일연은 자료가 전해지는 한, 한반도에 존재했던 그 어떤 나라도 빠뜨리지 않고 기록했다. 단군조선, 위만조선, 마한, 진한, 2부(평주도독부, 동부도위부), 각기 만 호(戶)씩 되는 72국, 낙랑국, 북대방, 남대방, 말갈, 발해, 이서국, 5가야, 북부여, 동부여, 고구려(졸본 부여), 변한과 백제, 진한과 신라, 통일신라, 후삼국. 이렇듯 일연의 『삼국유사』에 기록된 상고사는 한반도에 하나의 종족만이 이어져 온 것이 아님을 명백하게 보여 준다. 무수하게 많은 종족들의 이합집산에 의해서 오늘날의 한민족이 형성되었다는 사실. 단군, 위만, 주몽, 혁거세, 탈해, 수로 등을 시조로 하는 다양한 종족들이 오늘날의 우리를 구성하는 모든 것임을, 그리고 이것이 바로 역사의 진실임을 일연은 웅변하고 있다.

단군조차 환웅과 웅녀의 조합으로 탄생했으니, 우리의 뿌리는 과연 어디에서 시작되는 것일까? '우리'는 여러 인연들의 환상적인 조합에 의해 만들어진 존재들일 뿐이다. 『삼국유사』는 근대의 민족 만들기 프로젝트에 의해 강조된 '단일민족'의 신화 안에 갇혀 있지 않았다. 일연은 한반도를 스쳐 간 무수한 인연들 하나하나가 곧 우리의 몸이자 우리의 역사임을 기억할 따름이었다.

신성불가침의 역사로부터의 탈주

「기이」 편에서 신라 지증왕에 대한 기록을 보자. "제22대 지증왕은 음경의 길이가 한 자 다섯 치나 되어 알맞은 짝을 찾기 어려웠다. 사자를 삼도에 보내 짝을 구했다. 사자가 모량부 동로수 아래 이르렀을 때 개 두 마리가 북만큼 커다란 똥덩어리 하나를 놓고서 양쪽 끝을 다투어 물어뜯고 있었다. 모량부 상공의 딸이 빨래하다 숲 속에 숨어서 누고 간 것이다. 그 처자는 키가 일곱 자 다섯 치나 되었다. 왕이 수레를 보내 맞이하여 황후로 삼았다."

황후 간택에 관련된 이야기가 참으로 질박하다. 왕의 혼사담이 이처럼 고상하지 않기도 힘들 것이다. 그렇지만 일연은 이 일을 역사적 사건으로 남겼다. 비상하게 큰 신체를 소유한 남자와 여자의 생물학적인 만남. 왕의 생활도 덧칠하지 않으면 이렇게 소박하고 단순한 것인지 모른다.

한편 김부식은 지증왕이 '몸집이 크고 담력이 남보다 뛰어났다'고 기술했다. '국가'와 '권력'에 대해 기술하는 역사는 자연인의 얼굴에 근엄한 표상을 입힌다. 일연은 왕에 대해 이야기하면서도 국가, 권력, 이름으로 포섭 불가능한 삶의 영역을 전해 준다. 기이한 이야기임에도 불구하고 왕의 신비한 표상을 무너뜨리는 이 역설. 비현실적이지만 지나치게 일상적인 이야기를 통해 일연은 신성불가침의 역사로부터 저만치 탈주해 버린다.

천지를 감동시키는 사람들, 역사에서 삶의 윤리로

어떻게 하면 천지를 '울릴' 수 있을까? 『삼국유사』는 천지를 감동시킨 사람들의 역사를 기술함으로써 이에 대해 답해 준다.

경덕왕 때 귀진의 집에 욱면이란 여종은 주인을 따라 미타사의 뜰에서 염불

했다. 주인은 이를 미워해 매일 저녁 곡식 두 섬을 찧게 했다. 욱면은 초저녁에 곡식을 다 찧고는 쉬지 않고 염불했다. 잠이 들까 뜰 양쪽에 말뚝을 세우고 두 손바닥을 뚫어 노끈을 꿴 다음 이를 양쪽 말뚝에 매고 합장했다. 마침내 진신으로 변해 연화대에 올라 서쪽으로 올라갔다.(『삼국유사』, 「감통」感通)

일연이 기록한 이 사건은 불교에 관한 역사임에 틀림없다. 그러나 일연은 불교의 역사를 말하는 데 그치지 않는다. 종교의 이적을 통해 결국은 삶의 윤리를 말한다. 출가승, 재가자, 빈부귀천을 막론하고 누구나 부처가 될 수 있다. 단 조건이 있다. 간절하고 절박한 염원과 실천만이 부처가 되는 기적을 불러온다는 것.

신라 성덕왕 때 부처가 되기 위해 백월산의 무등골로 들어간 노힐부득과 달달박박. 각기 암자를 짓고 미륵과 미타불을 염원했다. 어느 날 스물쯤 되는 아리따운 낭자가 한밤중에 암자로 찾아온다. 달달박박은 청정 도량에 여자를 들일 수 없다며 낭자를 내친다. 반면에 노힐부득은 한밤 깊은 골짜기에 찾아든 중생을 보살피는 것도 보살행이라 여겨 낭자를 거두어 준다. 게다가 해산하는 낭자를 도와 짚자리를 깔아 주고 목욕까지 시켜 준다. 이 낭자는 관음보살의 현신. 덕분에 노힐부득은 미륵존상이 된다. 뒤늦게 깨달은 달달박박은 노힐부득의 도움으로 무량수불이 된다.(『삼국유사』, 「탑상」塔像)

불성(佛性)의 깨달음은 사건이 일어나는 그 현장에서 실현된다. 여자를 피한다고 청정해지는 것은 아니다. 한밤중에 여자를 내치는 것은 오히려 여색(女色)으로부터 자유롭지 못하다는 반증이다. 이건 수행에 있어서 하수다. 여자가 옆에 있어도 유혹이 일어나지 않아야 진정한 수행자다. 노힐부득은 그 어떤 상황에서든 자유자재함으로써 보살행을 실천하여 부처가 되었다. 그러나 달달박박은 마음은 자유롭지 않은 채 불법에만 매인 결과 보살행은 펼치지도 못했다. 이 이야기는 일상 그 한가운데가 수행처이자 깨달음의 장임을 역설하는, 삶의 태도와 윤리에 대한 기록이다.

『삼국유사』는 '괴력난신의 이야기'를 계열화함으로써 사실에 입각한 역사주의의 객관성과 합리성을 포기해 버린다. 대신 이야기 속 여기저기서 마주하는 역사적 진실과 삶의 방식에 대해 다양한 해석의 가능성을 열어 놓는다. 기실 역사책에 기술된 객관적 사건들은 '사실'에 근거하지만 늘 '그 무엇을 위한' 사실들이라는 점에서 객관적이라고 말하기 어렵다. 역사적 사실의 선택이 여전히 국가, 민족, 권력 관계로부터 자유롭지 못한 현실에선 더더욱 그렇다. 그럴 바엔 일연처럼 역사주의의 객관이라는 엄정성을 과감하게 버리는 편이 더 낫지 않을까? 『삼국유사』를 읽고 나면, 이질적인 삶의 욕망과 힘들을 어떻게 하면 국가주의에 포섭당하지 않은 채 기억할 수 있을지를 절실하게 묻지 않을 수 없을 것이다.

◈ 고전 Tip & Talk

『삼국유사』는 어떻게 이루어졌나?

일연은 14세에 설악산 진전사(陳田寺)로 출가하여 84세에 경북 군위의 인각사(麟角寺)에서 입적했다. 충렬왕의 총애를 받으며 국존의 지위에까지 올랐던 최상층

승려 일연. 그는 출가에서 입적까지 60년 동안 설악산 진전사, 광주 무량사, 남해 정림사, 개경 선월사와 불일사, 현풍 보당암, 문경 무주암과 묘문암, 달성 인홍사, 포항 오어사, 청도 운문사, 군위 인각사 등 전국 각처를 떠돌았다.

일연은 경북 군위의 인각사에 머물던, 생애 마지막 5년 동안 『삼국유사』를 집필했고 제자 무극이 편찬을 도왔다고 한다. 그러나 『삼국유사』의 발간이 단지 몇 년 동안에 이루어진 작업의 결과는 결코 아니었다. 일연이 승려 생활 60년 동안 전국을 떠돌며 읽고 듣고 수집한 그 방대한 '자료'들이 없었다면 『삼국유사』의 편찬은 불가능했을 것이다.

『삼국유사』에는 수많은 자료가 인용되어 있는데, 국내의 역사서와 중국의 역사서만이 아니라 방대한 분량의 금석문, 고문서, 사적지, 설화 등 해당 지방에 머물거나 가 보지 않고는 구할 수 없는 사료가 대부분이다. 일연은 현지를 방문하여 각종 문서, 유물과 유적, 설화 등을 조사·판독·채록하며 필요한 자료들을 수집했다. 『삼국유사』에는 현지답사를 통해 직접 관찰한 유물유적의 상태가 그대로 기록되어 있다. 또한 관찰만으로 미흡한 부분에 대해서는 현지 노인들에게 직접 조사한 이야기를 덧붙여 보완했다.

『삼국유사』에 기록된 사건들은 멋대로 가공한 이야기가 아니라 철저한 조사와 고증을 거친 결과물이다. 단 하나의 이야기도 일연은 허투루 취급하지 않았다. 그러기 위해 일연은 부지런히 조사하고, 수집하고, 채록했다. 그리고 생의 막바지에 『삼국유사』를 편찬하고 죽었다. 일연의 『삼국유사』로부터 얻은 깨달음은 이것이 아닐까 싶다. 이야기의 역사를 쓰기 위해 거의 평생을 길 위에 섰으며 관찰하기를 멈추지 않았다는 사실. 그 여정에서 얻은 수많은 이야기들이 『삼국유사』를 통해 살아 숨쉬고, 그 숨결은 천 년을 넘어 우리에게까지 이어져 왔다는 사실.

_길진숙

배움의 책, 사람됨의 책

>> 공자의 『논어』

'누구나'가 아닌 '누군가'를 위한 말씀 『논어』

『논어』(論語)는 동아시아 최고의 고전이다. 시간이 지나고 세대가 바뀔 때마다 『논어』는 쉬지 않고 읽혀 왔고 또 새롭게 출간되어 왔다. 아무리 유학이나 공자와 무관한 사람도 "배우고 때에 따라 익히면 즐겁지 아니한가"(學而時習之, 不亦說乎)로 시작하는 『논어』의 몇 구절쯤은 익숙하다. 어떤 의미에서 『논어』는 그냥 아는 책, 읽은 것 같은 고전이다.

『논어』는 공자와 제자들이 나눈 담화(discourse), 즉 '말씀들'이다. 허나 총 20편, 500여 문장으로 이루어진 『논어』 어디에도 현실과 동떨어진 신비로운 말 같은 건 없다. 공자와 제자들은 웃고 싸우고 토론한다. 주제는 사소한 일상으로부터 나라를 경영하는 방책까지 자유롭게 넘나든다. 요컨대 『논어』의 말들은 모든 이를 위한 것이 아니다. 그것은 언제나 구체적인 상황과 맥락 위에 있는 '누군가'를 위한 것이다. 그러므로 『논어』 읽기는 그 말의 현장을 재구성하는 것이다. 『논어』를 아름다운 덕담(아포리즘)이 아닌 실제적 삶의 지혜로 만드는 건 지금 이곳에 있는 우리들의 몫이다.

배움의 즐거움

불멸의 스테디셀러 『논어』는 배움[學]으로 시작해서 사람을 알아보는 것[知人]으로 끝난다. 배움에 관한 공자의 의지는 『논어』 전편에 일관된다. 공자는 자신보다 충후하고 신의 있는 사람은 있을지 몰라도 자신보다 배우기를 좋아하는 사람은 없을 것이라 자부했다. 자신의 일생을 언급할 때에도 공자는 자신이 열다섯 살에 학(學), 즉 배움에 뜻을 두었다는 것으로 삶을 회고했다. 공자와 그 제자들이 인류 역사상 최초로 배움을 매개로 공부 공동체를 이룩했던 것은 우연이 아니다.

하지만 공자에게 배움은 무차별적인 가르침을 뜻하지 않는다. 공자는 스스로 배우기를 열망하지 않는 사람은 깨우쳐 줄 수 없다고 생각했다. 스승은 단지 전해 줄 수 있을 뿐이다. 새가 날갯짓을 익히듯 부단히 자기 몸에 새기는 과정은 각자에게 달려 있다. 그런 점에서 『논어』는 결코 인간의 능력을 초월한 성자(聖者)들의 기록이 아니다. 『논어』에 등장하는 공자와 그 제자들의 대화는 이들이 현실의 부단한 갈등 속에서 부침하는 평범한 인간들이었음을 보여 준다.

하루는 제자 자로가 공자에게 꾸중을 들었다. 이유인즉 누군가 스승이 어떤 사람인가 물었는데 우물쭈물 제대로 대답하지 못했다는 것! 공자는 자로에게 왜 자신을 배움에 대한 열정으로 밥 먹는 것도 잊고 그 즐거움으로 근심도 잊을 수 있는 사람이라고 말하지 않았느냐며 나무랐다. 공자는 말한다. 배우고 때에 따라 익히고, 뜻을 함께하는 친구들이 있다면 그것이 곧 인생의 기쁨이자 즐거움[悅樂]이 아니겠느냐고! 이에 비하면 세간의 명망이나 부귀 따위는 아무것도 아니다. 하여 훌륭한 인격은 남들이 알아주지 않아도 마음이 옹졸해지지 않는 법이다. 남이 나를 알아봐 주지 않을 것을 걱정하지 말고 내가 남을 알아보지 못할 것을 걱정하라!

인(仁), 생활의 발견!

공자는 아카데믹한 학문의 장(場)만을 고집했던 학자는 아니었다. 그는 거대한 몸집과 용기를 가졌으며 현실 정치에 적극 참여하고 싶어 했다. 공자는 일찍부터 범상치 않은 수재로 나라 안팎으로 이름을 떨쳤지만 좀처럼 정식 관리로 뜻을 펼 기회를 잡지는 못했다. 하여 마침내 55세의 공자는 직접 세상을 향해 뛰어들어 간다. 공자의 이 방랑은 14년간 계속되었다. 고국 노나라로 돌아왔을 때, 공자는 어느덧 칠십을 바라보는 늙은 현자가 되어 있었다.

> 자공이 물었다. 만일 널리 백성에게 은혜를 베풀고 중생을 제도할 수 있다면 인(仁)한 사람입니까? 대답하셨다. 그 정도면 성인(聖人)일 것이다. 요순도 그것을 근심했다. 인한 사람은 자기가 일어서려고 할 때 남을 먼저 세워주고, 자기가 도달하려고 할 때 남을 먼저 도달하게 한다. 가까운 곳에서 설명할 수 있다면 인의 방책이라 할 수 있다.(『논어』, 「옹야」)

공자는 신이 아니었다. 하지만 그는 육십이 되자 귀가 순해졌고(耳順), 칠십이 되자 마음을 좇아 하고자 하는 일들이 도를 넘지 않았다(從心所欲不踰矩). 유학 혹은 공자를 말할 때 가장 먼저 떠올리게 되는 '인'은 바로 이러한 인간 공자의 인생을 통해 흘러나온 말씀들이다. 인은 『논어』에 백여 차례 이상 언급된다. 그런데 공교롭게도 인은 개념의 형태로 정의되지 않는다. 요컨대 『논어』는 '인이란 무엇이다'라는 화법에 의해서가 아니라, '이러이러한 것이 인이다'라는 형식으로 말해진다.

이런 이유로 인은 매번 다르게 말해진다. 공자는 염구(冉求) 같은 소극적인 제자에게는 좀더 과감히 행동할 것을, 자로(子路) 같은 과단성 있는 제자에게는 좀더 신중할 것을 요구했다. 왜냐하면 인은 모자람도 지나침도 없는 딱 그만큼의 실천윤리이기 때문이다. 하여 인은 매 순간 마주치는 삶의 용법들을 창안함으로써 완성된다. 한마디로 생활의 발견이었던 셈! 한 철학자는 이렇게 말했다. 어떤 사람이 『논어』를 읽었는데도 여전히 변화가 없다면 그것은 아직 『논어』를 읽지 않은 것이라고. 이런 사실들은 왜 『논어』가 세대와 국경을 뛰어넘는 고전인가를 다시 '말해 준다'. 아울러 지금 우리가 『논어』를 읽는 이유까지도. 그러고 보니 『논어』는 늙지도 않는다.

◈ **고전** Tip & Talk

공자학단, 인류 최초의 기숙식 아카데미아!

성균관에 관한 한 드라마에서 박사 정약용은 『논어』를 이렇게 설명했다. "『논어』는 공구(공자)라는 고지식한 늙은이와 똘똘한 제자들이 모여서 어떤 세상을 만들 것인가 박 터지게 싸운 기록들이다. 불만 있으면 언제든지 찾아와라. 한 학기 동안 우리도 박 터지게 싸워 보자." 이 대목에서 핵심은 공자는 고지식했고 제자들은 똘똘했다는 사실 여부가 아니다. 기원전 5세기에 공자는 자신의 학문적 비전을 제자들과 함께 나누고 있었다는 사실이다.

공자에게는 3,000명이 넘는 제자들이 있었다. 이 중 예(禮)·악(樂)·사(射)·어(御)·서(書)·수(數) 등 육예(六藝)에 통달한 인물만도 77명! 공자와 그 제자들은 인류 역사상 가장 오래된, 그리고 가장 활발발한 학단(學團)이었다. 이 때문이었을까. 사마천은 『사기』를 저술하면서 공자의 일생을 제후(諸侯)들의 기록인 「세가」(世家) 편에 넣었을 뿐 아니라, 공자의 뛰어난 제자들을 '사과십철'(四科十哲)로 분류하여 「중니제자열전」(仲尼弟子列傳)이라 하여 「열전」 편에 배치하였다. 한마디로 공자는 왕으로 대접받았던 것!

공자와 제자들의 사이는 『논어』 곳곳에 다양한 모습으로 편재되어 있다. 공자의 수제자는 안회(顔回)였다. 안회에 대한 공자의 애정은 편애에 가깝다. 가난한 삶 속에서도 청빈함과 인(仁)을 지키는 제자였으니 그럴 수밖에! 하지만 불행히도 안회는 공자보다 앞서 젊은 나이에 요절했다. 또, 자공(子貢)은 공문(孔門)의 실질적 살림에 크게 영향을 주었던 제자였다. 자공은 특히 말솜씨가 뛰어나 외교가로 두각을 나타냈는데, 재리(財理)에도 밝아 많은 재산을 갖고 있었다. 자공의 존재는 14년에 걸친 공자의 천하 주유는 물론 공자의 최후 말년을 지킨 큰 버팀목이었다. 공자학단의 특별한 또 하나의 제자로 자로를 빼놓을 수 없다. 자로는 공자와 불과 9세 차이밖에 나지 않았다. 자로는 세상 모든 사람이 공자를 버려도 끝까지 공자를 쫓아갈 유일한 인물로 묘사될 정도로 공자에 대한 충성심이 높았다. 당연히 자로에 대한 공자의 신뢰 또한 매우 두터웠는데, 공자는 자로의 지나치게 강직한 성품이 화를 불러일으킬 것을 염려하곤 했다. 자로는 끝내 당시 정쟁의 화를 피하지 못하고 죽는다. 그리고 자로의 시체가 소금에 절여져 되돌아온 이후, 공자는 두번 다시 소금에 절인 음식을 입에 대지 않았다.

_문성환

책 속 부록 ❶

꼬리에 꼬리를 무는 등장인물

아Q 『아Q정전』 삽화 속 아Q

우리에게 '정신승리법'이라는 놀라운 삶의 기술을 남기고 떠난 사람, 아Q. 루쉰의 『아Q정전』[⋯→본문 116쪽, 456쪽] 속 아Q는 날품팔이를 하면서 사는 볼품없는 사내다. 이 사내는 돈을 잃어 버려도 아들이 가져간 셈 치고, 다른 사람한테 두들겨 맞고 나서는 자기가 자신을 때리면서 마치 자기가 남을 때린 것 같은 기분을 느낀다. 진정으로 모든 패배를 승리로 전환시키는 자. 한 번도 자신의 괴로움과 불안과 직접 대면하려 하지 않았던 자, 아Q!

『아Q정전』이 연재되자 당시 사람들 중 일부는 무척 두려워하고 불안해했다고 한다. 소설 속 어떤 내용들이 마치 자기네를 욕하는 것 같았기 때문. 그리하여 그들은 별의별 의심을 다 하게 되었고, 작가가 누구인지 알고 싶어 했다. 이 엄청난 주인공을 만들어 내고 사람들을 두렵게 만들었던 작가는 칼보다 날카롭게 글을 벼렸던 문장가, 루쉰이었다.

1933년 노동절의 루쉰

루쉰은 작품을 쓰면서 60여 개의 필명을 사용했다. 국민당의 통제와 탄압 속에서 잡문을 발표해야 했기 때문.
"이렇게 말해도 안 된다, 저렇게 말해도 안 된다, 또 삭제된 곳은 공란으로 남겨 두어선 안 된다고 했다. 글은 계속 이어 가야 했으므로, 필자는 횡설수설 뭘 말하는지도 모를 글을 쓰게 되었고 그 책임은 전적으로 작가 자신이 지게 되었다. 밤낮으로 살인이 벌어지는 이런 형국에서, 구차하게 연명하며 다 죽어 가는 목숨으로나마 독자들과 만날 수 있었다. 그러하니, 이 글들은 노예의 글이 아니고 무엇이겠는가?"(『꽃테문학』) —루쉰이 문장가이자 혁명가인 이유가 그의 글에 모두 담겨 있다.

연암 박지원 연암 박지원의 초상

중국에 대문호 루쉰이 있다면, 조선에는 연암 박지원이 있다. 「양반전」이나 「호질」 등 풍자와 해학이 가득한 연암의 문장은 문체반정의 핵심에 있을 수밖에 없었다. 그리고 그런 연암을 대표할 만한 책은 바로 『열하일기』[**…→본문 199, 477쪽**]! 덩치도 좋고 목소리도 컸던 태양인, 연암은 젊은날 우울증에 걸렸고, 그 병을 치유하기 위해 거리로 나가서 사람들을 만나기 시작했고, 그러다 1780년 삼종형 박명원이 건륭황제의 만수절 축하사절로 떠날 때, 그 열하여행을 함께하게 되었다. 장장 6개월에 걸친 대장정 열하여행의 기록이 바로 『열하일기』다. 온갖 종류의 사람과 사건과의 우발적 마주침을 즐겼던 세상에서 가장 유쾌한 여행기! 그런 재미난 여행기가 우울증으로부터 시작되었다는 건 참 역설적이지 않은가.

걸리버와 스위프트

우리가 알고 있는 소인국, 거인국 이야기 외에 우리에게 잘 알려지지 않은 에피소드가 『걸리버 여행기』의 진수!

여행기 하면 빼놓을 수 없는 인물, 걸리버. 조너선 스위프트의 『걸리버 여행기』[…본문 146, 426쪽]는 어린이들을 위한 책으로만 알려져 있지만 사실 알고 보면 18세기 영국의 정치현실을 풍자하고 있는 고전이다. 걸리버의 여행은 제도적 관계와 사회적 현실에 대한 통렬한 알레고리인 동시에, 이미 자명한 것으로 받아들여지고 있던 인간의 본성과 이성에 대한 근본적인 비판이다. 정치인(권력자)들이 그의 신랄하고 비판적인 글을 두려워한 나머지, 『걸리버 여행기』는 발간 즉시 금서 처분되고 간신히 어린이 동화로만 개작되어 나올 수 있었다고.

맑스 맑스 | 맑스와 엥겔스

어느 시대, 어느 장소건 대체로 뛰어난 사람들은 견제와 억압을 감수해야 하는 걸까? 조롱과 풍자의 대가였던 스위프트처럼 자본주의에 대한 강력한 비판서를 쓴 맑스 역시 이 나라 저 나라를 떠돌아야만 하는 운명이었다. 그의 『자본』[⋯→본문 296, 374쪽]은 방대한 보고서를 인용하며 뛰어난 필치로 그려 내고 있는 19세기의 지옥도이며, 이 책을 통해서 맑스는 이 끔찍한 지옥이 불운한 한 노동자의 우연한 비극이 아니라 자본의 천국을 떠받치는 필연적인 구조임을 밝혀낸다.

인류 역사상 가장 많은 적과 동지를 가진 19세기의 사상가인 칼 맑스. 그는 우리에게 대단한 혁명가의 이름으로 남아 있지만, 알고 보면 그는 굉장히 유쾌하고 경제적 관념이 없으며 귀족적인 사람이었다. 전기에 따르면 그는 "부르주아적인 금전적 신중함을 경멸하여 자신이 설교하는 것을 그대로 실천"했고, "집안에 돈이 없으면 숨고 피하고, 허세를 부리고, 거짓말을 하며 버텨" 나갔다. 그러다가 돈이 들어오면? "내일 일은 생각하지 않고 무모하게 써 버렸다." 맑스가 정말 참을 수 없었던 것은 부자나 빈자가 아니라 '노예'였으므로, 맑스는 사람들을 노예로 만드는 사회적·역사적 형태를 거부했다. 한 부인이 그에게 맑스 같은 귀족적 인물이 평등사회에서 살아갈 모습을 상상하기 어렵다고 했을 때 맑스는 답했다. "나도 상상할 수 없소. 그런 시대가 반드시 오겠지만, 그때 우리는 이미 세상에 없을 거요."

이탁오 이탁오 초상과 『분서』

세상에는 두 종류의 책이 있다. 위험한 책과 위험하지 않은 책. 맑스의 『자본』이 전세계에 걸쳐, 100년이 넘는 시간 동안 강력하게 작동되고 있다는 점에서 위험한 책이라면, 이름에서부터 벌써 태워 버려야 할 정도로 위험한 책이 있다. 이탁오의 『분서』(焚書)[→**본문 60쪽**]!

이름은 이지(李贄). 탁오(卓吾)는 호이다. 그는 스스로에 대해 "성격은 편협하고 조급하며 자존심이 대단히 세다. 그의 언사는 비속하고, 마음씀은 난폭하면서도 어리석다. 행동은 제멋대로이고, 사귀는 사람은 많지 않지만 얼굴을 마주 대해서는 매우 살갑게 군다. 평소 다른 사람과 어울릴 때는 그들의 잘못을 밝혀내길 좋아하고 남의 장점에 기뻐하지 않는다. 한번 사람을 미워하게 되면 그와의 관계를 끊어 버릴 뿐 아니라 평생 그 사람을 해하려 든다"는 평을 했다. 종잡을 수 없고 까칠한 인물. 그러나 친구를 만나러 사방을 주유하고 붕우를 사랑함에도 그들의 단점을 말하는 데는 가차 없고, 죽음을 두려워하고 삶의 스러짐을 슬퍼하면서도 정작 죽음 앞에서 누구보다 의연했던 인물.

이탁오는 적당히 안정된 노년생활을 영위하면서 인생을 정리할 법도 한 시기에 가족을 떠나 떠돌면서 마치 '굶주린' 사람처럼 읽고 쓰는데, 『분서』를 비롯한 그의 저작 대부분이 이때 나왔다. "선생은 한평생 읽지 않은 책이 없고 가슴속에 품었다가 토해 내지 않은 말이 없었다"는 제자의 말. 그렇게 그는 돌연 '중국 사상계의 이단아', '명대 최고의 사상범'이 되었다.

| 대동서 | 고향 | 유배지에서 보낸 편지 | 고백록 | 아Q정전 | 노인과 바다 | 죄와 벌 | 고도를 기다리며 | 변신 | 걸리버
기 | 오이디푸스왕 | 파리의 노트르담 | 고리오 영감 | 장자 | 임꺽정 | 햄릿 | 사기 | 열하일기 | 동의보감 | 나는 고양이
상록 | 노자 | 무정 | 수호지 | 양철북 | 광인일기 | 종의 기원 | 멋진 신세계 | 주자어류 | 리바이어던 | 묵자 | 시경 | 차라
이렇게 말했다 | 자본 | 꿈의 해석 | 삼국사기 | 오디세이아 | 홍루몽 | 스완네 집 쪽으로 | 백 년의 고독 | 삼국유사 | 논어
습록 | 금각사 | 티마이오스 | 타임머신 | 야생의사고 | 증여론 | 분서 | 무엇을 할 것인가 | 산해경 | 학교 없는 사회 | 파
서 | 고향 | 유배지에서 보낸 편지 | 고백록 | 아Q정전 | 노인과 바다 | 죄와 벌 | 고도를 기다리며 | 변신 | 걸리버 여행기
오이디푸스왕 | 파리의 노트르담 | 고리오 영감 | 장자 | 임꺽정 | 햄릿 | 사기 | 열하일기 | 동의보감 | 나는 고양이로소이
노자 | 무정 | 수호지 | 양철북 | 광인일기 | 종의 기원 | 멋진 신세계 | 주자어류 | 리바이어던 | 묵자 | 시경 | 차라투스
말했다 | 자본 | 꿈의 해석 | 삼국사기 | 오디세이아 | 홍루몽 | 스완네 집 쪽으로 | 백 년의 고독 | 삼국유사 | 논어 |
| 금각사 | 티마이오스 | 타임머신 | 야생의사고 | 증여론 | 분서 | 무엇을 할 것인가 | 산해경 | 학교 없는 사회 | 파리대
고향 | 유배지에서 보낸 편지 | 고백록 | 아Q정전 | 노인과 바다 | 죄와 벌 | 고도를 기다리며 | 변신 | 걸리버 여행기 |
푸스왕 | 파리의 노트르담 | 고리오 영감 | 장자 | 임꺽정 | 햄릿 | 사기 | 열하일기 | 동의보감 | 나는 고양이로소이다
| 무정 | 수호지 | 양철북 | 광인일기 | 종의 기원 | 멋진 신세계 | 주자어류 | 리바이어던 | 묵자 | 시경 | 차라투스트라
했다 | 자본 | 꿈의 해석 | 삼국사기 | 오디세이아 | 홍루몽 | 스완네 집 쪽으로 | 백 년의 고독 | 삼국유사 | 논어 | 벽암록
사 | 티마이오스 | 타임머신 | 야생의사고 | 증여론 | 분서 | 무엇을 할 것인가 | 산해경 | 학교 없는 사회 | 파리대왕 |
유배지에서 보낸 편지 | 고백록 | 아Q정전 | 노인과 바다 | 죄와 벌 | 고도를 기다리며 | 변신 | 걸리버 여행기 | 서유기
| 파리의 노트르담 | 고리오 영감 | 장자 | 임꺽정 | 햄릿 | 사기 | 열하일기 | 동의보감 | 나는 고양이로소이다 | 명상
| 수호지 | 양철북 | 광인일기 | 종의 기원 | 멋진 신세계 | 주자어류 | 리바이어던 | 묵자 | 시경 | 차라투스트라는 이렇
본 | 꿈의 해석 | 삼국사기 | 오디세이아 | 홍루몽 | 스완네 집 쪽으로 | 백 년의 고독 | 삼국유사 | 논어 | 벽암록 | 전습
마이오스 | 타임머신 | 야생의사고 | 증여론 | 분서 | 무엇을 할 것인가 | 산해경 | 학교 없는 사회 | 파리대왕 | 대동서
에서 보낸 편지 | 고백록 | 아Q정전 | 노인과 바다 | 죄와 벌 | 고도를 기다리며 | 변신 | 걸리버 여행기 | 서유기 | 오이
의 노트르담 | 고리오 영감 | 장자 | 임꺽정 | 햄릿 | 사기 | 열하일기 | 동의보감 | 나는 고양이로소이다 | 명상록 | 노
지 | 양철북 | 광인일기 | 종의 기원 | 멋진 신세계 | 주자어류 | 리바이어던 | 묵자 | 시경 | 차라투스트라는 이렇게 말
의 해석 | 삼국사기 | 오디세이아 | 홍루몽 | 스완네 집 쪽으로 | 백 년의 고독 | 삼국유사 | 논어 | 벽암록 | 전습록 | 금
스 | 타임머신 | 야생의사고 | 증여론 | 분서 | 무엇을 할 것인가 | 산해경 | 학교 없는 사회 | 파리대왕 | 대동서 | 고향
보낸 편지 | 고백록 | 아Q정전 | 노인과 바다 | 죄와 벌 | 고도를 기다리며 | 변신 | 걸리버 여행기 | 서유기 | 오이디푸
노트르담 | 고리오 영감 | 장자 | 임꺽정 | 햄릿 | 사기 | 열하일기 | 동의보감 | 나는 고양이로소이다 | 명상록 | 노자 |
양철북 | 광인일기 | 종의 기원 | 멋진 신세계 | 주자어류 | 리바이어던 | 묵자 | 시경 | 차라투스트라는 이렇게 말했다
해석 | 삼국사기 | 오디세이아 | 홍루몽 | 스완네 집 쪽으로 | 백 년의 고독 | 삼국유사 | 논어 | 벽암록 | 전습록 | 금각사
타임머신 | 야생의사고 | 증여론 | 분서 | 무엇을 할 것인가 | 산해경 | 학교 없는 사회 | 파리대왕 | 대동서 | 고향 | 유배
편지 | 고백록 | 아Q정전 | 노인과 바다 | 죄와 벌 | 고도를 기다리며 | 변신 | 걸리버 여행기 | 서유기 | 오이디푸스왕 |
| 고리오 영감 | 장자 | 임꺽정 | 햄릿 | 사기 | 열하일기 | 동의보감 | 나는 고양이로소이다 | 명상록 | 노자 | 무정 | 수
광인일기 | 종의 기원 | 멋진 신세계 | 주자어류 | 리바이어던 | 묵자 | 시경 | 차라투스트라는 이렇게 말했다 | 자본 |
사기 | 오디세이아 | 홍루몽 | 스완네 집 쪽으로 | 백 년의 고독 | 삼국유사 | 논어 | 벽암록 | 전습록 | 금각사 | 티마이
| 야생의사고 | 증여론 | 분서 | 무엇을 할 것인가 | 산해경 | 학교 없는 사회 | 파리대왕 | 대동서 | 고향 | 유배지에서
백록 | 아Q정전 | 노인과 바다 | 죄와 벌 | 고도를 기다리며 | 변신 | 걸리버 여행기 | 서유기 | 오이디푸스왕 | 파리의
오 영감 | 장자 | 임꺽정 | 햄릿 | 사기 | 열하일기 | 동의보감 | 나는 고양이로소이다 | 명상록 | 노자 | 무정 | 수호지 |
기 | 종의 기원 | 멋진 신세계 | 주자어류 | 리바이어던 | 묵자 | 시경 | 차라투스트라는 이렇게 말했다 | 자본 | 꿈의 해
오디세이아 | 홍루몽 | 스완네 집 쪽으로 | 백 년의 고독 | 삼국유사 | 논어 | 무정 | 수호지 | 꿈의 해 | 벽암록 | 전습록
이오스 | 타임머신 | 야생의사고 | 증여론 | 분서 | 무엇을 할 것인가 | 산해경 | 학교 없는 사회 | 파리대왕 | 대동서 |
서 보낸 편지 | 고백록 | 아Q정전 | 노인과 바다 | 죄와 벌 | 증여론 | 분서 | 무엇을 할 것인가 | 산해경 | 학교 없는 사
대동서 | 고향 | 유배지에서 보낸 편지 | 고백록 | 아Q정전 | 노인과 바다 | 죄와 벌 | 고도를 기다리며 | 변신 | 걸리버
| 오이디푸스왕 | 파리의 노트르담 | 고리오 영감 | 장자 | 임꺽정 | 햄릿 | 사기 | 열하일기 | 동의보감 | 나는 고양이
록 | 노자 | 무정 | 수호지 | 양철북 | 광인일기 | 종의 기원 | 멋진 신세계 | 주자어류 | 리바이어던 | 묵자 | 시경 | 차라
게 말했다 | 자본 | 꿈의 해석 | 삼국사기 | 오디세이아 | 홍루몽 | 스완네 집 쪽으로 | 백 년의 고독 | 삼국유사 | 논어
록 | 금각사 | 티마이오스 | 타임머신 | 야생의사고 | 증여론 | 분서 | 무엇을 할 것인가 | 산해경 | 학교 없는 사회 | 파
| 고향 | 유배지에서 보낸 편지 | 고백록 | 아Q정전 | 노인과 바다 | 죄와 벌 | 고도를 기다리며 | 변신 | 걸리버 여행기

2부

고전과 '通'하다!

이것저것 끌어다가 이해 비슷한 거라도 좀 해보려 해도,

이해는 고사하고 그러면 그럴수록 더욱 막다른 골목으로 내몰리고 만다.

모래사막 한복판에서 무방비 상태로, 검을 든 적과 마주친 느낌이랄까.

지략이고 기술이고 통할 리가 없는 이 절체절명의 상황에서 방법은 하나.

정신 똑바로 차리고 맨몸뚱이로 맞서는 수밖에!

고전을 읽기 위해 필요한 건 아무것도 없다. 다만,

찢기고 넘어지고 흠씬 두들겨 맞을 각오를,

아니 기꺼이 죽을 각오까지도 해야 한다.

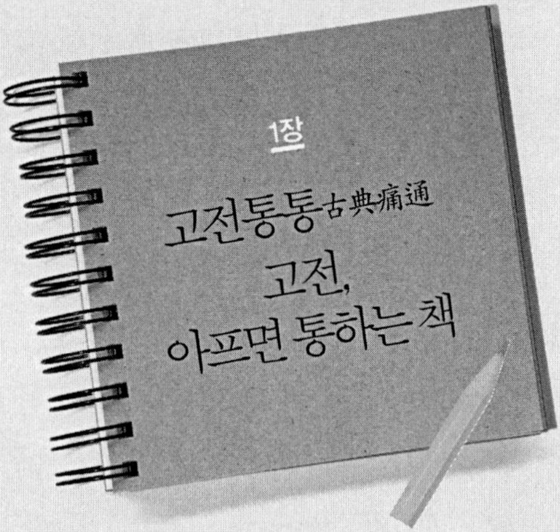
1장
고전통통古典痛通
고전,
아프면 통하는 책

소포클레스의 『오이디푸스왕』

고통의 맨 얼굴과 마주하기

목장에서 내 발에 채워진 잔혹한 족쇄를 풀어 주고 죽음에서 나를 구해 내어 도로 살려 준 자, 그자가 누구든 죽어 없어져라! 조금도 고맙지 않은 짓을 했으니까. 그때 내가 죽었더라면, 친구들과 나 자신에게 이토록 번거로운 짐이 되지는 않았을 것을! …… 자, 가까이 다가와 비참한 이 사람을 붙들어 주시오. 두려워하지 말고 내 말 들으시오. 내 고통을 감당할 사람은 세상에 나 말고는 아무도 없을 테니 말이오. (소포클레스, 「오이디푸스 왕」, 『소포클레스 비극 전집』, 천병희 옮김, 숲, 2008)

저는 이 장면에서 등장한 자기 고통을 감당한다는 말이 아주 인상 깊었습니다. 현대인들은 고통을 감당하기는커녕 고통이 올까 지레 두려워하기 일쑤이지요. 미래를 대비하고 걱정하는 차원을 넘어선 '불안'이 계속되고, 그것은 마침내 보험이라는 상품으로까지 등장했습니다. 친구에게 "좋은 보험 있으면 소개시켜 줘~"라고 경쾌한 노래를 건네는 광고를 보면, 보험이 이불이나 가방 같은 필수 생활용품으로 느껴지기도 합니다. 이런 풍경이 도대체 어디서부터 기인한 것일까요. 딱히 관련 종사자들이 상품화전략으로 개발했다고 보기에는, 우리 안에 잠재된 불안의 뿌리는 너무나 깊어 보입니다.

제 어머니의 불안도 그러해서, 종종 저희 부부를 향해 깊은 탄식을 하십니다. 나이가 그만큼 되어서, 부모란 이들이 어찌 저리 철이 없냐고요. 그 철없음의 증거는 저희가 국민건강보험이나 자동차보험 등을 제외하고는 변변한 보험을 들어놓지 않았다는 것입니다. 그래서 저를 볼 때마다 아이 키우는 에미가 되어서, 차를 몰고 다니면서……, 겁도 없다, 겁도 없다면서 혀를 차십니다. 글쎄요. 제가 결혼도 하지 않고, 대중교통을 주로 이용하는 사람이었다면, 어머니의 걱정은 사라졌을까요. 아마도 어머니는 십중팔구 제가 혼자 사니 장래-노후를 대비해야 한다고 걱정하실 테고, 버스나 지하철 사고가 일어날지도 모른다는 걱정을 계속하셨을지도 모릅니다. 물론 그 걱정은 그저 자식사랑의 하나라며 가벼이 생각할 수는 있습니다. 하지만 여러 사건과 마주치고 그에 따른 고통을 겪을 수밖에 없는 것이 인간의 삶이라면, 우리는 고통에 대해 어떤 태도를 취해야 하는 것일까요.

한때 저는 요가를 배우러 다녔더랬습니다. 예전에는 경험하지 못했던 갖가지 신체적인 아픔과 자칭 타칭 뻣뻣공주인 제가 자세를 제대로 취하지 못하고 낑낑거리고 있으면, 요가선생님은 "아픔에 따라 가지 마세요. 아픔을 관(觀)하세요"라고 일러주었습니다. 고통이 느껴질 때, 아프다고 호소하는 게 아니라 어디가 아픈지, 어떻게 아픈지를 바라보라는 겁니다. 내 아픔을 바라보기 시작했을 때, 비로소 그것을 견디는 힘이 생겨난다는 것입니다. 그저 "아파, 아파" 하던 저는, 아픔을 관하라는 말에서부터 오금이 당기는 아픔, 허리가 비틀리는 아픔, 팔이 결리는 아픔을 구별할 수 있었습니다. 그제야 저는 여러 가지의 아픔들로부터 조금은 거리를 두고, 나름대로 견디어 내기 시작했습니다.

바로 아픔을 보는 것. 고통을 관하는 것이야말로 불확실한 현실을 살아나갈 우리의 시작점이자 해결점일 것입니다. '오이디푸스왕'의 고통을 감당한다는 말도 바로 이런 맥락이라고 생각합니다. 그는 자신도 몰랐지만, 여하튼 친아버지를 살해하고 친어머니와 결혼했습니다. 그가 겪은 비극과 고통은 어쩌면 인간인 한 그 누구도 감당하기에는 역부족일지도 모르겠습니다. 그럼에도 불구하고 그는 스스로 고통을 감당하겠다고 외치고 나섭니다. 자신의 고통 앞에 도망가지 않고 마주할 수 있는 것. 고통의 맨얼굴을 마주한다는 태도라면, 그리고 그 힘을 자기 안에서 키워 낸다면, 그 어떤 불안이라도 아무 의미가 없을 겁니다. 그로부터 자신이 나갈 길을 찾아낼 수 있을 것입니다. 그래서 고통의 맨얼굴을 마주하는 일은 우리의 출발점이자 해결점이 되는 것입니다.

_김연숙

이광수의 『무정』

최고의 여행법!
다른 존재의 눈으로 세상을 바라보기

가만히 눈을 감고 앉았노라면 전에 보던 시와 소설의 기억이 그때 처음 볼 때와 다른 맛을 가지고 마음속에 떠 나온다. 모든 것에 강한 색채가 있고 강한 향기가 있고 깊은 뜻이 있다. 형식은 '내가 지금까지 인생과 서적을 뜻을 모르고 보았구나' 하였다. 그러고는 모든 기억을 다 끌어내어 지금 새로 뜬 눈에 비추어 보았다. 그리한즉 모든 기억에 다 전에 보지 못하던 새로운 색채가 보인다. …… 그리하고 책장에 늘어세운 양장 책들을 보았다. 자기는 다 알고 읽었거니 하였던 것이 기실은 알지 못하고 읽은 것임을 깨달았다. 형식은 모든 서적과 인생과 세계를 온통 다시 읽어 볼 생각이 난다. (이광수, 『무정』, 문학과지성사, 2005)

형식은 어떻게 해서 자신이 읽고 보았던 모든 서적과 인생과 세계에서 새로운 색채를 볼 수 있게 된 것일까? 새로운 눈, 새로운 감각, 새로운 나! 정말 매력적이다. 많은 사람들이 이 새로움을 향한 동경 때문에 낯선 지방을 찾아 여행을 떠난다. 매년 여름휴가를 위해 알뜰히 돈을 모으고, 지역을 바꾸어 가며 연례행사하듯 여행을 치르는 풍경을 떠올리기란 어렵지 않다. 그러나 무작정 여행지만 바꾼다고 해서 우리가 새로워질까?

2005년 겨울, 나는 선생님과 친구들과 함께 미국 서부를 여행했다. 우리가 방문한 곳은 캘리포니아주 동부에 있는 데스밸리(Death Valley). 나는 처음으로 사막을 보았다. 그곳은 2억 년 전까지는 바다 밑이었다고 한다. 약 3천 500만 년 전에 지각변동 때문에 솟아 오르기 시작해서, 500만 년 전부터 현재의 모습을 갖추게 되었단다. 지층이 고스란히 드러난 돌산들이 마치 파도처럼 구불구불 펼쳐져 있었다. 돌가루를 품은 바람은 끝없이 이어져 있는 황량한 돌언덕 사이를 휘휘 돌아다니고 있었다. 어둡고 황량한 회색 고원지대였다. 여름에는 섭씨 57도까지 온도가 올라가서 생물들은 살기 어렵다. 그래서 '죽음의 계곡'이라는 이름이 붙었다. 아! 세상에 이런 곳이 있구나! 나는 마치 세상의 끝에 서 있는 듯했다.

그때 내가 가장 궁금했던 것은 하룻밤을 자고 나온 모텔의 주인 아저씨였다. '세상에 저 아저씨는 매일 이런 황량한 풍경을 보고 산단 말이야?' 겨울 사막은 기이하고도 멋졌지만 나는 금방 지루해졌던 것이다. 프루스트는 우리가 화성에 가도 지구에서 본 것밖에 보지 못할 것이라고 말한 적이 있다. 낯선 곳에서 뭔가 새로운 것을 경험하기 위해 많은 사람들이 미지의 장소로 여행을 떠나지만, 결국 언제나 자신에게 익숙한 것만 찾다가 돌아오게 된다는 말이다. 매번의 휴가마다 여행지를 바꾸는 것으로는 결코 새로운 자신을 발견하게 되지 못할 것이라는 충고다. 정말 진부한 자신으로부터 떠나고 싶다면 바깥에서 새로움을 구해서는 안 된다.

2010년 미야자키 하야오 감독은 「마루 밑 아리에티」라는 애니메이션을 발표했다. 평범한 도시 외곽의 주택 마루 밑에 사는 10센티미터 소인 아리에티네 가족의 이야기다. 어느 날 자고 일어났더니 내 몸이 10센티미터로 줄어 있다면? 아마 나는 TV가 갖는 엄청난 전자파에 질식당할 것이며, 부엌 냉장고가 내는 소음에 고막이 터져 버리겠지. 휴식과 위안을 주던 나의 집도 온갖 사고의 위험을 내장한 모험지가 될 것이다. 미야자키 하야오의 여행은 이처럼 갑자기 자신이 줄어들거나 커지는 경험과 함께 시작한다. '낯선 곳에서 새로움을 구할 순 없어! 먼저 자기 스스로가 달라져야 세상이 새로워 보이는 법!'

유명한 여행지에 갔다 왔다고 해서, 세계 최고의 여행기를 읽었다고 해서, 우리 삶이 바뀌지는 않는다. 『무정』의 형식은 자신이 사랑하는 사람들과 이야기를 나누던 중에 운명 앞에서 고투하는 인간들을 희로애락을 보았다. 같은 도시에 살고 있지만, 선형과 영채가 경험하는 현실이 자신의 그것과 다르다는 것을 알아차리게 된 것이다. 형식은 다른 존재의 입장에서 보았기 때문에 세상을 보는 새로운 눈과 안목을 얻을 수 있었다. 자, 이제 네팔에서 온 이주노동자의 눈으로, 장애우의 눈으로, 성적 소수자의 눈으로 서울 도심을 바라보려고 애쓰자. 그때 우리는 어떤 새로움과 조우하게 될까?

_오선민

도스토예프스키의 『죄와 벌』

세계라는 의미의 파편더미 위에서

> 아! 형식이 이래서는 안 되었어. 내가 행한 일이 그렇게 미학적으로 훌륭한 형식은 아니었어! 하지만 난 도저히 이해할 수가 없어. 왜 폭탄으로, 포위 공격으로 사람을 죽이는 것이 더 존경할 만한 형식이라고 하는 거지? 미학적인 두려움은 무력함의 첫번째 징후야……! 난 이것을 지금보다 더 명확하게 의식해 본 적은 한번도 없어. 그리고 난 지금보다 더 나의 범죄를 잘 이해한 적은 없어! 난 지금보다 더 나의 범죄에 대해 강한 확신을 느껴 본 적은 단 한번도 없었어……! (표도르 도스토예프스키, 『죄와 벌』, 홍대화 옮김, 열린책들, 2009)

『죄와 벌』의 하고많은 문장들 중에서 가장 인상적인 구절로 이걸 꼽은 이유는, 다름 아니라 '형식'이라는 저 단어 때문이다. 주인공 라스콜리니코프는 범행 후에야 자기 범행의 동기를 찾아다니기 시작하는데, 그 모습은 마치 자신이 고른 형식에 맞는 내용을 만들기 위해 고심하는 작가처럼 보인다. 그런데 문제는, 채워 넣는 내용마다 족족 그의 마음에 들지 않는다는 데 있다. 그는 계속해서 쓰고, 지우고, 다시 쓰고, 고친다. 결론적으로 그가 만든 내용들은 모두 표면들에 불과했다. 그것은 끊임없이 탈락되는 표면이다. 그래서 마치 오래된 방의 벽지들처럼, 벗기고 나면 또 다른 표면을 드러낼 뿐이다. 내용이 바뀔 때마다 범행 전체가 달라진다. 하지만 그 어느 것도 진실은 아니다. 혹은, 모든 게 진실이다. 그야말로 끝나지 않을 '범죄의 재구성'인 셈이다. 마침내 그는 범행이란 곧 형식의 문제였다고 결론짓기에 이른다.

지난 한 해 서울에서 일어난 수많은 사건사고들 중 개인적으로 가장 강한 인상을 받았던 것은 십대 청소년이 보험금을 노리고 집에 불을 질러 어머니와 누이를 숨지게 한 사건이다. 그런데 이 사건의 인상적인 면모는, 범행 동기라고 여겨지는 몇 가지 사실들이 속속 공표되는 과정 그 자체에 있다. 십대의 범인은 돈이 필요했다고 했다. 아니, 실은 농담으로 말해 봤을 뿐인데 그것이 점점 해내야 할 일처럼 느껴졌다고도 했다. 조사 과정에서, 그가 육상 유망주였으나 부상 이후 다른 걸 할 수 없었음이 확인됐다. 학교를 중퇴하고, 동네의 소위 '노는 녀석'들과 어울렸다는 신문 보도도 있었다. 조사 받는 와중에는 밥 잘 먹고 담당 형사에게 농담까지 했다는 보도도 있다. 이로써 사건은 돈에 얽힌 존속살인이 되었다가, 또 어떨 때는 좌절된 꿈이 가져온 사회에 대한 분노로 읽히고, 그랬다가는 정서 장애를 앓는 남성의 이유 없는 살인으로 변모하기도 한다. 이렇듯 동기라는 이름을 달고 관련 사실들이 드러날 때마다 사건도 달라진다. 이는 법으로 죄를 증명하는 것이 불가능함을 보여 주는 듯하다. 그러나 사법 당국은 진실을 알 수 있고 알아야 한다는 믿음을 전제로 할 때 존립 가능하지 않나. 그러니 믿을 수밖에. 끊임없이 캐묻고 밝혀낼 수밖에.

허나 '죄와 벌'을 제목으로 달고 있는 이 작품이 보여 주는 것을 보자. 도스토예프스키가 끈끈한 계단, 진창 위를 달리는 마차, 골목 사이에서 몰아치는 바람 등으로 구축해 놓은 도시 페테르부르크에 공인된 진실이란 없다. (그) 세계는 폐허다. 거기 있는 모든 것들은 파편이다. 아무것도 아니고, 동시에 무엇이든 될 수 있는. 그 파편들을 어떻게 그러모으는가에 따라 라스콜리니코프는 돈이 필요한 가난한 청년이 되기도 하고, 인류를 위해 벌레만도 못한 늙은이를 죽인 영웅이 되기도 하고, 자기 입법을 실현하는 초인이 되기도 한다. 정답? 그런 건 없다.

우리가 있는 지금 이곳이 정답 없는 세계라는 단언을 냉소적이고 허무주의적이라고 보는 이가 있다면, 이렇게 되묻고 싶다. 그렇다면 지금까지 당신은 이곳이 원인과 결과를 명석판명하게 따질 수 있는 곳이라고 생각했었단 말인가? 그렇다면 당신은 사회 안에서 일어나는 거짓들에 동조하고 있었던 것이다. 오히려 우리가 답 없는 세상에 산다는 것, 파편들만 휘날리는 폐허 위에 서 있다는 것을 인정할 때, 그때 우리의 다음 행동이 의미 있을 수 있으리라. 『죄와 벌』 읽기의 유의미성은 거기에 있다. 맹목에서 벗어나라. 그래야 다음 할 일이 생긴다. 라스콜리니코프는 그래서 작품이 끝날 때까지 내내 그리도 바빴던 것이다.

_수경

권터 그라스의 「양철북」

우리, 땅꼬마 냉소주의자들

> 나는 당시에 어떤 태도를 취하는 데 성공하고 있었고 그 이후에도 그것을 버릴 아무런 이유도 없었다. 그 무렵 나는 말하기도 하고 결심하기도 했다. 어떠한 경우에라도 정치가나 식료품상은 되지 않겠다, 라고 말이다. 오히려 여기서 마침표를 찍고, 이 상태에 머무르겠다고 결심한 것이다. 그리하여 나는 그 상태로 머물렀고 이후 오랜 세월 동안 몸의 크기도 복장도 그대로 유지되었던 것이다. (귄터 그라스, 『양철북』, 장희창 옮김, 민음사, 1999)

『양철북』은 내가 읽은 소설 목록 베스트에 들어가 있는 작품이다. 하지만 아마도 나는 끝내 주인공 오스카를 좋아할 수는 없을 것이다. 당연한 이야기지만, 작품을 좋아하는 것과 주인공을 좋아하는 것은 다르다.

"몸의 크기도 복장도 그대로 유지되었던" 오스카는 벨기에 작가 피에르 컬리포드(Pierre Culliford)의 피조물 '스머프'를 떠올리게 한다. 파란 피부에 흰 바지(일부는 예외다, 아시겠지만)를 입고 숲 속에서 공동체를 이루어 사는 이들은 아이도 어른도 아닌 상태로 즐겁게 살아간다. 어렸을 때는 나도 가가멜에게 쫓기는 스머프들을 응원했지만, 어떻게 보면 그들 참 징그럽다. 숲의 정령도 아니면서 대체 왜 자라지 않는 걸까? 그들은 존재 자체만으로 천지자연의 법칙을 거스르는 것 아닌가?

하지만 생각해 보니 내게도 자라고 싶지 않다고, 어른이 되기 싫다고 생각하던 시절이 있었다. 십대였던 나는 잠든 채 그 시절의 대부분을 보내 버렸다. 특히 고등학교에 입학한 뒤로는 학교 교사들을 비롯해 주변의 모든 어른들이 한심하고 추잡해 보였다. 그런데 그때 한 일이라고는 멍한 눈으로 앉아 있거나 엎드려 있었던 것밖에 없다. 딱히 즐거운 마음도 없고, 강렬하게 저항심을 발휘하지도 않은 채로 말이다. 양친, 우정, 진로……. 어떤 것 하나 제대로 고민해 본 적 없다. 이렇게 살고 있으니 시원찮은 어른이 될 거라는 생각은 했지만, 그저 그뿐이었다.

그런데 와야 할 것들은 역시 어떻게든 오는가 보다. 십대 때 부닥치지 않은 채 넘어간 것들이 내게는 이십대 끝물에 찾아왔다. 더 크고, 더 세게. 서울에 있는 모 대안학교에서 교사 노릇을 하던 2년간 나는 사랑 때문에 끙끙 앓는 아이, 경제적 문제로 원하는 것을 포기해야 하는 아이, 부모 때문에 상처받은 아이, 학교폭력으로부터 도망 나온 아이들을 만나면서 똑같이 울상을 짓고, 한숨 쉬고, 화를 냈다. 마치 나 자신이 십대로 돌아간 것처럼. 그랬더니 그저 몽롱한 회색빛이었던 나의 십대가 다르게 그려지기 시작했다. 그 시절을 보내고 나서 서른을 맞이했다. 사직서를 제출했고, 동료들과 학생들이 작은 환송회를 열어 주었다. 30세에 겨우 맞이한 졸업식인 셈이다. 그냥 통과해 버린 줄 알았던 십대를 나는 이십대 후반까지 질질 끌고 살았던 것이다. 만화 「피너츠」에서 담요를 질질 끌고 다니던 '라이너스'처럼.

성장을 거부하고 결국 구불구불한 몸이 된 오스카.
그는 정신병원에서 자신의 자서전을 집필한 뒤 생을 마감한다.

성장을 거부한 오스카에 대해 물음표를 달 생각은 없다. 그건 자신이 동의할 수 없는 세계에 대한 가장 솔직한 응답이자 가장 적극적인 거절의 표시다. 그것은 이해할 수 없고 이해하고 싶지 않은 세계에서 살아 남기 위한 한 인간의 안간힘으로 충분히 읽힌다. 하지만 나는 여전히 오스카를 좋아할 수 없다. 그가 그 사회가 가진 불구성의 현현이기 때문이 아니다. 자라기를 거부한 그가 보여 준 냉소, 그것이 나를 불편하게 만든다. 뱃속에서부터 이미 모든 것을 알았든 어쨌든, 사회에 대해 그저 냉소로 일관하는 한 그는 아직 어린아이이다. 우리는 결코 저 작중화자의 말을 믿어서는 안 된다. 그는 신장만 덜 자란 게 아니라, 품성과 시선, 혹은 애정, 다른 말로는 마음이라 불리는 부분도 채 자라지 못했다. 나는 결코 그에게서 사랑 혹은 애증을 읽어 내지 못했다. 그는 제대로 사랑도, 증오도 해보지 못했다. 그런 의미에서 등에 붙은 혹은 그가 제대로 통과하지 못한 시절의 흔적이다. 그는 다시 성장을 결심한 이후에도 곧게 자라지 못하고 구불구불한 몸이 되고 만다.

나이 서른에도 오스카는 여전히 미친 수다쟁이다. 그는 부모 세대 같은 속물이 되지 않길 택하는 대신 변방의 냉소주의자가 된다. 속물, 냉소주의자—두 경우 모두 어른이 아니다. 권터 그라스는 이런 세계와 그 속의 인간을 그토록 치밀하게 그렸다. 모두를 어린아이로 만드는 세계, 그리고 우리-어린아이들을. 그래서 나는 이 소설이 좋다. 그리고 그래서, 나는 오스카가 싫다. 그는 우리들 마음을 불편하게 하는, 외면하고 싶은 인간이다. 하지만 그렇기에 우리는 더욱 그를 봐야만 한다. 제대로 보지 않는 한 제대로 통과할 수 없고, 제대로 통과하지 않으면 언제까지고 그 자리에 머무를 수밖에 없으니까.

_수경

플라톤의 『티마이오스』

아무것도 아닌, 그래서 모든 것이 될 수 있는

바로 똑같은 말이 모든 물질을 받아들이는(수용하는) 성질의 것에 대해서도 타당합니다. …… '새겨질 상(像)'이 온갖 다양성을 보이는 다양한 것이려면, 새겨지는 것이 그 안에 들어와 있게 되는 곳인 바로 이것은 어딘가에서 받아들이게 될 그 모든 형태 중의 어떤 형태도 갖지 않는 상태로 있는 것 말고는, 달리 준비가 잘된 상태에 있게 될 수가 없을 것이라 생각하는 것이 마땅합니다. 그것이 잇달아 들어오게 되는 것들 중의 어떤 것과 닮은 상태에 있고서는, 이것과 대립되는 성질의 것들에 자신의 모습을 함께 나타나게 함으로써 그것들이 잘못 닮게 할 테니까요. 이 때문에 자신 속에 온갖 부류의 것들을 받아들이게 되어 있는 모든 것은 형태에서도 벗어나 있어야 합니다. 마치 온갖 향유의 경우에 먼저 시작 단계에서 기술적으로 고안하듯이, 즉 향기들을 받아들이게 될 액체를 가능한 한 최대한으로 무취한 상태로 만들 듯이 말씀입니다. (플라톤, 『티마이오스』, 박종현·김영균 공동 역주, 서광사, 2000)

언제가 버스 정류장에 서 있다가 버스에 붙은 템플 스테이 광고에 눈이 갔던 기억이 납니다. 정확하게 기억은 안 나지만, 대충 '그곳에 가면 내가 있습니다' 정도였던 것 같습니다. 그곳에 가면 내가 있다고? 정말? 여기에서도 없는 내가 거기에 가면 있다고? 이게 뭔 말이지? 그러면서도 왠지 알 수 없는 끌림 같은 게 느껴지기도 했지요. 세상살이를 하면서 답답해질 때, 이게 내 길인지 불안해질 때, 어디로 가야 할지 모르겠을 때 떠오르는 질문. '도대체 나란 사람은 누구지? 내가 진정 원하는 것은 무엇이지?' 그런 질문을 그곳에 가면 해결할 수 있을지도 모른다는 희미한 바람 같은 것.

플라톤은 세상을 만드는 데 필요한 것으로 설계도와 질료를 듭니다. 그 질료, 즉 제작에 필요한 재료를 아낭케(anankē)라 말하는데, 윗글에 나오는 '모든 물질을 수용하는 것'을 가리킵니다. 그런데 재미난 것은 그 아낭케의 성격입니다. 아낭케라는 놈에 대해 플라톤은 이렇게 말하죠. '그 모든 형태 중의 어떤 형태도 갖지 않는 상태', 그럼으로써 '자신 속의 온갖 부류의 것들을 받아들이게' 되는 것. 모든 것이 되기 위해서 아무것도 아닌 상태. 이것이 아낭케의 성격입니다.

누구나 '나는 어떻게 살아야 하는가'에 대한 질문을 맞이하는 때가 있습니다. 우울증은 그 질문에서 오도가도 못할 때 생기는 병입니다. 지금까지의 삶의 의미가 모두 무너져 앞으로 무엇을 어떻게 해야 할지 모르는 상태. 이런 우울증에 걸리면 사람들은 집에 처박혀 사람과의 관계도 끊고 아무것도 하지 않곤 하지요. 심한 사람은 자살에 이르기까지 하고요. 그래서 우울증은 하루 속히 치료될 병으로 얘기됩니다. 버스 광고판에 붙은 그 광고도 우울증과 관련이 있을 겁니다. 명상센터라든지, 심리상담소의 호황도 우울증의 급증 때문이란 생각이 들고요.

우울증을 좀더 생각해 보기로 하지요. 4~50대 주부들에게 흔하게 발생하는 주부우울증. 주부우울증이 발생하는 과정을 간단히 짚어 보면 이렇습니다. 아이에 모든 것을 걸고 살아가던 엄마. 어느 날 아이가 커 버리고, 성장한 아이는 이제 엄마의 손길을 귀찮아합니다. 엄마는 당황스러워집니다. 모든 일상이 아이를 중심으로 구성되었는데, 이제 뭘 하지. 여기서 주부우울증이 생깁니다.

지금까지 살아온 모든 방식이 무너져 내릴 때, 자신이 살아온 방식으로는 더 이상 살 수 없을 때 우울증이 찾아옵니다. 그러면 이전의 삶의 회로들을 따라 흐르던 생의 에너지들이 갈 곳을 잃고 혼란스러워하지요. 모든 형체들을 잃고 혼란스러워진 에너지 때문에 우리는 당장 무엇을 해야 할지 알 수 없습니다. 삶의 의미가 없다고 느끼는 것도 이 때문이고요.

하지만 우울증이라는 게 무조건 나쁘기만 한 걸까요. 우울증은 삶의 전환기와 관련되어 있습니다. 우리가 능동적으로 삶의 전환을 만들어 가면 좋겠지만, 대부분은 그렇게 하지 못한답니다. 우리는 웬만하면 살아온 관성대로 살아갑니다. 뭔가 새롭고 신나는 삶을 꿈꾸면서도 귀찮아서, 용기가 없어서 그냥 살아온 대로 사는 것이지요. 어쩔 수 없다고, 다 그렇게 사는 거라고 자신을 합리화하면서 말입니다. 그렇게 대충 뭉개고 살아가다가 이전의 방식으로는 더 이상 삶을 꾸려나갈 수 없을 때, 바로 그때 내 몸은 우울증으로 답합니다.

우울증은 우리에게 새로운 삶의 방식을 찾으라는 몸의 명령인 셈이지요. 지금까지 주춤거리면서 나아가지 못하고 있던 나에게, 이제 그곳을 떠나 새로운 삶을 구성하라는 몸의 신호. 그러기 위해 기존에 내가 가진 삶의 형태들을 다 풀어서 아무것도 아닌 상태로 만드는 것. 그럼으로써 모든 것이 되도록 하는 준비 상태. 이것이 우울증입니다.

어릴 때, 찰흙놀이를 하던 기억이 납니다. 이런저런 모양을 만들었다가 부쉈다 다시 뭉치곤 하던 기억. 새로운 모양을 만들려면 원래 모양을 부숴서 찰흙을 하나로 뭉치는 일부터 시작해야 하지요. 우울증이란 그저 이런 작업일 뿐입니다. 그러니 너무 슬픈 눈으로만 우울증을 바라볼 필요는 없습니다. 그것은 오히려 플라톤이 말하는 데미우르고스, 세계의 제작자가 될 기회입니다. 먼 곳이 아닌, 언제나 나와 함께 이곳에 있는 몸이 주는 기회 말이죠. 그 '무취의 상태'를, 삶의 새로운 향기를 만들기 위한 출발로 삼아 보면 어떨까요.

_신근영

칼 맑스의 『자본』

지성의 눈과 감성의 눈

유통분야 또는 상품교환분야는 사실상 천부인권의 참다운 낙원이다. 여기서 지배하는 것은 오로지 자유·평등·소유·벤담이다. 자유! 상품[노동력]의 구매자와 판매자는 자기들의 자유의지에 의해서만 행동하기 때문이다. …… 평등! 그들은 오직 상품소유자로서만 관계하며 등가물을 등가물과 교환하기 때문이다. 소유! 각자는 모두 자기 것만을 마음대로 처분하기 때문이다. 벤담! 그들은 모두 자기의 이익에만 관심을 기울이기 때문이다. …… 속류자유무역주의자들은 이 단순상품유통 또는 상품교환분야로부터 자신들의 견해나 개념을 끌어내고 자본과 임노동에 근거한 사회를 평가하는 판단기준을 끌어낸다. 그러나 이제 이 분야를 떠날 때 우리는 등장인물들의 면모에 일정한 변화가 일어남을 볼 수 있다. 이전의 화폐소유자는 자본가로서 앞장서 걸어가고, 노동력의 소유자는 그의 노동자로서 뒤를 따른다. 전자는 거만하게 미소를 띠고 사업에 착수할 열의에 차 바삐 걸어가고, 후자는 자신의 가죽을 시장에서 팔아 버렸으므로 이제는 무두질만을 기다리는 사람처럼 겁에 질려 주춤주춤 걸어가고 있다. (칼 맑스, 『자본』 1권, 김수행 옮김, 비봉출판사, 1992)

십여 년 전 어느 학술대회에서 신영복 선생 강연을 들은 적이 있다. 선생의 강연은 학술대회 개막을 기념해서 마련된 것이었다. 마침 내 발표가 끝난 직후기도 했고, 글만 읽었을 뿐 선생을 한번도 본 적이 없었기에 서둘러 강연장을 찾았다. 이미 청중이 빽빽이 들어선 터라 뒷문에 몸을 밀어 넣고는 까치발을 했다. 강연은 이미 종반에 접어들었고 학자들이 대부분인 청중과 이러저런 이야기가 오가고 있었다.

그때 어떤 이가 참 낯간지러운 질문을 던졌다. 선생의 아름다운 말씀을 청하려고 너무 바른생활 교과서 타입으로 말을 꺼냈다. 그날 자기가 목격한 장면이라는데, 어느 할머니 한 분이 큰 보따리를 들고 버스를 탔던 모양이다. 몸이 말을 듣지 않으니 올라와서 요금을 내고 자리를 잡는 것까지 모든 게 쉽지 않았을 터이다. 그때 버스기사가 화를 버럭 내며 심한 말을 마구 내뱉었단다. 자기 어머니뻘은 족히 돼 보이는 노인네에게 험한 말을 쏟아낸 기사를 탓하며 그 학자는 돈만 밝힐 뿐 정신은 황량해진 요즘 세태를 꼬집어 달라며 선생께 말씀을 청했다.

그런데 이상하게 내 얼굴이 화끈거렸다. 그 버스기사 때문이 아니라 그 질문자, 아니 그런 이야기를 주고받는 장소가 부끄럽게 여겨졌다. '아, 여기는 이런 이야기를 주고받는 자리구나.' 난 몸을 슬슬 빼기 시작했다. 그런데 그때 날아든 선생의 한마디가 내 뒷덜미를 잡았다. '아마 자기 어머니라고 생각해서 그랬을 겁니다.' 그 말과 동시에 난 선생을 향해 고개를 돌렸다. '노인네가 그런 짐을 들고……. 택시나 탈 것이지. 자식들은 도대체 뭐하는 건지.' 하지만 초라한 행색의 돈 없는 노인네나 그런 노인네 하나 건사하지 못하는 못난 자식들. 아마도 기사는 거기서 어머니와 자기 자신을 보았을지도 모른다고, 선생은 그렇게 답했다. 선생의 말을 들으니 기사가 내뱉었다는 욕설이 우리네 가난한 사람들의 신세 한탄이었던가, 하는 생각이 문뜩 들었다.

내 어머니가 꼭 그랬다. 외할머니 병수발을 들다가도 곧잘 험한 말씀을 쏟아 놓곤 하셨다. 한평생 고생만 하셨는데 인생의 마지막 장에 이르기까지 늙은 딸들 집을 전전하며 누워 계셨던 외할머니를 보며, 어머니는 '저 놈의 노인네……'라는 말을 입에 달고 사셨다. 힘껏 수발을 들면서도 어머니는 갑자기 무너지듯 그런 말을 내뱉곤 하셨다. 지금 생각해 보면 어머니도 참 많은 속울음을 우셨을 터이다. 내 어머니 이야기를 했지만 사실 누구나 이런 이야기를 알고 있을 것이다. 말의 교환만을 보는 사람, 그 교환이 어떤 표정으로 이루어지는지를 알지 못하는 사람, 거기에 흐르는 정서를 알지 못하는 사람은 상황을 완전히 오판한다.

맑스의 『자본』을 읽을 때마다 그가 참 좋은 눈을 가졌다는 생각을 한다. 그는 화폐와 노동력을 교환한 자본가와 노동자의 표정을 놓치지 않고 있다. '보상금 다 받았잖아.' '결국 지가 원해서 한 거 아냐? 싫으면 안 하면 되잖아.' '줄 것 주고 받을 것 받았는데 생떼 부리는 것 좀 봐.' '착취라고? 서로 이익이 된다고 생각했으니까 계약한 거잖아.' 학자고 언론인이고 이런 말을 정말 잘도 뱉는다. 그런데 맑스는 돈과 몸뚱이를 교환한 두 사람의 표정을 보고 있다. 그는 자유로운 교환, 평등한 교환, 이익이 되는 교환을 해놓고도, 무두질을 기다리는 소처럼 고개를 숙인 채 주춤주춤 걸어가는 노동자의 표정이 뭘 의미하는지를 아는 사람이다.

등가 교환 밑에 부등가 교환이 있다는 것. 그는 자유, 평등, 소유, 이익이 정의되는 영역 아래 있는 것을 본 사람이다. 말의 교환(그것은 법이고 또한 과학이다)을 넘어 그는 '출입금지' 영역을 본 사람이다. 맑스가 천재라면 오로지 그런 눈을 가졌기 때문이다. 그런데 그 눈은 말의 교환을 분석하는 지성의 눈이 아니라, 말에 묻은 감정을 느끼는 감성의 눈이다. 아니 이렇게 말해도 좋을 것이다. 그의 창조적 지성은 여느 학자들과 다른 그 감성에서 나온 것이라고. 그의 천재는 그의 감성이다.

_고병권

헉슬리의 『멋진 신세계』

자신만의 방법? 별 거 없어!

"당신은 자유로워지고 싶지 않소, 레니나?"

"무슨 말씀인지 잘 이해하지 못하겠어요. 나는 자유로워요. 자유롭게 재미있는 생활을 하고 있어요. 지금은 누구나 행복하잖아요."

그는 웃었다. "그래요, '지금은 누구나 다 행복하지.' 우리는 어린애에게 다섯 살 때부터 그것을 가르쳐 주고 있소. 하지만 당신은 다른 방법으로 행복해지기 위해서 자유로워지고 싶지 않아요, 레니나? 예를 들면 당신 자신의 방법으로 말이오, 다른 사람의 방법이 아니고."

(올더스 헉슬리, 『멋진 신세계』, 이성규·허정애 옮김, 범우사, 1998)

"자신만의 방법으로 살아 보고 싶지 않아?"

굳이 『멋진 신세계』의 이 문장을 인용하지 않더라도 우리의 삶 속에서 이처럼 매혹적인 말이 또 있을까. 단 한번이라도 '자유'라는 단어를 떠올려 본 사람이라면 누구라도 한 번쯤 고민해 보았을 이 질문. 하지만 이 질문은 매혹적인 만큼 치명적인 위험을 끌어안고 있다. 이 질문을 듣고 나면 자신만의 방법을 찾지 않을 도리가 없는 것이다. 왜? 자신만의 방법을 찾지 못한다는 것은 누군가에게 끌려다닌다는 걸 스스로 인정하는 꼴이 되니까. 참으로 난처한 일이다. 어느덧 이 질문의 답을 제때 내놓지 못한 사람들은 점점 지쳐 가고, 가당치도 않게 주변의 모든 것을 원망하거나, 심지어 자기 자신마저 혐오하게 되는 경우도 비일비재하다. 하지만 자신만의 방법을 찾는 것이 그토록 힘든 일일까? 아니, 절대 그렇지 않다. 사실 우리는 누구나 다 그 방법에 대해 잘 알고 있다. 다만 그 과정에 대해 지레 겁을 먹고 회피하고 있을 뿐.

내겐 영화기획사에 다니는 친구가 있다. 요즘은 나와 함께 공부하는 친구들이 영화 작업을 하다 보니 녀석의 조언이 필요할 때가 많아져서 더 자주 연락을 하게 된다. 사실 조언이랄 건 별로 없다. 핵심은 '열심히 해야지'가 전부. 그런데 그 열심히 해야지, 라는 핵심에 가 닿기까지의 녀석의 화술이 독특하다. 첫 마디의 대부분이 "아, 그 영화? 별 거 없어!"다. 아무리 훌륭하다고 소문난 영화라 할지라도 녀석의 첫마디는 한결같다. 우선 나는 녀석의 말투를 유쾌하게 웃어넘긴다. 언제나 친구들의 걱정을 잘 들어 주는 녀석. 이번에도 내 걱정을 덜어 주려는 녀석의 배려라고 생각한다. 한바탕 대화가 절정에 이를 무렵 나는 다시 진지하게 묻는다. 어쩔 수 없다. 남들보다 늦게 새로운 일을 시작한다는 조바심이 나를 또 한번 몰아세운다. "근데 그 영화 제작 방식이 좀 특이하다며?" 순간 녀석은 당황한다. 그리고 오히려 내 진지한 표정을 믿을 수 없다는 듯 녀석은 다시 한번 강조한다. "별 거 없다니까!"

나는 한참을 더 녀석의 말에 귀를 기울이고 나서야 녀석의 말뜻을 알아차린다. 녀석에게 있어, 내가 때론 감탄하고, 때론 절망하면서 듣고 있던 그 영화 작업들의 고충은 너무도 당연한 수고라는 것, 영화를 만들기 위한 기본이자 당연히 감수해야 할 일, 그 당연한 일을 거치지 않으면 좋은 영화는커녕 영화 제작 자체가 불가능하다는 사실을 녀석은 그런 식으로 떠들어 대고 있었다는 것을 말이다.

결국 자신만의 방법, 그것은 어떤 일을 시작하든 당연히 거쳐야 할 과정들을 기초부터 차근히 다지지 않고서는 절대 찾을 수가 없는 것이다. 이미 많은 선배들이 걸어간 길이고, 누구나 아는 길이라면서 콧방귀를 뀌어서는 곤란하다. 자신만의 방식이란 그 선배들이 걸어간 길의 끝에서 단 반 발짝이라도 더 내딛는 것 외에 그 어떤 것도 아닐 테니. 아무리 지루하고 느린 걸음이라 하여도 자신의 속도를 원망하며 초조해할 필요 없다. 보다 중요한 것은 그 느린 걸음이야말로 지름길을 찾거나 허세를 부리느라 낭비하는 시간을 줄이면서 각자의 목표에 가장 빨리 가 닿는 방법이고, 매 순간 자신만의 방식으로 행복을 쟁취했다고 말할 수 있는 유일한 길임을 끊임없이 되새기는 일이다. 정직하게, 한 발 한 발. 지금 내가 선 자리에서 한 발 한 발 내딛을 수 있다는 것, 그것이야말로 바로 자신만의 방법으로 얻어 낸 '자유'일 테니.

_이종영

허준의 『동의보감』

실연에 대처하는 우주적 용법

땅[地], 물[水], 불[火], 바람[風]이 서로 화합하여 사람을 이룬다. 근골의 기운은 땅에 속하고, 정(精), 혈(血), 진액(津液)은 물에 속하며, 호흡과 체온은 불에 속하고, 정신과 활동은 바람에 속한다. 그러므로 바람이 그치면 기가 끊어지고, 불이 없어지면 몸이 차가워지고, 물이 마르면 피가 없어지고 땅이 흩어지면 몸이 갈라진다. (허준, 「신형문·사대성형」, 『동의보감』)

얼마 전 〈수유+너머 남산〉 연구실에서 학술제가 열렸다. 다양한 공부의 성과들이 강의, 토론, 연극 등으로 펼쳐졌다. 그 중에서 눈에 띄는 공연 하나, 바로 만해의 철학을 '무릎팍도사' 패러디로 재구성한 콩트였다. 도사를 찾아온 의뢰인은 떠나간 여자친구 때문에 괴로워하는 한 남자. 그는 여기저기 남겨진 그녀의 흔적 때문에 힘들다고 하소연한다. 그 말에 도사는 우스꽝스런 분장과는 달리 정말 도사다운 답변을 했다. 그녀의 흔적이 아닌 게 어디 있겠냐고, 5년 동안 그녀와 함께 했던 시공간뿐만 아니라, 지금의 당신을 구성하고 있는 많은 것들이 그녀의 흔적들이라고. 더불어 당신은 당신이 공부했던 푸코와 만해의 흔적이고, 지금 주위에 같이 공부하고 있는 학인과 스승들의 흔적, 또한 새와 나무, 땅과 하늘의 흔적들이라고. 그렇게 당신과 그녀 그리고 만물은 무수한 흔적들의 집합일 뿐, 당신을 떠나간 고유한 그녀의 실체는 없다는 것.

배꼽이 빠지도록 재밌게 연출한 그 콩트를 보고 나도 오래전 연인과 이별했던 때를 떠올렸다. 별짓을 다해도 잊기 힘들던 시절. 밥은 물론 술도 안 먹히고, 담배와 기타만으로 버티던 날들이었다. 그러다 문득, 나는 이 사건이 왜 이렇게 날 지치고 힘들게 하는지 궁금해졌고, 그 이유를 밝히기 위해 이별에 대한 글을 한번 써 봐야겠다는 결심을 했다. 그 글을 통해 나는 이별의 상처를 스스로 극복해 나가길 원했고, 더불어 비슷한 시련을 겪고 있는 사람들에게도 힘이 되어 주고 싶었다. 글의 형식은 소설로 정했다. 줄거리는 통속적이고 진부한 스토리였는데, 실연의 아픔을 겪은 주인공이 여행을 하면서 이런저런 스승들에게 조언을 듣고 깨달음을 얻는다는 내용. 지금 생각하면 웃음밖엔 안 나오지만 그때는 자못 진지했다. 그런데 난 그걸 준비하면서 실제로 여러 스승들을 만날 수 있었다. 그 중의 한 명이 바로 허준이었다.

『동의보감』에는 유불선 삼교회통(三教會通) 사상이 깔려 있다. 위의 인용문은 그 중에서 불교수용적인 면모를 보여 주는 대표적인 진술이다. 인간의 몸은 땅[地]과 물[水]과 불[火] 그리고 바람[風] 등, 천지자연에 의해 만들어졌다. 구체적으로 근골, 정, 혈, 진액, 호흡과 체온, 그리고 정신 등 생명활동의 모든 영역이 지수화풍(地水火風)에 의해 구성된 것이다. 그렇게 인간 존재 안에 우주적 기운을 담고 있기 때문에, 자연이 매 순간 새롭게 태어나는 것처럼, 사람의 몸과 마음도 계속 바뀌고 있다. 그런데 집착이 생기면 그 변화의 흐름을 막아 몸 안의 지수화풍의 순환이 멈추게 되고, 결국 기가 끊어지고, 몸이 차가워지고, 피가 없어지고 몸이 갈라지게 된다.

내 마음은 그녀와 있던 시공간에 머물러 있었고, 동시에 몸의 순환도 정지되어 있었다. 그래서 나는 걷고 또 걸었다. 몸이 바뀌어야 감정도 바뀌기 때문이다. 그렇게 몸과 마음을 바꾸기 시작하면서 그녀는 점차 다른 존재로 느껴졌고 나도 다른 사람이 되어 갔다. 더 이상 지나간 시공간과 기억 속에만 존재하는 사람에게 집착할 이유가 없었다. 지수화풍이 새로운 계절을 받아들이고 변모해 가는 것처럼, 나도 새로운 시절을 받아들였다. 그러니까 몸과 질병에 대한 『동의보감』의 우주적 원리가 실연에 적극적으로 응용된 셈이다.

끊임없이 변화하는 지수화풍처럼 사람도 늘 비워 내고 또 새로 담아야 한다. 인연도 역시 시절에 따라 흘러가고 또 새롭게 오는 법. 그래서 이별은 슬픔인 동시에 희망이 될 수 있는 것이다. 어느 개그 프로의 제목처럼, '이별에 대처하는 우리의 자세'는 바로 이러한 우주적 용법에서 찾아야 한다.

_안도균

오승은의 『서유기』

손오공도 달아날 땐 달아난다

> 손오공은 초조해져서 여의봉을 던지며 "변해라!" 하고 외쳤어요. 그러자 수천수백 개의 여의봉으로 변하여, 마치 뱀과 구렁이가 날아 내리듯 하늘 가득 어지럽게 떨어져 내렸어요. 요괴들은 이를 보더니 모두 혼비백산하여 머리를 끌어안고 목을 움츠리며 동굴 안으로 도망쳐 버렸어요. 요괴 왕은 깔깔거리며 비웃더니 이렇게 말했어요.
>
> "원숭이 놈아, 무례한 짓 그만하고 내 솜씨를 봐라."
>
> 그는 급히 소매 속에서 번쩍번쩍 빛나는 흰 고리를 꺼내더니 공중에 던지며 "붙어라!" 하고 소리쳤어요. 그러자 철컥 하는 소리가 나면서 여의봉을 모두 거두어 한 묶음으로 만들더니 거둬 가 버렸어요. 제천대성은 여의봉을 잃고 빈손이 되자 근두운을 타고 죽어라고 달아났지요.(오승은, 『서유기』 5권, 서울대학교 서유기번역연구회 옮김, 솔, 2004)

하나, 손오공은 천하무적이다! 손오공은 신출귀몰한 변신술의 귀재이다. 마음먹은 대로 늘었다가 줄어드는 여의봉을 자기 무기로 쥐고 있다. 게다가 하루에 세상을 몇 번이나 날아다닐 수 있는 근두운까지도 탈 수 있다. 천상천하유아독존. 그만 한 존재가 또 있을까. 그는 옥황상제에게도, 신선계의 거두 태상노군에게도, 부처님에게도 대든다.

둘, 손오공은 천하무적이다? 손오공은 독각시(獨角兕)대왕에게 여의봉을 빼앗기고 빈손이 되어 달아난다. 도대체 독각시대왕의 무기 '고리'가 어떤 것이기에 손오공을 도망가게 만들었을까. 다른 에피소드에서도 손오공은 여러 차례 곤경에 처한다. 이야기가 이렇게 전개되면 우리는 급실망한다. 이게 뭐야! 손오공이 천하무적이라더니 요괴에게 지다니. 이게 말이 되냐고, 투덜거릴지도 모르겠다. 하지만 너무 속단하지 말자. 손오공은 천하무적이다. 왜냐하면 그에게는 친구가 있으니까, 아니, 자기의 약함을 있는 그대로 인정하고 친구에게 도와 달라고 말할 수 있는 용기가 있으니까 말이다.

손오공의 강함은 사건의 전후에 있다. 자기가 약하다는 걸 직시하고 인정한다는 것과 친구에게 도움을 청할 수 있는 용기. 그리고 자기가 도움받았다는 사실을 자기 인생의 오점으로 여기지 않고 결코 주눅 들지 않는 것이 손오공을 천하무적으로 만든다. 세상에는 나보다 더 힘세고 권력 있고 지혜가 있으며 능력 있는 자가 많다. 토너먼트 경기를 하듯, 한 분야의 경기를 세상에서 가장 우수한 자들과 겨룬다. 그들을 눌러 이겨야만 톱이 된다는 설정. 그런데 이렇게 세상의 숨겨진 능력자를 찾아 나선다는 것은 한도 끝도 없다. 만화 『드래곤볼』처럼 한 국가 내의 시합에서 점차 나라를 넘어 대륙 간 배틀로, 나아가 전 세계적으로 펼쳐지고 더 나아가 우주로 무한 확장되는 구도를 띠게 된다. 그러다가 그 끝은? 결국은 늙어 죽었다는 것 외에는 아무것도 없다. 그렇게 늙어 죽는 것이 결과가 되어 버린 강함이라는 게 우리의 삶에 어떤 의미가 있을까.

누군가를 억누르기 위한, 톱임을 인정받기 위한 천하무적이란 얼마나 비루한가. 적들보다는 자기를 도와줄 수 있는 친구들을 많이 가지는 것, 그것이야말로 나의 능력을 증명한다.

학술제 때, 도무지 글의 주제와 전개를 어떻게 풀어 가야 할지 몰라 며칠 동안이나 머리를 싸맸다. 문득문득 떠오르는 작은 힌트들은 머릿속을 스치고만 지나갔다. 그때 나의 괴로움을 친구들에게 토로하고 토론을 했다. 처음에는 중구난방이었지만, 함께 골머리를 싸매고 도와준 친구의 입에서 나온 말들로 내 글의 줄거리가 하나로 꿰어졌다. 아, 하는 감탄. 이래서 같이 공부를 하는구나라고 느꼈다. 나의 힘이 그들의 힘을 입어 배가되었다는 생각이 들었다. 번듯한 논문 한 편을 완성시켰다는 것에서 나는 나의 능력의 신장을 확인한 게 아니다. 내가 이렇게 도움의 말을 청하면 친구가 혹시나 비웃지는 않을까, 내가 얕보이는 건 아닐까 하는 두려워하고 저어하는 마음에서 벗어나 한 발짝 내딛었다는 점에서 내 능력의 신장을 느낀다.

_최정옥

발자크의 『고리오 영감』

식인의 역사를 끊으려면?

> 나는 그 애들을 알고 있지. 내 딸년들은 결코 내 슬픔이나 고통이나 궁핍을 알아챌 줄 모르네. 내 죽음까지도 이해하지 못할 걸세. 내 깊은 사랑조차도 모르고 있지. 그래, 나는 알지. 그 애들을 위해서 내 오장육부를 항상 열어 보인 습관 때문에 내가 해준 일의 모든 가치를 그 애들은 모르고 있다네. 딸년들이 내 눈을 파내겠다고 하면, 나는 "눈을 파 버려!" 하고 그 애들에게 얘기했을 거야. 나는 너무도 어리석었네. 그 애들은 모든 아버지들이 자기 아비와 같은 줄로 알고 있다네. 항상 자기 값어치는 자신이 챙겨야 할 필요가 있네. 그 애들 자식들이 나를 위해 복수할 거야. 그 애들이 여기에 온다는 것은 이해 관계 때문이야. 따라서 그 애들이 아비를 죽이는 것이라고 전해 주게! 그 애들은 모든 죄악을 한꺼번에 저지르고 있어. (오노레 드 발자크, 『고리오 영감』, 박영근 옮김, 민음사, 2000)

발자크의 『고리오 영감』을 읽을 무렵 내가 잡고 있었던 책은 『나의 아버지 박지원』(박희병 옮김, 돌베개)이다. 이 책은 연암 박지원의 둘째 아들 박종채가 돌아가신 아버지를 기리기 위해 썼다. 여기에는 자애로운 아버지, 조선 최고의 학자 연암은 없다. 오히려 코끼리와 나비를 좋아하던 연암, 하인들과도 허물없이 밥을 함께하고, 죽은 친구를 위해 달밤에 술상을 차리던 연암, 부지런히 책을 읽고 곰곰이 생각하며 글을 쓰던 연암이 담담히 그려져 있을 뿐이다. 그러나 어머니가 돌아가신 뒤 끼니를 챙겨 줄 사람이 없어 굶기도 하던 아버지, 구휼을 위해 낮밤을 가리지 않고 정무에 힘쓴 아버지의 모습을 써내려 갔을 박종채의 마음은 어떠했을까? 연암과 고리오, 박종채와 발자크. 어찌나 그 운명이 대비가 되던지.

박종채가 글을 완성한 것은 1816년이다. 이때 발자크는 파리에서 한참 법률과 철학 공부에 매진하고 있었다. 박종채는 책 곳곳에서 아버지의 가르침대로 성실하게 살지 못하는 자신을 자책하고 더더욱 학문에 매진하는 모습을 보여 준다. 하지만 같은 시간 발자크는 더 이상 보고 배울 아버지가 없는 시대, 아니 딸들이 아버지의 눈을 파먹으면서 살아가야 하는 시대를 보고 있었다. 그리고, 지금 우리는 고리오들이 가득한 세상에 살고 있다.

그렇다면 나는 어떤가? 나도 고리오의 딸은 아닐까? 외제차와 명품 가방이 없으니 고리오의 딸이 되기엔 부족한가? 고리오의 딸들은 아버지의 고통과 궁핍, 심지어 죽음에도 관심이 없었다. 뿐만 아니라 그들은 친구도 애인도 중요하지 않았고 오직 사회적 성공과 물질적 풍요만을 원했다. 누구의 삶에 개입하거나 누군가가 자신의 삶에 들어오는 일을 극도로 꺼려 했다. 오직 '돈만 주세요'다. 고리오는 자기밖에 모르는 이 무시무시한 딸들을 저주했던 것이다. "그 애들 자식들이 나를 위해 복수할 거야."

결국 이 딸들은 자기 자식들에게 잡아먹힐 것이다. 혼자 살다가 혼자 죽으리라.

우리 시대의 일일드라마, 신문 사회면에서 존경할 수 있는 아버지가 사라진 지 오래되었다. 아니, 존경이라는 단어 자체가 힘을 잃었다. 박종채가 아버지를 존경한 것은 아버지가 자신을 사랑해서가 아니다. 박종채에게 아버지는 자상하고 현명한 목민관이었으며, 의리와 신의를 중요시하는 선비요, 세상을 경륜하는 뛰어난 학자였다. 연암은 몸을 주신 아버지이기 전에 존경하지 않을 수 없는 군자요, 스승이었던 것이다. 존경이란 이처럼 한 사람이 맺는 사회적 관계 속에서 확인되고 싹 틔울 수 있는 말이다. 그 말은 돈으로 사회적 관계를 지탱하는 사회 안에서는 결코 나올 수 없다. 아비를 죽이는 식인의 역사를 끊으려면 어떻게 해야 하는가? 서로가 서로를 존경할 수 있는 수많은 관계 속에서 나의 아버지를 되비추고, 나 또한 되비출 수 있어야 한다.

_오선민

이기영의 「고향」

공부와 삶은 하나다

> 그까짓 청년회는 무엇 하러 가는 겐가? 그까짓 것들하고 무슨 일을 같이 하겠다고. …… 어떻게 했으면 오늘은 심심풀이를 잘할까? 하는 유복한 자식들이나, 그렇지 않으면 제 에미 애비가 뼛골이 빠지게 일을 해서 보통학교나마 공부를 시켜 놓으니까, 번둥번둥 처먹고 놀면서 '공'인지 급살인지 치러 까지르는 것들이 무슨 제법 큰일을 하겠다는 말인가. 흥! 그래도 내세우는 말들은 장관이지. 뭐? 그런 운동을 하면 몸이 튼튼해지고 먹은 게 소화가 잘 된다고! 아니 못 먹어서 부황이 나 죽을 놈들이 부지기수인데 돼지죽으로만 알던 지게미도 못 먹어서 양조소 굴뚝을 하누님 쳐다보듯 하고 한숨을 짓는 이러한 살얼음판인데, 그래 기껏 걱정이 밥 먹은 것을 삭일 걱정이로구만! 천하에 기급을 할 놈 같으니! (이기영, 『고향』, 문학과지성사, 2005)

동경 유학을 마치고 돌아온 희준은 청년회의 중추가 되어 농민들의 계몽에 힘쓴다. 인용한 부분은 그런 그에게 계몽의 최대 수혜자인 김선달이 면박을 주는 장면이다. 김선달과 농민들은 뜬구름 잡는 헛된 지식을 원치 않았다. 그들의 최우선 과제는 당장의 고된 삶을 떨쳐 내는 것이었다. 그렇다고 김선달이 배움과 지식을 거부한 것은 아니다. 입에 풀칠하기도 어려웠지만 고된 몸을 이끌고 야학으로 향했기 때문이다. 농사에 관한 지식을 배우고자 한 것 역시 아니다. 그들이 야학에서 배운 것은 한글과 숫자였기 때문이다.

이 장면이 인상 깊었던 까닭은 '힘들다, 힘들다' 하면서도 야학으로 향하게끔 하고, 그와 동시에 청년회 멤버들을 심심풀이나 한다고 질타해 마지않는 그 공부에 대한 궁금증 때문이었다. 도대체 김선달에겐 공부란 무엇이었을까.

내가 교사로 있는 노들장애인야학(野學)에 한 방송국이 취재하러 온 적이 있었다. 방송국 PD 중 하나가 지긋한 나이의 장애인들이 공부하는 것이 신기한 듯, 학생들에게 왜 공부를 하냐고 물었다. 그 질문에 한 학생이 대답했다. "왜 공부를 하게 됐냐고요? 그럼 인터뷰하시는 분은 왜 사세요?" 대단한 철학책에 나온 말도 아니었다. 또 언어 장애로 인해 말씀하시기가 어려우니 듣기 좋으라고 한 수사도 아니었을 것이다. 그 학생은 야학에서 수년째 공부 '중'이시다. 하지만 지적 장애로 인해 한글과 숫자를 익히는 것조차 녹록지 않다.

타고난 지적 능력은 모두 다르다. 그렇기에 배움의 속도나 습득한 정보의 양은 다를지도 모른다. 그러나 내 앞에 놓인 공부에 전력을 다해야 한다는 사실은 모두에게 동일하다. 그때야만이 비로소 내 공부가 내 삶의 문턱과 마주할 수 있기 때문이다. 그 학생분이 딱 그랬다. 수년간 자신을 붙잡고 있었던 한글과 숫자를 익히자, 삶에 놀라운 변화가 일어났다. 수십 년간 못해 본 연애를 하게 되고, 요원해만 보였던 자립에 성공했다. 몇 년간 공부를 통해 단련된 '공력'으로 지식의 문턱뿐만 아니라 삶의 문턱까지도 거뜬히 넘게 된 것이다.

공부란 삶의 변화를 불러온다. 어떤 사람들이, 무슨 공부를 하느냐는 중요하지 않다. 문제는 공부와 삶의 '일치'다. '고상한 공부'를 한 청년회 사람들은 결국 아무것도 이루지 못했다. 반면 야학을 찾은 농민들은 엄청난 변신을 이뤄 낸다. 그 까닭은 농민들은 글자, 숫자 하나를 익히는 것이 마치 한 포기의 벼를 수확하는 것과 다르지 않았기 때문이다. 위의 장면에서 김선달이 화를 낸 까닭은 바로 거기에 있었다. 김선달은 청년회 사람들에게 이렇게 물었던 것이다. '너희의 공부는 너희의 삶과 일치되고 있는가?'라고 말이다.

이 질문은 정보와 지식의 시대를 사는 우리에게도 유효하다. 어딜 가나 배움의 공간이 넘치고, 모두가 배움으로 굶주려 있다. 하지만 한쪽에서는 오직 '돈'을 외치는 실용적 지식이, 다른 한쪽에서는 아카데미에 갇힌 '지식을 위한 지식'만이 행해지고 있을 따름이다. 그 속에서 공부는 돈 혹은 고매한 학문으로 전락해 버렸다. 하지만 무릇 공부란 그런 것이 아니다. 공부는 존재와 세계를 탐구하는 삶의 기술이다. 고로 공부와 삶은 본디 하나다.

_정우준

홍명희의 『임꺽정』

아프냐? 그때가 바로 공부할 때다!

> 저의 병이 두 무릎 아래가 힘이 빠져서 걸음을 걷지 못하는 병이라 …… 토막둘을 양손에 갈라쥐구 궁둥이루 다니게 되었었습니다. …… 궁둥이루 다니는 것이 무슨 일을 할 수 있습니까. 조팝으루 주린 배를 채우면 뜰 앞에 앉아서 해를 보냈었습니다 …… (긴긴 해를 보내느라) 나무때기루 찌름한 꼬챙이를 깎아서 던지는 장난을 했습니다. 처음에는 심심풀이 장난으로 시작한 것인데 물건을 노리구 던지면 맞는데 재미가 날뿐더러 그것두 혹시 재주루 쓸데가 있을까 하구 **일심 정력을 들여서 익혔습니다. 그래서 긴긴 해두 가는 줄을 모르구 보냈습니다.** (홍명희, 『임꺽정』 4권, 사계절, 2008, 강조는 필자)

4권 「박유복이」 편에 나오는 장면이다. 유복이가 아버지의 원수를 갚으러 가는 도중에 꺽정이네 집에 들러서 그간 살아온 내력을 들려주는 부분이다. 등장인물들의 인생역정이 워낙 파란만장하다 보니 특별히 주목을 받는 장면은 아니다. 보다시피 멋진 아포리즘이 담긴 것도 아니다. 헌데도 내게는 이 대목이 참으로 깊은 울림을 주었다. 재미나 감동 따위가 아니라 사무치는 느낌이랄까. 한 젊은이가 가난한 이모부 집에 얹혀사는데 앉은뱅이가 되었다. 보통 이런 상태라면 자포자기의 심정에 빠져 버릴 것이다. 그런데 이 청년은 그렇게 하지 않았다. 그렇다고 헛된 희망을 부여잡고 악착같이 뭘 한 것도 아니다. 그저 긴긴 해를 보내기 위해 자신이 좋아하는 놀이를 익혔을 뿐이다. 그런데도 일심정력으로 익히고 또 익힌다. 이거야말로 공부의 진정한 모습이 아닌가.

우리는 흔히 몸이 아프면 공부를 놓아 버린다. 병이 다 나은 다음에 하겠다며. 그런데 사실 이건 속임수다. 막상 몸이 건강해지면 또 다른 핑계를 대느라 바쁘다. 결국 못하는 것이 아니라 하기 싫은 것이다. 그래서 공자, 부처님, 왕양명 등 고전의 스승들은 이구동성으로 공부에는 때가 없다고 말한다. "아프냐? 그럼 그때가 바로 공부할 때다!" 글로 볼 때는 다들 고개를 끄덕인다. 하지만 막상 실제상황이 되면 이 말의 뜻을 완전히 망각해 버린다. 나 역시 그랬던 것 같다. 헌데, 이 청년으로 인해 그 말들이 신체를 육박해 오는 감응을 받았다. 그렇구나! 앉은뱅이가 되어서도 자신의 운명을 한탄하지 않고 뭔가를 쉬지 않고 연마하는 것, 이것이 공부로구나. 게다가 더 놀라운 건 어떤 희망도 보상도 없이 '그저!' 한다는 것이다. 흔히 공부에는 원대한 목표나 야망이 있어야 한다고 간주한다. 하지만 진정한 공부는 단지 그 순간을 충만하게 해주는 것 외에 어떤 대가도 필요로 하지 않는다. 하지만, 어지간히 공부를 해서는 이런 수준에 도달하기가 결코 쉽지 않다. 유복이한테서 큰 울림을 받은 건 이런 맥락이다.

『임꺽정』에 대한 책을 쓸 즈음, 난 관절염을 앓고 있었다. 과로와 운동부족으로 오른쪽 다리가 퉁퉁 부어오른 것이다. 약을 먹으면 좀 좋아졌다가 다시 원래 상태로 돌아가곤 했다. 그래서 몸이 좋아지면 꼭 다시 산에 오르겠다고 결심을 했다. 그때 문득 유복이가 떠올랐다. 다 나은 다음에 산에 가고 운동을 하는 것이 아니라 이 상태에서 바로 할 수 있어야 한다는 생각이 든 것이다. 그래서 그때부터 후배들과 함께 산에 오르기 시작했다. 절름발이가 되었으니 속도가 맞을 리가 없었다. 그래서 후배들은 먼저 오르게 하고 뒤에서 따로 올라갔다. 그러면 후배들이 내려올 때쯤 중간에서 만나 같이 내려오는 식이었다. 물론 힘들고 고단했다. 하지만 생각처럼 불가능한 건 아니었다. 또 그 때문에 다리가 더 붓기도 했다. 하지만 몸 전체에 기운이 돌기 때문에 그걸 감내하는 능력 또한 커졌다. 그때 알게 되었다. 병을 다 몰아낸 다음에 건강해지는 것이 아니라, 병과 함께 살면서도 더 건강해질 수 있다는 것을.

문자로 하는 공부 역시 그러하다. 공부 따로 삶 따로 있는 것이 아니라, 공부가 곧 삶이고 삶의 모든 과정이 공부다. 그런 점에서 아프고 괴로울 때가 더 공부하기가 좋은 때일 수 있다. 그때는 글자 하나하나가 사무치게 다가올 테니 말이다. 그 사무침 자체를 익히는 것, 그것이 곧 공부의 진수다!

_고미숙

미시마 유키오의 『금각사』

집 나간 희망을 위하여

'스님께서는 마음이 넓으신 분이니까 이대로 봐주시리라 생각되지만, 요번에야말로 개심하지 않으면 엄마는 죽어 버릴 테니까. 정말이야. 엄마를 죽게 하지 않으려면 개심해야 돼. 그래서 훌륭한 중이 돼서……. 그것보다 빨리, 사죄해야지.'

어머니의 뒤를, 나와 사복 경관은 묵묵히 따라갔다. 어머니는 사복 경관에게 해야 할 인사도 잊고 있었다. 종종걸음으로 가는 꾀죄죄한 허리띠의 뒷모습을 바라보며, 어머니를 유달리 추악하게 만드는 것이 무엇인가를 나는 생각했다. 어머니를 추악하게 만드는 것은…… 그것은 희망이었다. 습기 찬 담홍색의, 끊임없이 가려움을 느끼게 하는, 이 세상의 그 무엇에도 뒤지지 않는, 더러운 피부에 번진 완고한 옴과도 같은 희망, 불치의 희망이었다. (미시마 유키오, 『금각사』, 허호 옮김, 웅진지식하우스, 2006)

일년 즈음 되었을까. 시골집에서 얼른 내려오라는 연락이 왔다. 나랑 동갑인 사촌이 뇌졸중으로 쓰러져 수술을 했다고 한다. 얼마 못 살 것 같으니 얼굴이라도 봐야 하지 않겠느냐는 말이다. 몇 년 전 집을 나가 소식도 모르고 지내던 터라 가족들은 모두 망연자실했다. 몇 달 동안 미동 없이 누워만 있던 그가 기적같이 눈을 떴다는 소식, 죽을 먹는다는 소식, 사람을 알아본다는 소식, 말을 하기 시작했다는 소식, 이제 일어나 앉는다, 걷는다는 소식이 줄줄이 전해졌고 마침내 얼굴을 마주보고 앉았는데 그는 예전과는 완전히 다른 사람이 되어 있었다.

몇 년 전까지 그는 거의 말이 없었다. 그에 대한 이야기의 대부분은 그의 엄마로부터 전해 들은 것이었다. 어린 시절 그에 대한 기억도 그런 식이었다. '우리 애가 이번에 학교에서 상을 받았다, 수학을 잘해서 학교 대표로 경시대회에 나간다, 메이커 옷을 사주었다, 비싼 과외를 시작했다.' 대학에 가서도 그의 어머니로부터 전해지는 이야기는 계속되었는데, 그때는 나도 좀 영악해져서 그놈 참 어지간히 부모에게 잡혀 산다고 속으로 욕을 했다. 그러다가 어느 날 결국 사단이 났다. 대학 가서 친구를 좀 사귀고 놀다가 카드빚을 졌는데, 그걸 집에서 알게 된 것이다. 자식에 대한 사랑과 자부심이 지독했던 그의 어머니로서는 감당하기 힘든 일이었고 그 분노도 컸던 모양이다. 그는 편지 한 장을 써 놓고 집을 나갔고 그 이후로 완전히 소식을 끊어 버렸다. 온가족이 이리저리 수소문을 하기도 했고 그의 친구들에게 연락을 취해 보기도 했지만, 소식은 없었다. 그리고 몇 년이 지나 병원 수술대 위에서 나타난 것이다.

많이 건강해진 그와 마주앉았더니 이제까지 있었던 이야기를 들려주는데 아주 청산유수다. 택배를 배달하면서 우연히 만났던 우리 아버지와 외할머니를 따돌렸던 일이며, 그 사이에 여자를 만나 아이를 낳고 먹이고 집 구하고 고생한 일을 듣다 보니 눈물이 절로 난다. 그러고는 하는 말이 자기는 그렇게 살아서 참 좋았단다. '너 성격 참 많이 변했구나' 했더니, '먹고살려다 보니 이렇게 변했다'면서 헤헤 웃는다. 지금 자신은 너무 행복하다는 그의 말을 듣고 나니, 그가 '살기 위해' 집을 나선 것만 같다. 택배 배달을 하면 만난 사람들이 자기를 먹여 살렸다며 고마워하는 그의 진짜 삶은 그 길 위에서, 집을 나가서부터 시작되었던 것이다.

돌이켜보면 우리를 숨막히게 하는 그 '옴과 같은 희망'이 유일한 삶의 가치라고 여기는 일이 얼마나 많은가. 그러나 죽음을 겪고 돌아와서도 여전히 행복하다고 말할 수 있는 그 힘, 사랑하는 금각에 불을 지르고서도 여전히 살아야겠다고 중얼거리는 그 힘은 과연 어디에서부터 온 것일까. '옴과 같은 희망'에 목매는 불치병 걸린 부모와 사회를 정화시켜 주는 그 힘은, 그가 꿈꾸었던 희로애락의 삶에서 나온 것이 아닐까. 그렇기에 나는 지지한다. 집 나간 희망들을, 길 위에서 떠돌고 있는 힘센 영혼들을.

_박혜선

빅토르 위고의 『파리의 노트르담』

자연과 역사의 교집합, 건축과 도시

> 건축술의 최대의 산물은 개인적인 작품이라기보다 사회적인 작품이요, 천재적인 사람들이 내던져 놓은 것이라기보다는 오히려 진통을 겪은 민중들의 산아(產兒)요, 한 국민이 남겨 놓은 공탁물이요, 허구한 세월이 이루어 놓은 퇴적물이요, 인간 사회의 계속적인 발산물의 침전이라는 것을, 일언이폐지하여 가지가지의 생성이라는 것을 그것들은 느끼게 해준다. 세월의 물결 하나하나가 그의 충적토를 쌓아 놓고, 민족 하나하나가 건축물 위에 그의 널판을 올려 놓고, 개인 하나하나가 그의 돌을 가져다 놓는 것이다. 비버들도 그렇게 하고, 꿀벌들도 그렇게 하고, 인간들도 그렇게 하는 것이다. 건축술의 위대한 상징, 바벨탑은 하나의 벌통이다. 큰 건물들은 큰 산들과 매일반으로 허구한 세월의 작품이다. (빅토르 위고, 『파리의 노트르담』, 정기수 옮김, 민음사, 2005)

서울시 동대문구 용두동. 내가 유년기를 보낸 공간이다. 당시 우리 동네 앞에는 청량리 수산시장이 있었고, 건너에는 청과물 시장, 왼쪽에는 '588'

이라 불리는 사창가, 더 왼쪽에는 '맘모스백화점'이 있었다. 강릉에 있는 외갓집 말고 다른 동네라곤 가 본 적 없던 나는 세계란 원래 이런 것인 줄 알았다. 들어가 본 적 없어 백화점 안에 뭐가 있는지도 몰랐다. 다만 그 앞 보도블록 위를 기어가는 다리 없는 남자가 틀어 놓은 처량 맞은 노래, 침과 구토물로 끈적끈적했던 지하철 역 계단, 주렁주렁 간판을 매달고 있는 낮고 기울어진 빌딩들 덕분에 내게 이 세계란 그로부터 한참이 지나서도 점액질 덩어리 이미지로 남아 있다.

태생이 그래서인지 명동이나 시청 근처에 가면 나는 아직도 눈앞이 뱅글뱅글 돈다. 신사동 가로수길이나 청담동은 마치 외국인 양 낯설다. 크리스마스트리 같은 거대한 구조물, 넓은 쇼윈도를 극장이나 갤러리처럼 보이게 하는 디스플레이, 어딜 가나 쾅쾅 울려 대는 음악. 어느 날 가 보면 못 보던 빌딩 한 채가 거인처럼 우뚝 솟아 있고, 또 어느 날은 무슨 무슨 플라자 신축공사나 아파트 단지 조성이 한창이다. 아마도 서울에서 동시녹음으로 영화나 드라마를 찍는다는 건 그야말로 무모한 도전이 될 것이다.

가만 보면 아이폰 5를 춘향이 이몽룡 그리듯 기다리고, 손에 하나같이 루이뷔통 가방을 들고 걸어가는 사람들이야말로 21세기 서울의 현현이다. 현재 서울이 그렇듯, 서울에 사는 사람들도, 그들이 스스로 만들고 또 기꺼이 휩쓸려 가는 트렌드도 모두 어떤 납작하고 반짝반짝 빛나는 사물 같다.

하지만 아직도 청량리 롯데백화점이나 용산 아이파크백화점 뒤로는 사창가가 이어진다. 우리 식구가 전농동에 살 때는 그곳이 뉴타운 지구로 선정되면서 땅값이 천정부지로 올라 판자촌들이 포클레인에 일제히 밀

백화점으로 이어지는 지하철역의 노숙자들.
노트르담대성당이 거지들을 숨기고 있었던 것처럼 백화점은 노숙자들을 숨기고 풍요를 과시한다.

려 주저앉았었다. 이렇듯 화려한 극장 뒤로는 여전히 점액질의 풍경이 펼쳐져 있다. 마치 노트르담대성당이 자기 뒤춤에 곱사등이 애꾸눈 카지모도와 검은 피부에 이상한 말을 사용하는 거지들을 숨긴 채 하느님을 향해 경건한 표정을 지어 보였던 것처럼 말이다. 어쩌면 도시란 맘에 들지 않는 것을 숨기려는 태생적 습성을 가지고 있는 것은 아닐까.

하지만 도시는 한 명의 기획자에 의해 만들어지는 카바레 극장 같은 곳이 결코 아니다. 그것은 공동의 산물이며, 위에 인용한 빅토르 위고의 말처럼 사회적 작품, 세월의 퇴적물이다. 도시가 보여 주는 것은 그러므로 그 안에 사는 인간들의 관념과 관습들이다. 파리와 건축물에 대한 위고의 이러한 시선은 작품 전 편에 걸쳐 드러난다. 위고는 길 위에서 움싯거리고 웅성거리는 파리의 군중들, 그리고 그들을 품고 있으면서 동시에 그들에 의해 끊임없이 변화하는 파리시를 조감하면서 인간과 인간세계에 대해 고찰한다. 그것들을 조명하는 데에 있어 건축과 도시의 문제를 빼놓을 수 없다는 그의 인식에는, 무엇보다도 공간에 대한 이해와 인간에 대한 애정이 깊게 배어 있다.

문득 묻고 싶어진다. 당신은 어떤 곳에 살고 싶은가? 그리고, 지금 여기를 그런 곳으로 만들기 위해 당신이 현재 하고 있는 일은 무엇인가? 당신이 지향하는 삶과 당신이 외면하고 있는 것 사이에는 얼마만 한 간격이 존재하는가? 혹시 우리들 역시 노트르담처럼, 서울시 공무원들처럼 등 뒤에 무언가를 숨긴 채로 멀티플렉스와 편집숍, 클럽들을 전전하고 있는 것은 아닌가? 우리는 지금, 어디에서 생활하고 있는 걸까?

_수경

카프카의 『변신』

벌레가 될 것을 두려워 말라

> 어느 날 아침 그레고르 잠자가 불안한 꿈에서 깨어났을 때, 그는 자신이 침대 속에 한 마리의 커다란 해충으로 변해 있는 것을 발견했다. 그는 갑옷처럼 딱딱한 등을 대고 누워 있었는데, 머리를 약간 쳐들면 반원으로 된 갈색의 배가 활 모양의 단단한 마디들로 나누어져 있는 것이 보였고, 배 위의 이불은 그대로 덮여 있지 못하고 금방이라도 미끄러져 내릴 것만 같았다. 나머지 몸뚱이 크기에 비해 비참할 정도로 가느다란 다리가 눈앞에서 힘없이 흔들거리고 있었다.
> '어찌된 일일까?' 그는 생각했다. 결코 꿈은 아니었다. 약간 좁긴 해도 제대로 된 사람 사는 방이라 할 수 있는 그의 방은 낯익은 네 개의 벽으로 둘러싸여 있었다. (프란츠 카프카, 『카프카 전집』 1권, 이주동 옮김, 솔출판사, 2007)

카프카 작품을 읽기 시작한 것은 작년 봄부터다. 하지만 인간이 벌레가 되는 이야기에는 도무지 적응이 되지 않았다. 그러던 중 함께 공부하는 〈수유+너머 남산〉 연구실의 동료의 부탁으로 구로 지역 파랑새 청소년 공부방에서 2시간 정도 강의를 하게 되었다. 그곳에서 10명 남짓한 중학생들을 만났다. "자, 오늘은 셰익스피어의 『로미오와 줄리엣』을 공부할 거야." 대답이 화살처럼 날아왔다. "그걸 왜 해야 하는데요?" 문학도, 셰익스피어도, 사랑도, 심지어 공부라는 것을 왜 해야 하는가에 대해 답하라!

나는 당황했다. 나름 나도 문학 박사인데, 녀석들에게는 그게 중요하지 않았다. 셰익스피어는 문학을 공부하는 나에게나 의미 있는 것일까? 그때부터 나는 내 입에서 나오는 모든 이야기와 지식들을 한없이 공허하게 느끼게 되었다. "왜 내가 저 말에 답을 못하고 있지?" 수업 내내 이 생각이 머리를 떠나지 않았다. 겨우겨우 시간을 때우고 도망치듯 공부방을 나왔다.

그런 공부를 왜 해야 하는가? 대답을 요구하던 아이들의 얼굴이 계속 떠오르면서 그들의 질문이 나의 것이 되었다. 나는 답을 구하고 싶었다. 출구를 찾고 싶었다. 지역 청소년들이라는 세상과 소통하려면 어떤 질문부터 다시 던져야 할까? 정말 지금 지역 청소년들에게 문학작품이 필요한 걸까? 그게 아니라면, 가정주부, 직장인, 백수들과 할머니들에게는 시나 소설이 필요할까? 갑자기 나는 셰익스피어가 징그럽다는 생각이 들었다. 도대체 셰익스피어가 나와 무슨 상관이 있단 말인가?

"그걸 왜 해야 하는데요?"

갑자기 들이닥친 이 질문 때문에 순식간에 나는 익숙했던 작가들, 작품들에 급속도로 거리감을 느끼기 시작했다. 그렇게 되자, 아무 일도 없었다는 듯이 책을 읽고 앉아 있을 수가 없었다. 나는 내가 알고 있다고 생각했던 것들의 가치와 의미를 의심하기 시작했다. 공부를 처음부터 다시 시작해야 한다고 결심하게 되었다. 도대체 공부는 왜 해야 하는가? 무엇을 공부해야 하는가? 이 원초적인 문제가 나를 긴장하게 만들었다.

내가 느낀 징그러움은 익숙했던 책들이 불편해지기 시작한 징조였다. 그때 나는 그레고르 잠자처럼 변신하게 된 것이 아닐까? 나를 감싸 주었던 안락한 보호막, 예컨대 학위 같은 것이 더 이상 나의 자존심을 지탱해 주는 역할을 못하게 된 것이다. 때때로 우리들을 완전히 재부팅시키는 사건들이 있다. 그레고르 잠자가 갑자기 벌레가 된 것처럼, 그리고 나의 공부방 강의처럼. 그 사건의 한 가운데에는 우리 삶을 다시 생각해 보게 만드는 근본적인 질문들이 있다. '왜 사는가? 지금 무엇을 하고 있는가?' 이와 같은 질문에 답하려면 우리 자신을 정직하게 응시할 수밖에 없다. 그때 우리는 자신의 현실을 있는 그대로 보게 될 것이다. 변신이란 이런 것 아닐까? 학위나 멀끔한 겉모습으로 포장한 나를 완전히 벗는 일. 벌레처럼 희한하고 낯선 감각을 가진 존재가 되는 일.

_오선민

베케트의 『고도를 기다리며』

기다릴 수 있는 능력

에스트라공 : (입 안 가득히 물고 건성으로 묻듯이) 우린 꽁꽁 묶여 있는 게 아닐까?

블라디미르 : 난 뭔 무슨 소린지 모르겠군.

에스트라공 : (씹어 삼킨다) 우린 꽁꽁 묶여 있는 게 아니냔 말이다.

블라디미르 : 묶여 있다고?

에스트라공 : 그래. 묶-여- 있단 말이야.

블라디미르 : 묶여 있다니 어떻게?

에스트라공 : 손발이 다.

블라디미르 : 도대체 묶긴 누가 묶고, 누구에게 묶여 있다는 거야?

에스트라공 : 네가 말하는 그 작자에게.

블라디미르 : 고도에게? 고도에게 묶여 있다고? 무슨 소리야? 무슨 뚱딴지 같은 소리야? (사이) 아직은 안 그렇다.

(사뮈엘 베케트, 『고도를 기다리며』, 오증자 옮김, 민음사, 2000)

얼마 전 친구에게 전화가 왔다. 인사도 없이 하는 말이 "아직도 바빠?"다. 안 바쁘다고 하니 이제야 얼굴 좀 보겠다면서 약속을 잡는다. 전화를 끊고 나서도 스케줄러를 보면서 할 일을 따져 보고 있다. 실상 친구를 못 만날 정도로 바쁜가 하면 그렇지도 않을 텐데, 어느 순간 바쁘다는 말이나 포즈가 습관이 되어 버린 것이다. 그리고 약속이 취소되었다. 친구 쪽에서 일이 생겨서 약속을 취소한 것이다. 그 주에 세미나 발제와 써야 할 원고가 있어서 나는 속으로 잘됐구나 싶었다. 막상 할 일을 하려고 책상에 앉으니 황량했다. 흰 종이를 앞에 두고 글을 쓰려고 하는데, 주제가 '관계'다. 있는 관계도 제대로 다스리지 못하고 바쁘다는 핑계로 다 쳐내면서 새로운 관계를 만든다는 건 더더군다나 택도 없다.

직장도 없는 내가 '바빠'를 입에 달고 사는 데 별다른 이유가 있겠는가. 나 역시 남들처럼 괜한 조바심을 내는 까닭이다. 남들 하는 공부, 나도 해야겠고 글도 빨리빨리 쓰지 않으면 나만 뒤떨어지는 것 같아 불안하다. 그러다 보니 하루하루가 해치워야 할 일이 태산 같기만 하다. 오늘은 이걸, 다음 날은 저걸. 그러다 보면 늘 좋아서 시작한 일이 부담이 되고, 결국에는 '바빠, 바빠' 하면서 좋은 친구들을 만나서 이야기 한번 하는 게 힘든 일이 되어 버리는 것이다.

블라디미르와 에스트라공은 고도에게 묶여 있는 것인지도 모른다. 매일 고도를 기다리는 것이 아니면 죽음을 선택할 수밖에 없는 삶을 살고 있는 것이다. 그러나 블라디미르는 이 묶여 있는 삶을 반전시킨다. 아직은 그렇지 않다고 대답하면서. 기다린다는 사실이 너무도 명백한데, 블라디미르가 '아직은' 매여 있지 않다고 말할 수 있었던 이유는 무엇일까.

블라디미르는 기다림이라는 수동적 상태를 변화시킨다. 기다림의 상태, 그 수동의 상태를 전환시키는 유일한 방법은 자신에게 주어진 그 숙명, 고도를 기다리는 그 운명을 껴안는 것이다. 그 운명을 껴안는 순간, 고도를 기다리는 일은 능동이 된다. 기다림이 수동이 아닌 능동이 될 때, 그는 기다림의 최종 목적에 매여 있는 자가 아니다. 기다림이라는 과정을 그 스스로 수행하는 자가 되는 것이다. 그러니 살아 있음을 긍정하는 한, 자신에게 주어진 기다림을 긍정하는 한, '아직은' 매여 있지 않을 수 있다.

하지만 나는, 여전히 기다림의 미덕을 알지 못한다. 쫓기듯 할 일을 해치우고, 정해 놓은 일을 마무리하지 못한 날에는 스스로에게 화를 내며 나를 괴롭힌다. '고도'와 같이 정체를 알 수 없는 것을 기다리느라, 조바심내고 화를 내고 나를 괴롭히는 것이다. 그 이유는 아마도 우리가 숙명적으로 무언가에 매여 있는 존재이기 때문일 것이다. 실컷 피곤하게 살았으니, 이제는 기다림이라는 그 숙명을 껴안고 놀아 보는 것도 나쁘지 않겠다. 내가 행하는 일분일초, 밥을 먹고 잠자고 공부하고 한 발자국 걷는 그 걸음에 집중하는 일, 바쁘다 대신 기다릴게를 속삭일 때, 비로소 기다림은 변화의 조짐을 내포하는 하나의 능력이 될 것이다.

_박혜선

헤밍웨이의 『노인과 바다』

무엇이 일상을 살아가게 하는가

이제 그리 멀지 않을 텐데, 하고 노인은 생각했다. 아무도 나 때문에 걱정을 하지 않았으면 좋겠는데. 물론 그 소년만은 나를 걱정하고 있을 테지. 하지만 그 아이는 자신만만하게 생각하고 있을 거야. 늙은 어부들도 내 걱정을 하고 있을 거구. 다른 많은 사람들도 역시 걱정을 하고 있겠지, 하고 노인은 생각했다. 나는 정말 좋은 마을에 살고 있었구나. (어니스트 헤밍웨이, 『노인과 바다』, 이경식 옮김, 문예출판사, 1999)

얼마 전, 집 안에 틀어박혀 다음 날 있을 세미나 준비를 하고 있을 때, 갑자기 몇 달간 연락을 못하고 지냈던 선배에게서 전화가 왔다. 다짜고짜 하는 말이 '보고 싶다'였다. 그 말을 하고서 그쪽도 나도 웃음을 참을 수가 없어 한참 동안 소리 내어 웃기만 했다. 그리고 잠시 후 그 선배의 말이 이어졌다. "처음엔 그냥 안부나 물어볼까 전화를 했는데, 전화를 거는 동안 너무 보고 싶어졌어. 지금 빨리 우리 집으로 와라!" 나는 또 한 차례 전화기를 놓칠 정도로 웃어 댔다. 그런데 지금 생각해 보면, 그 선배도 선배지만 그 뒤에 이어진 내 대답이 가관이었다. "내일 세미나 발제가 있어서 오늘은 힘들 거 같은데요." 그 짧은 대답을 하면서 나는 내 자신이 정말 어이없는 인간이라는 것을 또 한번 절감했다. 하지만 선배의 기세는 멈출 줄을 몰랐다. 선배의 다음 대답. "내가 해줄게 갖고 와." 맙소사!

결론부터 말하자면 결국 나는 선배를 만나러 갈 수가 없었다. 아내와 함께 선배 집에 가기로 결심한 나는 아내를 데리러 작업실로 향했지만, 아내는 갑작스레 청탁이 들어온 뮤직비디오를 만드느라 작업실 후배와 정신이 없었다. 함께 있는 동료들이 정신 줄을 놓고 일을 하는 마당에 나 혼자 선배를 만나러 빠져나갈 수 있는 상황이 아니었다. 나는 미안한 마음에 다시 한번 선배와 전화통화도 하지 못한 채 문자만을 남겼고, 그날 새벽까지 동료들과 일을 마치고 집으로 돌아왔다.

아직도 그날 일을 생각하면, 그 하루를 어떻게 평가해야 좋을지 종잡을 수가 없다. 다만 한 가지 확실한 건, 그날 집으로 돌아오며 아내와 내가 '다음엔 꼭!' 이라고 다짐하며 지난 하루를 웃음으로 넘길 수 있었다는 사실이다. 그건 마치 『노인과 바다』에서 노인이 뜻밖에 만난 커다란 물고기처럼, 그리고 상어 떼와의 싸움에서 문득 떠오른, 자신을 기다리고 있을 마을 사람들의 모습처럼, 분명히 고단하고 지루한 일상을 다시 한번 살아보게끔 만들어 주는 기적과 같은 소식임에 틀림없었기 때문이다. 하지만 이 기적과 같은 소식을 듣기 위해선 일상이라는 삶 속에서 또 얼마만큼의 시간을 버텨야 하는지…….

물론 어느 누구도 그 기적 같은 소식만을 바라면서 일상을 살아가진 않는다. 아니 절대 그럴 수가 없다. 기적은 삶의 목표가 될 수 없으니까. 그것은 그야말로 뜻밖의 소식, 뜻밖의 깨달음이니까 말이다. 결국 우리는 아무 희망이 없더라도 이 일상이라는 시간을 어떻게든 버티고 살아 내야만 하는 것이다. 하지만 아무 희망도 없이 하루하루를 살아 낸다는 것은 또 무엇을 의미하는 걸까.

나의 경우, 나의 일상은 창작을 하기 위해 매일 책을 읽고, 공부를 하는 것이다. 당연히 이렇다 할 돈벌이도 못하는 내겐 매일매일 수많은 걱정과 충고가 날아든다. 그 걱정과 충고를 들을 때마다 나의 다짐은 어김없이 흔들리고 한동안 갈피를 잡지 못한다. 하지만 나는 곧 다시 나의 일상으로 돌아갈 수밖에 없다. 나를 걱정해 주는 친구들의 일상 또한 나와 별반 다를 것이 없다는 사실을 잘 알고 있는 까닭이다. 그래서 이 걱정과 충고는 곧장 그들에게로 되돌아간다. 끝을 모르고 끊임없이 맴도는 서로에 대한 걱정과 우려. 하지만 서로에 대한 이 걱정은 서로에 대한 기대와 전혀 다를 것이 없다. 다만 그 목소리를 반갑게 듣지 못하는 이유는 그것들이 늘, 언제나, 시도 때도 없이 들려오기 때문. 하지만 늘, 언제나, 시도 때도 없이 들려온다는 것은 늘, 언제나, 시도 때도 없이 나와 함께 있어 주는 누군가가 존재한다는 것을 의미하지 않는가. 그리고 그 지겹도록 내 곁에 머무는 동료로 인해 우리의 일상은 계속 지속될 수 있는 것이 아닌가. 대체 누군가 나와 함께 있다는 사실만큼 위대한 기적이 또 어딨겠냐는 말이다. 하지만 이 기적을 깨닫는 것은 또 얼마나 어려운 일인지.

_이종영

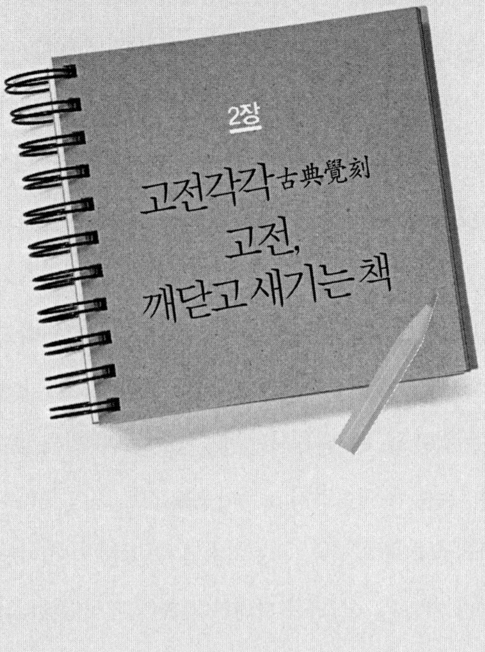

2장

고전각각古典覺刻

고전, 깨닫고 새기는 책

칸유웨이의 『대동서』

도를 아십니까?

> 몸을 잘 섭생하는 마지막 단계에는 매우 특별한 점이 있다. 정신과 영혼을 기르는 것에 전념해서 윤회에서 벗어나 무극의 세계에서 노닐게 된다. 마침내 사람은 태어나지도 죽지도 않고, 더하지도 않고 덜하지도 않는 경지에 이르게 될 것이다. 신선학이 융성한 다음에는 불교가 흥하게 될 것이다. 마지막 단계에서는 빛과 전기를 타고 기를 조절해서 지구를 벗어나 다른 별로 가게도 된다. 이것은 대동세의 극치이며 인류의 지혜가 또 한번 새로워지는 때이다. (캉유웨이, 『대동서』, 이성애 옮김, 을유문화사, 2006)

『대동서』의 마지막 부분에 나오는 대목입니다. 누군가는 이 대목을 읽으면서 이 사람 심하게 무리수를 던지는구나, 허풍이 장난 아니구나라고 느낄지도 모르겠습니다. 혹은 사회과학을 공부하는 이라면 무슨 무협지에나 나올 법한 이런 이야기에 실망할 수도 있을 듯합니다. 하지만 저에게는 좀 다르게 읽혔습니다. 캉유웨이, 이 사람은 정말 신선이 되고자 했던 사람이었구나. 살아 있는 부처가 되고자 했던 사람이었구나라고 말이지요. 그는 진정으로 도를 닦고자 했던 사람이었던 것입니다.

우리가 '도를 닦는다'고 할 때 흔히 생각나는 것은 산에 가서 머리를 치렁치렁 기르고 이상한(?) 책을 읽으며 공상 속으로 빠져드는 모습일 것입니다. 그러나 도를 닦는다는 것은 어쩌면 그런 것과는 상관없는 것일지도 모릅니다. 우리가 공부를 하는 것, 아니 좀더 넓게 말하자면 세상을 살아가는 것이 결국 도를 닦는 것과 다르지 않다고 말할 수도 있을 테니까요. 도를 닦는다는 것이나 공부를 한다는 것은 결국 세상의 이치를 알고자 하는 것입니다. 세상은 어떻게 존재하는지, 나는 어디로 향해 가는지, 어떻게 살아가야 하는지 등등의 풀리지 않는 질문들에 대답을 찾아 나가는 과정이라고나 할까요? 그런 점에서 세상 사람들 모두 각자의 방식으로 도를 닦는다고 할 수도 있겠지요. 세상을 살아가는 것은 조금씩 조금씩 모르는 것을 알아가는 것, 이치를 깨달아 가는 것이니까요.

얼마 전 누군가에게 왜 공부를 하느냐는 질문을 받았습니다. 책을 써서 유명한 사람이 되거나 교수 자리 하나 얻기 위해? 남들보다 많이 안다는 지적 허영심을 채우기 위해? 다른 할 일이 없어서? 뭐 마지막이 정답일지도 모르겠습니다만(^^) 제 머릿속에 떠오른 대답은 황당할지도 모르겠지만 도를 알기 위해서였습니다. 왜 그런 생각이 떠올랐는지는 잘 모르겠습니다. 하하.

결국 캉유웨이가 그리는 세상은 모두가 신선이 된 세상, 모두가 부처가 된 세상이었던 듯합니다. 그는 이 세상의 고통을 없애기 위해서는 어떻게 해야 하는가라는 질문에서 시작합니다. 그리고 이 질문을 끝까지 파고 들어가서 얻은 대답이 경계 없는 하나의 세상, 사랑으로 가득 찬 세상이 되는 것이었습니다. 그것은 다른 말로 하자면 모두가 신선이 된, 부처가 된 세상이었던 것이지요. 현실의 문제들을 해결하기 위해서 존재란 무엇인가, 세상이란 무엇인가라는 질문은 그에게 피할 수 없는 질문이었던 것입니다. 그런 점에서 그가 글을 쓰고, 공부를 하는 것은 도를 닦는 것 그 자체였다고 말할 수 있을 것입니다.

하지만 우리가 지금 하고 있는 공부는 자신의 존재와는 상관없는 공부가 되어 버렸습니다. 자신의 문제를 해결하는 것과는 상관없이 남들이 중요하다고 여기는 것들을 외우는 것으로 공부가 전락해 버린 것입니다. 그렇기 때문에 나를 괴롭히는 것이 무엇인지, 그것에서 어떻게 자유로워질 수 있는지 물을 생각조차 하지 못합니다. 따라서 공부를 하면 할수록 자신의 삶은 더욱 팍팍해집니다. 공부를 하면 할수록 자신과 세상으로부터는 더욱더 멀어질 뿐입니다. 공부가 도를 닦는 것이 아니라 자신과 세상으로부터 소외되는 방식으로 흘러가는 것이지요.

물론 이런 무거운 문제들은 요즘같이 빠르게 변하는 시대의 트렌드에 어울리지 않는 질문일 수도 있습니다. 하지만, 그런 점에서 역설적으로 "도를 아십니까?"라고 묻는 캉유웨이와 같은 사상가들이야말로 우리가 사는 세상에 가장 필요한 질문을 던지는 이들일지도 모르겠습니다. 자신과 세상의 이치를 깨닫기 위해 질문하기, 그리고 이를 위해 자신과 주변의 것들의 소리에 눈을 뜨기. 이것이야말로 우리가 공부하는 의미, 살아가는 의미가 아닐지 다시 한번 생각해 봅니다.

_김태진

체르니셰프스키의 『무엇을 할 것인가』

독립의 문턱에서

> 오히려 문제는 내가 드미트리 세르게이치(로푸호프)의 선의에만 기대고 있었을 뿐 내 스스로 자립한 상태가 아니라는 것이었습니다. …… 나는 어떤 사람의 선의에도 의지하고 싶지 않습니다. 그가 나에게 더없이 성실한 사람이라고 해도 마찬가지입니다. 또 내가 가장 존경하는 사람의 선의라 해도 예외일 수 없습니다. 비록 내가 필요로 할 때면 그게 무엇이든 서슴없이 해주는 사람, 나의 행복을 나보다도 소중히 여기는 사람, 심지어 그런 사람의 선의라 해도 나는 그것을 바라지 않습니다. (니콜라이 체르니셰프스키, 『무엇을 할 것인가』, 서정록 옮김, 열린책들, 2009)

우리 시대에 '독립'이란 모순투성이의 말이다. 흔히 번듯한 직장을 갖고 스스로 돈을 벌고, 전세든 뭐든 자기 집을 얻어 부모를 떠나 살게 되면 일단은 '독립'했다는 소리를 듣는다. 그런데 이렇게 독립한 사람들의 생활을 보면 '독립'이란 말을 위태롭게 하는 상황들로 가득하다. 이제 2년차 직장인이 된 내 친구 독립여성은 다달이 들어오는 월급을 엄마가 관리해 준다.

알아서 각종 관리비 내 주고, 주택청약이나 보험도 들어 주니 편하다나 뭐라나. 그럼 본인은 뭘 하느냐고? 그녀는 독립여성의 품격에 맞는 가방이나 옷가지를 구입하고, 자신의 미래를 위한 각종 사교 활동과 영어 공부로 바쁘다. 이런 것이 정말 독립일까? 월급과 소비가 나를 대신 말하게 하고, 부모가 나의 인생 행보를 결정하도록 자기 삶을 내던져 버린 것을 어떻게 '독립'이라 할 수 있는가. 나는 적어도 이것과는 다른 방식의 독립을 하고 싶었다.

2009년 겨울, 대학을 갓 졸업한 나는 우연히 알게 된 〈수유+너머 남산〉 연구실에서 공부하게 되었다. 연구실과의 접속은 나에게 독립과 자유를 의미했다. 교육대학교 졸업생으로서 마땅히 요구되는 임용준비와 교사 일, 그리고 부모님의 반대를 넘어 나 자신이 원하는 선택을 한 것이기 때문이다. 공부를 하고 싶은 거라면 '대학원'에 보내 주겠다는 부모님의 권유도, 일단 안정적인 직장을 갖고 나서 취미로 공부하라는 친구들의 조언도 뿌리쳤다. 그리고 나는 나 자신의 판단에 따라 나를 바꾸고 나를 자유롭게 해줄 새로운 공간에 접속했다. 주변 사람들의 걱정에 때로는 나 역시 불안하기도 했지만 나는 나름대로 자신만만했다. 어쨌든 나는 완전히 독립했다고 믿었으니깐.

그런데 베라의 이야기는 나의 독립을 근본적으로 되돌아보게 했다. 위의 인용문은 로푸호프와 결별한 후에 베라가 그에게 보낸 편지 중 일부다. 그녀는 자신이 로푸호프에게 의존하고 있었다고 말한다. 부모와 사회의 요구로부터 벗어나 자신의 판단대로 선택을 했던 로푸호프와의 결혼은 베라에게 해방과 독립을 의미했다. 하지만 독립은 거기서 끝나는 것이

20세기의 우리에게 '신여성'이 있었다면 19세기 러시아에는 체르니예프스키(사진)에 의해 창조된 '독립여성' 베라가 있었다. 만일 그가 21세기의 캥거루족들을 본다면 이번엔 어떤 소설을 쓰게 될까?

아니었다. 부모와 돈 그리고 사회적인 권위로부터 독립하는 것은 독립의 출발점일 뿐이다. 진정으로 독립한 자는 호의와 친절, 위로에도 의존하지 않는 법. 가장 존경하는 사람에게조차도 의존하지 않고 내 삶의 주인으로 살아가야 하는 것이다.

이런 관점에서 본다면 나는 〈수유+너머 남산〉이라는 공간에 기대고 있었을 뿐 완전히 자립한 상태는 아니었다. '앎과 삶의 일치'라는 공간의 비전이 내 삶을 알아서 바꿔 주리라, 훌륭한 선생님과 선배들 밑에 있으면 나 역시 절로 훌륭해지리라, 마치 베라가 로푸호프의 비전과 인간성에 기대고 있었던 것처럼 나 역시 어느덧 〈수유+너머 남산〉이라는 공간과 이곳 선생님들의 신봉자가 되어 있었다. 존경하는 누군가의 말들을 그저 반복하며, 나는 스스로의 삶과 비전에 대해 묻기를 멈추었다. 동시에 일상에서 부닥치는 각종 윤리적 갈등에 대해서는 대책 없는 짜증과 무시로 일관한 채, 나는 스스로가 완전히 독립했다고 믿고 있었던 것이다.

하지만 독립은 그렇게 완성되지 않는다. 존경하는 사람과 멋진 공간,

편안한 관계에 의존하려는 나의 마음과 끊임없이 싸워야 하는 것이다. 그렇다면 무엇을 할 것인가. 나는 이제 처음부터 다시 질문하려 한다. 뜻 모르고 반복하던 그 멋진 말들, 당연하게 따르고 있었던 윤리들, 너무 익숙해진 관계와 습관들, 그것들을 처음부터 다시 묻고 스스로 답을 만들어 가겠다. 질문과 답은 끝이 없겠지만 오로지 그렇게 얻어진 삶 속에서만 나는 독립할 수 있으리라.

_박수영

프루스트의 「스완네 집 쪽으로」

타인의 시선에서 벗어나려면?

> 우리 인간은, 물질적으로 구성된 전체, 누가 보든지 동일한, 다시 말해서 물품 명세서나 유서같이 한번 보고 금세 알 수 있는, 그런 단순한 조직체가 아니다. 우리의 사회적 인격이란 남들의 생각이 만들어 낸다.(마르셀 프루스트, 「스완네 집 쪽으로」, 『잃어버린 시간을 찾아서』, 김창석 옮김, 국일출판사, 1998)

우리의 사회적 인격이 남들의 생각으로 이루어져 있다고? 그럼 진정한 '나'라는 것은 없어? 「스완네 집 쪽으로」에 나오는 스완 씨는 자기 주변의 사람들을 자신이 읽고 본 소설이나 회화 속 인물들에 맞춰 보는 독특한 버릇을 가지고 있다. 그는 바로 이 버릇 때문에 인생이 꼬이게 된다. 매춘부에 불과한 한 여인(오데트)의 얼굴에서 그만 보티첼리가 그린 회화를 떠올려 버리고 만 것이다. 그때부터 스완은 남들이 손가락질하는 이 여인의 부덕(不德)을 보지 못한다. 그에게는 이 여인이 천상에서 내려온 천사요, 미의 여신으로 보였기 때문이다. 스완은 결국 오데트가 보티첼리의 '보'자도 모르는 일자무식의 거리 여인이라는 것을 발견하게 된다. 하지만, 그를 더욱 경악하게 만든 사실이 있었으니! 그가 매춘부인 오데트를 '있는 그대로' 보려고 애쓰면 애쓸수록, 번번이 또 다른 화가, 또 다른 음악가가 보티첼리의 자리를 대신하고 말았기 때문이다. 프루스트는 우리가 타인에 대해 생각하는 방식에 대해 이렇게 묻는다. 정말 자기의 눈으로 상대방을 보고 있는 거니?

나는 지난 1년 반 동안 구로 지역에서 지역인문학 활동을 했다. 우리가 공간을 얻은 건물 옥상에는 간이식으로 벽을 쳐서 만든 작은 방이 하나 더 있었다. 그곳에는 남자 어른 세 사람이 함께 살고 있었다. 나는 그 중 한 분과 활동을 시작한 첫 달부터 큰 싸움을 했다. 우리가 너무 시끄럽게 산다는 것이 이유였다. 아이들의 고전 암송이 진행되는 도중에 대문을 차시면서, 아저씨는 다짜고짜 폭탄발언을 하셨다. "나 하나 죽으면 그만이야!" 시끄러우니 죽어 버리겠다는 말이다. 아저씨는 온몸으로 살기를 뿜고 서 있었다. 어르고 달래고 머리를 숙이며 거듭 사과했지만, 상황은 나아지지 않았다. 나도 그만 화를 내고 자리를 떠나 버렸다. 나중에 나를 더욱 난감하게 했던 것은 싸움을 멀리서 지켜보던 동네 중국집 아저씨의 말이었다.

"저 사람들 조선족이에요."

중국집 아저씨, 고시원 사장님, 옆 건물 슈퍼 아저씨 모두 이 '조선족' 아저씨를 조심하라고 했다. 도대체 무슨 사고라도 있었던 것일까? 그러나 웬 걸! 동네분들은 옥탑방 세 아저씨와 말도 한마디 해 본 적 없다고 했다. 내가 아저씨와 말문을 튼 최초의 인물이란다. 그러나 아저씨와 나 사이에 오고간 말에는 한 사람의 목숨이 걸려 있었다. 도대체 저 아저씨는 '조선족'이라는 이유로 얼마나 많은 무시를 받았단 말인가? '서울에 사는 조선족 사람들'이라는 표상이 저 아저씨가 어떤 사람인지, 이름은 누구이며, 지금 무슨 생각을 하고 있는지를 다 잡아먹어 버린 것일까? 서울에서는 아저씨의 이름이 사라지고 오직 '조선족'이라는 얼굴만 남았나 보다.

우리는 신문과 방송매체가 증폭시키는 사회적 통념 속에서 자신과 이웃에 대한 관념을 키운다. 아무리 나만의 개성이란 것을 주장해도 누군가가 보는 자신에 대해 생각하게 마련이다. 자신도 그런 시선으로 타인을 보고 있다. 결국 타인의 취향대로 살아가는 일이 빈번하게 벌어진다. 이런 사회적 시선의 힘은 너무 셀 뿐만 아니라, 사람과 사람이 만나는 일에 공포심까지 조장하기도 한다. 옥탑방 아저씨에게는 30대 여선생과 10대 청소년조차 '한국인'이라는 무서운 존재였던 것이다. 아저씨의 살기는 '나는 당신들이 무섭다'라는 것을 말하고 있었다. 덕분에 나 또한 아저씨가 무서워졌다.

프루스트는 우리의 생각이 수없이 많은 사회적 통념 속에서 구성되는 것이라고 말했다. 또, 그는 정말 자신만의 눈으로 누군가를 만나고 싶다면 무의식에까지 뿌리를 내린 온갖 통념들과 맞서야 한다고 했다. 그러나 그 일에는 용기가 필요하다. 나의 경우라면 옥탑 아저씨와 이웃으로 만나기 위해 끊임없이 말을 걸고, 때로는 싸우면서 화해하는 과정을 거쳐야 하는데, 그것은 아저씨와 나 사이를 흐르는 무서움과 대면해야 하는 일이기 때문이다.

_오선민

윌리엄 골딩의 『파리대왕』

어른이란 스스로를 돕는 자다

> 우리는 모두 지향 없이 떠돌고 있고 모든 것은 형편없이 돌아가고 있어. 고향에서는 언제나 어른들이 있었어. 어떻게 할까요, 선생님? 어떻게 할까요, 선생님? 그러면 답변을 얻었어. 이럴 때…… 어른들은 어둠을 무서워하지 않아. 모여서 차를 마시고 토론을 하지. 그러면 만사가 제대로 돌아가게 돼. …… 어른들일 것 같으면 이렇게 하겠다는 걸 무언가 알려 주기만 한다면 ……. 무슨 신호라도 보내 준다면 오죽 좋겠어. (윌리엄 골딩, 『파리대왕』, 유종호 옮김, 민음사, 2000)

얼마 전 우연치 않게 초등학교 앞을 지나가게 되었다. 수업을 마치고 아이들이 곧 학교 밖으로 나올 시간. 그런데 어이없게도 학교 앞 골목을 가득 메우고 있는 것은 각양각색의 차들었다. 한숨이 절로 나왔다. 이래서야 '스쿨존'이라는 말이 무슨 의미가 있겠나 싶었다. 하지만 그건 나의 착각이었다. 그 차들은 아이들을 태우고 갈 부모들의 차량, 험한 세상에서 내 자식이 혹시나 잘못될까 두려운 부모들의 차들이었던 것이다. 곧 학생들이 교문 밖으로 쏟아져 나오고 정차되어 있던 차들은 기다렸다는 듯이 아이들을 태우고 쏜살같이 사라졌다. 험한 세상이 만들어 낸 어쩔 수 없는 진풍경. 나는 한동안 입을 다물지 못하면서도 한편으로는 그들을 전혀 이해 못할 바도 아니라고 생각해 버렸다. 하지만 이런 이해를 방해하는 또 다른 모습이 금방 시선을 사로잡았다. 부모의 마중을 받지 못한 몇몇 아이들의 걸음. 너무나 당연시 된 부모들의 마중을 받지 못한 채 집으로 돌아가는 아이들. 그 아이들의 뒤를 좇아 한 가지 질문이 떠올랐다. 과연 저 아이들도 차를 타고 집으로 돌아가는 친구들의 모습을 당연하다고 생각할까? 나도 모르게 덜컥 겁이 났다.

소설 『파리대왕』 속 아이들은 무인도에 갇힌 채 어른들을 그리워한다. 어른들이라면 무인도에 갇힌 상황에서도 어떻게 대처해야 하는지 명확히 직시하고 행동할 줄 알 것이라는 기대가 있는 것이다. 그 어른에 대한 동경은 다시 말해 아직 어른이 되지 못한 자신들에 대한 한탄이기도 하다. 하지만 아이들은 오해하고 있다. 어른이라고 해서 모든 문제를 해결할 능력이 있지도 않거니와 누군가에게 기대어 모든 문제를 해결하고자 하는 자는 결코 어른이 될 수 없기 때문이다. 물론 인간이란 누군가에게 의지하며 살아갈 수밖에 없는 존재다. 하지만 이 말이 삶의 모든 문제에 변명이 되어선 곤란하지 않을까.

오래전 한 선배가 너무나 당당하게 고백했던 말을 잊을 수가 없다. "아이들에게 투자하는 부모들의 노력은 결국 자신의 노후를 위한 보험 같은 거야." 그리고 선배는 자신이 자녀들에게 얼마나 많은 것들을 투자하고 있는지 자랑하기 시작했다. 마치 자신의 투자야말로 아이들을 책임지고 있는 부모로서 아이들에게 해줄 수 있는 위대한 선물이라는 듯이. 기가 막힐 노릇이다. 태어나면서부터 누군가에게 책임을 떠넘기는 일을 배워 온 아이들이 먼 훗날 어떤 어른이 될지를 상상해 보는 것은 그리 어려운 일도 아니지 않은가.

윌리엄 골딩은 『파리대왕』을 쓴 뒤 다음과 같은 질문을 던졌다고 한다. "어른과 어른의 순양함(巡洋艦)은 누가 구조해 줄 것인가?" 어쩌면, 오래전 그 선배의 기막힌 말은 이 질문에 대한 대답 중 하나였는지도 모르겠다. 하지만 나라면 이렇게 대답하고 싶다. 아무도 어른들을 구조해 주진 않을 거라고. 어른이란 어떤 대가도 바라지 않으면서, 자신과의 싸움에 전력투구하는 사람들에게 허용되는 호칭이어야 하기 때문이라고.

분명 힘든 세상이다. 힘든 만큼 누군가에게 손을 내밀고 싶은 마음이 굴뚝같아지는 시기이다. 하지만 시작부터 누군가의 도움을 상정하는 것은 영악한 비즈니스에 불과하다. 설령 정말로 누군가의 도움이 필요한 시점이라 할지라도 우선은 자기 스스로를 도울 줄 알아야 한다. 자기 스스로를 도울 줄 모르는 사람이 남을 도울 수 있을 리 만무하고, 남을 도울 수 없는 사람이 남의 도움을 바라는 행위야말로 어린애들의 억지투정과 다를 바 없을 테니 말이다. 그러니 제발 스스로를 돕는 일이 불가능하다며 고개를 내젓진 말자. 우리는 이미 목격하지 않았는가. 방과 후, 이 험한 세상 속을 자신의 두 발로 뚜벅뚜벅 걸어가던 아이들, 아니, 작은 어른들의 모습을 말이다.

_이종영

스위프트의 『걸리버 여행기』

여행의 두 가지 방식, 자기의 발견과 소비적 관광

나의 조그만 친구여 자네는 자네 조국에 대해서 칭찬을 했네. 고관이 될 조건은 사악한 마음씨라는 점을 입증해 주었네. 법을 악용하는 데 능력이 있는 사람이 재판관이 된다는 사실도 입증해 주었네. 자네 나라에서는 어떤 제도가 시작은 훌륭했지만 결국에는 부패로 인해서 빛이 바랜 걸로 보이네. 자네가 말한 것으로 볼 때 어떤 사람이 어떤 지위를 얻는 데는 그 방면의 학식으로 얻는 것 같지도 않고, 귀족들은 훌륭한 인격 덕분에 귀족이 되는 것 같지도 않고, 성직자들은 신앙심이나 학식으로 인해서 진급하는 것 같지도 않고, 군인들은 국가에 대한 충성심으로 진급하는 것 같지도 않고, 재판관들은 훌륭한 판결을 했다고 승진하는 것 같지도 않고, 의회의 의원들은 애국심으로써 그 자리로 올라가는 것 같지도 않네. …… 내가 자네 이야기를 들어 보고 판단한 바로는, 자네 나라의 인간들은 자연이 이제껏 이 지구상에서 기어다닐 수 있게 만들어 준 벌레들 중에서도 가장 고약한 벌레들이라고 결론 내릴 수밖에 없다네. (조너선 스위프트 지음, 『걸리버 여행기』, 박용수 옮김, 문예출판사, 2008)

내가 지금 있는 장소, 혹은 나의 삶을 들여다볼 때 우리의 눈은 언제나 예외 없이 지독한 근시나 난시가 되어 버린다. 안과에서 시력을 조정하듯, 잘 안 보이는 것을 잘 보기 위해서는 그 장소로부터 떠나보는 것, 다른 곳에서 낯선 장소를 조망하듯 떠나온 곳을 살펴보는 실험이 필요하다. 책을 읽는 것, 여행을 하는 것, 명상에 몰두하는 것, 다른 역할을 맡아 보는 것 등등 모두 익숙한 것을 낯설게 만들고 더 잘 보이게 하는 방법들이다.

스위프트는 걸리버의 여행을 통해 이 모든 것들을 보여 준다. 소인국을 여행할 땐 거인이 되고 거인국을 여행할 땐 소인이 되는 걸리버. 때때로 그는 어리석고 추악한 자가 되고, 또 때론 현명하고 단정한 자가 된다. 여행은 그를 매번 다른 존재로 만든다. 진정한 여행의 효과는 여행하는 그 시간의 경험들 속에 있는 것이 아니라 여행이 끝난 후, 독서와 명상의 일상으로 돌아왔을 때 비로소 완성된다. 여행의 경험은 걸리버에게 하나의 잘 닦여진 렌즈를 선물한다. 그 렌즈의 힘으로 걸리버는 비로소 자기 자신과 자신이 발 딛고 있는 장소를 말끔하게 들여다볼 수 있는 시력을 얻게 된 것이다.

확실히 여행이 아니었다면, 걸리버는 조국인 대영제국에 대한 자긍심에 비수를 꽂는 '니네 나라 인간들은 지구에서 가장 해로운 벌레들이야' 라는 말을 거인국의 왕으로부터 들을 일도 없었을 것이다. 여행이 아니었다면, 걸리버는 외줄타기 서커스로 장관 자리를 겨루는 소인국의 요지경과 영국의 관료제도나 권력자들의 추태가 결코 다른 것이 아니라는 것을 조금도 알아차리지 못했을 것이다. 또 여행이 아니었다면 현실과 동떨어진 학문의 세계에서 연구에 몰두하느라 화장실에 가는 법도 잊고 사는 학자들을 만날 일도 없었을 것이고, 무엇보다도 영장류라는 이름으로 지구

거인에게 관찰당하고 있는 걸리버. 그는 거인국의 왕에게 잘 보이려 화약제조술을 알려 주겠다고 제안했다가 인간은 "가장 해로운 인종"이라며 경멸당한다.

의 주인 행세를 하는 인간이 사실은 얼마나 어리석고 미성숙하며 추악한 존재인지 눈치조차 채지 못했을 것이다.

그런데, 저 거인국의 왕이 걸리버에게 신랄하게 퍼부어 대는 '가장 고약한 벌레들'의 추태는 어쩐지 우리 눈에 전혀 낯설지가 않다. 저 학자와 관료들, 그리고 군인들과 의원들과 판사들은 매일매일 신문기사와 방송을 통해 우리의 눈과 귀를 어지럽히는 바로 그들이기 때문이다. 권력의 힘에 굴복하는 재벌과 관료와 학자와 군인들은 더 많은 부와 더 높은 지위를 얻고, 그렇게 얻은 힘을 약자들을 착취하는 데 사용한다. 이따금 억압받던 자들이 현실에 저항하거나 혁명을 일으킬 때도 있지만 고약한 세력들은 완전히 사라지지 않는다. 시대가 바뀔 때마다 새로운 의상으로 자신들을 치장하면서 면면히 지속되어 온 벌레들의 생명은 참으로 모질다. 그리고 또 누가 알겠는가. 어느 날 아침, 문득 벌레로 변해 버린 우리 자신을 발견하게 될지. 그러므로 매 순간 무엇인가를 선택하라고 삶이 우리의 등을 떠밀 때, 우리는 매일 조금씩이라도 저 해로운 존재들과 싸우면서 살아가는 삶을 택하지 않을 수가 없는 것이다. 각자의 자리에서 각자의 방식으로.

이런 삶을 살고자 하는 자에게 여행은 거인의 시선과 거인의 발걸음을 선사한다. 여행은 단순히 공간의 이동을 의미하는 것이 아니다. 앉은 자리에서도 우리는 '배움'을 통해 세상을 다르게 보고, 자신을 발견할 수 있는 거울을 발견할 수 있다. 배움이 곧 여행이 되고 모험이 되고 싸움이 되는 것이다. 『걸리버 여행기』가 보여 주는 여행은 그런 의미에서 관광이 아니라 자기 발견의 여정이다.

_권용선

소세키의 『나는 고양이로소이다』

소유에 대하여

허공과 대지를 제조하기 위해 그들 인류는 얼마만큼의 노력을 소비했느냐 하면, 촌척(寸尺)의 도움도 주지 못했지 않은가.

자신이 만들지 않은 물건을 자유 소유로 정하는 법은 없다. 자기 소유로 정하는 것까진 상관이 없겠으나, 타자의 출입을 금할 이유는 없을 게다. 이 망망한 대지를, 약삭빠르게 울타리를 두르고 말뚝을 세우고, 모모(某某)의 소유지 등등으로 구획하여 가르는 것은, 흡사 저 창공에 새끼줄을 치고, 이 부분은 나의 하늘이요, 저 부분은 그의 하늘이라고 신고하는 것이나 다름없다.

가령, 토지를 잘라내어 한 평에 얼마의 소유권을 팔고 사고 한다면, 우리들이 호흡하는 공기를 한 자 입방으로 나누어 분매(分賣)해도 좋을 것이다. 공기를 분매할 수 없으며, 하늘에 새끼를 치기가 부당하다면, 토지의 사유도 불합리하지 않은가? (나쓰메 소세키, 『나는 고양이로소이다』, 유유정 옮김, 문학사상사, 2001)

제가 살고 있는 곳은 경기도 신도시입니다. 2000년대부터 개발되기 시작해서 주로 아파트가 들어서 있습니다. 몇 년 전 전국에서 가장 부동산값이 급격하게 치솟은, 소위 '버블 세븐' 지역을 거론할 때 당당히(?) 리스트에도 올라갔던 그런 동네입니다. 그런데 한두 해 이 동네에 살아 보니 재미난 광경을 보게 되었습니다. 거의 매일이다시피 이삿짐트럭들과 두어 번씩 마주치는 것이었습니다. 봄이나 가을 같은 이사철에는 하루도 빼놓지 않고, 심지어 대여섯 번씩 이삿짐을 보았습니다. 아파트 밀집지역이니 당연할 수도 있겠지만 그 빈번한 이사의 진짜 이유는 자가 소유자보다 전세살이를 하는 사람이 훨씬 많기 때문이었습니다. 우리 동네의 80% 이상이 전세계약자라더군요. 전세계약이 2년이니, 간혹 재계약을 하더라도 대체로 2~4년을 기준으로 계속 실거주자가 바뀌는 것입니다. 그러니 늘 이사가고 이사 오는 사람들의 행렬이 사방에서 이어지고 있었던 것입니다.

현재 제가 살고 있는 집 주인도, 이사 오기 전에 살았던 집 주인도 모두 이 지역과는 다소 떨어진 서울에 살고 있습니다. 뿐만 아니라 저희 동네의 아파트의 실소유자들 대부분은 서울 사람입니다. 심지어 2~3채씩 소유하고 있는 경우도 많다고 합니다. 그들에게 아파트는 무슨 의미인 걸까요. 재산증식과 같은 경제적인 부분을 들고 나오면, 저야 아는 게 없으니 할 말이 없습니다만, 그들에게 아파트는 주거공간이 아닌 소유재산인 듯합니다.

1905년, 나쓰메 소세키는 고양이의 입을 빌려 인간이 자신이 만들지 않은 것을 자기 소유라고 하는 행태, 더욱이 토지와 같은 공공재를 나누고 갈라 소유하는 "부당"하고 "불합리"한 행위를 성토합니다. 그 고양이는 "망망한 대지"를 "구획하여 가르는" 것을 비난했지만, 지금의 아파트를 본다면 아마도 놀라서 기절할지도 모르겠습니다. 얼마 안 되는 면적의 땅 위로 치솟은 건물이 아파트이고, 그 소유권의 실상은 건물구조물에 대한 것일 뿐입니다. 이 가공의 실재에 대한 소유를 위해 인간들은 무한경쟁을 하는 셈입니다. 주거와는 별개로 소유냐 비소유냐가 중요한 의미를 가지는 공간. 바꿔 말하면 내가 살기 위해서가 아니라, 내가 소유하기 위해서라는 전도현상이 일어난 셈입니다.

소유란 인간이 만들어 낸 허상이다, 이름도 없이 떠도는 고양이가 포착한 것이 바로 이것이었습니다. 우리의 소유라는 행위가 과연 어떻게 이루어지고 있는 것인지를 되물었던 것이지요. 그에 따르면 인간들은 자연의 일부분에 지나지 않음에도 불구하고, 인간만이 세계의 주인인 양 여기기 때문에 소유 운운할 수 있었다는 겁니다. '소유'에 대한 이런 생각들을 통해 결국 우리는 인간과 자연의 관계에 대해 깊은 통찰을 할 것을 요구받습니다. 제가 글을 쓰고 있는 지금 이 순간도, 거실창 너머에서 이삿짐 사다리가 올라가고 있습니다. 다시 한번 고양이의 소유에 대한 물음을 되새겨 봅니다.

_김연숙

묵적의 「묵자」

배움, 열정과 촉발

묵자 문하로 잠시 들어온 사람이 있었다. 신체가 튼튼하고 생각이 잘 통했다. 자신을 따라 공부시키고자 묵자가 말했다. "좀 배우게. 벼슬 시켜 줄 터이니." 좋은 말로 권하는 대로 배우기 시작해서 1년이 지났다. 묵자에게 벼슬살이를 요구했다. 묵자가 말했다. "네게는 벼슬을 하게 해주지 않겠다. ……지금 자네는 의로운 일을 행하게 되었고 나도 역시 의로운 일을 행했을 뿐이네. 어찌 나만 의로운 일을 행했단 말인가? 자네가 공부하지 않으면 곧 사람들이 자네를 비웃을 것이라 자네에게 배우라고 권했던 것이네." (『묵자』, 「공맹」, 김학주 옮김, 명문당, 2003)

대학교 3학년, 여느 친구들처럼 앞으로의 진로에 대해 이런저런 고민을 하고 있었습니다. 그러다 〈수유+너머 남산〉 연구실에서 열리는 동아시아 강의에 참석하게 되었습니다. 강의 내용은 기억나지 않습니다. 그러나 책상 위에 놓인 맛있는 간식과, 강의가 끝난 후에 세미나를 함께하자고 유혹하던 사람들의 얼굴, 그리고 머릿속이 맑아지는 느낌은 또렷이 떠오릅니다. 이곳에 가면 늘 맛있는 것을 먹을 수 있고 이 사람들과 함께하면 정말 재미있는 것을 배울 수 있을 거라는 생각이 꿈틀거렸습니다. 그렇게 연구실 생활을 시작했습니다. 먹는 것과 함께할 도반이 저를 공부의 길로 이끌어 주었습니다.

배움은 어떤 촉발로부터 시작됩니다. 사람마다 촉발을 받는 양상은 다릅니다. 때로는 진리를 향한 열정에서, 때로는 이와 정반대로 세속적인 욕망에서 출발할 수도 있습니다. 묵자의 제자는 벼슬살이가 배움의 동기였죠. 벼슬 시켜 준다는 유혹에 넘어가 열심히 공부합니다. 그러나 결국 스승에게 속은 것을 알게 되지만 말입니다(^^). 사실 이 젊은이는 묵자에게 매혹당하기 이전에 자신이 무엇을 할 수 있는지, 자신의 가능성이 무엇인지 알지 못했습니다. 그러나 스승의 촉발을 통해 자신이 어떤 존재인지를 배우게 됩니다.

이 제자처럼 우리는 자신이 무엇을 할 수 있는지, 어떤 존재인지를 잘 모릅니다. 자신이 가진 잠재 능력을 발휘하지 못한다는 점에서, 자신에게 익숙한 것들만을 고집한다는 점에서 갇혀 있는 존재입니다. 자신을 위험에 빠트릴 모험을 감행하기보다는 알고 있는 것, 친숙한 것을 하는 것을 반복하는 것이 우리입니다. 이 견고한 틀을 깨기 위해서는 고도의 기술이 필요합니다. 우리는 이런 파괴와 생성·촉발의 기술을 가진 존재를 스승이라고 부릅니다. 그러나 스승은 어떤 고정된 존재가 아닙니다. 현장에서 사람들을 촉발시키는 존재는 현장에 가장 깊게 관여되어 있는 사람이기 때문입니다. 배움의 장에서 가장 많이 촉발시키는 사람은 남보다 부지런히 배우는 사람일 뿐입니다. 우리는 어떤 정보나 지식을 배우기보다는 배움에 대한 그 사람의 정열을 배우게 됩니다. 말하자면 이 강렬한 열정이 우리를 촉발하는 것입니다.

그런데 이 열정은 쉽게 생겨나지 않습니다. 쉽게 생겨나지 않은 열정을 어떻게 강렬하게 만드느냐가 배움의 핵심일 것입니다. 가령 묵자는 그의 제자들에게 비전을 전수하기 이전에 자신의 손과 발을 써서 일하는 것을 배우게 했습니다. 그의 제자들은 스승의 이름만큼 새까만 얼굴과 손을 가졌다고 합니다. 묵자의 수제자인 금골희는 3년이 지나서야 비로소 자신이 알고자 했던 바를 자신의 스승에게 조심스럽게 질문할 수 있었습니다. 생각해 보십시오! 3년 동안 고된 노동을 거치면서 자신의 질문을 벼렸을 금골희의 모습을. 아마도 그의 모든 신체에 그 질문이 사무치게 새겨졌을 겁니다. 이런 사무침이 그에게 스승의 말에 열정적으로 반응하게 만드는 원동력이었을 겁입니다. 말하자면 배움의 핵심은 앎에 대한 열정을 어떻게 꽃피게 만드느냐일 것입니다. 만일 열정과 촉발이 가능하다면 우리는 어떤 곳에서라도 배움의 꽃을 피울 수 있을 것입니다.

_최진호

레비-스트로스의 『야생의 사고』

다채로운 삶의 풍경, 불연속적 기억의 클래스

역사는 여러 개의 역사 영역으로 형성된 하나의 불연속 집합이다. …… 그러므로 역사의 과정을 생각할 때 1만 년 아니면 10만 년 단위로 부호화되는 선사시대에서 시작해서 기원 4,000년 내지 3,000년에서 1,000년 단위의 척도를 더듬어 1세기 단위의 역사의 모습, 필자에 따라서는 1년 단위, 1일 단위, 경우에 따라서는 1시간 단위의 역사의 파편들을 끼워 놓은 연속적 진전으로 보는 것은 환상일 뿐 아니라 모순이기도 하다. 이와 같은 날짜의 모두가 연속적 배열을 형성하고 있는 것은 아니다. 그것들은 다른 몇 개의 종에 속해 있다. 하나만 예를 들어 보자. 선사시대에 대한 부호화는 근대사나 현대사에 사용되는 부호화의 전제는 아니다. 부호는 각각 하나의 의미체계에 대응한다. 하나의 부호에 있어서 의미체계는 적어도 이론적으로 실제의 역사 전체에 적용되는 것이다. 하나의 부호에서 의미가 있다고 해서 다른 부호에서도 의미가 있다는 것은 아니다. 근대사, 현대사 속에서 가장 뚜렷한 사건일지라도 선사학의 체계 속에 부호화된다면 그것은 부각될 수 없다. (레비-스트로스, 『야생의 사고』, 안정남 옮김, 한길사, 1996)

대학 시절 MT를 가면 '라이프 스토리'라는 것을 하며 밤을 지새우곤 했습니다. 스케치북 종이에 자신의 인생의 굴곡을 그래프로 그리고 설명하기. 겨우 20년 남짓 살아 놓고도 왜 그리 떠오르는 일들이 많던지……. 그래프를 그리기 위해서는 지나온 시간 중 굵직한 사건을 몇 개 뽑아야 했습니다. 그런데 근 20년이 지난 지금, 내가 다시 인생의 그래프를 그린다면 20대 때의 그 그래프와 닮아 있을까요?

우리는 수많은 일들을 겪습니다. 자신이 가진 시선에 따라 그 중 어떤 사건들을 선택합니다. 그러면 하나의 기억의 계열이 형성됩니다. 선택되어진 사건들로 계열화된 하나의 기억을 레비-스트로스는 '클래스'라 부릅니다. 우리는 지난 경험들로부터 다양한 기억의 클래스를 만들 수 있습니다. 부모님의 영향을 많이 받는 때는 부모님과 얽힌 일들로 기억의 계열이 형성될 겁니다. 연인과 사랑에 빠졌을 때는 자신의 기억을 그 사랑에 맞춰 다시 재구성할 겁니다. 삶이 변함에 따라 기억의 클래스들도 변화합니다.

살아 오면서 해온 다양한 경험들은 현재의 삶을 꾸려 나가는 데 좋은 재료가 됩니다. 그렇기에 기억은 일상을 헤쳐 나가는 일종의 힘입니다. 우리는 현재에 마주한 문제들에 맞게 매 순간 새롭게 기억의 클래스들을 구성할 수 있어야 합니다. 하나의 기억의 클래스에 집착할 경우 그것은 병이 됩니다. 새로운 경험을 해도 우격다짐으로 기존의 클래스에 끼워 맞추는 상태. 시공간이 달라져도 바뀌지 않는 기억. 이것이 트라우마입니다. 트라우마를 가진 사람은 다양한 기억의 계열을 생성시키는 능력이 없습니다. 새로운 상황이 닥쳐도 언제나 과거의 그 기억에만 매달려 모든 일을 엉망으로 만들어 버리게 됩니다.

사회에도 이런 일이 벌어집니다. 각각의 사회는 나름의 클래스를 가지고 있습니다. 사회가 가진 기억의 클래스를 우리는 '역사'라 부릅니다. 그 기억의 클래스들은 불연속적입니다. 하지만 서구 유럽은 자신의 역사만을 고집했습니다. 다른 역사가 존재한다는 것을 상상조차 할 수 없었습니다. 그러던 어느 날 자신의 클래스로는 설명할 수 없는 원주민사회를 만났습니다. 유럽인들은 자신의 클래스에 다른 사회를 이어붙이는 작업을 시작합니다. 이런 연속성을 통해 시공간은 매끄러워지고, 우리는 지금 그것을 '글로벌화'라 부릅니다. 하지만 그 매끄러운 시공간 위에 남은 것은 획일화된 삶의 풍경뿐입니다.

선택된 기억의 계열 뒤에는 무수히 많은 삶의 경험들이 숨 쉬고 있습니다. 하지만 우리는 곧잘 숨어 있는 그 기억들을 망각한 채, 지금 가진 기억의 클래스만 고집하곤 합니다. 심지어는 타자라는 새로운 기억의 계열조차 나의 클래스로 편입시키고자 합니다. 하지만 이런 고집 때문에 지금의 클래스에 가려진 경험들이 줄 수 있는 다양한 삶의 경로들을 잃어버립니다. 그렇게 우리 삶은 차이 없는 반복으로 채워집니다. 삶을 풍부하게 하는 것은 모든 기억을 연속적인 하나의 클래스로 만드는 데서 오지 않습니다. 오히려 우리는 기억을 불연속적인 클래스들로 넘쳐나게 해야 합니다. 그 클래스들을 가로지를 때, 다채로운 삶의 풍경들이 펼쳐질 테니 말이죠.

_신근영

웰스의 『타임머신』

일상 속 변화와 혁신, 정말로 있습니까?

> 여기에 우리가 간과한 자연의 법칙이 있었다. 지적 능력이란 변화와 위험과 어려움을 통해 얻게 되는 자연의 산물이라는 점이다. 주위 환경과 완벽한 조화를 이루고 살아가는 생명체는 단지 완벽한 기계에 불과하다. 지능이란 습관이나 본능이 더 이상 먹혀 들어가지 않는 상황에서 요구되는 것이다. 변화나 변화의 필요성이 없는 곳이라면 지능이 설 자리 따위는 없어진다. 커다란 문제와 위험에 맞설 때야말로 그 생명체는 지능을 소유할 수 있는 것이다.
>
> (허버트 조지 웰스, 『타임머신』, 심재관 옮김, nBook, 2002)

최근 주변에 스마트폰의 바람이 불기 시작하면서 생활이 달라졌다는 이야기를 자주 접한다. 나 역시도 버스를 타기 전 버스 정차시간을 확인하고, 길에서 약국을 찾을 때도 아이폰을 먼저 꺼내든다. 불과 십여 년 전만 해도 상상하기 힘든 일이 벌어진 셈이다. 외국에 사는 친구와 얼굴을 보며 무료통화를 하고, 길거리에서 흘러나오는 음악을 휴대폰으로 바로 검색할 수 있는 시대를 그 누가 상상했겠는가. 이런 도구를 만든 이들이 이 시대의 혁신의 아이콘으로 떠오르고 있다. 더불어 이들의 정신을 배우자는 이야기가 언론에서 쏟아지고 있다. 이들이 가장 중요하게 생각하는 것은 다른 영역과의 교류와 관심의 중요성이다. 애플사의 CEO인 스티브 잡스가 인문학의 중요성을 역설했던 이야기나, 안철수연구소장이 다른 영역과의 교차 연구의 중요성을 설파했던 점은 너무도 유명한 이야기이다. 그러나 이러한 변화를 일상에 도입해 보면 이야기는 좀 달라진다.

나는 〈영상글밭 사하〉라는 공간에서 조금 불편한 존재로 통한다. 공간이 더럽다고 불평하기도 하기도 하고, 제대로 출근하지 않는다고 불평하기도 한다. 여러 사람이 함께 있는 공간이기 때문에 당연히 일어날 수 있는 일이다. 개인의 입장에서는 당연히 존중받아야 마땅하고, 또 관여하는 입장에서는 관여하게 만든 상대방이 책임이 크다고 여기게 된다. 그러니 서로의 존재가 아예 없어지지 않는 이상, 이 문제에 있어서 완벽한 해결이란 있을 수 없다. 함께 산다는 것은 결국 서로의 존재를 침해할 수밖에 없고, 서로의 영역 안에 섞이고 관여할 수밖에 없다는 것을 의미하기 때문이다.

이렇게 일어난 일들을 합의하고 조정하는 데는 또 엄청난 노력과 시간이 필요하다. 그러다 보니 간편한 해결책을 써 버리는 경우도 생긴다. 함께 살기 싫은 상대를 제거하는 것이다. '너 여기서 나가'를 이용하는 것이다. 어떤 사람을 공동체에서 쫓아내는 것이 서로에게 이득이 되는 경우도 있겠지만, 대부분의 경우 '너 여기서 나가'는 공동체가 무능할 때 잘 쓰는 수법이다. 나 역시 그 수법을 써먹었고 앞으로도 안 써먹으리라는 보장은 없다. 사실 나가네 마네 하면서 싸움을 하는 것보다 훨씬 무서운 것은 따로 있다. 서로가 서로에게 관여하거나 싸울 수조차 없는 상황이 그것이다. 공간에 사람이 들지 않으면 잠깐 동안은 참 편하고 좋다가도 이내 그 공간은 금세 시들시들 죽어 간다. 이를테면 이런 식이다. 영하 20도의 추운 날, 화장실에 가는 사람이 거의 없으면 물을 트는 일이 적어서 물이 어는 일이 생기기도 하고, 베란다에 드나드는 사람이 없으면 베란다에 눈이 쌓이고 얼어붙는다. 내가 느끼는 안정과 평화가 사실은 공간의 죽음이었던 것이다.

서로의 생김새가 다르고, 먹는 양이 다르고, 힘의 크기가 다르고, 할 수 있는 일의 종류가 다 다른 존재들이 만나 완벽한 조화를 이루기 위해서는 모두가 똑같이 죽는 것 말고는 방법이 없다. 웰스의 말에 의하면 인류를 지켜 나가는 힘은, 안정과 평화가 아니다. 인류를 지키는 힘은 관성적 습관을 버리기 위해 일상에서 시도되는 다양한 부딪힘에서 비롯되었던 것은 아닐까. 그러나 낯선 사람을 만나는 일, 새로운 공부를 시작하는 일 앞에서 나는 매번 망설인다. 여전히 혁신과 변화에 바짝 정신을 곤두세우고 있는 내 정신과는 달리, 내 몸은 그것들과 거리가 먼 것이다. 이 간극, 내 정신과 몸 사이의 거리를 바라보는 일에서부터 진정한 혁신이 시작되지 않을까.

_박혜선

니체의 『차라투스트라는 이렇게 말했다』

우정의 조건

> 벗을 원한다면 그 벗을 위해 기꺼이 전쟁을 벌일 각오라도 해야 한다. 그리고 전쟁을 치르기 위해서는 적이 될 줄도 알아야 한다. 벗 내면에 있는 적에게도 경의를 표해야 한다. 너의 벗을 향해 투신하지 않고서도 그에게 가까이 다가갈 수 있는가? 사람은 자신의 벗에게서 최선의 적을 찾아내야 한다. 그리고 그에게 대적하는 동안 너는 심정적으로 그를 더없이 가깝게 느껴야 한다.(니체, 「벗에 대하여」, 『차라투스트라는 이렇게 말했다』, 정동호 옮김, 책세상, 2006)

저는 〈수유+너머 남산〉이라는 연구자 공동체에서 공부했었습니다. 연구실 밖 사람들과 이야기하다 보면 공부하는 연구자들의 공동체에 대해, 특히 공동체에 대해 사람들이 어떤 환상을 갖고 있음을 알게 됩니다. 공동체는 어떤 다툼도 없는 평화로운 공간이라는 가정이 그것입니다. 가령 연구실에서는 "싸우고 토라지는 일이 비일비재해요. 하루도 바람 잘 날 없습니다"라고 말하면 다소 당황해하면서 "여기도 역시 사람 사는 곳이군요"라고 답합니다. 그렇죠. 사람 사는 곳입니다. 그곳에서는 언제나 다툼이

끊이지 않았습니다. 그러다 보니 저 사람들이 내 친구이기보다는 적처럼 생각될 때가 많습니다. 적과의 동침이라고 할까요. 우리는 늘 우리와 싸우는 사람들과 함께할 수밖에 없습니다. 아니 함께한다는 것은 늘 싸우는 것이었습니다.

이렇다 보니 우정의 조건에 대해서 다시 생각하게 됩니다. 우정은 완벽하게 서로의 마음을 이해하는 것을, 말하자면 완전한 소통을 이상으로 합니다. 그래서 우리는 우정의 크기는 소통의 크기에 비례한다고 생각합니다. 그런데 한번 묻고 싶습니다. 과연 가장 친한 친구가 자신에 대해서 어떤 생각을 하는가를 알게 되었을 때 상처를 받지 않을 사람이 있을 수 있을까라고. 친구의 머릿속에 들어가 그가 나에 대해 느끼고 생각하는 바를 알게 된다면 우리는 친구를 받아들일 수 없을 것입니다. 그렇다고 해서 우정을 깨트리지 않기 위해서 우리 자신의 본성을 숨겨야 하는 것일까요? 아니면 진리의 이름으로 오류를 고발하면서 우정은 불가능하다고 한탄해야 할까요? 아닙니다. 니체의 말을 다시 음미해 보십시오. 니체는 우정의 가능성을 소통이 아니라 어떤 불화에서 찾고 있습니다.

생각해 보면 서로 불화한다는 것이 나쁜 것도 아닙니다. 싸우다 정든다라는 말은 빈말이 아닙니다. 낯선 것이 우리 몸에 침입할 때 우리는 강하게 거부반응을 일으키죠. 무엇인가를 지키려고 하니까요. 아마도 불화는 현상태를 유지하려는 자신의 내면과의 싸움일지 모릅니다. 싸우면서 우리 자신의 문제를 바라보게 되겠지요. 불화에 대해 선입견을 가질 필요가 없을 듯합니다. 우리는 불화를 너무 우정과 동떨어진 말이라고 생각합니다. 어떠한 오류도, 충돌도 없는, 말하자면 사건이 없는 것을 우정으로 설정하기 때문에 오류와 충돌은 우정의 범주 바깥에 존재하게 됩니다. 그러나 우정조차 오류와 충돌로서 존재한다고 할 때, 불화는 오히려 우정의 조건입니다. 불화 속에서, 뭔가 낯선 것과의 마주침 속에서 우리는 우리의 습관적인 말이나 행동이 계속 튕겨져 나가는 경험을 하게 됩니다. 이 속에서 자신이 갖고 있었던 생각이나 틀들이 해체되는 경험을 하게 됩니다. 그리고 안다고 생각했던 것에 대해 자신이 모르고 있었음을 알게 됩니다. 그러면서 자신을 바꿔 가게 됩니다. 즉 우리는 누군가와 진정으로 싸울 수 있을 때 우정을 나누는 법을 배우게 됩니다. 우리 자신의 한계를 인식하고 우리의 습속을 변화시켜 감으로써 우리는 사람들과 우정을 나눌 수 있게 되는 것이지요. 불화라는 조금 이상한 형태에서 출발했지만 말입니다. 이 불화의 관점에서 본다면 나와 싸울 수 있는 모든 사람이 나와 친구가 될 수 있습니다. 아니 싸울 수 없다면 친구가 되지 못합니다.

다시 함께 사는 것의 문제로 돌아옵시다. 함께한다는 것은 무엇일까요? 다툼도, 오해도 없는 상태일까요? 아닙니다. 오히려 함께하는 것은 이런 다툼과 오해에도 불구하고 그 현장에서 엉켜 있는 인연의 장을 함께 가로지르는 것입니다. 그래서 공동체는 우리에게 평화가 아닌 불화를 선물합니다. 우리는 이 불화를 자양분 삼아 삶을 새롭게 구성해 가야 합니다.

_최진호

찰스 다윈의 『종의 기원』

파괴와 창조, 살림과 죽임

생활을 위한 투쟁이 보편적으로 벌어지고 있다는 것이 진리임을 입으로 인정하는 것처럼 쉬운 일은 없지만, 이 결론을 항상 마음에 새겨 두는 것 이상으로 어려운 일은 없다. 적어도 나는 그렇다는 것을 알았다. 하지만 이 결론이 철저하게 마음에 사무치지 않는다면 자연의 질서 전체나 그에 포함되는 분포, 희소성, 풍부함, 멸종, 변이 등의 모든 사실이 어렴풋이 인정될 뿐이거나 또는 전적으로 오해될 것이라고 나는 믿는다. 우리는 '자연'의 얼굴이 기쁨에 빛나는 것을 본다. 이따금 식량이 남아돌아 갈 때도 있다. 하지만 우리는 우리 주위에서 한가롭게 지저귀는 새들이 대체로 곤충이나 씨앗을 먹고 살아가며 이리하여 끊임없이 생명을 파괴하고 있다는 사실을 보지 않거나 잊고 있다. 우리는 이들 노래하는 새나 그 알, 그들의 새끼가 육식을 하는 조류나 짐승들에게 얼마나 많이 파괴되는지를 잊고 있다. 우리는 지금은 식량이 남아돌아 가지만 매 년, 매 계절마다 그렇지는 못하리라는 것을 항상 유념하지는 않는다. (찰스 다윈, 『종의 기원』, 강태정 옮김, 일신서적출판사, 1994)

어렸을 적에 엄마를 따라 시장에 가곤 했다. 추운 겨울날에도 훈김이 나며 시끌벅적했던 그곳. 거기에는 큼지막한 통나무 위에 생선을 얹어 놓고 식칼을 슉! 슉! 휘두르던 아줌마들이 있었다. 사내들마냥 왁자하게 웃으며 척척 일을 해냈고 가끔은 상소리에 삿대질을 섞어 가며 싸워 대기도 했던 그들. 어린 내게 인상적일 정도로 쾌활하고도 상스러웠던 그들. 그들은 집에 돌아가면 어떤 엄마 혹은 할머니였을까? 아마 열 중 일고여덟은 망할 놈의 서방 탓에 아이들과 집안 살림을 도맡은 "복 터진" 이들이었을 게다. 생선 냄새를 풍기며 아이들을 씻기고 멕이고 재웠을 그들. 천하고 상스러운 악다구니와 이 세상에서 가장 고귀하다는 "어머니"가 그들에게는 따로 있지 않았으리라. 요컨대, 모성애에서 비루함을 읽지 못한다면, 또 역으로 비루함에서 고결함을 읽지 못한다면 우리는 세계의 진실을 오해하고 말 것이다.

『종의 기원』 중 "생존 투쟁"에 대한 강의를 하면서 수강생들에게 이런 이야기를 종종 던진다. "어미새가 새끼에게 먹이를 갖다 주는 모습을 보신 적 있나요? 참으로 아름답고 감동적이죠? 생명의 고귀함도 느껴지구요. 헌데 그 새끼의 입에 들어가는 먹이 쪽은 어떨까요? 그 먹이의 가정은 어떻게 되었을까요? 아마도 부모 중 한쪽을 잃었거나 눈에 넣어도 안 아플 자식을 잃었겠죠? 게다가 지금 먹이를 받아먹는 새끼들은 과연 어른으로 무탈히 성장할 수 있을까요? 아니 그 전에, 얼마나 많은 이 새끼들의 형제자매들이 알 속에서 세상 밖으로 나와 보지도 못한 채 다른 생물들의 먹이가 되었을까요?" 이런 얘기를 늘어놓다가 강의 시간이 끝나면 강의를 들은 사람들 중 몇 분은 내게 이런 충고를 해준다. "세상을 너무 어둡게 보지 않으셨으면 좋겠어요." 세상을 너무 어둡게 본다…… 글쎄……?!

다윈과 내가 말하고자 하는 바는, 생명이 얼마나 역동적이고 아름다운지를 볼 때, 그걸 위해 얼마나 많은 생명이 파괴되어야 하는지를 함께 볼 수는 없겠느냐는 것이다. 살리는 것이 곧 죽이는 것이요, 죽이는 것이 곧 살리는 것이라고 생각해 볼 수는 없겠느냐는 것이다. 물론 쉬운 이야기는 아니다. "생활을 위한 투쟁이 보편적으로 벌어지고 있다는 것이 진리임을 입으로 인정하는 것처럼 쉬운 일은 없지만, 이 결론을 항상 마음에 새겨 두는 것 이상으로 어려운 일은 없"다 하지 않았는가! "하지만 이 결론이 철저하게 마음에 사무치지 않는다면 자연의 질서 전체나 …… 모든 사실들이 어렴풋이 인정될 뿐이거나 또는 전적으로 오해될 것"이다. 조금 아이러니한 일이지만, 내 생각에 우리 인간은 아마도 이런 "진실"을 맞대면하지 않도록 진화해 온 것 같다. 그러니까 다윈의 조언을 아무리 여러 번 들어도 다윈처럼 생각하기는 거의 불가능한 것이다. 그런데 만약에 우리 중 누군가가 그런 진실을 항상 마음에 새겨둘 수 있다면, 그 진실에 마음이 사무칠 수 있다면 어찌 될까? 그런 그에게 활짝 열리는 세상은 어떤 모습일까? 투명하게 드러나는 "자연의 질서 전체"는 어떤 모습일까? 궁금하지 않은가!

_박성관

이반 일리히의 『학교 없는 사회』 _

'대안학교'를 다시 생각하다

학교의 존재 양식은 사회적 문제로 부각되고 있다. 학교는 모든 분야에서부터 공격을 받고 있고 세계의 어느 곳에서도 국민이나 정부는 관례에 구애받지 않는 교육실험을 할 수 있도록 원조하고 있다. …… 이른바 '자유학교'의 교과과정은 민요나 록뮤직에 의한 미사의 식전 모습을 닮았다. 교사를 선택할 때의 발언권을 요구하는 고교생의 요구는 사목자의 선택권을 요구하는 교구민의 그것과 마찬가지로 소란스럽다. …… 자유학교운동은 틀에 박힌 것을 싫어하는 교육자의 기분을 유혹하기는 하지만, 궁극적으로는 학교교육의 전통적인 이데올로기를 지지하고 있다. (이반 일리히, 『학교 없는 사회』, 심성보 옮김, 미토, 2004)

이반 일리히의 『학교 없는 사회』를 읽을 때 나는 위의 문장, 특히 "소란스럽다"는 구절에 꽂혔다! '자유학교', 즉 지금으로 말하면 '대안학교'들이 학교의 대안이기보다는 학교의 소란에 불과하다니……. 대안학교를 만들고 아이 둘을 보낸 나로서는 그의 통찰과 일갈이 한편으로는 통쾌했고 또 한편으로는 서글펐다.

대안학교를 만든 우리들. '학교'라면 신물나는 우리 세대. 나도 그랬다. 아주 어릴 때부터 학교를 불신했고, 불신에 확신이 생긴 건 중학교 시절이었다. 교사(校舍) 바로 옆의 목공소에서 불이 났고, 그 불이 당장 교실로 넘어올 것처럼 기세등등해져 우리 모두 혼비백산하고 있었는데 갑자기 교실 마이크를 통해 "우리 하느님에게 기도합시다"라는 어느 선생의 다급한 목소리가 튀어나왔다. 진짜 "오, 마이 갓!"이다.

고등학교 입학 첫날, 머리길이가 귀밑 3cm가 넘는다고 교문 앞에서 머리카락이 댕강 잘렸다. 얼마 지나지 않아 부처님 오신 날이 되었는데, '사랑의 쌀'을 가지고 오지 않았던 나와 친구들은 딱딱한 출석부로 머리와 등짝을 냅다 맞았다(나는 소위 '뺑뺑이'를 통해 기독교계 중학교로, 또 '뺑뺑이'를 통해 불교계 고등학교로 진학했다). 영화 「말죽거리 잔혹사」에 버금가는 구의동 잔혹사! 난 일찌감치 학교와 교사에 대한 믿음을 거두었다.

그래서였을 거다. 비슷한 '학교 잔혹사'의 경험을 가진 우리 세대는 획일적이고 폭력적이고 훈육적인 교육 대신 다양하고 자율적인 공동체 교육을 꿈꿨다. 바리깡과 교복이 없는 곳, 체벌과 선도부가 없는 곳, 점수로 아이를 줄 세우지 않는 곳. 아이들이 자신의 개성을 마음껏 뽐내고 창의성을 키워 가는 곳. 바로 "대안학교"!

마침내 기회가 왔다. 소위 '87체제' 이후 넓어진 민주적이고 자율적인 공간에서 우리들은 돈과 시간과 에너지를 왕창 쏟아서 대안학교를 만들었다. 머리만이 아니라 "손, 발"을 키우기 위해 농사나 노작교육을 도입하고, 이성이 아니라 "감성"까지 조화롭게 키우기 위해 예술교육을 강화하였고, 공동체성을 키우기 위해 모듬활동이나 사회참여 프로그램을 만들었다. 그러나…….

통제와 감시의 규율이 없는 그곳에서 아이들은 자율적이라기보다 제멋대로였고, 지·덕·체를 균형 있게 키우겠다는 야심찬 '기획'은 아이들 활동의 '버라이어티'만 증가시킬 뿐이었다. 물론 대부분의 아이들이 기죽지 않고 즐겁게 학교를 다니는 모습은 "보기에 좋았으나", 단지 그뿐이었다. 대안교육은 즐거운 '소란'이었다. 대안학교 안팎에서 조심스러운 문제제기가 시작되었다. 대안은? 언제나 '교육과정의 재편' 혹은 "새로운 프로그램의 도입"이었다. 활동의 가짓수가 너무 많은가? 그러면 교육과정의 "집중과 선택"이 필요하다. 아이들이 너무 무기력한가? 자기주도학습과 관련된 구체적 테크놀로지를 도입하자. 고민은 언제나 좋은 "교육"이었다. 교사나 학부모가 고안하는 좋은 "교육"!! 그리고 아이들은 여전히 무기력하거나 여전히 산만하다.

대안교육, 이제 10년이 지났다. 그리고 이제 질문을 바꿀 시점이 되었다. 교육의 대안이 아니라 교육으로부터의 대안으로! 일리히가 말했듯이 구원을 위해 타인을 조작할 수 있다고 생각하는 "교육학적 오만"으로부터 우리 먼저 해방되지 않고서는 아이들과 어른들이 함께 잘살 수 있는 방법을 찾는 건 여전히 지난한 일이기 때문이다.

_이희경

홉스의 『리바이어던』

공포와 적대를 넘어 우정과 연대로

> 우선 나의 추론에 대해 의심을 품는 그 사람 자신의 행동을 살펴보기로 하자. 여행갈 때는 무장하고, 여러 사람과 같이 가려고 한다. 잠자리에 들기 전에는 반드시 문단속을 한다. 집에 있을 때에도 금고 문을 단단히 잠가 둔다. 여행지에서 만나게 될 사람들도 한 나라 백성인데 그들을 도대체 어떻게 생각하기에 무장하고서야 말 등에 오르는 것일까? 이웃사람들을 어떻게 생각하기에 문단속을 그처럼 철저히 하는 것일까? 집안 아이들과 하인들을 어떻게 여기기에 금고 문을 잠가 두는 것일까? 내가 말로써 인류를 비난하고 있다면, 그런 사람들은 행동으로써 인류를 비난하고 있는 것은 아닐까? (토머스 홉스, 『리바이어던』, 진석용 옮김, 나남, 2008)

낯선 곳에 여행을 하게 될 때마다 겪는 일 중 하나가 있습니다. 혹시 누군가에게 도둑맞지 않을까 노심초사 지갑을 확인하는 일이지요. 혹시 누군가 호의를 베풀어 오면 나한테 뭘 덤터기 씌우려고 하는 게 아닌가 걱정부터 듭니다. 방에 들어와 쉬고 있을 때조차도 혹시 하는 마음에 문을 꼭꼭 걸어 잠그기에 바쁩니다. 저는 홉스의 위의 말을 듣고 속으로 뜨끔했습니다(^^). 물론 이것은 인류를, 사회를 너무 부정적으로만 보는 것일 수도 있습니다. 하지만, 홉스 말대로 그가 말로써 인류를 비난하고 있다면, 우리들은 행동으로써 인류를 비난하고 있는 것은 아닐까요?

홉스가 위에서 들고 있는 예가 신경과민에 적대적인 사람들의 예라고만은 할 수 없을 것입니다. 자신의 것을 조금이라도 빼앗길까 봐 안절부절못하는 이들은 우리들의 자화상이기도 하니까요. 홉스는 인간들 사이에 분쟁이 발생하는 원인으로 경쟁, 불신, 공명심을 꼽습니다. 남들보다 조금 더 가지기 위해서 폭력을 행사하는 약탈자가 되고, 남들을 믿지 못해 자기에게 피해가 올까 싶으면 먼저 공격하는 침략자가 되기도 하며, 자신을 얕잡아보는 사소한 표현들 때문에 폭력을 동원하는 공격자가 된다는 것이지요.

그렇다면 홉스식의 세계를 그대로 받아들여야 하는 것일까요? 자연상태에서 적대적으로 대치하는 것 외에 중립으로 남아 있을 수도, 아니 보다 적극적으로 동맹을 맺을 가능성 또한 있다고 할 수 있지 않을까요? 왜냐하면 우리가 국가 혹은 공동체를 구성한다고 할 때 공포가 선험적으로 주어져 있다고 볼 수만은 없기 때문입니다. 만약 공포만이 우리가 공동체를 꾸려야 할 이유라면, 우리는 언제나 그 공포를 잠재울 수 있는 더 큰 권력을 가진 무언가를 상정하지 않을 수 없게 되지요. 그렇게 되면 우리는 국가라는 리바이어던에 대해 언제까지나 벌거벗은 생명으로, 그리고 국가는 항상 자신의 뜻에 따라 예외상태를 선포할 수 있는 자, 즉 무소불위의 괴물로 남게 됩니다. 그런 점에서 홉스가 지적한 바는 한편으로는 인류의 속성 중 일면을 짚어 냈다고도 볼 수도 있지만, 다른 한편으로는 우리에게 또 다른 구성의 가능성을 막아 버린다고도 할 수 있습니다.

공포심이 아닌 사랑, 우정이 우리들을 결합시키는 정념이 될 수는 없는 걸까요? 〈수유+너머 남산〉 연구실은 그런 점에서 홉스의 방식과는 다른 관계를 맺고자 하는 시도 중 하나입니다. 연구실의 모토는 '서로에게 선물이 되는 공동체'입니다. 이때 '선물'이 된다는 것은 우정을 나누며 서로의 '능력'을 키워 주는 것을 뜻합니다. 실제로 저희들은 함께 공부하며, 서로를 가르치며, 서로의 능력을 키워 나갑니다. 물론 여기서 말하는 공부는 단지 책 속에서만 하는 공부는 아닙니다. 요리를 잘 못하는 친구에게는 같이 밥을 지으면서 요리를 잘 하도록, 건강이 안 좋은 친구에게는 같이 산을 오르면서 신체의 능력을 높이도록, 자기표현에 서투른 친구들과는 글쓰기와 연극을 같이하면서 표현의 능력을 배양하는 것이지요. 그런 점에서 우리는 우정을 통해 서로의 능력을 키우는 우정의 공동체를 꿈꿉니다. 이렇게 서로의 능력을 키우기 위해 서로의 삶에 개입하고 자극하는 우정의 관계, 그리고 이러한 관계를 외부로 확장시키는 것! 그것이야말로 우리가 실천으로서 만들어 가고자 하는 코뮨(commune)입니다.

이는 홉스가 주장하는 바인 자신의 능력을 감소시킬 무언가에 대한 공포와 적대의 방식과는 반대라 할 수 있습니다. 공동체를 통해 자신의 능력을 키워 나가는 기쁨에 기반한 자발적 연대이기 때문이지요. 따라서 '공포와 적대의 관계'가 아닌 '우정과 연대의 관계'를 형성할 수 있을 때, 우리는 리바이어던이라는 괴물에 맞서 싸울 수 있는 무기를 찾을 수 있지 않을까요? 그것이야말로 우리가 전쟁상태에서 벗어나 진정으로 자유롭게 될 수 있는 실마리가 되지 않을까요? 어쩌면 공포에서 벗어나 우정으로 가는 길이 그렇게 멀지만은 않을지도 모릅니다.

_김태진

3장

고전독독古典讀讀

고전, 읽고 또 읽는 책

루쉰의 「아Q정전」

스스로 모독하다!

아Q는 '한때는 대단했고' 견식도 높았으며 게다가 '진정한 일꾼'이니 제대로라면 거의 '완벽한 인간'이 되어야 했다. 안타깝게도 그에겐 약간의 체질상의 결함이 있었다. 제일 큰 근심거리는 머리 군데군데 언제 생겼는지도 모르는 부스럼 자국이었다. 이 역시 그의 신체의 일부이긴 하나, 아Q 생각엔, 자랑할 만한 것이 못 되었다. '부스럼'이란 말뿐 아니라 '부스' 비슷한 발음조차 꺼려하고 있었으니 말이다. 그 뒤론 그것이 점점 확대되어 '훤하다'도 꺼려했고 '밝다'도 꺼려했다. 마침내 '등불'이나 '촛불'까지 금기시하게 되었다. 이 금기를 범하는 자가 있으면 고의든 아니든 부스럼 자국까지 새빨개질 정도로 화를 내는 것이었다. 상대를 어림잡아 보아서 어눌한 자 같으면 욕을 퍼부어 주었고 약골 같아 보이면 두들겨 패 주었다. 하지만 당하는 쪽은 늘 아Q였다.

(루쉰, 「아Q정전」, 『루쉰전집』 2권, 루쉰전집번역위원회 옮김, 그린비, 2010)

2010년 11월, G20정상회의가 서울에서 열렸습니다. 거리에서는 '경찰'들의 도열이 환영 인파를 대신했습니다. 11월 1일부터 15일까지 서울은 아주 '예외적'이고 '특별한' 공간이었죠. 그러나 조금 지난 시점에서 기억의 편린들을 떠올려 보면 아주 작은 '사건'만이 기억에 남습니다. 일명 '쥐' 포스터 사건. 그 사건에 함께 공부했던 선배가 관련되어 있었기 때문입니다. 그 선배는 G20에 항의하는 그래피티 작업을 하다가 경찰에 연행됩니다. G를 풍자해 '쥐' 그림을 G20 선전 포스터에 그려 넣었던 것이죠. 그런데 간단한 해프닝으로 끝나 버릴 수 있던 일이 검찰의 무리한 수사로 인해서 다른 방향으로 번져 갔습니다. 그리고 신문과 트위터를 통해 많은 사람들의 시선도 모으게 됩니다. 아마도 '쥐' 그림이 누군가를 떠오르게 했고, 그것이 검찰에게 이 사건을 무리하게 '조직' 사건으로 엮게 만들어 버렸는지도 모르겠습니다. 그림이 자신을 풍자한 것이라고 생각했던 사람들은 그 림을 보고 대단히 화가 나고 괴로웠을 거라고 생각합니다. 그러다 보니 무리수를 두게 되었고 이것이 또 그 자신을 더 괴롭게 만들었을 것입니다.

그러고 보니 루쉰 역시 『아Q정전』을 쓸 때 이와 비슷한 사건을 경험했습니다. 소설을 읽은 많은 사람들이 등장인물이 자신을 풍자한 것이라고 생각했기 때문입니다. 그 사람들은 다음엔 자기가 어떻게 당할까 생각하며 전전긍긍합니다. 작가가 자신의 친구가 아닐까라고 의심하고 증오나 혐오의 감정을 갖기도 했습니다. 그리고 이 불안을 주변 사람들에게 토로합니다. 그런데 작자가 밝혀진 다음에 사람을 만날 때마다 그것은 자기에 관한 이야기가 아니라고 변명하고 다녔다고 합니다. 많은 사람들이 읽는 글이 자신을 풍자한 것이라고 생각하면서 끊임없는 상상의 나래를 펼쳤을 '아무개' 씨의 고통을 생각하면 한편으로 '자업자득'이라는 생각도, 다른 한편으로 인간 존재가 얼마나 허약한가 하는 생각도 듭니다.

일명 ‘쥐벽서 사건’을 탄생시킨 문제의 포스터.

나 자신만 해도 어떤 문제에 부딪쳤을 때, 그 문제에 관계되었다고 상상한 사람들을 보기만 해도 그가 나와의 문제에 대해서 했을 법한 생각을 쫙 펼치곤 합니다. 머릿속으로는 그렇지 않다고 생각하면서도 몸은 괴로운 상상을 계속해 나갑니다. 아마도 말로는 고통을 벗어나고 싶다고 말하면서도 이 고통을 통해 느껴지는 어떤 쾌락을 즐기고 있는지 모르겠습니다. 이 고통 속의 희열을 즐기기 위해 인간은 그 고통 속에 자신을 계속 얽어매곤 하지요. 이쯤 되면 인간은 고통으로부터의 자유를 갈망하는 존재라는 말이 무색해집니다. 우리는 정말 자유를 좋아하는 걸가요? 차라리 스스로에게 고통을 주면서 어떤 희열을 느끼는 것이 인간이라고 말해야 하지 않을까요?

그런데 이런 고통은 자신을 괴롭히는 것으로 끝나지 않을 경우가 많습니다. 특히 그 사람이 힘을 갖고 있을 때라면 더더욱 말입니다. 그는 자신에게 고통을 주었다고 생각한 사람을 고통스럽게 만들 수 있기 때문입니다. 그러나 고통을 상상하는 것은 다른 사람이 준 것이 아닙니다. 자신이 스스로를 끊임없이 괴롭히고 있을 뿐입니다. 그러고 보니 맹자의 한 구절이 생각나는군요.

사람은 반드시 스스로 업신여긴 뒤에 남이 그를 업신여긴다.

(夫人必自侮然後 人侮之.『맹자』,「이루·상」)

그렇습니다. 우리 스스로 모멸한 다음에야 남이 우리를 모멸하게 됩니다. 남이 자신을 그렇게 부르는 것이 아니라 스스로도 그렇다고 생각하기 때문에 스스로를 괴롭히고 남도 괴롭히게 되는 것 같습니다.

_최진호

호메로스의 『오디세이아』

환대 혹은 이방인과 만나는 방식들

> 그러자 오뒷세우스는 돼지치기가 자기를 맞아 주는 것이 기뻐서 이렇게 말했다. "주인장! 그대가 나를 기꺼이 맞아 주시니 제우스와 다른 불사신들께서 그대의 간절한 소원을 이루어 주시기를!" 돼지치기 에우마이오스여, 그대는 그에게 이렇게 대답했도다. "나그네여! 그대보다 못한 사람이 온다 해도 나그네를 업신여기는 것은 도리가 아니지요. 모든 나그네와 걸인은 제우스에게서 온다니까요. 우리 같은 사람들의 보시는 적지만 소중한 것이오……."
> (호메로스, 『오뒷세이아』, 천병희 옮김, 숲, 2009)

20여 년에 걸친 오디세우스의 귀향 모험담을 이끌어 가는 숨은 키워드는 '환대'이다. '환대'라는 고대 그리스 특유의 생활양식이 없었다면, 음식점도 편의점도 여관도 휴게소도 변변히 없었던 기원전 800년 무렵의 '여행'은 목숨을 걸고 행하는 풍찬노숙의 연속에 다름 아니었을 것이다. 하지만, 낯선 이방인 혹은 여행자들에게 베푸는 한 끼의 식사, 하룻밤의 잠자리, 그리고 친절한 길 안내는 오디세우스를 맞이하는 돼지치기의 말처럼 '제우스에 대한 공경심'에서만 비롯된 것은 아니었다. 낯선 이에 대한 환대는 그들이 처해 있는 삶의 조건과 필요에 의한 것이기도 했기 때문이다. 무엇보다도 환대는 '싸울 의사가 없음'을 표현하는 한 가지 방식이었다.

이동의 자유가 극히 제한적인 사람들에게만 허락되었던 시대, 뉴스를 전달하는 미디어가 희소했던 시대에 낯선 이방인이나 여행자에 대한 환대는 그들이 세상과 소통하는 중요한 방식이었다. 집주인 혹은 방문지의 사람들은 낯선 이방인이나 여행자를 환대하고 환대를 받은 쪽은 자신이 알고 있는 외부의 소식을 전해 주거나 흥미로운 이야기를 해줌으로써 그것에 보답하곤 했기 때문이다.

오디세우스의 모험담이 알키아노스 왕의 환대에 대한 답례의 형태로 이루어지고 있는 점이나, 그의 복수가 자신의 집에서 구혼자들로부터 받은 냉대로부터 정당성을 찾고 있다는 점 등을 보더라도 '환대'가 얼마나 중요한 일상의 윤리였는지를 알 수 있다. 하지만, 근대는 여행자를 위한 공간(다양한 등급의 숙박시설과 휴게·편의시설)과 그 지역 정착민들의 일상적 삶의 공간을 분리시켰고, 근대 이전에는 결코 낯선 것이 아니었던 이방인과 여행자에 대한 '환대'를 낯선 것으로 바꾸어 버렸다. 이방인에 대한 무조건적인 환대가 불가능해진 시대, 낯선 존재에 대한 반가움이나 호감이 공포와 적대감으로 바뀐 시대, 우리와 다른 피부색을 가졌다는 이유만으로 이방인에 대한 차별과 배제가 공공연해진 시대에 우리는 살고 있다.

우리 시대의 이방인 혹은 여행자는 누구일까? 우리 자신과는 다른 국적, 다른 피부색, 다른 언어를 사용하는 사람들, 다른 시간과 문화적 경험을 개인의 역사로 신체 속에 저장한 채 어느 날 갑자기 우리 앞에 나타난 사람들, 법의 보호 바깥에 있는 사람들, 미등록 이주노동자들. 이방인과 여행자에 대한 환대와 가장 멀리 떨어진 곳에 이주노동자에 대한 단속추방이 있다. 호메로스의 서사시에 기록된 고대 그리스인들의 환대의 윤리를 보며 우리는 그것으로부터 가장 멀리 떨어져 있으며 가장 비인간적인 법 집행인 단속추방의 현실을 떠올린다. 이주노조(MTU)에서 노동운동을 했던 샤킬과 마숨, 이주노동자방송(MWTV)에서 영상을 만들고 스탑크랙다운밴드에서 노래를 불렀던 미누에게 한국은 그들의 청춘 한 시절을 온전히 바친, 어쩌면 고향보다 더 소중한 장소였다. 하지만 그들은 어느 날 갑자기 20여 년 가까이 살아온 곳에서, 온갖 차별과 고된 노동이 기다리고 있던 그들의 일터로부터 단속추방되었고, 그들의 삶과 친구들로부터 강제로 떨어져 나와야만 했다.

우리 시대에 환대는 조건부로만 존재한다. 그 대상은 초대받은 자와 특정한 이익을 창출하는 데 도움이 되는 자다. 자본과 국가 권력이 환대를 허용하는 낯선 자는 자신이 사는 곳에서 멀리 떨어진 장소로 이동해 그 지역의 관광 상품을 소비하고 구매하는 관광객, 즉 의사(擬似) 이방인, 의사 여행자로만 제한되는 것이다.

_권용선

셰익스피어의 『햄릿』

불친절한 선물, 친절한 선물

> 오필리아 : 왕자님, 오랫동안 돌려 드리고 싶었던 정표들이 있습니다. 이제 그것들을 받아 주십시오. …… 그것들을 더 값져 보이게 만든 너무나 달콤한 말씀도 함께요. 그 향기 잃었으니, 도로 가지세요. 준 사람이 불친절할 땐, 값진 선물도 고귀한 마음엔 초라하게 보이니까요. 여기요, 왕자님. (윌리엄 셰익스피어, 『햄릿』, 최종철 옮김, 민음사, 1999)

친아버지의 유령을 만난 후, 햄릿은 크게 달라집니다. 사랑했던 여인 오필리아도 제대로 눈에 들어오지 않고, 더구나 그녀의 아버지가 친부의 살해자와 한편이라는 의심 때문에 더더욱 오필리아에게 냉담해졌습니다. 아무것도 모르는 오필리아는 햄릿이 그저 야속하기만 합니다. 그가 준 모든 것을 부정하기에 이릅니다. 그리고 주는 자가 '불친절'할 때는 그것은 선물이 아님을 이야기합니다.

제가 속해 있는 〈수유+너머 남산〉 연구실에서 선물은 아주 중요합니다. 공부도 생활도 선물로 움직이고 흘러 다닙니다. 그 중에서도 연구실의 주방은 선물이 오가는 가장 활발한 장입니다. 1,800원이라는 놀라운 가격에 따뜻한 밥과 국과 반찬을 먹을 수 있는 것도 실은 선물의 힘입니다. 주방 뒤쪽 칠판에는 전국 곳곳에서 들어오는 쌀과 김치 등등 선물들의 목록이 가득하고, 끼니마다 식사준비를 하는 연구실 친구들의 노동(?)이 선물로 더해집니다. 주방당번은 주로 두 사람 내지 세 사람이 담당하는데, 그들의 실력은 천차만별입니다. 취사병 출신으로 채썰기 신공(神功)을 보이는 사람, 무엇이든지 엄마 수준으로 만들어 내는 사람, 깻잎 20장 씻는데 족히 한 시간이 걸리는 사람—깻잎을 한 장씩 손바닥으로 비벼 가면서 씻더군요—도 있고, 부추와 쪽파를 구분하지 못하는 사람도 있습니다. 하지만 이런 건 그다지 큰 문제를 일으키진 않습니다. 정해진 밥시간이 조금 늦어진다거나, 맛이 조금(가끔은 아주 많이 ^^;;) 떨어진다거나 하는 정도이지요.

정작 큰 문제는 화려한 요리 실력을 뽐내는 경우에 일어납니다. 수준급의 요리 실력을 가진 B양. 하지만 그녀가 주방 당번이 되어서 샐러드를 만들 때마다 문제가 일어났습니다. 그녀는 양상추를 한 입 크기로 뜯어내고, 여러 채소들을 제각기 다듬어서 담고, 소스를 만듭니다. 애초에 자신이 결정해 온 요리 레시피가 현장에서 변용 없이 완전하게 실현되어야 하는 것이 가장 중요합니다. 그러다 보니 그녀의 샐러드는 족히 한 시간쯤 걸리고, 그녀가 샐러드를 붙잡고 집중하는 동안, 다른 주방당번은 혼자서 밥도 하고, 국도 끓이고, 버섯볶음 같은 반찬 두어 가지를 만들고, 김치를 썰고, 테이블 세팅도 하면서 동서남북으로 날아 다녀야 합니다. 우아한 장식까지 곁들여서 호텔 특선 요리처럼 보이는 샐러드가 나오는 동안 나머지 한 사람은 거의 파김치가 되어 버리고 마는 것입니다.

게다가 완성된, 그 특별한 샐러드는 역설적이게도 바로 그 특별함만큼이나 불편해집니다. 차려진 다른 음식들과도 조화를 이루지 못하고, 그녀를 제외한 나머지 사람들을 불편하게 만들어 버렸기 때문입니다. 결국 B양의 음식은 내가 준다는 것 그 자체가 중요한, 바꿔 말하자면 그녀에게만 친절한 선물이 되어 버렸습니다.

선물은 나를 위한 것이 아니라, 받는 사람을 위한 것입니다. 불친절한 선물은 사실상 선물이라기보다는 교환에 가까운 것일지도 모릅니다. 내가 이것을 주었으니 응당 저것이 되돌아오리라는 계산이 암암리에 전제되어 있는 것이지요. B양의 선물도 의도했건 아니건 자신의 능력을 인정받기 위한 혹은 다른 이들의 칭찬을 기대한 것에 지나지 않았습니다. 따라서 그녀의 선물은 일종의 '교환'이었던 것이지요. 오필리아가 말한 불친절한 선물도 이런 맥락에 놓여 있습니다. 받는 상대를 조금도 생각하지 않았던 햄릿의 냉담함은 누구를 위한 선물인지를 반문하게 만들었습니다. 그리하여 친절한 선물 즉 교환이라는 것을 전제하지 않는, 그야말로 순수한 증여로서의 '선물'의 의미를 되새기게 했던 것입니다.

_김연숙

장주의 『장자』

통치자의 숭고한 의무, 오직 백성을 살릴 뿐

대왕 단보가 빈이라는 땅을 다스릴 때, 오랑캐가 쳐들어 왔다. [대왕 단보가] 모피와 비단을 보냈으나 받지 않고, 개와 말을 보냈지만 받지 않으며, 보석을 보냈으나 받지 않았다. 오랑캐가 바라는 것은 땅이었다. 대왕 단보가 말했다. "나는 백성의 아비나 형과 함께 살며 그 자식과 동생을 죽이는 짓을 견딜 수 없다. 너희들은 모두 힘써 격려하며 이곳에서 살도록 하라. 내 신하가 되든 오랑캐의 신하가 되든 무슨 차이가 있겠느냐. 나는 '사람들을 부양하는 땅 때문에 사람의 몸을 손상하지는 않는다'는 말을 들었다." 대왕 단보는 지팡이를 짚고 이곳을 떠났다. 백성들은 서로 손수레를 끌고 그를 따라가 이윽고 치산(岐山) 밑에 나라를 이룩했다. 대저 대왕 단보는 정말로 생명을 존중하는 자라 할 수 있다. 정말 생명을 존중하는 자는 비록 부귀하다 하더라도 의식주 때문에 몸을 다치게 하지는 않고, 비록 가난하고 천한 자라 하더라도 이득 때문에 몸을 괴롭히지 않는다. 요즘 사람들은 고위고관으로 있으면서 모두 의식주 따위에 마음이 빼앗겨 그것만 소중히 여기며 이익만을 보고 경솔히 그 몸을 망쳐 버린다. 어찌 미혹이 아니라고 할 수 있겠는가? (『장자』, 오강남 옮김, 현암사, 1999)

『장자』의 잡편(雜篇) 「양왕」(讓王)에 전하는 대왕 단보의 이야기입니다. 대왕 단보는 주나라 시조 문왕의 조부인 고공단보(古公亶父)입니다. 사마천의 『사기』 「본기」에도 『장자』에서 전하는 고공단보의 이야기가 역사적 사실로 기술되어 있습니다. 『사기』에 의하면 고공단보는 훙노족이 빈 땅을 공격하여 재물을 요구하면 재물을 주었다고 합니다. 얼마 안 있어 훙노족이 다시 공격하여 땅과 백성을 요구하자 백성들은 모두 분개하여 싸우고자 했습니다. 그러나 고공단보는 이에 반대하며 말했습니다. "백성이 군주를 옹립하는 것은 자신들을 이롭게 하기 위한 것이오. 지금 융적이 우리를 공격하는 까닭은 우리의 땅과 백성 때문이오. 백성이 나에게 속하든 그들에게 속하든 무슨 차이가 있겠소? 백성들이 나를 위해서 싸우고자 한다면 이는 그들의 아버지나 아들을 죽여 가면서 그들의 군주가 되는 것이니, 나는 차마 그렇게는 하지 못하겠소." 고공단보는 사병을 거느리고 빈 땅을 떠나 치수이(漆水), 쥐수이(沮水)를 건너고 양산을 넘어서 치산 아래 정착했고, 빈 땅에 있던 모든 사람들은 늙은이를 부축하고 어린이를 이끌고 다시 치산 아래 고공단보에게 모두 귀순했습니다. 그 이웃나라의 사람들도 고공단보가 인자하다는 소문을 듣고 많은 사람들이 그에게 귀순했습니다.

『장자』보다 『사기』가 고공단보의 이야기를 좀더 극적으로 재현했다는 점에서 차이가 있지만 이야기의 핵심은 다르지 않습니다. 이야기의 핵심은 왕이 백성들을 위하여 '영토'를 버렸다는 그 놀라운 사실입니다. 고공단보는 중국의 역사 이래 영토와 백성을 '자발적으로' 포기한 유일한 왕입니다. 어쩌면 세계 역사 이래 '영토'와 '권력'에 집착하지 않은 유일한 왕일지도 모릅니다. 고공단보에게는 백성들의 삶이 가장 중요합니다. 보통 왕이었다면 같은 종족의 이름으로, 요즘 같으면 민족의 이름으로 전쟁을 선동했겠지요. 그러나 고공단보는 그렇게 하지 않았습니다. 오랑캐의 풍속으로 살든, 한족의 풍속으로 살든 '사는 일'보다 더 중요한 것이 무엇이냐고 묻습니다. 백성들의 '생명보존'이라는 엄숙한 과제 앞에 비겁함이나 변절이라는 말을 할 수 있는 것일까요? 그에게는 그 땅에 사는 만백성들의 생명 보존보다 더 중요한 것은 없었습니다.

우리는 '국가와 민족과 영토'를 위해 '전쟁'을 불사합니다. 아니 그래야 한다고 생각해 왔습니다. 국가와 영토와 민족을 훼손하는 세력들에 대항하여 전쟁을 하는 일은 지극히 정당하다는 데 동의하지 않은 적이 없습니다. 게다가 그에 따른 희생은 불가피한 것이라고 자위합니다. 그런데 『장자』는 고공단보의 행위를 통해 '불가피한 전쟁'조차 과연 정당한지 묻습니다. '전쟁'에 관한 사유를 전복합니다. 전쟁은 방어든 공격이든 정당하지 않습니다. 그 어떤 전쟁도 많은 이들의 생명을 앗아가고, 삶의 터전을 파괴한다는 점에서 본다면 마찬가지라는 것이지요.

『장자』는 오직 '생명'을 중시합니다. '생명체'들의 '생명'을 존중하는 일보다 더 위대한 가치는 없습니다. 세상의 어떤 이념과 가치도 '생명을 보존하는 일'보다 더 앞서는 것은 없습니다. 생명을 가진 모든 것들에게 '살아야 하는 일'보다 더 숭고한 의무이자 권리가 있을까요? 종교도, 국가도, 영토도, 민족도 중요하지 않습니다. 그러니 백성들의 생명이 위태로운 마당에 왕이라는 지위는 한낱 초개에 지나지 않는 것이지요. 왕은 백성들을 위한 지도자요, 백성을 잘살게 이끌어 주는 직분일 뿐입니다. 통치는 사람을 죽이는 게 아니라 살리는 행위입니다. 이럴 때 정치는 '권력과 가치'의 배분과 행사가 아닙니다. 정치는 '헐벗은 생명'(호모사케르) 그 자체에 집중하는 것이지요. 장자는 그렇게 여겼습니다. 오늘날 고공단보처럼 행동한다면 '사람들의 삶'보다 더 중요한 '정책'은 없을 겁니다. 또한 세계의 강대국들이 독재가 횡행하는 약소국의 민주화를 위해서, 라는 명분 아래 민간인들이 사는 마을에 대량폭격을 자행하는 따위의 '모순'된 사태는 절대로 일어나지 않을 겁니다.

_길진숙

프로이트의 『꿈의 해석』

무수한 '나'들의 공동체

우리는 꿈-형성의 장본인으로서 개개인의 두 가지 심리적인 힘(경향, 체계)을 가정할 수 있다. 그 중 하나는 꿈을 통해서 표현되는 소원을 형성하고, 다른 하나는 꿈-소망을 검열하고 검열을 통해서 소원의 표현을 왜곡하도록 강요한다. 문제는 검열을 행사하는 두번째 심급의 권한이 어디에 있는가이다. 잠재적인 꿈-사고는 분석이 수행되기 이전에는 의식되지 않는 반면에, 외형적인 꿈-내용은 의식적으로 기억되고 있다는 점을 고려한다면 두번째 심급이 누리는 특권은 사고가 의식에 진입하는 것을 허락하는 데 있다고 가정하는 것이 설득력 있어 보인다. 두번째 심급이 사전에 통과시키지 않는다면, 첫번째 심급의 어떠한 것도 의식에 이를 수 없다. 두번째 심급은 자신의 권리를 행사하여, 의식에 들어오고자 하는 것을 자신의 마음에 들도록 변화시키기 이전에는 어떤 것도 통과시키지 않는다. 이 과정에서 우리는 의식의 '본질'에 대한 분명한 견해를 형성할 수 있다. 의식된다는 것은 표상 또는 개념의 형성 과정과 무관한 별개의 특이한 심리적인 활동이다. 의식은 다른 곳에서 주어지는 내용을 지각하는 감각기관으로 나타난다. 정신병리학에서는 이런 근본

전제가 꼭 필요하다는 것을 보여 줄 수 있다. (지그문트 프로이트, 『꿈의 해석』, 김인숙 옮김, 열린책들, 2009)

다수의 사람들은 내 안의 또 다른 내 목소리들을 의식하고 달래면서 하나의 '나'를 형성하면서 살아갑니다. 하지만 소수의 사람들은 그 또 다른 나의 목소리들을 의식하지 못한 독립된 자아들로 독립시킵니다. 그런 사람들을 분열증자라고 합니다. 분열증자들에게는 '나'가 하나가 아니라 다수입니다. 분열증자의 자아는 무수한 '나'들의 공동체입니다. 일본 홋카이도의 우라카와(浦河)에 있는 정신장애인 공동체 〈베델의 집〉 사람들이 쓴 책 『베델의 집 사람들』(궁리, 2008)을 보면 공동체로서의 '나'에 대해 실감할 수 있습니다. 이 책은 흔히 '모자란 사람', '미친 사람'으로 낙인 찍혀 사회로부터 추방된 정신장애인들이 자신의 병을 긍정하며 살아가는 이야기를 모은 것인데요, 그들은 자신의 정신병을 없애려고 하지 않고 다만 원만한 관계를 맺을 동반자로 여깁니다.

그들은 매년 '환각 및 망상대회'를 열어 서로의 환각과 망상을 자랑하고, 각자의 '약함'과 '문제'를 해소 대상으로 여기지 않고 그 때문에 서로 도우며 공동체를 이뤄 가게 하는 힘으로 여깁니다. 〈베델의 집〉의 일원이 된 정신과의사조차 정신장애를 비정상으로 여기지 않습니다. 오히려 감당하기 힘든 경쟁과 스트레스를 인내하고 살기를 강요하는 자본주의적 시민사회야말로 비정상이라고 말합니다. 그들이 공동체를 이루며 살아가는 이유는 그들의 자아 자체가 공동체이기 때문입니다. 우리는 자아가 '하나'이거나 '일관'되기를 기대합니다. 하지만 〈베델의 집〉에 사는 분열증자들은 다수의 다른 자아들을 거느리고 삽니다. 그들은 그 분열된 자아들을 제거하려고 하지 않고 어떻게 하면 서로 잘 소통할 수 있을까 고민하고 방법을 찾아갑니다.

그들은 자기 안의 또 다른 자아의 목소리인 '환청'을 친근하게 '환청 씨'라고 부르는데요, 오자키 씨는 무려 721명의 '환청 씨', 즉 721개의 자아와 더불어 삽니다. 그가 베델의 집을 대표하여 외부강연을 하러 1박 2일로 여행을 갔을 때였습니다. 여행에 지친 몇 명의 '환청 씨'가 강연장에 도착하기도 전에 먼저 돌아가 버렸습니다. 오자키 씨는 그들을 빼놓고 강연을 할 수밖에 없었죠. 그런데 강연을 마치고 돌아온 '오자키 무리'는 먼저 돌아온 환청 씨들 말고 몇 명의 '환청 씨'들이 더 모자라는 걸 알았습니다. 며칠 후 실종된 환청 씨들이 돌아왔는데요, 자기네들끼리 관광하고 히치하이크를 해서 돌아왔다는 것입니다. 오카키 씨의 정신은 하나의 '나'가 아니라 721개의 '나'들이 함께 사는 공동체입니다.

_박정수

정약용의 『유배지에서 보낸 편지』

밝고 명백한 세상! 그것이 가능할까?

공자께서 "요순시대는 희희호호(熙熙皞皞)하였다" 하셨습니다. 요즘 사람들은 이것을 순박하고 태평스럽다는 뜻으로 이해하는 것 같은데 절대로 그렇지 않습니다. 희희는 '밝다'는 뜻이고 호호는 '희다'는 뜻이니, '희희호호'하다는 말은 만 가지 일이 모두 잘 다스려져 밝고 환하여 티끌 하나 터럭 하나만큼의 악이나 더러움도 숨길 수 없다는 뜻입니다. 요사이 속담에서 말하는 "밤이 낮 같은 세상"이라는 게 참으로 요순의 세상을 말하는 것입니다. 요순의 세상이 그렇게 된 까닭을 살펴보면, 그것은 오직 고적(考績)제도가 있었기 때문입니다. 그 당시의 고적제도는 요즘 세상의 여덟 글자 제목만 있는 고적제도처럼 소루(疏漏)하거나 조략(粗略)하지 않았습니다. 반드시 본인을 직접 임금 앞에 나서게 하여 얼굴을 맞대고 자기 입으로 사실을 말하도록 했기 때문에, 잘못을 저지른 사람은 거짓으로 꾸며서 말할 수 없었고, 잘한 일이 있는 사람도 겸손을 차리느라 제대로 말하지 못하는 것이 용납되지 않았습니다. 할 말을 다 하고 나면 했던 말을 고찰하는 제도가 있었으니, 고언(考言)이라는 것도 고적제도의 한 가지입니다.(정약용, 『유배지에서 보낸 편지』, 박석무 옮김, 창비, 1991)

유배지에서 다산의 삶을 지탱시킨 원동력은 학문, 즉 앎에의 의지였다. 여기에는 그의 정신적 후견인이자 학문적 동지였던 둘째형 정약전의 존재가 절대적이다. 다산은 둘째형 정약전을 인품과 학문을 두루 갖춘 큰 그릇으로 존경했고, 정약전은 동생 다산의 학문에 대한 재능과 열정을 높이 평가했다. 동생은 땅이 끝나는 강진에서 형은 바다 너머 흑산도에서, 이들은 서로에게 편지를 썼다. 둘은 서로에게 스승이자 친구였다.

정약전에게 보낸 한 편지에서 다산은 요순시대의 고적(考績)제도를 논한다. 고적제도란 간단히 말해 공직자들의 업적을 평가하는 제도다. 그런데 특이하게도 그 평가의 주체가 자신이다. 공직자들은 천자 앞에서 스스로 자신의 공적[功]과 과실[過]을 평가해야 한다. 평가란 으레 제3자의 몫이라고 생각하는 나에게 요순시대의 고적제도는 조금 황당하고 낯설다. 하지만 여기에는 허세와 겸손의 중용이 있다. 스스로 과장해서도 안 되지만 겸손 또한 미덕은 아니라는 것.

다산은 편지에서 고적제도와 관련해 재미있는 장면을 소개해 준다. 그것은 순(舜)임금 앞에서 자신의 치적을 자랑해야 했던 우(禹)임금의 일화다. 순임금이 우임금에게 치적을 드러내라고 말하자, 우가 부끄럽고 껄끄러워하며 겸손해했다는 것. 그러자 순임금의 신하 고요(皐陶)가 정색을 하고 책망하며 나무란다. "고적은 지극히 엄숙한 법이오. 상감이 지척에 계시는데 어찌 감히 이따위로 당황하여 머뭇거리기만 하는가. 열심히 일했다면 자세한 내용을 조목조목 상세히 개진하시오." 우는 고요의 질책을 받고 그제서야 깜짝 놀라 자신의 치적을 '사실대로' 자세하게 늘어놓았다고 한다.

훌륭한 판관은 공정한 평가 이전에 일 자체가 투명하게 드러나도록 해준다. 마치 거울처럼! 그런 점에서 순임금은 훌륭한 거울이었다. 이 거울은 결과를 비추지 않는다. 공적과 과실은 반드시 결과에 좌우되는 것은 아니기 때문이다. 선거 때가 되면 공직에 나서겠다는 후보들이 떠드는 굉장한 자기 자랑들을 어렵지 않게 듣게 된다. 하지만 이들의 말에 진정성이 느껴지지 않는 건 비단 나만의 편견 때문일까. 자신에게는 관대하고 상대에게는 냉정한 이율배반이 첫번째 이유이겠지만, 그보다 더 중요한 건 이들의 판단 기준이 오로지 법에만 의존하고 있기 때문일 것이다. 법적으로 문제가 안 되는 일은 책임지지 않아도 된다는 태도. 나는 여기에서 수많은 공약(公約)들이 공약(空約)이 되는 이치를 본다. 법적인 책임만 아니라면 아무리 지나쳐도 또 모자라도 문제될 것은 아무것도 없다.

그림은 순임금의 신하로 법에 통달하여 형벌을 세우고 옥을 만든 것으로 알려져 있는 고요의 모습이다. 우임금은 자신의 뒤를 고요가 잇게 하려고 하였으나 고요가 먼저 사망했다.

우리가 삶을 통해 열심히 노력하는 이유는 그 노력을 통해 어떤 결과를 바라기 때문일 것이다. 하지만 결과란 반드시 내 의지를 따르지 않는다. 그것은 때론 미흡하고 때론 넘친다. 노력만큼 결과를 얻지 못했을 때 분노하기 위해서는 노력 이상의 과한 결과에 대해서도 엄정할 수 있어야 한다. 그런 점에서, "잘못을 저지른 사람은 거짓으로 꾸며서 말할 수 없고, 잘한 일이 있는 사람도 겸손을 차리느라 제대로 말하지 못하는 것이 용납되지 않"는 고적제도는 오히려 분명하고 통쾌한 구석이 있다.

다산은 무려 19년간이나 유배지에서 생활해야 했다. 보상으로 따지자면 그 세월을 어떻게 견딜 수 있었을까. 하지만 나는 다산이 꼭 외로웠거나 고독했을 거라고는 생각하지 않는다. 왜냐하면 그는 공과의 시비를 넘어 자신의 존재를 걸 수 있었던 학문과 늘 함께였기 때문이다. 치적을 칭찬해 줄 군주는 이미 사라졌지만, 그에게 책은 그리고 저술 활동은, 자신의 현재를 낱낱이 드러내 줄 고적제도의 판관-거울이었을 테니까. 그리고 이것이야말로 그가 남긴 방대한 저술의 위대함 이전에 그의 삶이 우리에게 보여 준 귀한 사례가 아니었을까.

_문성환

박지원의 『열하일기』

사이의 길은 명심(冥心)에서

요하는 울지 않은 적이 없었다. 단지 사람들이 밤에 건너지 않았을 뿐이다. 낮에는 강물을 볼 수 있으니까 위험을 직접 보며 벌벌 떠느라 그 눈이 근심을 불러온다. 그러니 어찌 귀에 들리는 게 있겠는가. 지금 나는 한밤중에 강을 건너느라 눈으로는 위험한 것을 볼 수 없다. 그러니 위험은 오로지 듣는 것에만 쏠리고, 그 바람에 귀는 두려워 떨며 근심을 이기지 못한다.

나는 이제야 도를 알았다. 명심(冥心; 깊고 지극한 마음)이 있는 사람은 귀와 눈이 마음에 누가 되지 않고, 귀와 눈만 믿는 자는 보고 듣는 것이 더욱 섬세해져서 갈수록 병이 된다. …… 한번 떨어지면 강물이다. 그땐 물을 땅이라 생각하고, 물을 옷이라 생각하고, 물을 내 몸이라 생각하고, 물을 내 마음이라 생각하리라. 그렇게 한번 떨어질 각오를 하자 마침내 내 귀에는 강물 소리가 들리지 않았다. 무릇 아홉 번이나 강을 건넜건만 아무 근심 없이 자리에 앉았다 누웠다 그야말로 자유자재한 경지였다. (박지원, 「일야구도하기」, 『세계 최고의 여행기 열하일기』, 고미숙·김풍기·길진숙 옮김, 그린비, 2008)

세상살이는 일렁이는 물결 위에 있는 것 같습니다. 길흉화복이 들이닥쳐 우리를 기쁘게도 슬프게도 하니까요. 청소년기는 '대학만 가면!'으로 다 감수했는데 대학생이 됐다는 즐거움은 잠깐이고, 입학하면 그때부터 먹고살 직업을 구하는 일에 매진해야 합니다. 직장만 구하면 될 줄 알았는데 그후엔 승진과 고용불안에 시달립니다. 좋은 사람을 만나 행복한 시절을 보내기도 하지만 그 사람과의 이별 때문에 괴롭기도 합니다. 다음에 또 보자며 인사한 사람과 영영 보지 못할 때도 있습니다. 그런데 우리는 이런 삶의 일렁임을 직시하고 있을까요? 혹시 좋았던 시절의 행복감 때문에 지금의 난관을 불행이라며 회피하고 있는 것은 아닐까요?

요하의 드센 물살을 건너는 사람들이 그저 하늘만 쳐다보면서 무사히 저편에 닿기를 바라고 있는 것처럼 저도 늘 안정된 삶만 갈구했던 것 같습니다. 저는 정해진 삶을 오차 없이 밟아 가는 것을 잘 사는 것이라고 생각했습니다. 남보다 잘나가지는 못해도 뒤떨어지지는 않는 삶, 사리분별 잘하는 총명함은 그 길에서 낙오되지 않기 위해 필요한 것이었습니다. 그런데 갑자기 봉변을 당하듯 회사를 그만두게 되었을 때 저는 제가 잘 달려오던 길에서 내쳐진 듯한 불안을 느꼈습니다. 회사는 세상 속에 저의 좌표를 설정해 주는 곳이었습니다. 내가 누군지 말해 주고, 할 일을 주고, 인간 관계를 엮어 주던 곳. 이런 곳이 사라지고 나니 나를 고정할 곳이 없어 정처 없는 불안을 느꼈습니다. 빨리 다시 나를 엮어 줄 든든한 일자리를 찾거나 공부를 하더라도 든든한 학교 안으로 들어가야 하지 않을까? 이 시점에 저는 연암이 물 위에서 얻은 깨달음인 「일야구도하기」(一夜九渡河記)를 읽으면서 귀와 눈만 믿는 자의 병통이 저의 병통임을 알았습니다.

물은 물이라 생각하고 땅은 땅이라 생각하기에 물을 얼른 건너 단단한 땅을 딛게 되기를 바랍니다. 그러면 우리는 물에서 전혀 배우는 바가 없이 그저 매번 물에 빠지면 죽는다는 공포만이 남아 있게 됩니다. 그런데 또 땅이 정말 그렇게 단단한 것인지도 의문입니다. 지진이 일어나면 한순간에 뒤집히고 갈라져서 땅은 단단하다는 우리의 믿음을 배신하니까요. 이렇게 생각하면 정말 어디 하나 믿을 구석이 없다고 생각하겠지만 우리는 물에서도 살아야 하고 땅에서도 살아야 합니다. 그렇다면 차라리 불안을 제거하려 하지 말고 나는 왜 그것을 불안하게 느끼는지 물어야 할 것입니다. 안정적인 게 있다고 생각했기 때문에 불안정 상태에서 벗어나고 싶었던 것입니다. 그렇지만 안정적이라고 생각한 것도 사실은 내 존재 자체의 안정감이라기보다는 안정적인 것에 소속되고 싶은 것이었습니다. 한순간에 잃어버리면 또 불안해지고 말 안정감이었죠. 알고 보면 물이 공포 그 자체인 것도 아닙니다. 오히려 물에 빠지지 않으려고 버둥거리다 가라앉습니다. 수영을 배우는 첫걸음은 물에다 자기를 맡기는 것이죠. 그러면 신기하게도 몸이 둥둥 뜹니다. 내가 이전에 땅에서 하던 대로 물을 대하니 물이 두려운 것입니다. 물에서는 걷는 것과 다른 근육, 다른 호흡, 다른 행동을 해야만 살아남을 수 있습니다. 연암이 말한 눈과 귀가 마음에 누가 되지 않는 명심(冥心)이란 모든 게 마음먹은 대로 된다는 자기 암시나 이미지 트레이닝이 아니라 그동안 자기가 쌓아 온 선입관과 분별심을 부수고 나에게 닥쳐온 사건과 함께 자신을 변화시켜 가는 것이라는 생각이 듭니다.

저는 뜻하지 않게 달리던 길에서 낙오되었는데 그것이 참 다행이라는 생각이 듭니다. 길 위에 엎어졌을 때 연암을 만나 정해진 길이 아니라 새로운 길을 가게 되었으니까요. 만약 그렇지 않았다면 늘 일렁이는 물결 위에 있으면서도 단단할 거라고 믿는 저편을 갈망하며 살고 있었겠죠. 안정된 삶이 따로 있는 게 아니고, 불안한 삶이 따로 있는 게 아니라면 차라리 용기를 내어 그 파도를 타겠습니다. 그럴 때 눈에 보이는 길만이 아니라 언덕과 강물 사이에 무수히 나 있는 길들이 보일 것입니다. 연암이 말했던 그 '사이의 길' 말입니다.

_홍숙연

루소의『고백록』

과거를 낯설게 기억하는 법

> 다만 한 가지 믿을 수 있는 충실한 길잡이가 있다. 그것은 내 존재를 분명히 해온 계속된 감정의 연쇄(連鎖)이다. 또 계속되어 온 감정의 원인, 또는 결과가 되는 사건도 내 존재를 분명히 해준다. 나는 불행은 금방 잊는다. 그러나 잘못은 잊을 수가 없다. 좋은 감정은 보다 더 잊지 않는다. 그러한 감정의 추억들은 마음에서 사라지기에는 너무 귀중하다. 사실을 빼고 적거나, 날짜를 뒤바꾸거나 틀리게 쓰는 일은 있어도 내가 느낀 일, 나의 감정으로 했던 일에 대해서는 틀림이 없다. 그것이 중요한 것이다. 내 고백록의 본래 목적은 지금까지의 모든 처지에 대해 내면을 정확하게 알리는 일이다. 내가 쓰려고 한 것은 내 영혼의 역사다. 그러니 그것을 충실히 쓰는 데는 다른 메모가 필요치 않다. (장 자크 루소,『고백록』, 홍승오 옮김, 동서문화사, 2010)

루소가 자서전을 쓰려고 결심했을 때 그는 망명생활 중이었다. 몸과 마음도 편치 않았고, 편지나 서류 같은 자료를 구할 수도 없었다. 그때 그는 자신의 기억에 의존해『고백록』을 쓴다. 그에게 기억한다는 것은 그때의 감정을 다시 불러들이는 것이었다. 하지만 과거의 감정을 반복한다면 과거를 넘어가는 것이 가능할까.

매주 수요일 12시면 일본 대사관 앞에서 집회가 열린다. 벌써 20년째다. 종군위안부로 끌려간 할머니들은 진상규명과 공식사과 등을 요구하며 자신들의 과거와 고통스런 현재를 증언한다. 위안부 할머니들의 삶은 그런 고통을 끌어안고 사는 것만으로도 힘겨워 보인다. 그들에게 과거를 기억해야 한다는 것은 그것 자체로 고통을 다시 대면해야 하는 것임에도 할머니들은 증언을 멈추지 않는다.

처음 수요집회 기사를 보았을 땐 할머니들이 개인의 아픈 과거를 드러낸다는 사실 자체가 위대해 보였다. 일본 정부에게 요구하는 진상규명과 보상 등의 요구 사항은 자기 역사를 증언하며 직면해야 하는 할머니들의 고통과 비교해 보면 너무나 가벼워 보였다. 그런데 최근 일본에서 대지진이 일어나자 할머니들이 그들을 위로했다는 소식을 접하고 나니 할머니들이 단순히 진상규명과 보상을 위해서 일본과 싸워 왔던 것만은 아니라는 생각이 들었다.

어떤 사건이든 그것을 증언하기 위해서는 그 상황과 거리를 두어야 한다. 사건의 현장에서 고통을 당하면서 동시에 그 상황을 증언할 수는 없기 때문이다. 할머니들 역시 증언을 하기 위해서는 과거의 자신과 그것을 말하는 현재의 자신을 분리하기까지 시간이 필요했을 것이다. 현재의 자아가 과거의 자아와 거리를 둘 수 있을 때 기억된 사건과 감정도 타인의 시선으로 바라볼 수 있게 된다. 20년간 계속된 증언은 할머니들이 과거의 자신과 단절하고 새로운 자아가 되는 훈련이었다. 지진을 겪은 일본인들은 한순간에 자기 의지와 무관하게 일상을 상실했다는 점에서 할머니들과 유사한 상황을 겪고 있다. 할머니들은 긴 시간 동안 자기 고통을 타인의 고통처럼 바라보는 훈련을 계속해 왔기에 일본인들의 고통에 공감하고 위로할 수 있었던 게 아닐까.

기억으로 남아 있는 과거는 이물질처럼 제거할 수 있는 것이 아니다. 그것은 이미 자신의 일부이며 동시에 자신도 모르게 쉼 없이 나타나 자신의 현재를 지배하는 타자이다. 그러니 그 고통스런 기억과 함께 살아갈 방법을 구해야 한다. 그러기 위해선 우선 자기를 누르는 고통을 두려움 없이 바라볼 수 있어야 한다. 할머니들은 자신의 고통스러운 과거를 무시하지도, 애써 잊으려 하지도 않는다. 다만 그것을 응시하고 다른 고통을 겪는 타자와 공감하면서 고통에 대해 이야기한다. 그래서 그것은 이야기되는 순간 전쟁 속에서 고통받았던 모든 여성들의 이야기가 되고, 보편적인 인간 역사가 되는 것이다. 그리고 그런 고통을 바라보며 자기 삶을 살 수 있다는 것은 인간의 고통을 직시할 수 있는 강함을 증명하는 것이기도 하다.

_구윤숙

중국의 오래된 노래책 『시경』

모과를 던지다

그녀가 나에게 모과를 주었네	投我以木瓜
나는 그녀에게 옥돌을 주었네	報之以瓊琚
보답을 하려는 게 아니라	匪報也
그녀랑 친해지고 싶어서	永以爲好也

(『시경』, 「위풍 · 모과」衛風 · 木瓜)

우리는 어떨 때 행복한가. 선물을 받을 때, 나는 세상에서 혼자가 아니라는 느낌, 내가 소중한 존재라는 느낌으로 충만해진다. 어린 시절 어느 크리스마스날 아침을 기억한다. 아무 기대도 하지 않았는데 아침에 눈을 떴을 때 내 머리맡에 놓여 있던 털실로 짠 양말과 그 양말 속에 들어 있던 예쁜 인형. 까맣고 숱이 많은 속눈썹을 깜짝이며 누우면 눈을 감고 일어서면 눈을 뜨는 그 인형이 얼마나 신기했던지 "애들아, 산타는 있어, 정말 있다구!" 크리스마스날 하루 종일 나는 흥분해서 동네 골목을 외치고 다녔다.

존재의 기쁨을 일깨우는 선물! 『시경』 「위풍」에 나오는 「모과」는 바로

이 '선물'에 관한 시이다. 울퉁불퉁 못생긴 데다 과육이 단단해서 씹기도 힘들고 맛이 시고 떫은, 그래서 그냥 먹기보다 절여서 차를 끓이거나 말려서 약으로 쓰는 모과. 이 특이한 과일을 옛날 사람들은 좋아했나 보다. 연인에게 좋아하는 마음을 전할 때 모과를 주었다.

그녀가 나에게 모과를 주었네/ 나는 그녀에게 옥돌을 주었네/ 보답을 하려는 게 아니라/ 그녀랑 친해지고 싶어서 ……. 부드럽고 달콤한 과일은 여성의 생명력을 상징하고, 단단한 광석은 남성의 생명력을 상징한다. 좋아하는 마음이란 무엇일까. 맛있는 게 있으면 같이 먹고 싶고, 멋진 풍경을 보면 함께 감탄하고 싶은 마음이 아닐까. 내게 소중한 무엇이나 선물하고 싶고, 존재 자체가 서로에게 선물이 되고 싶은 마음. 「모과」는 연인들의 이런 진솔한 마음을 노래한 시다.

이 시에서 재미있는 것은 "선물은 보답이 아니다"(匪報也)라는 구절이다. 그녀가 모과를 준 것에 대해 내가 옥돌을 준 것. 이것은 대가나 보상을 바라는, 계산된 행동이 아니라는 것. 값으로 따지자면 모과보다 옥돌이 훨씬 비싸지만 선물을 어찌 값으로 따질 수 있겠는가. 모과에는 나를 좋아하는 그녀의 온 마음이 담겨 있고, 옥돌에는 그녀를 좋아하는 나의 온 마음이 담겨 있다. 순수한 마음의 표현이라는 점에서 모과나 옥돌이나 소중하기는 똑같다. 선물은 시장의 교환가치를 넘어서는 순수증여이다. 이 순수증여를 통해 이루어지는 교감의 기쁨이 사랑이다. 『시경』「위풍」에 나오는 「모과」라는 시는 선물을 주고받는 연인들의 모습을 통해 순수한 사랑의 기쁨을 우리에게 전해 준다.

『시경』이라는 책. 이 노래의 책은 수천 년 전의 사람들이 우리 시대에 던지는 모과가 아닐까. 이 노래들은 부드럽고 달콤하지만은 않다. 거칠고 울퉁불퉁하고 시고 떫고……. 삶이 그런 것처럼, 종잡을 수 없는 온갖 맛과 결과 향이 다 들어 있다. 인생의 희로애락이 절절하게 배어나면서도 그 어떤 감정에도 걸림이 없는 『시경』의 경지를 공자는 '사무사'라고 했다. 정말 슬픈 노래는 슬픔에서 벗어나게 하는 힘이 있다. 아, 지금 내가 빠져 있는 슬픔이 나만의 것이 아니구나. 오래전 이 노래를 불렀던 사람도 나와 같은 슬픔을 겪었구나. 이렇게 교감을 하게 되면 나만의 슬픔에서 벗어나 그 슬픔이라는 감정을 통해 다른 존재들을 만나게 된다. 시간과 공간을 초월한 『시경』의 이러한 소통의 힘을 공자는 사무사라고 하였다. 「모과」에서 연인들이 주고받는 선물, 대가나 보상을 바라지 않는 이 순수한 선물은 곧 사무사의 정신과도 통한다. 『시경』은 바로 그러한 순수한 선물이기 때문에 수천 년 세월을 흘러 아직까지 살아 있는 것이다.

_정경미

책 속 부록 ❷

라이벌 등장인물

불효자는 웁니다

『햄릿』 VS 『오이디푸스』

햄릿

아버지를 죽인 불구대천의 원수가 (아마도) 숙부일 것이나 뚜렷한 물증은 없고, 이 와중에 어머니는 바로 그 숙부와 재혼을 하는 등 복잡한 가정사로 인해 고뇌에 빠지게 되는 젊은이. 어미를 따르자니 아비가 울고, 아비를 따르자니 어미가 우나니, 참말로 "죽느냐, 사느냐 그것이 문제로다" 소리가 절로 나오지 않을 수 없다. 마침내 아버지가 현몽하여 원수를 갚아 달라 청하니 멸문지화+국가 전복급 복수극의 주인공이 된다.

VS

오이디푸스

불법비디오를 본 것도 아니고 게임중독도 아니었지만 운명에 의해 패륜아가 될 수밖에 없었던 후레자식의 원조. 알고 보니 버려졌었고, 알고 보니 키워 준 부모는 양부모였고, 알고 보니 시비 끝에 죽인 사람은 친아버지, 알고 보니 아내는 자신을 낳아 준 생모, 어찌 되었건 자신은 패륜아. 팔자 불변의 법칙을 온몸으로 보여 준 최초의 인간.

非인간의 눈으로 바라본 인간

『변신』 VS 『나는 고양이로소이다』

VS

'잠자'였던 벌레

누구는 자고 일어나니 유명해졌다던데, 나는 자고 일어났더니 벌레가 됐더군. 청년가장으로 죽어라 벌어서 식구들 먹여 살렸더니 결국 된 게 벌레야. 그것도 뭐, 하필 해충? 완전 어이없어. 벌레로 변한 순간, 부모들은 제 살 궁리하느라 바쁘고, 그나마 인간(?)답게 대해 주던 여동생도 결국에는 "저것"(그래 나말야-_-;;)에서 벗어나야 한다나. 일찌감치 시력이라도 잃은 게 다행이지. 그런 인간들이라면 안 보는 게 차라리 속이 편해. 아주 잠깐이었는데도 너무 많은 걸 봐 버렸다구.

고양이

고양이, 라고밖에는 할 말이 없다옹. 이름이 있는 것도 아니고, 주인이 있는 것도 아니다옹. '쥐는 절대 잡지 않는다'는 철학을 가진 내가 할 일이라고는 집 주인 구샤미 선생과 그와 어울리는 인간들을 관찰하는 일뿐이다옹. 인간들은 보면 볼수록 쓸데없이 사치스럽고(네 발을 갖고도 두 발밖에 못 쓴다옹), 쓸데없이 탐욕스럽고(자기가 만들지도 않은 토지의 소유를 따진다옹), 쓸데없이 무능력하다옹(폼나게 서재에 틀어박혀서는 책장에 침을 흘리며 낮잠을 잔다옹). 그런데 왜 자꾸 눈이 가는 거냐옹?

Oldie but goodie?

『야생의 사고』 VS 『타임머신』

가후쿠-가마족

우리 동네에요, 머리는 노랗고 얼굴은 하얀 사람들이 와서는요, 공을 가지고 뭐 요래조래 하는 걸 가르쳐 줬는데요, 축구라나 뭐라나, 몇날 며칠을 뛰어다니느라 아주 죽을 뻔했어요. 우리는요, 서로 공을 똑같이 넣으려구요, 정말 고생고생했는데요, 나중에 알고 보니까요, 그게 아니고, 한쪽이 더 많이 넣어야 하는 거더래요. 그런데요, 우리는요, 저쪽보다 좀더 넣으려고 그렇게 뛰어야 하는 게요, 잘 이해가 안 되거든요. 우리한테 축구 가르친 레비-스트로스인가 하는 그 양반은요, 우릴 보고 대칭적 관계가 뭐, 야생의 사고가 뭐 그러는데요, 우리는 그런 거 몰라요. 우리는요 그냥 '같이' 살아요.

VS

몰록족

80만 년 전의 당신들, 지금 우리가 사는 세상이 궁금하지 않아? 의학의 힘이든 분장술이든 뽀샵(?)이든 상관없이 예쁘게만 보이고 싶어 하고, 힘이라고는 병뚜껑 딸 때 정도나 쓰는 당신들은 소원대로 꽃같이 곱고 하늘하늘한 엘로이족으로 진화해. 엘로이족은 자신들의 몸을 수고롭게 하지 않아. 일도 하지 않고 낮에는 꽃놀이나 하며 놀지. 좋겠다고? 꼭 그런 것만은 아니야. 밤이 오면 우리 몰록들이 엘로이족을 잡아먹거든. 80만 년 후, 당신들은 밤만 되면 잡아먹힐지 모른다는 공포에 떨게 될 거야. 아니면 엘로이족을 해치우는 우리 몰록이 되든가. 너무 먼 미래의 일이라고? 과연 그럴까?

이보다 더 다양할 수 없다

『산해경』 VS 『종의 기원』

형천

안녕, 난 형천(刑天)이라고 해. 『산해경』을 대표하는 마스코트라고나 할까? 난 머리가 없어. 왜냐? 잘렸거든. 황제(黃帝) 알지? 치우와 싸웠던 황제. 나도 한번 덤볐다가 목이 달아났어. 그 양반도 참 독하더구만. 내가 머리 붙이고 다시 덤빌까 봐 상양산을 반으로 갈라서 내 머리를 집어넣어 버렸대. 독하기로는 나도 만만치가 않거든. 그래서 젖꼭지를 눈으로, 배꼽을 입으로 삼아 계속 싸웠지. 물론 이기진 못했지만 말야. 대신 난 노래를 불렀어. 이래 봬도 내가 음악의 신이거든. 다들 사는 게 만만치 않을 거야. 그래도 힘내! 머리 하나씩은 다 갖고 있잖아!

VS

원숭이

"원숭이의 후손이라고! 오, 맙소사! 우리 모두 그것이 사실이 아니기를 바랍시다." 주교 사모님, 네, 저도 당신들이 우리 후손이 아니기를 기도합니다. 조상을 구경거리 아니면 실험대상으로나 삼는 당신들이 우리 후손이라면 이런 후레자식들이 세상 어디에 있답디까. 우리는 벌써 옛날옛날에 원시영장류에서 갈라져 나와서 당신네 인간들은 인간대로, 우리 원숭이는 원숭이대로 진화해서 오늘에 이른 겁니다. 법적으로도 8촌 넘어가면 남인데 수천수만 년 전에 갈라졌으면 말할 필요도 없는 겁니다. 억울하면 법대로 한번 해봅시다!!

노년의 좋은 예와 나쁜 예

『노인과 바다』 VS 『고리오 영감』

노인

돈도 자식도 할멈도 없는 독거노인이자 84일간 고기를 한 마리도 못 잡은 (능력이 없는 건지 운이 없는 것인지는 알려진 바 없는) 어부. 그 나이에 배 몰고 다닐 기력이면 다른 일을 해도 충분하련만, 커피로 끼니를 때우면서도 기어이 바다에 나간 지 85일째 되던 그날! 월척 한 마리가 미끼를 물면서 마침내 낚시왕으로 등극, 했다면 그는 이 소설의 주인공이 될 수 없었을 것이다. 딸린 자식은 없어도 인생 공수래공수거를 자연스레 보여 준 인물!

VS

고리오 영감

제면업으로 돈을 왕창 번 졸부(그나마도 한때) 아니 신흥 부르주아. 슬하에 두 딸이 있으니 딸바보 영감의 소원은 딸들의 신분 상승. 방법은 다른 게 없다. 무조건 돈! 그는 집의 기둥뿌리를 뽑아 큰딸은 귀족에게로, 작은딸은 은행가에게로 시집을 보낸다. 재혼도 안 하고 등골 빠지게 키워 놨더니 귀하신 몸이 되신 딸들은 아버지를 찾지 않는다. 그들은 간혹 아버지가 아닌 돈을 찾아올 뿐이다. 결국 딸들에게 연금마저 내주고 하숙방 신세를 지게 된 고리오. 무자식이 상팔자를 반증하는 대표 인물!

삶은 계속되어야 한다, 주욱~

『고향』 VS 『유배지에서 보낸 편지』

김희준

동경 유학까지 마친 엘리트 청년. 그러나 뜻한 바 있어 엘리트 코스(그래 봤자 금융조합서기나 면서기지만……)를 포기하고 낙향했다. 청년회 재건이며, 야학이며 희준이 밤낮으로 뛰어다닌 덕에 냉소적이던 마을사람들도 점점 그 일에 동참하기 시작하지만 그럼에도 그들의 봉건적 사상과 서로에 대한 불신은 사그라지지 않는다. 결국에는 지쳐서 일단 정지 상태가 된 그 순간, 희준은 두레라는 풍속과 마주친다. 그제야 그는 (스스로 사서 한) 희생과 헌신을 내려놓고 사람들과 '어울리게' 된다.

VS

정약용

조선 후기 롤러코스터 인생의 대표 주자. 올라갈 때는 천천히, 내려올 때는 폭삭. 어릴 적에는 천재로 승승장구, 성균관 유생 시절부터 정조 눈도장 꽝, 대과에서는 2등으로 합격, 채제공의 뒤를 잇는 재상이 될 날이 잡힐락 말락 하고 있던 그때, 젊은 시절 잠시 심취했던 서학(천주교)이 발목을 잡아 좌천, 엎친 데 덮친 격으로 든든한 배경이었던 정조가 승하하자 기나긴 유배생활이 시작되면서 급추락한다. 그러나 폐족이 되었을망정 폐인이 될 수 없었던 그는 귀양지에서 끊임없이 학문에 매진하며 저술 활동을 편다. 우리가 아는 정약용의 8할은 이때 만들어진 것!!

필자 소개(가나다 순)

고미숙 | 고전평론가. 가난한 광산촌에서 자랐지만, 공부를 지상 최고의 가치로 여기신 부모님 덕분에 박사학위까지 무사히 마쳤다. 대학원에서 훌륭한 스승과 선배들을 만나 공부의 기본기를 익혔고, 지난 10여 년간 지식인 공동체 '수유+너머'에서 좋은 벗들을 통해 '삶의 기예'를 배웠다. 덕분에 강연과 집필로 밥벌이를 하고 있다. 2011년 10월부터 '수유+너머'를 떠나 '몸,삶, 글'이라는 키워드를 가지고 〈감이당〉에서 인문 의역학을 공부하며 활동하고 있다. 그동안 지은 책으로 『나의 운명 사용설명서』, 『동의보감, 몸과 우주 그리고 삶의 비전을 찾아서』, 『열하일기, 웃음과 역설의 유쾌한 시공간』, 『공부의 달인, 호모 쿵푸스』, 『사랑과 연애의 달인, 호모 에로스』, 『돈의 달인, 호모 코뮤니타스』, 『임꺽정, 길 위에서 펼쳐지는 마이너리그의 향연』, 『몸과 삶이 만나는 글, 누드 글쓰기』(공저), 등 다수가 있다.

1부 홍명희의 『임꺽정』(182쪽)
2부 홍명희의 『임꺽정』(393쪽)

고병권 | 〈수유+너머 R〉 연구원. 연구자 대중으로서 평생 공부하며 살 수 있다는 것, 그것을 가능케 해준 세상의 모든 동료들에게 감사하고 있다. 『화폐, 마법의 사중주』, 『니체의 위험한 책, 차라투스트라는 이렇게 말했다』, 『고추장, 책으로 세상을 말하다』, 『추방과 탈주』, 『민주주의란 무엇인가』, 『생각한다는 것』, 『점거, 새로운 거번먼트』 등을 지었다.

1부 칼 맑스의 『자본』(296쪽)
2부 칼 맑스의 『자본』(374쪽)

구윤숙 | 어린 시절 꿈이 다양했다. 선생님, 작가, 철학자, 화가 등. 산만했던 꿈 덕분에 정처 없이 공부를 하며 떠돌다 '수유+너머'를 찾아갔다. 좋은 스승과 친구들 덕분에 공부의 매력을 알게 되었다. 현재 교사를 하면서 〈남산강학원〉에서 미술사와 동양 고전을 공부하며 글쓰기 훈련을 하고 있다.

1부 루소의 『고백록』(108쪽)
2부 루소의 『고백록』(481쪽)

권용선 | 1969년 서울에서 태어났고, 인하대학교 국문과에서 「1910년대 근대적 글쓰기의 형성과정」이라는 제목의 박사논문을 제출함으로써 긴 제도권 수업시절을 마감했다. 『이성은 신화다, 계몽의 변증법』, 『세계와 역사의 몽타주, 벤야민의 아케이드 프로젝트』, 『읽는다는 것』 등을 지었다.

1부 조너선 스위프트의 『걸리버 여행기』(146쪽) | 호메로스의 『오디세이아』(313쪽)
2부 조너선 스위프트의 『걸리버 여행기』(426쪽) | 호메로스의 『오디세이아』(460쪽)

길진숙 | 〈남산강학원〉 연구원. 고전문학으로 박사학위를 받았지만, 아는 게 없음을 절감하여 '수유+너머'에서 다시 공부를 시작했다. '수유+너머'에서 하는 세미나를 통해 박지원, 박제가, 이덕무, 공자, 장자, 노자, 묵자, 이탁오, 장횡거, 주돈이, 정명도, 소강절, 비노바 바베, 푸코 등등 많은 스승들을 만났다. 지금은 사마천의 『사기』, 김부식의 『삼국사기』, 일연의 『삼국유사』를 공부하며 '역사탐험'에 몰두하고 있다. 함께 편역한 책으로 『세계 최고의 여행기, 열하일기』가 있다.

1부 장주의 『장자』(176쪽) | 김부식의 『삼국사기』(307쪽)| 일연의 『삼국유사』(337쪽)
2부 장주의 『장자』(466쪽)

김연숙 | 대학 및 대학원에서 한국문학을 전공했고, 색다른 공부거리를 찾아 '수유+너머' 연구실을 드나들기 시작. 내공이 남다른 삶의 고수들을 만나고, 색다른 삶을 사는 그들에게 매혹당함. 함께 공부하고 함께 살아가는 법을 배워 나가는 중. 연구실 밖에서는 대학 교양과목을 강의하고 있다.

1부 소포클레스의 『오이디푸스왕』(159쪽) | 윌리엄 셰익스피어의 『햄릿』(187쪽) | 나쓰메 소세키의 『나는 고양이로소이다』(210쪽)
2부 소포클레스의 『오이디푸스왕』(357쪽) | 나쓰메 소세키의 『나는 고양이로소이다』(430쪽) | 윌리엄 셰익스피어의 『햄릿』(463쪽)

김태진 | 대학원과 '수유+너머', 〈남산강학원〉에서 정치사상을 공부하고 있다. 하지만 어디에도 적을 두지 못하고 있는 아웃사이더. 자신을 바꾸고 세상을 바꾸는 공부를 하고자 한다. 현재는 몸을 통해 정치를 어떻게 사유할 수 있을지 고민 중. 지은 책으로는 『명랑인생 건강교본』이 있다.

1부 캉유웨이의 『대동서』(89쪽) | 토머스 홉스의 『리바이어던』(272쪽)
2부 캉유웨이의 『대동서』(413쪽) | 토머스 홉스의 『리바이어던』(451쪽)

문성환 | 〈남산강학원〉 연구원. '수유+너머'에서 선후배 동료들과 즐거운 공부를 해

왔고, 앞으로도 질릴 때까진 계속할 예정. 문학 및 인문학 고전을 좋아함. 대학 및 대학원에서 한국 현대문학 전공. 제도권 공인 문학박사. '삶이 곧 앎'이었던 스승들을 존경하고, 투박하지만 당당하고 떳떳한 삶의 표정들에 금세 매혹됨. 학교에선 한국문학 시간강사로 연구실 및 바깥에선 인문학·고전연구자로 활동 중.

1부 왕양명의 『전습록』(23쪽) | 정약용의 『유배지에서 보낸 편지』(101쪽) | 주희의 『주자어류』(266쪽) | 공자의 『논어』(343쪽)

2부 정약용의 『유배지에서 보낸 편지』(473쪽)

박성관 | 10여 년 전부터 다윈을 만나 지금껏 잘 사귀고 있다. 『종의 기원, 생명의 다양성과 인간소멸의 자연학』, 『종의 기원, 쥐와 소나무와 돌의 혈통에 관한 이야기』를 썼고, 옮긴 책으로는 『굿바이, 다윈?』, 『지식의 단련법』, 『시간과 공간의 문화사: 1880~1918』, 『표상 공간의 근대』, 『피가 되고 살이 되는 500권, 피도 살도 안 되는 100권』 등이 있다.

1부 찰스 다윈의 『종의 기원』(253쪽)

2부 찰스 다윈의 『종의 기원』(445쪽)

박수영 | 알바로 생계를 이어가며 아침부터 밤까지 책 보고 세미나하고 밥 먹고 산책하는 이 단순한 나날이 참 좋다. 앞으로도 계속 공부하며 살고 싶다. 공부로 친구를 사귀고 밥벌이를 하고 놀이를 하면서 세상과 만날 것이다.

1부 체르니셰프스키의 『무엇을 할 것인가』(66쪽)

2부 체르니셰프스키의 『무엇을 할 것인가』(416쪽)

박정수 | 〈수유+너머 R〉 연구원. 프로이트, 라캉, 지젝, 푸코, 들뢰즈, 카프카, 루쉰에 관심이 많으며, '욕망의 정치경제학'을 개척하고 있다. 노들야학과 매주 수요일 인문학 집중 세미나를 진행하고 있으며, 2010년 10월 30일 시내 가판대의 G20정상회의 포스터에 쥐 그림을 그려 넣어 검찰에 의해 징역 10개월을 구형받은 그래피티 작가이기도 하다. 또한 동네 아이들과 놀이터에 '갤러리 놀이텃밭'을 일구면서 마을 공동체 만들기를 도모하고 있다. 지은 책으로는 『청소년을 위한 꿈의 해석』이 있으며 『HOW TO READ 라캉』, 『누가 슬라보예 지젝을 미워하는가』, 『그들은 자기가 하는 일을 알지 못하나이다』, 『잃어버린 대의를 옹호하며』 등을 번역했다.

1부 지그문트 프로이트의 『꿈의 해석』(301쪽)

2부 지그문트 프로이트의 『꿈의 해석』(470쪽)

박혜선 | 대학과 대학원에서는 한국현대문학을 전공했다. 이십대에는 많은 사람들을 만나며 무척 열심히 놀았고, 삼십대에는 공부의 맛을 조금 알게 되어 이십대와는 또 다른 다이내믹한 삶을 살고 있다. 최근에는 매일 〈사하 시즌 2〉로 출근해 여러 친구들과 세미나도 하고 소설, 드라마 등을 쓰며 고군분투 중.

1부 미시마 유키오의 『금각사』(29쪽) | 허버트 조지 웰스의 『타임머신』(42쪽) | 사뮈엘 베케트의 『고도를 기다리며』(134쪽)

2부 미시마 유키오의 『금각사』(396쪽) | 사뮈엘 베케트의 『고도를 기다리며』(406쪽) | 허버트 조지 웰스의 『타임머신』(439쪽)

수경 | 1979년 서울 출생. 대학에서는 강의실보다 학보사실에 더 오래 있었고, 덕분에 전공 공부는 전생의 일처럼 까마득하다. 하자작업장학교에서 2년 동안 재직했고, 연구실에서는 십대 인문학을 기획, 시도했다. 도스토예프스키와 마르케스를 좋아하고, 그 덕분에 글 쓰고 강의하며 먹고 산다. 같이 지은 책으로 『몸과 삶이 만나는 글, 누드 글쓰기』가 있다.

1부 도스토예프스키의 『죄와 벌』(128쪽) | 빅토르 위고의 『파리의 노트르담』(165쪽) | 귄터 그라스의 『양철북』(241쪽) | 가브리엘 가르시아 마르케스의 『백 년의 고독』(331쪽)

2부 도스토예프스키의 『죄와 벌』(363쪽) | 귄터 그라스의 『양철북』(366쪽) | 빅토르 위고의 『파리의 노트르담』(399쪽)

신근영 | 〈남산강학원〉 연구원. 공부가 삶을 툭툭 건드리는 신기함과 재미를 조금씩 알아가는 중. 함께 공부하는 것을 좋아해서 삐끼 기질이 농후한 편. 우주와 몸, 그리고 마음에 대한 공부를 하고 있다. 주로 보는 책은 과학책과 윤리학책. 세상과 공명하는 몸을 만드는 것을 목표로 새로운 상상력과 구체적인 실험들을 배우고 있다.

1부 플라톤의 『티마이오스』(35쪽) | 레비-스트로스의 『야생의 사고』(48쪽)

2부 플라톤의 『티마이오스』(370쪽) | 레비-스트로스의 『야생의 사고』(436쪽)

안도균 | 〈감이당〉 연구원. 연구실에서는 '도담'으로 불린다. 오랜 시간 홀로 한의학을 공부해 왔고, 대학에선 수의학을 전공. 현재는 감이당에서 인문학과 의역학을 공부하고 있다. 흩어 놓고 보면 서로 다른 공부 같지만, 배움에 단절은 없다. 지금은 그 공부들의 정수를 잇고 새로운 배움을 모아 '인문 의역학'의 새싹을 틔우는 중이다. 함께 쓴 책으로 『몸과 삶이 만나는 글, 누드 글쓰기』가 있다.

1부 허준의 『동의보감』(204쪽)

2부 허준의 『동의보감』(381쪽)

오선민 | 〈고전비평공간 규문〉 연구원. 단테와 플로베르, 카프카와 프루스트, 이광수와 소세키 등 동서양 고전작품들을 종횡무진 읽으면서 '문학으로 철학하기'에 도전하고 있다. 새로운 공부의 길, 삶의 길을 닦겠노라 결의한 용감무쌍한 친구들과 함께 읽고 쓰고 토론하면서 공부의 달인이 되는 훈련 중이다.

1부 프란츠 카프카의 『변신』(140쪽) | 오노레 드 발자크의 『고리오 영감』(171쪽) | 이광수의 『무정』(229쪽) | 마르셀 푸르스트의 『스완네 집 쪽으로』(325쪽)

2부 이광수의 『무정』(360쪽) | 오노레 드 발자크의 『고리오 영감』(387쪽) | 프란츠 카프카의 『변신』(403쪽) | 마르셀 푸르스트의 「스완네 집 쪽으로」(420쪽)

이종영 | 1974년 서울 출생. 한신대학교 문예창작 대학원 석사 졸업. 현재 〈사하 시즌 2〉에서 소설, 영화, 드라마, 희곡 등 창작에 관련된 공부를 진행하고 있다.

1부 윌리엄 골딩의 『파리대왕』(83쪽) | 어니스트 헤밍웨이의 『노인과 바다』(122쪽) | 올더스 헉슬리의 『멋진 신세계』(259쪽)

2부 올더스 헉슬리의 『멋진 신세계』(378쪽) | 어니스트 헤밍웨이의 『노인과 바다』(409쪽) | 윌리엄 골딩의 『파리대왕』(423쪽)

이희경 | 〈문탁네트워크〉 연구원. 연구공간 '수유+너머'에서 10여 년간 활동했다. 지금은 경기도 수지에서 친구들과 〈마을에서 만나는 인문학 공간, 문탁네트워크〉를 꾸려 가고 있다. 국가에 포획되지 않고 화폐관계를 넘어서는 '마을'을 꿈꾼다. 이를 위해 '위대한 아마추어리즘'의 정신으로 마을교사와 마을의사, 마을공방과 마을사업단을 실험하려 한다.

1부 마르셀 모스의 『증여론』(54쪽) | 이반 일리히의 『학교 없는 사회』(78쪽)

2부 이반 일리히의 『학교 없는 사회』(448쪽)

정경미 | 대학에서는 현대소설을 전공했으나 '수유+너머'의 고전학교에 입교하면서 『논어』, 『시경』, 『사기』 등의 책을 만났다. 현재는 감이당 대중지성에서 내 몸과 마음을 건강하게 하는 공부, 친구를 사귀고 세상과 소통하는 공부를 새로 시작하고 있다.

1부 사마천의 『사기』(193쪽) | 중국의 오래된 노래책 『시경』(284쪽)

2부 중국의 오래된 노래책 『시경』(484쪽)

정우준 | 연구실에서 공부를 하면서 처음으로 밤을 새웠다. 졸음도 쫓는 공부의 세계에 대한 호기심으로 공부를 시작했다. 공부에 대한 호기심이 재미가 되고, 공부가 다른 이들과 소통할 수 있는 수단이 되기를 바라며 계속해서 공부하고 싶다. 현재 동양고전과 역사를 공부하고 있다.

1부 이기영의 『고향』(95쪽)
2부 이기영의 『고향』(390쪽)

채운 | 1970년생. 서울대 국문과를 졸업하고, 대학원에서 미술사학을 전공했다. 현재 〈고전비평공간 규문〉에서 다종다양한 공부와 강의를 하면서 '백수 지식인'의 삶을 만끽하는 중. 지은 책으로는 『언어의 달인, 호모 로켄스』, 『예술의 달인, 호모 아르텍스』, 『재현이란 무엇인가』, 『느낀다는 것』, 『근대와 만난 미술과 도시』(공저)가 있고, 옮긴 책으로 『에드바르 뭉크』가 있다.

1부 원오극근의 『벽암록』(17쪽) | 이탁오의 『분서』(60쪽) | 아우렐리우스의 『명상록』(216쪽) | 노자 가르침의 진수 『노자』(222쪽)

최정옥 | 이 원고들을 쓸 때, 나는 공부가 정말 즐겁다는 걸 느꼈다. 그 즐거움의 정체가 강학원에서 친구들과 함께하기 때문이란 걸 알고, 지금 여기 우리의 모습에 너무나도 감사했다. 강학원에서 공부와 감사가 뭔지 배우고 살아가는 나는 의역학에서 말하는 "금수쌍청"을 믿으며, 오늘도 열심히 중국의 기원전 제자백가의 사상에서 현대소설까지 애정과 관심을 가지고 공부하고 있다.

1부 고대 중국의 신화백과 『산해경』(72쪽) | 오승은의 『서유기』(152쪽) | 조설근·고악의 『홍루몽』(319쪽)
1부 오승은의 『서유기』(384쪽)

최진호 | 학부와 대학원에서 대중매체를 공부했다. 하지만 대부분의 시간은 연구공간 '수유+너머'에서 친구들과 어울려 웃고 떠들면서 보냈다. 루쉰과 푸코, 니체와 같은 사람들을 좋아하며 이들처럼 가벼우면서도 진중하게 사유할 수 있기를 꿈꾼다.

1부 루쉰의 『아Q정전』(116쪽) | 시내암의 『수호지』(235쪽) | 묵적의 『묵자』(278쪽) | 프리드리히 니체의 『차라투스트라는 이렇게 말했다』(290쪽)
2부 묵적의 『묵자』(433쪽) | 프리드리히 니체의 『차라투스트라는 이렇게 말했다』(442쪽) | 루쉰의 『아Q정전』(456쪽)

최태람 | 대학원에서 국어교육을 전공했다. 〈수유+너머〉에서는 문학과 인문학 고전을 공부하고 있다. 연구실에서 생활하며 내가 공부복·스승복·친구복이 많은 사람이라는 걸 알았다. 생생하게 살아 있는 언어로 글 쓰고 세상과 소통하면서 먹고 사는 게 꿈이다. 요즘엔 이십대들과 함께 공부하면서 좋은 삶에 대해 고민하는 중이다.

1부 루쉰의 『광인일기』(247쪽)

홍숙연 | 연구실에서 공부하기 전까지는 별생각 없이 살았다. 남들 학교 갈 때 학교 가고, 졸업할 때 졸업하고, 그렇게 취직도 하고……. 이런 순종적인 삶에 균열을 가져다 준 연구실이 고맙다. 고전학교에서 공부한 지 5년 만에 겨우 역사와 고전이라는 빛바랜 것들에서 빛을 발견한 것 같다. 앞으로 그 빛을 내 언어로 말해서 다른 사람들과 나눌 수 있기를, 그러면서 지혜로운 노인이 되어 가기를 바란다.

1부 박지원의 『열하일기』(199쪽)
2부 박지원의 『열하일기』(477쪽)

인명 찾아보기

작품 찾아보기